Direito Eleitoral

M623d   Michels, Vera Maria Nunes
         Direito Eleitoral: atualizado com a reforma eleitoral da Lei 12.034/09,
que modificou a lei eleitoral, a lei dos partidos políticos e o Código Eleitoral. / Vera Maria Nunes Michels. 7. ed. rev. atual. – Porto Alegre: Livraria
do Advogado Editora, 2010.
         280 p.; 23 cm.
         ISBN 978-85-7348-688-9

         1. Direito Eleitoral. I. Título.

                                                        CDU – 342.8

         Índice para o catálogo sistemático
         Direito Eleitoral

         (Bibliotecária responsável: Marta Roberto, CRB-10/652)

Vera Maria Nunes Michels

Direito Eleitoral

Atualizado com a reforma eleitoral da Lei 12.034/09,
que modificou a lei eleitoral, a lei dos partidos políticos e o Código Eleitoral

Sétima edição
revista e atualizada

Porto Alegre, 2010

© Vera Maria Nunes Michels, 2010

Capa, projeto gráfico e diagramação
Livraria do Advogado Editora

Revisão
Rosane Marques Borba

Direitos desta edição reservados por
Livraria do Advogado Editora Ltda.
Rua Riachuelo, 1338
90010-273 Porto Alegre RS
Fone/fax: 0800-51-7522
editora@livrariadoadvogado.com.br
www.doadvogado.com.br

Impresso no Brasil / Printed in Brazil

Nenhum homem poderá revelar-vos nada senão o que já está meio adormecido na aurora do vosso entendimento.

Gibran Khalil Gibran
em *O Profeta*

A probabilidade de fracassarmos na luta não nos deve deter no impulso de combater por uma causa justa.

A. Lincoln

Os homens são parecidos em suas promessas. Eles só diferem em seus atos.

Moliére

Ao examinarmos os erros de um homem, conhecemos o seu caráter.

Confúcio

Prefácio à 2ª edição

Ao ler os originais da 2ª edição, tive uma certeza. Quantas e quantas vezes tiver o prazer de ler o livro da Dra. Vera Michels sempre encontrarei, pela excelência da obra, uma qualidade nova para ressaltar. Agora, sua visão científica do Direito Eleitoral.

O tema eleitoral, tenho a impressão, não é daqueles que freqüente, constantemente, a atividade editorial. A maioria da doutrina especializada continua a escrever sobre o tema como se a matéria eleitoral fosse a simples compreensão e edição de normas práticas concernentes às eleições. A conseqüência é se escrever sobre a matéria bienalmente em época de eleições. Respeito, sem maior vibração, a orientação de certas editoras.

O livro *Direito Eleitoral* tem, indubitavelmente, este sentido prático: o de preparar lidadores de direito eleitoral para o momento máximo da democracia e da cidadania brasileiras. Acentuo, porém, nova qualidade que a maioria dos livros não tem e que é o grande mérito do livro que tenho a satisfação de prefaciar.

O direito eleitoral, como as demais áreas do vasto campo do direito, tem ampla base científica. Não se limita a regras práticas para uma eleição ou pouco mais. Possui idéias e fundamentos que devem e são ressaltados, estudados e pesquisados, porque valem como regras-bases de um direito que, visto cientificamente, se manterá no tempo.

O que observo, então, é o profundo conhecimento de direito eleitoral, a serviço de uma didática aprimorada que não descura da praticidade. Esta junção de conhecimento, de didática, de compreensão mais ampla das questões eleitorais é que recomenda o livro para hoje, para amanhã e para sempre.

Dra. Vera, cumprimento-a pela capacidade de, sendo cientista, dar uma abordagem tecnicamente admirável nos temas que enfrentou, aliando a tudo a simplicidade para dizer e ser bem compreendida. Sem dúvida, é a excelência do magistério.

Porto Alegre, agosto de 2002.

Tupinambá Miguel Castro do Nascimento

Prefácio à 1ª edição

Conheci a Dra. Vera Michels como Procuradora Regional Eleitoral junto ao Tribunal Regional Eleitoral deste Estado. Deste período, em que a excelência de seus pareceres foi a tônica, engrandecendo o *parquet* federal, presto meu testemunho cultural. Época que alcançou as eleições de 1996 e havia legislação nova a interpretar e adequá-la aos fatos que se desenvolviam, o conteúdo altamente técnico das opiniões da ilustre Procuradora, aliado a um sentido prático admirável, serviram ao Direito Eleitoral que se executava, como orientação segura.

Não mais vinculado ao TRE, continuei tendo oportunidade de ler novos pareceres da Dra. Vera publicados na Revista especializada do Tribunal, sempre com juízo crítico e admiração, porque neles encontrava o estudo sério, a pesquisa profunda e a cultura jurídica. Continham o exame casuístico das hipóteses fático-jurídicas que enfrentava diuturnamente.

Nenhuma surpresa, por isso, tive quando tomei conhecimento de que iria publicar um livro, tendo como tema central o Direito Eleitoral. Simplesmente juntavam-se a cultura técnica, o amor ao estudo, a percepção necessária da realidade sociopolítica brasileira e o magistério especializado que viera a abraçar. Também não me surpreendi em demasia com o convite de prefaciar o livro, o que muito me honrou, porque é da elegância própria da Dra. Vera a simpatia pelos que também estudam sistematicamente o Direito, escrevendo livros.

Tive oportunidade de ler os originais que, modo concreto, reafirmaram meu pensamento acerca de sua cultura geral e especializada. Destaco, todavia, um novo aspecto de sua capacidade cultural, que o livro evidencia: o do grande poder de sistematização aliado à forma didática e clara de expor suas idéias. E isto é o que se espera de um livro.

Daí a satisfação que tenho de prefaciá-lo, no qual vejo relevância para ser utilizado por aqueles que se dedicam ao estudo do Direito Eleitoral – Magistrados, membros do Ministério Público, advogados e servidores – e, mais do que isto, para os que amam o Direito como ciência e exegese.

Por isso, cumprimento a ilustre Autora pela excelência de seu trabalho, certo de que o livro que publica é um início promissor para outras publicações, que auguro virem proximamente.

Porto Alegre, março de 1998.

Des. Tupinambá Miguel Castro do Nascimento

Sumário

Capítulo I – Aquisição da cidadania
1.1. Compreensão do vocábulo *cidadania* 13
1.2. Alistamento eleitoral 13
1.3. Domicílio eleitoral e sua transferência 16
1.4. A perda dos direitos políticos a importar na privação da inscrição eleitoral 19
1.5. Organização eleitoral brasileira após a Independência 21

Capítulo II – Sufrágio universal
2.1. A universalidade na aquisição da cidadania 23
2.2. O sufrágio como forma exclusiva do exercício da soberania popular
(art. 1º c/c art. 14 da Constituição Federal) 25
2.3. Atividades reservadas ao poder popular de sufrágio: eletividade
(transmissão de legitimidade representativa), plebiscito e referendo
(deliberação popular direta) 31
2.4. O mandato obtido pelo sufrágio universal é do candidato eleito ou do partido? ... 34

Capítulo III – Da organização do eleitorado
3.1. A Seção Eleitoral: unidade de aglutinação de eleitor e mesa receptora de sufrágios .. 39
3.2. A Zona Eleitoral: área de delimitação espacial da jurisdição eleitoral com as
Seções que nelas ficam encravadas 44
3.3. Circunscrições e domicílio eleitoral 46

Capítulo IV – A Justiça Eleitoral
4.1. A jurisdição especializada eleitoral 51
4.2. Peculiar forma de organização: o periódico recrutamento de seus membros e a
composição heterogênea de seus órgãos colegiados 51
4.3. Prestação jurisdicional do contencioso eleitoral 58

Capítulo V – O Ministério Público Eleitoral
5.1. Órgãos e composição 63
5.2. A participação do Ministério Público como fator da continuidade contra as ações
intermitentes para lisura do processo eleitoral e o exercício promocional
dissociado dos antagonismos partidários 67
5.3. A posição de vanguarda reservada ao Ministério Público contra os abusos
de poder 70
5.4. As sanções penais e as sanções de inelegibilidade 71

Capítulo VI – Propaganda eleitoral
6.1. Conciliação entre a liberdade e a isonomia na propaganda eleitoral 75
6.2. Limitações à propaganda 78

6.3. Distribuição proporcional de horários gratuitos pelos meios de comunicações audiovisuais 81
6.4. Propaganda Eleitoral regrada na lei eleitoral, Lei nº 9.504/97 84
6.5. Condutas vedadas aos Agentes Públicos 102
6.6. Propaganda Eleitoral regrada na Lei nº 12.034/09 107

Capítulo VII – Elegibilidade
7.1. Breve histórico sobre a participação popular no sufrágio universal 119
7.2. Processo de escolha dos candidatos pelos partidos 122
7.3. Registro dos candidatos e sua impugnação 129
7.4. Arguições de inelegibilidade: oportunidades e efeitos 139
7.5. Ação Rescisória Eleitoral 141

Capítulo VIII – Abusos de poder no processo eleitoral
8.1. A infiltração do abuso de poder por diferentes flancos 149
8.2. A apuração de abuso de poder na esfera de competência da Justiça Eleitoral 156
8.3. Pluralidade de procedimentos para combate ao abuso de poder em razão da fase a ser enfrentada 158

Capítulo IX – Dos partidos políticos
9.1. Definição de partido político 169
9.2. O sistema nacional partidário pluralista 169
9.3. A institucionalização democrática dos partidos e a coerência aos métodos democráticos na relação com os filiados 174
9.4. As deliberações partidárias e a disciplina interna, sua fusão e extinção 178
9.5. Propaganda partidária regrada na Lei nº 9.096/95 180

Capítulo X – Crimes eleitorais e o respectivo Processo Penal
10.1. Natureza dos crimes eleitorais 185
10.2. As penas nos crimes eleitorais 190
10.3. Da ação penal eleitoral 192
10.4. Aplicação da Lei nº 9.099/95 aos delitos eleitorais 197

Capítulo XI – Da arrecadação e da prestação de contas na Justiça Eleitoral
11.1. Arrecadação e aplicação de recursos nas campanhas eleitorais 209
11.2. Prestação de contas dos candidatos 217
11.3. Prestação de contas dos Partidos Políticos 224

Anexos
Lei 9.504/97 231
Mensagem nº 1.090/97 255
Lei 12.034/09 257
Súmulas do TSE 271

Bibliografia 273

Índice analítico 275

Capítulo I

Aquisição da cidadania

1.1. Compreensão do vocábulo *cidadania*

A cidadania é a expressão que indica a qualidade da pessoa que, estando na posse da plena capacidade civil, também se encontra investida no uso e no gozo de seus direitos políticos.

A cidadania possui duas dimensões: a *ativa*, que se traduz na capacidade pessoal de compartilhar do exercício do sufrágio, e a *passiva*, que se traduz em ter legítimo acesso a cargos públicos, não significando apenas os cargos de provimento eletivo, expresso no direito de disputar o sufrágio para obtenção de mandatos representativos.

1.2. Alistamento eleitoral

Conceito: O alistamento eleitoral consiste no reconhecimento da condição de eleitor, que por sua vez corresponde à aquisição da cidadania e integra o indivíduo no universo de eleitores.

O alistamento é feito através da inscrição eleitoral perante o Juízo Eleitoral e compreende a qualificação e a inscrição.

A Constituição Federal, em seu art. 1º, consagra o princípio da soberania popular, princípio esse que se viabiliza através do voto e, para que o cidadão exercite o direito do voto, deverá antes proceder ao seu alistamento eleitoral. Portanto, o alistamento eleitoral é o pressuposto objetivo do exercício do voto e a viabilização do exercício efetivo da soberania popular.

A Constituição Federal trata especificamente do alistamento eleitoral no art. 14, §§ 1º e 2º, dispondo:

"art. 14. (...)

§ 1º O alistamento eleitoral e o voto são:

I – *obrigatórios* para os maiores de 18 anos;

II – *facultativos* para:

a) os analfabetos;

b) os maiores de 70 anos;

Direito Eleitoral

13

c) os maiores de 16 anos e menores de 18 anos.

§ 2º Não podem alistar-se como eleitores os estrangeiros e, durante o período de serviço militar obrigatório, os conscritos."

Não obstante não refira o artigo acima citado que é proibido o alistamento eleitoral do incapaz absoluto para a vida civil, ao dispor o art. 15, inciso II, da Constituição Federal que a incapacidade civil absoluta gera a perda dos direitos políticos, via de consequência, a Constituição Federal está dispondo que o absolutamente incapaz é inalistável, sendo esta inalistabilidade decorrente da inexistência de direitos políticos do absolutamente incapaz para a vida civil.

Por oportuno, refiro que as Constituições anteriores não davam ao analfabeto o direito facultativo de alistar-se eleitoralmente, ao contrário, a Carta de 1969 expressamente referia que os analfabetos não poderiam alistar-se eleitores (art. 147, § 3º, *a*). Apenas com a Emenda Constitucional nº 25, de 15/05/85, houve a integração dos analfabetos – gize-se que fatia expressiva da sociedade brasileira – no rol dos possíveis alistandos eleitores, relegando, contudo, à lei ordinária a regulamentação da forma do alistamento eleitoral dos analfabetos e a forma de exercício do direito do voto.

A Magna Carta de 1988, embora não refira expressamente a condição de brasileiro para o alistamento e o voto, ao excluir como eleitor os estrangeiros, pela via inversa o fez. Portanto, o estrangeiro, não podendo alistar-se eleitoralmente, está automaticamente impedido de votar.

Já o § 2º do art. 14 da CF/88, ao ter referido que não poderão alistar-se como eleitores os conscritos – durante o período do serviço militar obrigatório –, o que lhes foi impedido, durante o período do serviço militar obrigatório, na realidade, foi o exercício do voto, pois que o jovem ao ser engajado no serviço militar, aos 17/18 anos, já pode estar alistado eleitor, já que é facultativo o alistamento eleitoral aos 16 anos, o que significa que o conscrito ficará apenas impedido de votar. Nesse sentido a resposta dada pelo TSE na Consulta nº 9.881/90.[1]

Nesse particular, cabe referir, também, que a Constituição de 1937 foi extremamente rígida ao proibir o alistamento de todos os militares em serviço ativo, bem como a todos os oficiais, qualquer que fosse a graduação, o que perdurou até 1945; foi a chamada ditadura de Vargas.

---

[1] TSE, Res. 0015072, na Consulta 9.881, Rel.Min. SYDNEY SANCHES, j. em 28/FEV/89, p. DJ 25/JUL/89: "1. Voto. Analfabetos. Maiores de Setenta anos. CF. art. 14, § 1º, II, *a* e *b*. Aos analfabetos e maiores de setenta anos alistados e que não votarem, faz-se desnecessária a justificativa, o que os torna isentos de quaisquer penalidades 2. Alistamento. Maiores de dezesseis e menores de dezoito anos. O art. 14, § 1º, III, *c*, da Constituição é auto-aplicável. 3. Alistamento. Voto. Serviço militar obrigatório. O eleitor inscrito, ao ser incorporado para prestação do serviço militar obrigatório, deverá ter sua inscrição mantida, ficando impedido de votar, nos termos do artigo 6, II, *c*, do Código Eleitoral".

Já quanto ao *naturalizado brasileiro*, por não ter a Constituição feito referência, permanece a regra do art. 8° do Código Eleitoral, Lei n° 4.737, de 15/07/65, que foi recepcionado pela CF/88, dispondo que o naturalizado brasileiro deverá se alistar um ano após a aquisição da nacionalidade.

Por oportuno, comporta referir que os portugueses, da mesma forma que os demais estrangeiros, podem adquirir, por naturalização, a condição de brasileiros, regrando a Constituição Federal, no art. 12, inciso II, alínea *a*,[2] a exigência de apenas um ano de residência ininterrupta no Brasil, para aqueles originários de países de língua portuguesa, para que possam adquirir a nacionalidade brasileira, diferentemente do regrado para os demais estrangeiros, onde a exigência de residência ininterrupta no Brasil é de quinze anos, para que possam os mesmos vir a adquirir a nacionalidade brasileira (art. 12, II, *b*, CF).

Desta forma, os portugueses, naturalizados brasileiros, tais como os demais estrangeiros que adquirirem a naturalização brasileira, devem, no prazo de até um ano após a naturalização brasileira, alistar-se eleitoralmente (art. 8° do Cód. Eleitoral), adquirindo, a partir daí, identicamente aos brasileiros natos, a capacidade de votar, ser votado e eleito, exceto para o cargo de Presidente e Vice-Presidente da República, devido à própria Constituição Federal exigir, no art. 12, § 3°, I, a condição de brasileiro nato.

Desta forma, pode-se concluir que são:

1°) alistáveis obrigatórios = os maiores de 18 anos, de ambos os sexos;

2°) alistáveis facultativos = os analfabetos, os maiores de 16 anos e menores de 18 anos e os maiores de 70 anos;

3°) inalistáveis = os menores de 16 anos, os absolutamente incapazes para a vida civil (enumerados no art. 3° do CC/2002: os que por enfermidade ou deficiência mental não tiverem o necessário discernimento para a prática desses atos e os que, mesmo por causa transitória, não puderem exprimir sua vontade), os estrangeiros, os conscritos enquanto estiverem prestando o serviço militar obrigatório e os que estejam privados, temporária ou definitivamente, dos direitos políticos.

Podemos referir quatro efeitos do alistamento eleitoral:

1°) permite determinar a condição de eleitor, através do Título de Eleitor;

2°) os dados do alistamento são necessários para que possa ser determinado o número de representantes nas eleições proporcionais (vereadores, deputados estaduais e federais);

---

[2] Constituição Federal, art. 12 – são brasileiros: I – ... II – naturalizados: a) os que, na forma da lei, adquiram a nacionalidade brasileira, exigidas aos originários de países de língua portuguesa apenas residência por um ano ininterrupto e idoneidade moral.

Direito Eleitoral   **15**

3º) pela permanente vinculação do eleitor a uma determinada seção eleitoral, atende-se ao propósito de oferecer maior comodidade para o cumprimento do dever do voto;

4º) delimitar o termo inicial da incorporação do eleitor ao corpo eleitoral da Circunscrição para que nela possa concorrer a cargo eletivo.

1.3. Domicílio Eleitoral e sua transferência

O alistamento eleitoral obedece a um procedimento administrativo-eleitoral, que está regulado no Código Eleitoral, Lei nº 4.737/65, arts. 42 e seguintes.

O alistamento é ao mesmo tempo qualificação e inscrição, que juntos possibilitam a concretização do voto, através do título eleitoral. A qualificação é a comprovação de que o alistando satisfaz todos os requisitos necessários ao alistamento e ao direito do voto (aqui são verificadas todas as hipóteses de alistabilidade e inalistabilidade antes vista). A inscrição objetiva registrar o nome do alistando na zona eleitoral pertinente, onde serão anotados todos os dados necessários que acompanharão, eleitoralmente, a vida do que se alistou.

O domicílio eleitoral do alistando é que vai determinar o critério para fixação da zona eleitoral competente para processar o pedido de alistamento eleitoral.

O domicílio eleitoral é mais abrangente do que o domicílio civil previsto no art. 70 do Código Civil (art. 31 do antigo CC) (lugar onde a pessoa natural estabelece sua residência com ânimo definitivo).

O parágrafo único do art. 42 do Código Eleitoral estabelece que é *domicílio eleitoral o lugar de residência ou moradia do requerente*, não falando em residência com ânimo definitivo, o que permite maior elasticidade na compreensão do domicílio eleitoral. Aliás, indo adiante, o parágrafo único do art. 42 do Código Eleitoral estabelece quanto ao domicílio eleitoral que, *verificando ter o alistando mais de uma (residência ou moradia), considerar-se-á domicílio (eleitoral) qualquer delas.*

Neste particular, cumpre referir que o TSE, inclusive, já decidiu que "admite-se o domicílio eleitoral em localidade onde o eleitor mantenha vínculo patrimonial",[3] o que se conclui que o domicílio eleitoral deve ser compreendido com flexibilidade.

Registre-se que este conceito que se dá ao domicílio eleitoral tem grande importância no exame do crime previsto no art. 289 do Código Eleitoral, que diz ser crime "inscrever-se fraudulentamente eleitor". A ti-

---

[3] TSE, Ac. nº 13.459, Rel. Min. CARLOS VELLOSO, j. unânime em 25/mai/93, Rev. TSE, vol. 6, nº1, Jan/Mar/95, p. 376.

picidade desse crime ocorre com declaração falsa de residência ou domicílio. Assim, ao examinar a existência ou não desse delito eleitoral, deve-se, obviamente, ter presente a maleabilidade conceitual do domicílio eleitoral.

Deferido o pedido de alistamento eleitoral, ficam registrados no Cartório da Zona Eleitoral todos os informes pertinentes ao eleitor, estruturando-se o ato de inscrição eleitoral, cuja consequência é a entrega do Título de Eleitor, mediante recibo, ao eleitor, que passará então a exercer seus direitos políticos, dentre os quais o de votar. Daí concluir-se que o alistamento eleitoral é a via utilizada pela pessoa física para se instrumentalizar como eleitor, termo inicial de sua capacidade concreta para o exercício de tal direito político.

Nada impede, contudo, que o domicílio eleitoral venha a ser modificado pelo transcurso do tempo, podendo o eleitor pedir transferência da inscrição eleitoral para outra Zona Eleitoral. O pedido de transferência de inscrição eleitoral é um direito público subjetivo do eleitor, que uma vez alterado o domicílio eleitoral pode o eleitor buscar a nova adequação.

Deve ser enfatizado que não há transferência de domicílio eleitoral *ex officio*, ainda que a administração eleitoral tome conhecimento da mudança de domicílio. Isto significa que a *transferência do Título de Eleitor é facultativa*, já que é ao eleitor que compete analisar e ponderar da conveniência, ou não, da transferência.

Daí que a manutenção da zona de alistamento, mesmo que com alteração da residência ou moradia, termina por instituir o denominado domicílio histórico, sentimental ou afetivo. Como ensina o Desembargador Tupinambá Castro do Nascimento, em seu livro *Lineamentos de Direito Eleitoral*, "não mais residindo ou morando na zona eleitoral, a inscrição se mantém no mesmo local porque, quando deferido o alistamento, havia conformidade com o domicílio eleitoral. É o dado histórico. Além do mais, o eleitor não usa da faculdade de transferência por razões de vínculo de amizade, familiares, etc., o que evidencia os elementos sentimental e afetivo. Este domicílio, porém, só deve ser aceito nesta situação para que se mantenha hoje a situação jurídica que se formou, regularmente, ontem. Assim, domicílio afetivo é o que se mantém e não o que se forma".[4]

Caso o eleitor resolva exercitar o pedido de transferência de zona eleitoral, é necessária a satisfação, na regra geral, de duas condições: (1º) ter o eleitor, na inscrição anterior, pelo menos *1 ano* e (2º) a residência no novo domicílio deve ter, no mínimo, *3 meses*, devidamente comprovados, a teor do disposto no art. 55, § 1º, II e III, do Código Eleitoral. Contudo, o § 2º do mesmo artigo excetua a regra geral, dizendo que não se aplica essa

---

[4] NASCIMENTO, Tupinambá Miguel Castro do. *Lineamentos de Direito Eleitoral*. Porto Alegre: Ed. Síntese, 1996, p. 49-50.

regra, quando se tratar de transferência, por motivo de remoção de *servidor público civil, militar, autárquico, ou de membro de sua família.*

Como se vê, a transferência eleitoral é mais limitada, não possuindo a elasticidade de domicílio eleitoral dado ao alistamento inicial, já que deve existir a prova cabal da nova residência ou moradia, com período mínimo de habitação de 3 meses.

O Código Eleitoral estabelece também mais dois requisitos para concessão da transferência: (1º) é o estipulado no art. 61, qual seja, da necessidade de o eleitor estar quites com a Justiça Eleitoral. Isto significa que deve provar que cumpriu com todas as suas obrigações eleitorais e, se não cumpriu, pagou as multas devidas; (2º) é o estipulado no inciso I do § 1º do art. 55 do mesmo Diploma Legal, qual seja, só será concedida transferência de domicílio eleitoral aos requerimentos que derem entrada no Cartório Eleitoral do novo domicílio até 100 dias antes da data da eleição, artigo esse que foi revogado tacitamente pela Lei nº 9.504/97, que estabelece no art. 91 que os requerimentos de transferência de domicílio eleitoral só serão aceitos se derem entrada até 150 dias antes da data da eleição.

Para eficácia da transferência do domicílio eleitoral, pelas regras do Código Eleitoral (art. 59), era indispensável, também, que a folha individual de votação da zona de origem viesse à nova zona eleitoral, mediante requisição pelo novo Juízo Eleitoral, para que fosse determinado o cancelamento da inscrição do transferido. Contudo, com a informatização eletrônica do sistema de cadastro dos eleitores implantado na Justiça Eleitoral, tal ficou mais facilitado, bastando o acionamento do sistema para que a folha individual de votação do eleitor seja acessível pela nova zona eleitoral. Antes da implantação do sistema eletrônico, a folha de votação individual acompanhava o eleitor com a finalidade de evitar a fraude na votação com duplicidade de votos. Da mesma forma, antes da implementação do cadastro eletrônico informatizado, o eleitor poderia votar em separado na nova zona eleitoral, mediante a simples apresentação do título de eleitor, acaso a sua folha de votação ainda não estivesse na nova zona eleitoral, conforme regra do art. 146, VII, do Código Eleitoral.

Porém, esse artigo foi revogado tacitamente pelo art. 62 da Lei nº 9.504/97, que é expresso no sentido de que "somente poderão votar eleitores cujos nomes estiverem nas respectivas folhas de votação, não se aplicando a ressalva a que se refere o art. 148, § 1º, da Lei nº 4.737, de 15 de julho de 1965 (Código Eleitoral)". Por evidente, também, essa restrição se estende aos casos do art. 146, VII, do Código Eleitoral, só podendo votar aquele que estiver relacionado nas folhas de votação.

Contudo, acaso o eleitor tenha extraviado seu título, nem por isso estará impedido de fazer sua transferência de domicílio eleitoral, conforme as regras do art. 56 e seus §§ do Código Eleitoral.

O art. 6° da Lei n° 12.034, de 29/09/09, introduziu um importante artigo ao Código Eleitoral – art. 233-A – que dá direito aos eleitores em trânsito no território nacional a possibilidade de votar, nas Capitais de qualquer Estado do Brasil, para Presidente e Vice-Presidente da República, em urnas especificamente instaladas para esses casos de eleitores em trânsito. O TSE regulamentará a possibilidade criada por esse art.233-A do Código Eleitoral.

1.4. A perda dos direitos políticos a importar na privação da inscrição eleitoral

Em regra, as inscrições eleitorais são permanentes e habilitam o eleitor aos pleitos eleitorais que se realizarem na área política a que pertença. Desta forma, só poderá haver exclusão do eleitor do rol dos inscritos por decisão judicial impondo o cancelamento da sua inscrição.

O Código Eleitoral, no art. 71, disciplina discriminada e exaustivamente as causas de cancelamento de inscrições eleitorais, a saber:

I – infrações dos arts. 5° e 42;

II – a suspensão ou perda dos direitos políticos;

III – a pluralidade de inscrições;

IV – o falecimento do eleitor;

V – deixar de votar durante o período de seis anos ou em três eleições consecutivas.

A primeira causa decorre de vício no ato do alistamento. Ocorre quando a pessoa era inalistável, ou o alistamento se deu por fraude, engano ou dolo contra os termos da lei – art. 5° do Código Eleitoral –, ou o alistamento se deu com desobediência ao procedimento administrativo-eleitoral, sem as devidas qualificação e/ou inscrição – art. 42 do Código Eleitoral. No caso, o transcurso do tempo não torna válido o que nasceu ofensivo à lei, de modo que nenhuma alegação de preclusão, prescrição ou decadência serve para afastar o cancelamento e a exclusão. Há prioridade, portanto, do interesse público.

A segunda causa nasce em decorrência de ser o eleitor detentor de direitos políticos. Assim, no momento em que, após o alistamento, o eleitor tiver suspensos ou cassados tais direitos, operar-se-á a causa de cancelamento de sua inscrição eleitoral. Essas causas, tanto de suspensão, como de cancelamento, estão previstas no texto Constitucional; essa é a exegese que se extrai do art. 15 da Constituição Federal.[5]

---

[5] Constituição Federal – art. 15. É vedada a cassação de direitos políticos, cuja perda ou suspensão só se dará nos casos de: I – cancelamento da naturalização por sentença transitada em julgado; II – incapacidade civil absoluta;III – condenação criminal transitada em julgado, enquanto durarem seus

Deve ser frisado que ninguém tem seus direitos políticos suspensos pelo fato de estar privado da liberdade, ocorrendo tal suspensão tão somente com o *trânsito em julgado* da sentença criminal condenatória e, enquanto durarem os seus efeitos, ou seja, enquanto estiver o réu cumprindo pena, ainda que beneficiado pelo *sursis*, a teor de entendimento dominante do TSE.[6]

Desta forma, os presos em flagrante ou preventivamente, por inadimplência de dívida civil (alimentos) e por depósito infiel são presos com direitos políticos mantidos.

A terceira causa de cancelamento é a pluralidade de inscrições, já que cada eleitor tem direito apenas a um voto e a um único alistamento. Não importa se a pluralidade de inscrição eleitoral provém de fraude, de simples erro ou ignorância, importando ao direito eleitoral que o eleitor tem direito apenas a uma inscrição eleitoral, devendo ser canceladas as demais. O art. 75 do Código Eleitoral enumera, por ordem de preferência, qual das inscrições eleitorais deverá ser mantida.

A quarta causa é o óbito do eleitor. E o § 3º do art. 71 do Código Eleitoral determina a obrigatoriedade dos Oficiais de Registro Civil, sob as penas de cometimento do crime previsto no art. 292 do Código Eleitoral, até o dia 15 de cada mês, comunicar ao Juiz Eleitoral da zona em que oficiarem, os óbitos dos cidadãos alistáveis, ocorridos no mês anterior, para fins de cancelamento da inscrição eleitoral. A comunicação envolverá, ainda, as mortes justificadas judicialmente de pessoas desaparecidas nas condições do art. 88 e parágrafo único da Lei de Registro Públicos [Lei nº 6.015/73].

A quinta causa de cancelamento é o eleitor deixar de exercer o direito de voto por três eleições consecutivas, causa introduzida na lei eleitoral por força da Lei nº 7.663, de 27/05/88. No caso, penso que o cancelamento não tem caráter de sanção, já que não relacionado no art. 15 da CF. Essa causa só se perfaz quando o eleitor não comparecer às urnas por três eleições consecutivas, sem qualquer justificativa ou pagamento de multa, o que faz presumir seu desaparecimento.

O art. 72 do Código Eleitoral diz categoricamente que "durante o processo e até a exclusão pode o eleitor votar validamente", o que significa que o cancelamento já existe desde a ocorrência da causa, mas a consequência de impedir o eleitor de votar depende da sentença declaratória, cancelando e desconstituindo o seu alistamento eleitoral. Segundo leciona o Desembargador Tupinambá, independe do trânsito em julgado a sentença que exclui o eleitor do alistamento eleitoral, já que esse artigo não deve ser interpretado nem gramatical e nem isolado, mas sim sistemicamente,

---

efeitos; IV - recusa de cumprir obrigação a todos imposta ou prestação alternativa, nos termos do art. 5º, VIII;

[6] TSE, REsp.nº12.745, Rel. Min. ILMAR GALVÃO, j. unânime, p. DJ 21/jun/96.

a exegese do disposto no art. 257 do Código Eleitoral que diz que "os recursos eleitorais não terão efeito suspensivo", de modo que a eficácia da sentença declaratória-constitutiva aparece desde logo com a sua prolação, já que o recurso dela interposto terá efeito meramente devolutivo.[7]

Contudo, pessoalmente penso que apenas com o trânsito em julgado da decisão que cancela a inscrição eleitoral (título de eleitor) é que não poderá mais votar o eleitor que teve sua inscrição eleitoral cancelada.

1.5. Organização eleitoral brasileira após a Independência

Após a Constituição Imperial, a 1ª legislação eleitoral que surgiu foi a Lei nº 387, de 19/08/1846, que implantou as juntas de qualificação, assegurou a participação das correntes minoritárias, criando uma modalidade de recursos para tribunais na hipótese de negação da qualificação eleitoral e terminou com o voto por procuração.

A 2ª mudança foi operada pela Decreto nº 842, de 19/09/1885, chamada Lei dos Círculos, que implantou o sistema dos distritos eleitorais, compostos de um único deputado, em substituição ao sistema de circunscrição, correspondentes às antigas províncias, e trouxe em seu texto também um elenco de incompatibilidades eleitorais. Apenas vigeu num único pleito e foi alterada pelo Decreto nº 1.082, de 18/08/1860, que elevou para 3 o número de deputados por círculos.

A 3ª reforma ocorreu através da Decreto nº 2.675, de 20/10/1875, chamada "lei do terço", porque procurou assegurar a representação das forças minoritárias, mediante a qual poderiam ser sufragados apenas 2/3 das vagas para deputados, ficando o 1/3 restante reservado à representação minoritária.

Ainda no Império foi sancionada a Lei Saraiva, Decreto Legislativo nº 3.029, de 09/01/1881, que instituiu o alistamento permanente, com títulos eleitorais assinados pelos juízes de direito, com reconhecimento de voto ao analfabeto e fazendo ressurgir o sistema de eleições por círculos de um só deputado acompanhado da eleição direta.

Proclamada a República, através do Decreto nº 6, de 19/11/1889, o Governo Provisório dispôs sobre os requisitos para participação do corpo

---

[7] Autor e livro citado, p. 51: "A sentença que exclui do eleitor do alistamento depende do trânsito em julgado para excluir? Entendemos que não. O art. 72 acima transcrito não deve ser interpretado nem gramatical nem isoladamente. Incluindo-se dentro de um Código, com outros princípios e regras, deve merecer uma interpretação sistêmica. Influência tem aqui o artigo 257 do mesmo Código Eleitoral, ao normatizar que 'os recursos eleitorais não terão efeito suspensivo'. O fato de haver recurso contra sentença de exclusão simplesmente tem o efeito de devolver, ao órgão competente para julgar a irresignação recursal, a matéria em discussão. A eficácia sentencial aparece desde logo, com o fato de ter sido prolatada a decisão. Esta é a conseqüência natural dor curso: ter o exclusivo efeito devolutivo."

Direito Eleitoral   **21**

eleitoral, prevendo que alistandos deveriam saber ler e escrever. No mesmo ano, pelo Decreto de 21/12 do Governo Provisório, é fixada a data de 15 de setembro para a eleição geral à Assembleia Constituinte. Embora a República tivesse sido proclamada, continuou por algum tempo a realidade política a refletir a estrutura de acentuado teor oligárquico, apoiada nas dominações regionais e no clientelismo do ambiente rural.

Só com a Revolução de 1930 foi erradicado o sistema retrógrado de dominação que estava enraizado no país. E foi com um movimento surgido em São Paulo, que em 1932 foi reativado o processo democrático.

Com a edição do Decreto nº 21.076, de 24/02/1932, denominado 1º Código Eleitoral, é que foram adotadas inovações procurando dar condições efetivas ao mecanismo representativo, com a adoção do voto secreto e a criação da Justiça Eleitoral.

A Constituição de 1934 foi a primeira a prever a Justiça Eleitoral, previsão essa que sofreu readaptação pela Lei nº 48, de 04/05/1935.

De 1937 a 1945, com a ditadura de Vargas, houve interrupção das lides democráticas, tendo sido, inclusive, extinta a Justiça Eleitoral no Brasil.

A Justiça Eleitoral só ressurge através do Decreto-Lei nº 7.586, de 28/05/1945. Sendo que a partir da Constituição de 1946, a Justiça Eleitoral passou a ter, novamente, previsão constitucional em nosso país.

Capítulo II

Sufrágio universal

2.1. A universalidade na aquisição da cidadania

Cabe aqui uma digressão histórica para entendermos a abrangência do princípio da universalidade do sufrágio ou do voto na aquisição da cidadania.

A representatividade dos órgãos legislativos, por parte de todo o corpo eleitoral, só tomou forma depois da Revolução Francesa, com a finalidade de obter a garantia de que a lei surgisse como expressão autêntica da vontade geral e, segundo a fórmula de Rousseau, para induzir que as Câmaras se mantivessem sempre em último contato com as massas populares.

E foi apenas nos momentos que precederam à última grande guerra, com a derrocada das instituições democráticas, que a participação popular se apresentou em escala mais intensiva e, após, tornou-se causa determinante de amplas e profundas preocupações com o estabelecimento de um sistema de defesa, pois os órgãos representativos, amparados pelo sufrágio direto e secreto, se espaldaram, face à resistência do regime, na divisão de responsabilidades deliberativas articuladas com as camadas mais consistentes da sociedade: o povo.

Entre nós, a Constituição de 1824 adotou o voto censitário (voto de apenas algumas pessoas do povo, em razão da fortuna, originário do Direito Romano, a partir do século II a.C.). O art. 92, § 5°, da CF de 1824 dizia que não podiam votar nas assembleias paroquiais, entre outros, "os que não tiverem de renda líquida anual 100$ por bens de raiz, indústria, comércio ou emprego". Também, segundo dispunha o art. 94, § 1°, dessa Constituição, não podiam votar nas eleições dos deputados, senadores e membros dos conselhos da província "os que não tiverem de renda líquida anual 200$000 por bens de raiz, indústria, comércio ou emprego".

As demais Constituições, a de 1891, art. 70, a de 1937, art. 117, parágrafo único, a de 1946, art. 132, I, e a de 1967 com a redação da Em. Const. n° 1/69, art. 142, § 3°, *a*, não utilizaram o voto censitário, mas obstaculizaram o voto para algumas categorias (mendigos, analfabetos, etc.).

Direito Eleitoral

As mulheres brasileiras não tiveram o direito de voto até 1932. O voto feminino apenas foi consagrado no 1º Código Eleitoral, editado como Decreto nº 21.076, de 24/02/1932. Após, o voto feminino foi reconhecido na Constituição de 1934; contudo, o princípio da obrigatoriedade do alistamento e do voto às mulheres foi extensivo apenas para aquelas que ocupassem funções públicas remuneradas. E foi só com a Constituição de 1946 que passou a existir a obrigatoriedade de voto e alistamento para ambos os sexos, passando, a partir daí, a existência da isonomia jurídica às atividades eleitorais.

Nos EEUU, o direito de voto à mulher só passou a figurar no texto da Constituição através da Emenda nº XIX, adotada em 26/08/1920. Na Suíça, país com sólida tradição democrática, curiosamente, ainda em 1959 rejeitava em plebiscito a concessão do voto à mulher e, apenas em 1971, foi aprovada a Emenda conferindo o direito à mulher suíça de votar e ser votada nas eleições federais.

A aquisição da cidadania, como já vimos, possui duas dimensões: a *ativa*, que se traduz na capacidade pessoal de compartilhar do exercício do sufrágio, e a *passiva*, que se traduz em ter legítimo acesso a cargos públicos, não significando apenas os cargos de provimento eletivo, expresso no direito de disputar o sufrágio para obtenção de mandatos representativos. Resumindo, podemos dizer que a cidadania plena compreende o direito e o dever de votar e o direito de ser votado.

Já o princípio da universalidade do sufrágio ou do voto é o que garante, sem restrições, o direito de votar a todos do povo. Esse princípio, tal como colocado, em caráter absoluto, seria utópico, tendo em vista as restrições existentes à aquisição da cidadania. Conforme expresso no capítulo anterior, existem restrições ao exercício da cidadania, pois embora a Constituição Federal diga ser obrigatório o alistamento eleitoral para os brasileiros de ambos os sexos, maiores de 18 anos, ela mesma impõe restrições/exceções plenas, como por exemplo, são inalistáveis os menores de 16 anos, os absolutamente incapazes para a vida civil, os conscritos enquanto estiverem prestando o serviço militar obrigatório e os estrangeiros, o que nos leva a concluir que nem todo o brasileiro pode alistar-se eleitoralmente. Ademais, a própria Constituição torna facultativo o alistamento eleitoral para alguns brasileiros, como para os maiores de 16 anos e menores de 18 anos, para os analfabetos e para os maiores de 70 anos.

Desta forma, tendo em vista que as restrições acima mencionadas se justificam por si só, já que uma eleição é a livre manifestação da vontade do povo, por evidente que uma criança de 5 anos ou um absolutamente incapaz para a vida civil não teriam condições de manifestar sua vontade livremente numa eleição, através do voto.

Nessa linha de raciocínio, devemos entender que o sufrágio universal, como um direito de voto a todos, embora a relatividade que o acompanha, como ensina do Desembargador Tupinambá Castro do Nascimento, "é conseqüência do princípio da isonomia",[8] também garantido constitucionalmente e, como sabemos, este princípio é o tratamento igual dado aos iguais, assim, todos que são iguais perante a lei têm direito a voto, exceto aqueles abrangidos pelas exceções expressamente indicadas na Constituição.

No Direito Eleitoral brasileiro, o sufrágio possui dupla característica, figurando como *função social*, reconhecível através da regra da obrigatoriedade, e ainda como um *direito subjetivo de indivíduos maiores de 18 anos que não incidam nas proibições legais*.

Portanto, chegamos à conclusão de que o sufrágio universal vem tendo cada vez mais aceitação, com a crescente eliminação das medidas restritivas, entre nós, por exemplo, tornando facultativo o alistamento eleitoral até para os analfabetos.

De qualquer forma, a concepção do sufrágio universal não pode ser levada em termos absolutos, como já referido, uma vez que sempre deverão figurar requisitos que se façam indispensáveis para a participação do corpo eleitoral. Na realidade, por maior dilatação que se tenha dado ao eleitorado, sempre haverá uma diferença numérica significativa entre povo no conceito sociológico e povo politicamente habilitado. J.F. de Assis Brasil já advertia sobre a ambiguidade da expressão *sufrágio universal*, referindo que a mesma não pode ser empregada ao pé da letra, entendendo, em seu livro *Democracia Representativa: do Voto e do Modo de Votar*, que a universalidade proclamada refere-se ao direito, e não ao seu exercício.[9]

2.2. O sufrágio como forma exclusiva do exercício da soberania popular (art. 1º c/c art. 14 da Constituição Federal)

A Constituição Federal de 1988, no art. 1º, após relacionar a soberania, a cidadania, a dignidade da pessoa humana, os valores sociais do trabalho e da livre iniciativa e o pluralismo partidário como fundamentos do Estado Democrático, em seu parágrafo único, dispõe:

"Todo poder emana do povo, que o exerce por meio de representantes eleitos ou diretamente, nos termos desta Constituição."

---

[8] NASCIMENTO, Tupinambá Miguel Castro do. *Lineamentos...* obra. citada., p. 34.

[9] BRASIL, J. F. de Assis. *Democracia Representativa: do Voto e do Modo de Votar*. 3ª edição, Paris/Lisboa: Guillard Aillaud, 1985, p. 59-62.

E, o envolvimento do povo como única fonte legítima de todo poder, adotado no parágrafo único do art. 1º da nossa Carta Constitucional, recebe mais adiante, no art. 14, no dizer do mestre em direito eleitoral Fávila Ribeiro "precisa identidade conceitual equivalente à soberania popular, tendo no sufrágio universal o seu modo próprio e exclusivo de realização".[10]

O art. 14 da CF enfaticamente dispõe:

"A soberania popular será exercida pelo sufrágio universal e pelo voto direto e secreto, com valor igual para todos, e nos termos da lei,[11] mediante:
I – plebiscito;
II – referendo;
III – iniciativa popular."

Como diz Fávila Ribeiro, não existe vácuo constitucional a permitir a expansão de competências e "nem estas possuem elasticidade, sendo fincadas com bases rígidas, de modo a que os que se encontrem temporariamente credenciados a exercê-las não suplantem os limites estrategicamente definidos".[12]

Inobstante as bases rígidas constitucionais a respeito, leis eleitorais até 1997 eram editadas para valer para cada eleição específica e nelas se esgotavam a sua aplicabilidade, sendo, sucessivamente, para cada nova eleição outra lei eleitoral editada, o que se constituía em distorção e nocividade ao processo eleitoral.

Penso que a legislação eleitoral deveria ser transparente, não sendo saudável ao processo democrático a consecutiva edição de leis eleitorais casuísticas, para valerem apenas para uma eleição. Deveria, segundo penso, prevalecer o modelo codificado na legislação eleitoral, como nos demais ramos do Direito, e toda a lei que se editasse nessa matéria deveria gerar um consequente reajustamento no próprio Código Eleitoral.

Mas assim não é. Inclusive, através da Emenda Constitucional nº 04, de 14/09/93, foi introduzido o art. 16 na Constituição Federal, que diz que "a lei que alterar o processo eleitoral entrará em vigor na data da sua publicação, não se aplicando à eleição que ocorra até 1 (um) ano da data de sua vigência", o que significa que a lei que regerá uma eleição deverá viger pelo menos 1(um) ano antes da eleição. Isto significa, também, que a lei eleitoral que rege uma eleição é projetada sob medida para as circunstâncias de cada pleito eleitoral. Na verdade, dessas consecutivas leis eleitorais se têm observado normações repetitivas quanto a registro de candidatos, propaganda eleitoral etc., com nada de inédito, não se justificando, segun-

---

[10] RIBEIRO, Fávila. *Direito Eleitoral*. 4ª edição. Rio de Janeiro: Forense, 1996, p. 5.

[11] A Lei nº 9.709, de 18/11/98, regulamentou o plebiscito, o referendo e a iniciativa popular.

[12] RIBEIRO, Fávila, obra citada, p. 6.

do entendo, a edição de uma lei para cada eleição. Todos nós sabemos que tal prática se prestou, como uma luva, para encobrir os casuísmos de cada pleito.

Contudo, embora não codificada, a lei eleitoral, Lei n° 9.504, de 30/09/97, publicada no DJ do dia 1°/10/97, foi editada com a finalidade de não apenas regular os pleitos em nível de circunscrições federal e estadual, mas também em nível de circunscrição municipal, dando um caráter de permanência à legislação eleitoral, reguladora do sufrágio universal.

A Lei n° 9.504, de 30/09/97, vem regulando e sendo aplicada às eleições que vêm ocorrendo desde 1998 e se mantém íntegra até hoje, com pequenas alterações ou modificações. Gize-se que as alterações ou modificações pertinentes a essa lei eleitoral, quanto a sua aplicação à eleição, deve ser observada a regra do art. 16 da CF, introduzida através da EC n° 04, de 14/09/93, qual seja, "não se aplicando à eleição que ocorra até 1 (um) ano da data de sua vigência".[13]

Quanto à *organização do sufrágio*, são estabelecidas técnicas que se devem aplicar para o funcionamento do corpo eleitoral e critérios que podem ser adotados na distribuição numérica dos mandatos. Podemos ter o alcance da organização do sufrágio, classificando-o:

1°) *quanto à extensão*: ele pode ser restrito e universal. Ele é restrito se a inclusão no corpo eleitoral fica submetida a limitações no tocante a sexo, raça, hereditariedade, fortuna e instrução elitista. Na realidade, o sufrágio universal não pode ser levado em termos absolutos, tendo em vista que sempre deverão figurar requisitos que se façam indispensáveis para a participação do corpo eleitoral. No Brasil, por exemplo, embora o sufrágio seja universal, considerando o alistamento obrigatório para ambos os sexos após os dezoitos anos, o exercício desse direito encontra os impedimentos para o alistamento eleitoral, que estão estabelecidos no § 2° do art. 14 da CF e são eles: os estrangeiros e os conscritos durante o período que durar o serviço militar obrigatório.

---

[13] O TSE não observou essa regra constitucional, tendo, em Resoluções expedidas para o pleito eleitoral de 2006, aplicado de imediato, a maior parte das modificações introduzidas pela Lei 11.300, de 10/05/2006 no tocante a propaganda, financiamento e prestação de contas das despesas com campanhas eleitorais. O PDT entrou com ADIn n° 3.742-1, O PTC entrou com ADIn n° 3.743-9 e o PSC entrou com ADIn n° 3741-2, questionando a inconstitucionalidade das regras decidas pelo TSE de aplicação imediata à eleição/2006, das normas da Lei n° 11.300, que entrou em vigor no dia 10/05/06, em face da regra insculpida no art. 16 da Constituição Federal. As ADIns foram distribuídas ao Ministro Ricardo Lewandowski, tendo o STF julgado essas ADIns reunidas, levando o n° ADIn 3.741/DF, no dia 06/09/2006 e, por unanimidade, decidiu a ação direta procedente, em parte, declarando a inconstitucionalidade do art. 35-A da Lei n° 9.504/97, com a redação que lhe deu a Lei n° 11.300 de 10/05/2006, apoiando-se no fundamento de que esse artigo restringe o direito à informação, que é norma constitucional asseguradora da liberdade de expressão. Quanto à aplicação dos demais artigos da Lei 11.300/2006 ao pleito do mesmo ano o STF julgou a ação direta improcedente, sustentando que as alterações introduzidas por essa lei, por serem de caráter meramente procedimental, são regras que não implicam no desequilíbrio da disputa eleitoral, não ferindo, portanto, a regra do art. 16 da CF.

Direito Eleitoral

2º) *quanto ao valor*: ele pode ser igual e plural ou qualificado. Ele é igual porque nas operações eleitorais os votos são contados, e não medidos. Portanto, a cada eleitor corresponde um voto igual. O voto plural ou qualificado seria em razão de pressupostos elitistas, mas com a crescente democratização no mundo atual, tem havido a abolição dessa forma desigualitária de sufrágio.

3º) *quanto à forma*: ele pode ser secreto e público. A forma do voto secreto, que entre nós é adotado (desde o advento do 1º Código Eleitoral, Decreto 21.076, de 24/02/1932), serve para resguardo do interesse geral a fim de que as instituições funcionem livremente como expressão da vontade popular. Aliás, deve ser gizado que a garantia do voto secreto entre nós é matéria de ordem pública, o que significa que não pode ser dispensada pelo eleitor. O voto público teve seu maior defensor em Montesquieu, que, em seu livro *Do Espírito das Leis*, o considerava como "uma lei fundamental da democracia".

4º) *quanto ao modo*: ele pode ser direto e indireto. A eleição indireta compreende dois estágios, sendo o primeiro deles a manifestação do povo designando seus delegados que, num segundo estágio, secundariamente, os delegados, em nome do povo, escolhem o representante. Este é o sistema vigorante nos EEUU para as eleições presidenciais, consubstanciado no art. II, Seção I, da Constituição norte-americana. Os eleitores realizam a designação de delegados em número equivalente à representação de cada Estado perante o Congresso. Os escolhidos, por sua vez, reunidos em seus próprios Estados, no mesmo dia para toda a nação, fazem a votação entre os candidatos registrados, sendo os resultados dessas votações esparsas encaminhadas ao Presidente do Senado, para apuração em reunião conjunta do Congresso. Na hipótese de não ser obtida maioria absoluta por qualquer dos candidatos, caberá à Câmara dos Representantes realizar a escolha, fixando-se num dos três primeiros candidatos mais votados.

Contudo, à margem da Constituição, com o aparecimento dos partidos políticos que assumiram o comando das hostilidades eleitorais, deixou de subsistir a liberdade de escolha dos delegados designados pelo povo, que tinham que sufragar o candidato apontado por sua própria agremiação. Dessa forma, atualmente nos EEUU, logo após a escolha popular já se sabe, desde esse momento, qual será o candidato vitorioso, não passando o escrutínio subsequente, realizado em reunião conjunta do Congresso, de requintada excrescência.

No Brasil, atualmente, vigora a eleição direta, para todos os cargos em níveis Federal, Estadual e Municipal, onde o próprio eleitor faz a escolha direta de seus representantes. Contudo não foi assim, no período compreendido entre 1964 e 1984, onde eram diretas as eleições apenas para Senador, Deputados Federal e Estadual, Prefeitos e Vice e Vereadores. O Presidente e o Vice eram designados por um Colégio dito Eleitoral, que correspondia ao Congresso Nacional *reforçado*, uma vez que eram adicionados seis representantes provindos de cada Assembleia Legislativa Estadual, escolhidos pelos integrantes das bancadas partidárias majoritárias. Ainda na vigência da Constituição de 1969, foi restaurada a eleição direta para Presidente da República, em 1985, com a promulgação da Emenda Constitucional nº 25.

5º) *quanto à distribuição territorial*: ele pode ser distrital e circunscricional. Significa que o eleitorado pode ser distribuído por circunscrições ou por distritos eleitorais. Em qualquer dessas divisões, o eleitor fica vinculado a uma dessas áreas territoriais, tendo de sufragar os candidatos de seus respectivos núcleos eleitorais, distrital ou circunscricional. Essas duas modalidades não devem contudo ser avaliadas isoladamente, ficando a depender do sistema eleitoral aplicado, se majoritário ou proporcional, e das combinações que podem ser articuladas.

Quanto ao sistema de representação, ele pode ser majoritário e proporcional.

Pelo sistema majoritário, considera-se eleito o candidato que obtenha a maior soma de votos sobre os seus competidores. Pode ser acompanhado da regra da maioria absoluta, se for exigido que o candidato ou partido reúna em seu prol a metade e mais um dos votos da circunscrição ou distrito eleitoral. O sistema majoritário por maioria relativa considera suficiente disponha o candidato ou partido de votos superiores aos seus competidores, mesmo que os votos que lhes forem contrários, atribuídos aos demais candidatos das diferentes correntes, ultrapassem, quando somados, à votação que obteve o vencedor.

Pelo sistema proporcional, fica assegurada a predominância da maioria. A eleição proporcional é uma conquista que vem completar o sufrágio universal para elevar as bases democráticas do processo político. Duas são as técnicas que podem ser adotadas para a representação proporcional: do número uniforme e do quociente eleitoral.

No sistema proporcional com número uniforme fica estabelecido previamente, através de lei, um número de votos correspondentes a cada vaga pelas diferentes circunscrições. Dessa maneira, tantas vezes seja esse montante atingido, tantas vagas estarão obtidas. Por exemplo, se ficarem estipulados 35.000 votos por cada vaga a preencher por determinada circunscrição, o número de eleitos por partido vai depender de quantas vezes apareça esse quantitativo fixado na votação de cada um dos partidos. Assim, se o partido A obtiver 357.500, terá direito a 10 vagas, enquanto o partido B, que obteve 170.200, terá direito a 5 vagas.

Já o sistema proporcional através do quociente eleitoral consiste em que as vagas sejam distribuídas através de operações aritméticas sucessivas. Assim, a primeira coisa a fazer é determinar o quociente eleitoral, que deve resultar da soma dos votos válidos para que se faça a seguir a sua

Direito Eleitoral

divisão pelo número de vagas existentes na circunscrição. São somados os votos atribuídos aos candidatos, não se computando os votos em branco e os nulos (art. 5º da Lei nº 9.504/97). A seguir, passa-se à determinação do quociente partidário, de cada agremiação isoladamente, tomando-se a votação de todos os candidatos, agrupando-se na respectiva legenda, fazendo então a divisão do quociente eleitoral já antes determinado. O resultado corresponderá ao número de vagas obtidas por cada partido (art. 109 do Código Eleitoral).

No Brasil, vigora o sistema majoritário, através da maioria absoluta, paras as eleições de Presidente e Vice, Governador e Vice (*caput* do art. 2º da Lei nº 9.504/97) e Prefeito e Vice dos municípios com mais de duzentos mil eleitores (§ 2º do art. 3º da Lei nº 9.504/97) quando no primeiro turno das eleições um dos candidatos obtiver a maioria absoluta de votos (metade dos votos mais um), não computados os em branco e os nulos.

Se nenhum dos candidatos obtiver a maioria absoluta no primeiro turno para esses cargos acima citados, ocorrerá o segundo turno das eleições (§ 1º do art. 2º e § 2º do art. 3º da Lei nº 9.504/97), sendo que nessa eleição do segundo turno será aplicado o sistema majoritário por maioria relativa e considerar-se-á eleito o candidato que obtiver a maioria dos votos válidos.

Nos municípios com menos de duzentos mil eleitores, a eleição para Prefeito e Vice será pelo sistema majoritário relativo, ou seja, considerar-se-á eleito o candidato que obtiver a maioria dos votos, não computados os em branco e os nulos (*caput* do art. 3º da Lei nº 9.504/97).

A eleição para Senadores (art. 46 da Constituição Federal) será pelo sistema majoritário relativo e considerar-se-á eleito o candidato a Senador que obtiver a maioria dos votos válidos, não computados os em branco e os nulos.

Para Deputados Federais, Deputados Estaduais e Vereadores vigora a eleição pelo sistema proporcional, através da determinação do quociente eleitoral (art. 5º da Lei nº 9.504/97, que modificou a redação do parágrafo único do art. 106 do Código Eleitoral c/c arts. 105 e 113 desse último Diploma Legal).

Gize-se, novamente, que a nova lei eleitoral, Lei nº 9.504/97, modificou a regra do parágrafo único do art. 106 do Código Eleitoral, que determinava que se contava como válidos também os votos em branco, para fins de determinação do quociente eleitoral. O art. 5º da Lei nº 9.504/97 é expresso ao dizer que na eleição proporcional se computam como válidos apenas os votos nominais e os da legenda, retirando, portanto a validade dos votos em branco.

O art. 6º da Lei nº 12.034/09 introduziu uma importante inovação à eleição majoritária para Presidente e Vice-Presidente da República, através do art. 233-A, acrescido ao Código Eleitoral, que permite aos eleitores em trânsito no Brasil, fora de seu domicílio eleitoral, votar para Presidente e Vice-Presidente nas Capitais de qualquer dos Estados do Brasil, em urnas previamente designadas para esse fim. Essa inovação, contudo, é especificamente para o pleito majoritário à Presidência da República, não atingindo o pleito majoritário para Senador.

2.3. Atividades reservadas ao poder popular de sufrágio: eletividade (transmissão de legitimidade representativa), plebiscito e referendo (deliberação popular direta)

Fávila Ribeiro, em seu livro *Direito Eleitoral*, mostra os lapsos decorrentes da enumeração constante do art. 14 da Constituição Federal. Diz o mestre que como a vertente representativa ocupa o aspecto predominante do regime político, cuja concretização se efetiva através do sufrágio popular, deveria aparecer no enunciado do inciso I – eletividade –, com o deslizamento dos conteúdos dos demais incisos às posições consecutivas.[14]

Penso que tem razão Fávila Ribeiro, tendo em vista que os incisos I, que trata do plebiscito, II, que trata do referendo, e III, que trata da iniciativa popular, trazem em si o exato objeto da atividade a ser atingida pelo sufrágio popular, daí por que deveria em primeiro plano ser tratada a *eletividade*, pela qual resulta a investidura representativa, já que a eletividade é o aspecto primeiro do regime político adotado, bem como a eletividade é o elemento finalístico dessa específica modalidade de participação popular.

Como ensina Fávila Ribeiro, inclusive, não aparece a eletividade em nenhum dos parágrafos do artigo 14 da Constituição Federal, o que é um lapso lamentável, já que esta é atributo inerente ao povo, como titular do poder de sufrágio. Assim, sendo a eletividade o elemento gerador da representação política, é quiçá censurável a sua não inclusão, em primeiro plano, na ordem de precedência do art. 14 da Magna Carta.

Por outro lado, reputa ele uma demasia ter o legislador colocado o inciso III (iniciativa popular) no art. 14 do texto constitucional, já que o

---

[14] RIBEIRO, Fávila, obra citada, p. 50: "Cada um dos incisos traz o correspondente objeto da atividade a ser atingida pelo sufrágio popular, merecendo tivesse o primeiro plano ficado reservado à eletividade, pela qual resulta a investidura representativa, por ser o aspecto dominante do regime político adotado e o elemento finalístico dessa específica modalidade de participação popular. Desdobram-se depois os parágrafos focalizando o alistamento eleitoral, os inalistáveis, as condições de elegibilidade, as inelegibilidades genéricas, a cláusula de irrelegibilidade, da remoção de causas impeditivas à elegibilidade, as inelegibilidades em razão de parentesco, a elegibilidade de militares e seu afastamento ou automática transposição à inatividade, matéria de reserva legal complementar sobre outras hipóteses de inelegibilidade, da ação de impugnação de mandato na quizena subseqüente à diplomação e sobre a sua tramitação em segredo de justiça. Faltou, portanto, a inclusão da eletividade, que é atributo inerente ao povo, como titular do poder de sufrágio, em imediata ligação ao *caput*, no elenco dos incisos que o devem completar, somente figurando as restrições pessoais concernentes à elegibilidade."

Direito Eleitoral **31**

artigo cogita apenas de modalidades de participação popular, que se perfazem mediante o sufrágio popular.

Além do mais, a iniciativa popular adquiriu típica feição de direito de petição, na ordem constitucional brasileira, de teor grupalista, em que eleitores, de acordo com os percentuais estabelecidos, encaminham projetos de lei à apreciação dos órgãos legislativos nas três esferas, federal, estadual e municipal. O *caput* do art. 14, como se vê, diz que a matéria será disciplinada por lei, o que, segundo diz Fávila Ribeiro, é o que dá sentido na aproximação do referendo e plebiscito com a iniciativa popular. A lei reguladora mencionada nesse artigo da CF só foi editada em 18/11/98, Lei nº 9.709, que veio normatizar o plebiscito, o referendo e a iniciativa popular. De qualquer forma, a iniciativa popular continua na esfera exclusiva da competência do Legislativo, desconectada, portanto, da atividade do sufrágio, que não a atinge.

Na verdade, no mundo atual, com a predominância da democracia sobre o regime totalitarista, as relações entre governantes e governados, que são consideradas a pedra angular de todo o regime democrático, estão em constante reavaliação pelas sociedades, pois que essas relações são essenciais da democracia.

Entre nós, entendo, tal como Fávila Ribeiro, como imprópria a inclusão da "iniciativa popular" no elenco do art. 14 da CF, já que a "iniciativa popular" não é exercida como sufrágio, mas sim como direito de petição por um grupo.

Desta forma, as atividades reservadas ao poder popular de sufrágio são:

1°) a *eletividade*, que se constitui no elemento gerador da representação política e é um atributo inerente ao povo, como titular do poder de sufrágio. Pelo sufrágio popular, a eletividade, pela qual resulta a investidura representativa, é o aspecto dominante do regime político adotado constitucionalmente. Aliás, é o elemento finalístico dessa específica modalidade de representação popular, e se constitui na transmissão da legitimidade representativa.

2°) o *plebiscito*, que é obrigatório, quando versar matéria constitucional, tal como o que foi realizado em 07/09/93, no qual foi definida a forma de república e o sistema de governo presidencialista, e não parlamentarista.

Da mesma forma, é o plebiscito obrigatório quando o assunto se referir à criação, incorporação, fusão ou desmembramento de Municípios, como disposto no art. 18, § 4°, da Constituição Federal. Também pode ser utilizado o plebiscito OU através do Congresso Nacional, por lei complementar, para decidir sobre incorporação de Estados entre si, divisão, ou desmembramento para se anexarem a outro, ou formarem novos Estados ou Territórios Federais, na forma do estabelecido no art. 18, § 3°, da Constituição Federal.

O plebiscito será convocado pelo Congresso Nacional, que detém competência exclusiva para tal, na forma do art. 49, inciso XV, da CF.

Contudo, sua natureza é controvertida, pois que ora recebe tratamento no Direito Constitucional como vimos, ora também no Direito Administrativo e outras no próprio Direito Eleitoral. Desde a LC nº 1, de 09/11/67 (art. 3º, parágrafo único),[15] que a consulta plebiscitária é regulada mediante Resoluções expedidas pelos Tribunais Regionais Eleitorais. Aliás, no RS, a competência legislativa é do Estado, conforme dispõe o art. 12 da LC Estadual nº 9.070, de 02/05/90, que atribui a regulamentação das consultas plebiscitárias à Justiça Eleitoral, quando se tratar de matéria referente aos municípios.

Conforme leciona Joel Cândido, "independentemente dessa controvérsia sobre o cenário jurídico adequado para o tratamento do plebiscito e seu processo, é certo poder-se dizer que, hoje, é instituto especial, tratado por mais de um ordenamento, o que com frequência, desloca a competência sobre seus questionamentos para mais de um foro. Trata-se, assim como está ele regulado, de um instituto híbrido, normalmente ficando à Justiça Eleitoral a incumbência da parte processual da consulta. Mesmo tendo alguma relação mais próxima com o Direito Eleitoral, diversos regramentos do processo eleitoral tradicional, no entanto, não se aplicam aos plebiscitos".[16] São eles: as regras sobre a propaganda eleitoral, disposições sobre financiamentos, recursos financeiros e prestações de contas das campanhas, normas sobre fiscalização partidária à votação e à apuração de crime e processo penal eleitoral.

De qualquer maneira, as Resoluções dos TREs que dispuserem sobre o processo das consultas plebiscitárias especificarão sobre a preparação, o eleitorado alcançado, o voto, o escrutínio e a publicação dos resultados, bem como os respectivos prazos e recursos do pleito.

3º) o *referendo*, que é a *deliberação* popular através do voto, é também da competência exclusiva do Congresso Nacional a sua autorização, a teor do disposto no art. 49, inciso XV, da CF.

Wilson Accioli, em seu livro, *Teoria Geral do Estado*, conceitua: "*referendum* é o mecanismo através do qual os cidadãos são convocados para manifestar, por uma votação popular, sua opinião ou sua vontade em relação a uma providência que outra autoridade tomou ou pretende tomar".[17]

O referendo pode ser facultativo ou obrigatório, conforme a consulta ao povo é imposta obrigatoriamente pela Constituição ou esta deixa a sua

---

[15] LC nº 1/67, "art. 3º ... parágrafo único – A forma da consulta plebiscitária será regulada mediante resoluções expedidas pelos Tribunais Regionais Eleitorais, respeitados os seguintes preceitos: I – residência do votante há mais de 1 (um) ano, na área a ser desmembrada; II – cédula oficial, que conterá as palavras 'sim' ou 'não' indicando respectivamente a aprovação ou rejeição da criação do município."

[16] CÂNDIDO, Joel José. *Direito Eleitoral Brasileiro*. 6ª edição. São Paulo: Edipro, 1996, p. 38.

[17] ACCIOLI, Wilson. *Teoria Geral do Estado*. Rio de Janeiro: Forense, 1985, p. 317.

prática ao arbítrio de uma autoridade dependente de petição de um certo número de eleitores, como disposto no art. 61, § 2º, da CF, que trata da iniciativa popular em projetos de lei a serem apresentados à Câmara de Deputados, subscritos, no mínimo, por 1% do eleitorado nacional, distribuído pelo menos por 5 Estados, com não menos de 3/10 dos eleitores de cada um deles. Na prática, é muito pouco ou nada usado no Brasil, embora a previsão Constitucional.

Darcy Azambuja já classificava o *referendum* em obrigatório ou facultativo, mas também mencionava que pode ser consultivo ou deliberativo e constituinte ou legislativo. Consultivo, ou plebiscito, quando o povo é chamado a deliberar sobre a conveniência ou não de uma lei a ser feita pelo Parlamento. Deliberativo quando a consulta do povo é posterior à elaboração da lei. Constituinte quando a consulta versa sobre reformas ou emendas à Constituição. Legislativo quando a consulta versa sobre leis ordinárias.[18]

O Congresso Nacional autorizou, em 07/07/05, o referendo acerca da comercialização de arma de fogo e munição em território nacional, através do Decreto Legislativo nº 780.

A votação é obrigatória a todos os eleitores nacionais, que responderão *sim* ou *não* à pergunta: "o comércio de armas de fogo e munição deve ser proibido no Brasil?"

O TSE regulamentou esse Decreto Legislativo através das Resoluções nºs 22.030 a 22.042, tendo o referendo sido realizado no dia 23/10/05.

Como se vê, dentro da classificação do *referendo* apresentada por Darcy Azambuja, o *referendo* que ocorreu no dia 23/10/2005 foi um *referendo* deliberativo, pois a consulta feita ao povo foi posterior à elaboração da Lei nº 10.826, de 22/12/2003, que previu expressamente no § 1º do art. 35 a entrada em vigor dessa lei apenas após a aprovação através do *referendo* popular.

2.4. O mandato obtido pelo sufrágio universal é do candidato eleito ou do partido?

Até recentemente, o candidato se elegia por um partido; mais adiante, por conveniência de interesses pessoais, trocava de partido, mas continuava exercendo o mandato obtido pelo sufrágio universal que havia obtido quando filiado à outra legenda política.

Essa questão foi levantada perante o TSE através da Consulta nº 1.398/DF, provocada pelo PFL, tendo sido decidida em 27/03/07. O julgamento dessa Consulta redundou em interposição perante o STF, por

---

[18] AZAMBUJA, Darcy. *Teoria Geral do Estado*. 6ª edição. Porto Alegre: Globo, 1976, p. 224.

vários partidos políticos, dos Mandados de Segurança n°s 26.602, 26.603 e 26.604 que foram julgados em 16/10/07. Face da repercussão do assunto nas eleições de 2008, com sustentação na decisão do STF, o TSE emitiu a Resolução n° 22.610, de 25/10/07.

A abrangência da questão repercute diretamente no modo em como vem sendo entendida o problema da fidelidade partidária em nosso país e se os partidos e coligações têm o direito de preservar a vaga obtida pelo sistema eleitoral proporcional, quando houver pedido de cancelamento de filiação ou de transferência do candidato eleito por um partido para outra legenda.

Na Consulta n° 1.398/DF, formulada ao TSE pelo Presidente do PFL, ficou assentado, por maioria, na esteira do voto do Relator, Ministro César Asfor Rocha, ficando vencido apenas o Ministro Marcelo Ribeiro, que os partidos e coligações têm o direito de preservar a vaga obtida pelo sistema eleitoral proporcional, quando, sem justificação, ocorra cancelamento de filiação ou de transferência de candidato eleito para outra legenda.

Essa decisão é extremamente coerente, visto que no Brasil não há candidatura avulsa, sendo condição de elegibilidade a filiação partidária com no mínimo um ano de antecedência da eleição. Por outro lado, no Brasil, vigora o princípio da soberania popular que será exercida pelo sufrágio universal e pelo voto direto e secreto de cada eleitor brasileiro (CF, art. 14), de forma que o candidato eleito deve se manter fiel ao partido pelo qual se elegeu e, em especial, aos eleitores que o sufragaram.

Os Mandados de Segurança n°s 26.602, 26.603 e 26.604, interpostos por partidos políticos embasados na resposta dada pelo TSE à Consulta n° 1.398/DF, em decisões memoráveis do STF realizadas no dia 16/10/07, ficou assentado o entendimento de que deve ser mantido o quadro político-partidário traçado pelos eleitores nas urnas. Ficou claro nos debates e nos votos dos Ministros do STF que nenhum parlamentar ou nenhum cidadão é obrigado a permanecer indefinidamente no partido no qual se inscreveu ou pelo qual se apresentou candidato e foi eleito, face ao princípio constitucional de que "ninguém poderá ser compelido a associar-se ou a permanecer associado", sendo o direito de entrar num partido ou dele sair indiscutível. O que o STF decidiu foi que o sistema de representação proporcional e a lógica eleitoral estabelecem, que um parlamentar, ao migrar de um partido para outro, não leva a cadeira que ocupa na casa legislativa. Esta não é do parlamentar, é do partido pelo qual se elegeu. Sem dúvida de que essa decisão memorável se trata de uma lógica irrefutável que, além de levar a uma desejável fidelidade partidária e, principalmente, a uma fidelidade ao eleitor que o elegeu, valoriza o próprio processo eleitoral e o sistema representativo.

Por certo que essa decisão do STF veio moralizar os costumes políticos e valorizar a própria atividade pública e de certo modo introduzindo em nosso sistema político o princípio da fidelidade partidária que deveria ser tratada pelo partidos políticos em seus Estatutos, conforme lhes foi delegado pelo § 1º do art. 17 da Constituição Federal.

Com sustentação nas decisões do STF nesses mandados de segurança, o TSE, no uso das atribuições que lhe confere o art. 23, XVIII, do Código Eleitoral, em 25/10/07, emitiu a Resolução nº 22.610[19] disciplinando o assunto, tendo como Relator o Ministro Cezar Peluso.

O partido político PSC e a Procuradoria-Geral da República ajuizaram ações direta de inconstitucionalidade, ADIns 3.999 e 4.086, contra a Resolução nº 22.610/07, do Tribunal Superior Eleitoral (TSE), que disci-

---

[19] Íntegra da Resolução nº 22.610 do TSE: O TRIBUNAL SUPERIOR ELEITORAL, no uso das atribuições que lhe confere o art. 23, XVIII, do Código Eleitoral, e na observância do que decidiu o Supremo Tribunal Federal nos Mandados de Segurança nº 26.602, 26.603 e 26.604, resolve disciplinar o processo de perda de cargo eletivo, bem como de justificação de desfiliação partidária, nos termos seguintes: Art. 1º O partido político interessado pode pedir, perante a Justiça Eleitoral, a decretação da perda de cargo eletivo em decorrência de desfiliação partidária sem justa causa. § 1º Considera-se justa causa: i) incorporação ou fusão do partido; ii) criação de novo partido; iii) mudança substancial ou desvio reiterado no programa partidário; iv) grave discriminação pessoal. § 2º Quando o partido político não formular o pedido dentro de 30 (trinta) dias da desfiliação, pode fazê-lo, em nome próprio, nos 30 (trinta) subseqüentes, quem tenha interesse jurídico ou o Ministério Público Eleitoral. § 3º O mandatário que se desfiliou ou pretenda desfiliar-se pode pedir a declaração da existência de justa causa, fazendo citar o partido, na forma desta Resolução. Art. 2º O Tribunal Superior Eleitoral é competente para processar e julgar pedido relativo a mandato federal; nos demais casos, é competente o Tribunal Eleitoral do respectivo Estado. Art. 3º Na inicial, expondo o fundamento do pedido, o requerente juntará prova documental da desfiliação podendo arrolar testemunhas, até o máximo de 3 (três), e requerer, justificadamente, outras provas, inclusive requisição de documentos em poder de terceiros ou de repartições públicas. Art. 4º O mandatário que se desfiliou e o eventual partido em que esteja inscrito serão citados para responder no prazo de 5 (cinco) dias, contados do ato da citação. Parágrafo único – Do mandado constará expressa advertência de que, em caso de revelia, se presumirão verdadeiros os fatos afirmados na inicial. Art. 5º Na resposta, o requerido juntará prova documental, podendo arrolar testemunhas, até o máximo de 3 (três), e requerer, justificadamente, outras provas, inclusive requisição de documentos em poder de terceiros ou repartições públicas. Art. 6º Decorrido o prazo de resposta, o tribunal ouvirá, em 48 (quarenta e oito) horas, o representante do Ministério Público, quando não seja requerente, e, em seguida, julgará o pedido, em não havendo necessidade de dilação probatória. Art. 7º Havendo necessidade de provas, deferi-las-á, o Relator, designando o 5º (quinto) dia útil subseqüente para, em única assentada, tomar depoimentos pessoais e inquirir testemunhas, as quais serão trazidas pela parte que as arrolou Parágrafo único – Declarando encerrada a instrução, o Relator intimará as partes e o representante do Ministério Público, para apresentarem, no prazo comum de 48 (quarenta e oito) horas, alegações finais por escrito. Art. 8º Incumbe aos requeridos o ônus da prova de fato extintivo, impeditivo ou modificativo da eficácia do pedido. Art. 9º Para o julgamento, antecipado ou não, o Relator preparará voto e pedirá inclusão do processo na pauta da sessão seguinte, observada a antecedência de 48 (quarenta e oito) horas. É facultada a sustentação oral por 15 (quinze) minutos. Art. 10 – Julgando procedente o pedido, o tribunal decretará a perda do cargo, comunicando a decisão ao presidente o órgão legislativo competente para que emposse, conforme o caso, o suplente ou o vice, no prazo de 10 (dez) dias. Art. 11 – São irrecorríveis as decisões interlocutórias do Relator, as quais poderão ser revistas no julgamento final. Do acórdão caberá, no prazo de 48 (quarenta e oito) horas, apenas pedido de reconsideração, sem efeito suspensivo. Art. 12 – O processo de que trata esta Resolução será observado pelos Tribunais Regionais Eleitorais e terá preferência, devendo encerrar-se no prazo de 60 (sessenta) dias. Art. 13 – Esta Resolução entra em vigor na data de sua publicação, aplicando-se apenas as desfiliações consumadas após 27 (vinte e sete) de março deste ano, quanto a mandatários eleitos pelo sistema proporcional, e, após 16 (dezesseis) de outubro corrente, quanto a eleitos pelo sistema majoritário. Parágrafo único – Para os casos anteriores, o prazo previsto no art. 1º, § 2º, conta-se a partir do início da vigência desta Resolução. Brasília, 25 de outubro de 2007.

plina o processo de perda de mandato eletivo por infidelidade partidária. No dia 12/11/08, o Plenário do Supremo Tribunal Federal (STF), por nove votos a dois, declarou a plena constitucionalidade da Resolução do TSE, até que o Congresso Nacional exerça a sua competência e regule o assunto em lei específica.

Como o Congresso Nacional ainda não exerceu a sua competência regulando o processo de perda de mandato por infidelidade partidária através de lei específica, a decisão do STF que declarou plenamente constitucional a Resolução TSE n° 22.610 continua em plena vigência, regulando o assunto.

Capítulo III

Da organização do eleitorado

3.1. A Seção Eleitoral: unidade de aglutinação de eleitor e mesa receptora de sufrágios. (arts. 117 e ss=Seções e arts. 119 e ss=Mesas receptoras)

As *Seções Eleitorais* compõem a Zona Eleitoral, e as Zonas Eleitorais, por sua vez, formam a Circunscrição Regional, que pode, em certos casos, abranger mais de um município ou um município abranger mais de uma Zona, como é o caso de Porto Alegre, que possui 10 Zonas Eleitorais, o que nos leva à conclusão, de plano, de que as Zonas Eleitorais se formam em razão do número de habitantes eleitores nos municípios.

O eleitor fica permanentemente vinculado à Seção eleitoral, desde o fornecimento de sua inscrição eleitoral, através do Título de Eleitor. O agrupamento do eleitor à Seção Eleitoral só poderá ser modificado através de procedimento específico e próprio, o de postulação do próprio eleitor provando que mudou de residência e deseja sua remoção para ficar mais próximo do local de votação.

O pedido de remoção de Seção ficava submetido ao um prazo de 100 dias da data da eleição, tal como o pedido de transferência de um Município (circunscrição eleitoral) para outro, a teor do disposto no art. 67 do Código Eleitoral. Porém, este dispositivo do Código Eleitoral foi modificado para 150 dias, pelo art. 91, *caput*, da Lei nº 9.504/97, que veio com ânimo definitivo para reger todos os pleitos eleitorais, a partir de 1998.

Aliás, deve também ser mencionado que a Lei nº 9.100/95, que regeu o pleito municipal de 1996, no seu art. 73, já elevava para 150 dias o marco para requerimento de inscrição eleitoral ou de transferência, dispondo ainda no § 1º do mesmo artigo que no ano de 1996 não seria permitida a transferência de eleitores de um município para outro do mesmo Estado, nem entre municípios limítrofes pertencentes a Estados diferentes, sendo esta disposição colocada na lei com fito de evitar fraude, com a migração de eleitores entre municípios próximos. Na realidade, houve um cerceamento no direito das pessoas que desejavam, na época, transferir o seu domicílio eleitoral.

O Código Eleitoral, no art. 117, previu que as Seções Eleitorais vão se formando à medida que forem sendo deferidos os pedidos de inscrição eleitoral e que cada Seção terá, no mínimo, 50 eleitores e, no máximo, 400 eleitores na Capital e, nos municípios, não terá cada Seção mais de 300 eleitores.

A Lei n° 6.996, de 07/06/82, que dispôs sobre a "utilização de processamento eletrônico de dados nos serviços eleitorais" e assentando que o TRE de cada Estado deveria manter atualizado o cadastro geral de eleitores no Estado, determinou, no art. 11, que o TSE estabelecerá o número de eleitores das Seções, considerando o número de cabinas nelas existentes, determinando no parágrafo único desse artigo que cada seção eleitoral terá, no mínimo, 2 cabinas – e foi com base nessa lei que o TSE modificou o número de eleitores fixados no art. 117 do Código Eleitoral, através da Resolução TSE n° 14.250, de 24/05/88,[20] tendo elevado o número máximo nas Capitais de 250 por cabina, o que elevou para 500 o número de eleitores por Seção, considerando as 2 cabinas por Seção determinada pela Lei n° 6.996/82 e, nos municípios, elevou o número para 200 eleitores por cabina e, por consequência, para 400 eleitores por Seção nos municípios.

Quanto ao número de cabinas por Seção Eleitoral, o art. 4° da Resolução do TSE n° 19.515/96,[21] que regulou o sistema eletrônico de votação no pleito de OUT/96, dispôs que cada Seção Eleitoral terá apenas 1 (uma) cabina, tendo, contudo, no parágrafo único desse mesmo artigo, mantido os números máximo e mínimo de eleitores nas Seções das Capitais e do interior e isto se justifica em razão da introdução do sistema eletrônico de votação. Qualquer alteração a respeito, de qualquer forma, poderá ocorrer com autorização do TSE, conforme prevê no § 1° do art. 117 do Código Eleitoral, em casos excepcionais, desde que provocado pelo Juiz Eleitoral da Zona.

Convém mencionar que o *critério sobre a organização das Seções eleitorais*, em primeiro lugar, visará à segurança do voto, após levará em conta a facilidade para votar, a operacionalidade dos serviços eleitorais, a rapidez da votação e a comodidade oferecida ao eleitor.

Deve também ser referida a Lei n° 7.444, de 20/12/85, que dispôs "sobre a implantação do processamento eletrônico de dados no alistamen-

---

[20] Resolução 14.250, decidida em 24/05/88, Relator Antônio Villas Boas Teixeira de Carvalho, Ac. n° 13.936 p. DJ de 07/06/88. Ementa: Seções eleitorais. Número de eleitores. Competência do TSE para estabelecer o número de eleitores em função das cabinas existentes. Sugestões apresentadas pela coordenação geral de informática, em face do recadastramento e quantidade de seções que funcionaram nas eleições de 15.11.1986. Fixação do número de 250 eleitores por cabina, nas seções das Capitais, e de 200 nas seções do interior, de acordo com o art. 11 da Lei n° 6.996/82. Aprovação da proposta.

[21] Resolução 19.515, de 18/04/96 – art. 4° Cada Seção Eleitoral terá apenas uma cabina (Lei n° 9.100/95, art. 20). Parágrafo único – Será de quinhentos o número máximo de eleitores nas Seções das Capitais, e de quatrocentos, nas do interior, e será de cinqüenta o número mínimo de eleitores de qualquer seção.

to eleitoral e a revisão do eleitorado", expressamente determinou no art. 6º que uma vez implantado o sistema eletrônico de alistamento eleitoral, o título eleitoral será emitido por computador; determinou, ainda, a dispensa de apresentação de fotografia do alistando, e que o TSE aprovaria o modelo de título e definiria o procedimento a ser adotado, na Justiça Eleitoral, para sua expedição, modificando os arts. 43, 44 e 45 do Código Eleitoral.

O Código Eleitoral, no § 2º do art. 117, também cuidou da organização de Seção especial para eleitores cegos que podem votar pelo método braille ou pela forma comum, sendo que se a Seção não reunir o mínimo de 50 eleitores cegos, à mesma podem ser adicionados outros eleitores de modo que possa a Seção ser constituída. Da mesma forma prevê o Código Eleitoral, em seu art. 136, a instalação de Seção Eleitoral em vilas e povoados e nos estabelecimentos de internação coletiva, inclusive para cegos, e nos leprosários onde haja pelo menos 50 eleitores.

Com a votação eletrônica, surgiu outro problema que diz com relação aos deficientes físicos, que ainda não encontra regulamentação legal explícita. Quando não existia a urna eletrônica e se o local onde votasse o deficiente físico não permitisse que o mesmo chegasse até a mesa de votação com sua cadeira de rodas, o mesário se deslocava até a entrada do local para que o deficiente físico cumprisse com seu dever cívico de cidadão. Contudo, como a urna eletrônica não permite seu deslocamento, já que ligada à energia elétrica, o TSE, na Resolução nº 19.849,[22] de 29/04/97, deixa claro que aos TREs compete a orientação dos Juízes Eleitorais para que seja facilitado o acesso aos locais de votação dos deficientes físicos. Atualmente, os TREs, inclusive o do RS, já cuidaram de reunir os eleitores deficientes físicos em Seções previamente determinadas para esse fim, que lhes possibilitem o fácil acesso à urna eletrônica.

Até bem pouco tempo, o eleitor, ao chegar na sua Seção Eleitoral, encontrava o seu nome nas folhas individuais de votação, que eram guardadas em pastas, correspondendo cada a uma Seção Eleitoral. Em cada eleição que se realizava, eram enviadas estas pastas, para as mesas receptoras, perante a qual o eleitor era admitido a votar, mediante a apresentação de seu Título Eleitoral. No caso de o eleitor tê-lo perdido, sua identificação era feita através de documento de identidade, e estando o seu nome nas folhas de votação, era o eleitor admitido a votar, assim está disposto no art. 46 e parágrafos do Código Eleitoral.

Contudo, com a informatização do sistema, a Lei nº 6.996/82 determinou, no art. 12, que nas seções da Zonas Eleitorais em que o alistamento se fizer pelo processamento eletrônico de dados, as folhas individuais de votação serão substituídas por listas de eleitores, emitidas por computa-

---

[22] DEFICIENTES FÍSICOS – ACESSO – VOTAÇÃO. Petição. Deficientes físicos. Facilidade de acesso aos locais de votação. Orientação aos Juízes Eleitorais, por intermédio dos TREs. (Resolução nº 19.849, de 29/4/97, Relator Ministro Eduardo Alckimin)

Direito Eleitoral

dor, das quais constarão, além do nome do eleitor, os dados de qualificação indicados pelo Tribunal Superior Eleitoral. Atualmente esse sistema vigora em todo o País.

Para dirigir os trabalhos de votação são constituídas *mesas receptoras* em correspondência às Seções Eleitorais (art. 119 do Código Eleitoral). Cada mesa será composta por um Presidente, um primeiro e um segundo Mesários, dois Secretários e um Suplente (art. 120 do Código Eleitoral) .

É do Juiz Eleitoral a competência para designação dos membros da mesa receptora de votação com seus respectivos suplentes. De preferência devem ser escolhidos eleitores pertencentes à própria Seção para comporem-na. Por certo que para elevar a margem de segurança no processo de votação também são designados eleitores de outras Seções. Aliás, geralmente são recrutados com diplomas universitários ou mesmo estudantes universitários para dirigirem os trabalhos, a fim de garantir a eficiência do processo eleitoral.

O próprio Juiz Eleitoral está incumbido de promover reunião com as pessoas escolhidas para comporem as mesas receptoras, a fim de prestar-lhes os esclarecimentos necessários ao bom desenvolvimento dos trabalhos na eleição. Deverão ser nomeados pelo Juiz Eleitoral, com antecedência mínima de 60 dias da eleição, que deverá ser anunciada em audiência pública, com antecedência mínima de 5 dias da eleição, conforme disposto no art. 120 do Código Eleitoral.

Os arts. 119 a 130 do Código Eleitoral cuidam da formação das mesas receptoras. A designação de seus componentes prevalece para cada eleição e, embora possa haver recondução dos participantes, deverão ser cumpridas as mesmas formalidades e observados os prazos legais para a designação, em cada eleição.

No art. 120, § 1°, do Código Eleitoral, estão previstos os impedimentos dos componentes das mesas receptoras, a saber:

"art. 120, § 1° Não podem ser nomeados Presidentes e Mesários:
I – os candidatos e seus parentes ainda que por afinidade, até o segundo grau, inclusive, e bem assim o cônjuge;
II – os membros de Diretórios de partido desde que exerçam função executiva;
III – as autoridades e agentes policiais bem como os funcionários no desempenho de cargos de confiança do Executivo;
IV – os que pertencerem ao serviço eleitoral."

A Lei n° 9.504/97, arts. 63, § 2°, e 64 prevê outras vedações nas composições das mesas de votação.[23]

---

[23] Lei n° 9.504/97 – art. 63, § 2° Não podem ser nomeados presidentes e mesários os menores de dezoito anos. Art. 64 – É vedada a participação de parentes em qualquer grau ou de servidores da mesma repartição pública ou empresa privada na mesma Mesa, Turma ou Junta Eleitoral.

A partir da publicação feita em audiência pública, os partidos políticos poderão interpor reclamações que julgarem pertinentes, no prazo de 5 dias, conforme regrado no art. 63, *caput*, da Lei n° 9.504/97 (o art. 121 do Código Eleitoral estipulava o prazo de 2 dias), quanto à composição das mesas receptoras, devendo o Juiz Eleitoral, no prazo de 48 horas, proferir decisão, da qual caberá recurso para o TRE no prazo de 3 dias, que também deverá ser resolvido em igual prazo.

Por oportuno, convém frisar que no Direito Eleitoral *prevalece o princípio da preclusão*, de modo que se o partido político, a coligação, os candidatos e o Ministério Público não tiverem dentro do prazo legal reclamado da composição da mesa, não poderão arguir, posteriormente, sob esse fundamento, a nulidade da Seção Eleitoral (art. 121, § 3°, do Código Eleitoral).

Qualquer membro da mesa receptora que deixar de comparecer ao local designado sujeitar-se-á à multa, que oscila da metade a um salário mínimo vigente na Zona Eleitoral, fazendo-lhe o recolhimento, via bancária, em favor da Fazenda Nacional, através de guia expedida pelo Escrivão e visada pelo Juiz Eleitoral, acaso este não aceite a justificação do faltante, escusa essa que deverá ser apresentada dentro dos 30 dias da eleição.

Na hipótese de não ser efetivado o recolhimento da multa pelo faltoso, deverá ser extraída pelo Escrivão certidão do lançamento e esta encaminhada ao Promotor de Justiça designado pelo Procurador Regional Eleitoral (art. 124 e § 1° do Cód. Eleit.), para cobrança na forma do art. 367 do Código Eleitoral e para fins de apuração do crime tipificado no art. 344 do Código Eleitoral.

Acaso o componente faltoso da mesa receptora seja servidor público da administração direta ou de instituição autárquica, ser-lhe-á aplicada suspensão até o máximo de 15 dias. Nesse caso, embora trate-se de medida disciplinar, ficou com a Justiça Eleitoral a competência de decidir a sua aplicação, decretando a suspensão, fixando o prazo de sua duração até 15 dias ou relevando a falta se julgar plausível a justificação (§ 2° do art. 124 do Código Eleitoral).

Será aplicada em dobro a multa se a mesa receptora deixar de funcionar por culpa dos faltosos, bem como aos que abandonarem os trabalhos no decurso da votação, sem justa causa (§§ 3° e 4° do art. 124 do Código Eleitoral).

Acaso não pudesse reunir-se a mesa receptora em razão do não comparecimento de seus membros, incumbia àquele que houvesse comparecido providenciar o deslocamento do material para a Seção mais próxima.

Com a introdução da urna eletrônica em todo o país, no caso de não comparecimento dos membros vinculados a uma mesa receptora de vo-

Direito Eleitoral

43

tos, o Juiz Eleitoral à que está afeta dita Seção Eleitoral, deverá ser comunicado imediatamente a fim de providenciar membros para efetivarem os trabalhos daquela mesa (urna eletrônica) receptora de votos.

Os componentes das mesas receptoras de votação e os escrutinadores, por esse serviço prestado à Justiça Eleitoral, terão esse serviço considerado como um "serviço de relevância" e, em razão disso, no caso de promoção, havendo empate com outro funcionário, poderão requerer que a prestação desse serviço à Justiça Eleitoral seja considerado como critério de desempate, nos termos do art. 379 do Código Eleitoral. O art. 98 da Lei nº 9.504/97 concede folga aos componentes das mesas receptoras e escrutinadores, pelo dobro dos dias de convocação.[24]

Conforme disposto no art. 119 do Código Eleitoral, a cada Seção Eleitoral corresponde uma mesa receptora de votos. Os locais de funcionamento também são previamente designados pelos Juízes Eleitorais, na forma do art. 135 do Código Eleitoral. O Código Eleitoral indica também, nos §§ 2º a 5º, os locais em que devem ser, preferencialmente, instaladas as Seções e onde a instalação é proibida.

Tal quanto à composição dos integrantes das mesas receptoras de votos, a designação da localização deve ser publicada com 60 dias de antecedência da eleição, para fins de reclamação ao Juiz Eleitoral, no prazo de 5 dias, com decisão proferida no prazo de 48 horas, conforme disposto no § 7º do art. 135 do Código Eleitoral c/c a redação do art. 63 da Lei nº 9.504/97, cabendo dessa decisão recurso do TRE no prazo de 3 dias (§ 8º do mesmo artigo). A fiscalização a respeito compete aos partidos políticos, coligações, candidatos e Ministério Público. Aqui também vigora o princípio da preclusão que, se não alegado no momento próprio, não poderá, posteriormente, ser arguido como nulidade.

3.2. A Zona eleitoral: área de delimitação espacial da jurisdição eleitoral com as Seções que nela ficam encravadas

O País é uma circunscrição eleitoral federal/nacional nas eleições majoritárias presidenciais e se divide em circunscrições regionais eleitorais que, nas eleições majoritárias para Governadores e Senadores e, nas eleições proporcionais para Deputado Federal e Deputado Estadual, coincidem com a divisão geográfica dos Estados, que é igual a 26 Estados e o Distrito Federal, sendo uma circunscrição municipal nas eleições para Prefeito e Vereadores, que abrangerá o Município.

---

[24] Lei nº 9.504/97 – art. 98 – Os eleitores nomeados para compor as Mesas Receptoras ou Juntas Eleitorais e os requisitados para auxiliar seus trabalhos serão dispensados do serviço, mediante declaração expedida pela Justiça Eleitoral, sem prejuízo do salário, vencimento ou qualquer outra vantagem, pelo dobro dos dias de convocação.

As circunscrições regionais eleitorais, que correspondem no País a cada um dos Estados da Federação, são divididas em Zonas Eleitorais, que nem sempre coincidem com o número de municípios existentes no Estado ou circunscrição regional eleitoral, pois que nas Capitais e em alguns Municípios maiores existem mais de uma Zona Eleitoral, e municípios com número reduzido de eleitores, vários são aglutinados numa única Zona Eleitoral. Porto Alegre, por exemplo, possui 10 Zonas Eleitorais.

A lei não estabelece número-limite, nem máximo nem mínimo, de Seções por Zona Eleitoral, elas vão se formando na medida dos alistamentos eleitorais. Em Porto Alegre existem 10 Zonas Eleitorais e 2.010 Seções Eleitorais.

Assim, as Zonas Eleitorais se dividem em Seções Eleitorais, sendo que a cada Seção corresponderá uma Mesa Receptora de votos, com sua respectiva urna (art. 119 do Código Eleitoral). Embora Seção e Mesa eleitoral tenham conceitos que, na prática, se confundam, teoricamente possuem diferenças marcantes, a saber: enquanto a mesa receptora de votos é o lugar, numa Seção Eleitoral, onde se vota, a Seção Eleitoral é a menor fração de divisão de uma Zona Eleitoral.

O Código Eleitoral prevê apenas o sistema de votação manual, porque é uma lei (Lei nº 4.737) que vige desde 15/07/65 e ainda não foi modificada sequer quanto à "utilização de processamento de dados do serviço eleitoral", modificação essa que ocorreu com a Lei nº 6.996/82, e ao "alistamento eletrônico", que ocorreu com a Lei nº 7.444/85. Por evidente, também não foi introduzida no Código Eleitoral a modificação pertinente ao sistema de votação eletrônica, que foi implantado, paulatinamente, a partir do pleito municipal de 1996 e, atualmente, desde o pleito de 2000, abrange todo o território nacional. Penso que a explicação da não modificação do Código Eleitoral nesses tópicos se deva em razão de ter o mesmo, embora uma lei ordinária, sido recepcionado pela Constituição de 1988 com o *status* de lei complementar, em razão do disposto no art. 121 da Magna Carta.

Com a implantação da votação eletrônica, vem surgindo problemas que só o tempo e o aperfeiçoamento do sistema consolidará. Por exemplo, pelo sistema de eleição manual, em que o eleitor comparecia sem portar o seu Título Eleitoral, sendo constatado pela mesa receptora que o mesmo constava da folha de votação e provando ser ele o eleitor, com outro documento de identidade, poderia votar e, se o nome do eleitor não constasse da folha de votação, mas seu Título Eleitoral registrasse ser ele eleitor daquela Seção, poderia votar em folha em separado. Na eleição de 1996, quando algumas Zonas Eleitorais já tinham o sistema eletrônico de votação, a Resolução TSE nº 19.515, de 18/04/96, que regulamentou o sistema, foi categórica no art. 32, § 3º, *impedindo de votar o eleitor cujo nome não constasse da folha de votação*, ainda que apresentasse o título correspondente à

Direito Eleitoral

Seção e documento que comprovasse sua identidade, determinando fosse retido o título, devendo o eleitor após comparecer ao Cartório Eleitoral para regularizar sua situação. Assim, no pleito/96 o eleitor que teve essa situação não pôde exercer seu direito subjetivo público de cidadania, o que vai contra todo o nosso sistema eleitoral.

Aliás, a Lei n° 9.504/97, que já nasceu com uma proposta de ser lei permanente, e vem regendo os pleitos eleitorais desde a eleição de 1998, também prevê no art. 62 que, pelo sistema eletrônico, apenas poderão votar os eleitores cujos nomes estiverem nas respectivas folhas de votação, repetindo a situação do pleito de OUT/96. Para evitar esse tipo de contratempo que ocorreu na eleição de 1996, foi proposto ao TSE que regulamentasse, via Resolução, também a votação eletrônica, que para o pleito de 1998 dispusesse de modo diverso da Resolução antes citada, que regeu o pleito de 1996, a fim de que na Resolução fosse prevista a criação de uma Seção Eleitoral Especial Manual, por Zona Eleitoral, nos municípios que tivessem apenas o sistema eletrônico de votação, a fim de preservar o direito público ao sufrágio universal dos eleitores que se encontrassem nessa situação. Se fosse criada essa Seção Eleitoral, pelo sistema manual, o eleitor que não constasse, por qualquer lapso do sistema, das listas informatizadas da Zona Eleitoral, poderia votar em separado, pelo sistema manual, tendo, na Seção criada especificamente para esse fim, garantido, assim, o direito cívico do cidadão brasileiro, de participar ativamente do sufrágio popular.

Contudo, tal situação proposta ao TSE não teve regulamentação, nem na eleição de 1998 e nas posteriores, mantendo-se até hoje, na íntegra, a situação esdrúxula regrada no art. 62 da Lei n° 9.504/97.

Aliás, a Resolução TSE n° 22.712, de 28/02/08, que dispõe sobre os atos preparatórios, a recepção de votos, as garantias eleitorais, a totalização dos resultados, a justificativa eleitoral, a fiscalização, a auditoria e assinatura digital, repete essa regra, no art. 50. Vejamos: "só serão admitidos a votar os eleitores cujos nomes estiverem incluídos no respectivo caderno de votação e no cadastro de eleitores da seção, constante da urna, não se aplicando a ressalva do art. 148, § 1°, do Código Eleitoral (Lei n° 9.504/97, art. 62, *caput*)".

3.3. Circunscrições e domicílio eleitoral

Circunscrição eleitoral é uma base física territorial onde são colhidos os votos nas diversas eleições. Como em nossa Federação temos três espécies de entes federativos – a União, os Estados (Distrito Federal) e os Municípios –, três são as circunscrições eleitorais, em tese. A circunscrição eleitoral que significa todo o território nacional, relativamente às eleições presidenciais; a circunscrição eleitoral que tem como referência o território de cada Estado e o Distrito Federal, para as eleições para Senadores, Deputado Federal e Deputado Estadual e Governadores; e a circunscrição eleitoral correspondente à base física de cada Município, nas eleições para Prefeito e Vereadores, conforme exegese do art. 86 do Código Eleitoral.

O domicílio eleitoral está vinculado à circunscrição eleitoral do cidadão. A Constituição Federal (art. 14, § 3°) estipula como uma das condições de elegibilidade possuir o eleitor/candidato domicílio eleitoral na circunscrição, na forma da lei, o que significa que tal estará regulado por lei. Dessa forma, para eleições presidenciais, sendo a circunscrição eleitoral abrangente de todo o País, poderá concorrer candidato que possua sua inscrição eleitoral em qualquer dos Estados da Federação. Daí, coerente e acertadamente o art. 6° da Lei n° 12.034/09 ter acrescido ao Código Eleitoral o art. 233-A, que permite ao eleitor em trânsito em qualquer das Capitais dos Estados da federação a possibilidade de votar para Presidente e Vice-Presidente da República.

Já nas eleições para Senadores, Deputados Federais e Estaduais e Governadores, poderá ser candidato elegível o eleitor que possuir sua inscrição eleitoral na circunscrição do Estado onde tiver sua inscrição eleitoral. Nas eleições municipais, o candidato a Prefeito e a Vereador deverá pertencer à circunscrição eleitoral do Município por onde concorrerá.

No caso, cabe uma indagação: quando houver criação de município novo, por desmembramento, qual o domicílio eleitoral: o do novo município ou o do município-mãe? Na Lei n° 9.100/95 (art. 10, § 1°), que regeu o pleito de OUT/96, houve a determinação de que nos municípios criados até 31/12/95 o domicílio eleitoral seria comprovado pela inscrição nas Seções Eleitorais que funcionassem dentro dos limites territoriais do novo Município. Saliente-se que essa regra valeu apenas para o pleito de OUT/96, pois tratou-se de regra temporária, com prazo de vigência temporária, por certo, em razão do enorme número de municípios novos, que foram desmembrados de outros, naquela época.

Não obstante ainda conste do Código Eleitoral o prazo de 100 dias para participar do pleito por alistamento inicial ou transferência de domicílio eleitoral, por interpretação sistêmica das leis eleitorais mais recentes, inclusive da atual lei eleitoral, que está vigente desde o pleito de 1998, o domicílio eleitoral na circunscrição deve – por alistamento inicial ou por transferência – ser superior a 150 dias da eleição, para que o eleitor possa exercer sua *participação ativa* no pleito e votar regularmente (Lei n° 9.504/97, art. 91).

Direito Eleitoral

Quanto à possibilidade de *participação passiva* no pleito como candidato, as leis que vêm regendo as eleições e que são leis temporárias, com exceção da atual lei eleitoral, Lei n° 9.504/97, que vem regendo os pleitos eleitorais desde a eleição de 1998, têm cada uma delas fixado prazos distintos quanto ao prazo exigido de domicílio para concorrer ao pleito. Vejamos o que dispuseram as mais recentes leis eleitorais a respeito:

– Lei n° 8.214/91 (art. 10), que regulou os pleitos municipais de OUT/92, deu como prazo de domicílio para concorrer, 1 ano antes da eleição.

– Lei n° 8.713/93 (art. 9°, II), que regulou os pleitos federal e estadual de OUT/94, deu como prazo de domicílio para concorrer na circunscrição, pelo menos ter inscrição eleitoral naquela circunscrição desde 31/12/93, portanto menos de um ano.

– Lei n° 9.100/95 (art. 10, § 1°), que regulou o pleito municipal de OUT/96, deu como prazo de domicílio para concorrer no município ter, pelo menos, inscrição eleitoral no município até 15/12/95, também menos de um ano.

– Lei n° 9.504/97 (art. 9°), que vem regendo os pleitos desde a eleição de 1998, prevê como prazo de domicílio para concorrer, ter o candidato domicílio eleitoral na circunscrição de pelo menos 1 ano antes do pleito.

Como já visto no capítulo anterior, está definido no parágrafo único do art. 42 do Código Eleitoral o conceito de domicílio eleitoral nos seguintes termos: "para efeito de inscrição, é domicílio eleitoral o lugar de residência ou moradia do requerente, e, verificado ter o alistando mais de uma, considerar-se-á domicílio qualquer delas". Do texto transcrito, vê-se que o domicílio eleitoral é muito mais abrangente do que o conceito de domicílio civil estipulado no art. 31 do Código Civil, que diz que "é o lugar onde ela estabelece a sua residência com ânimo definitivo". Convém registrar que o art. 70 do novo Código Civil, que está em vigor desde janeiro de 2003, repete o conceito regrado no art. 31 do antigo Código Civil.

Neste particular, cumpre referir que o TSE, inclusive, já decidiu que "admite-se o domicílio eleitoral em localidade onde o eleitor mantenha vínculo patrimonial"[25] e, nos termos do disposto no parágrafo único do art. 42 do Código Eleitoral, verificado ter o eleitor mais de uma residência, considerar-se-á qualquer delas, do que se conclui que o domicílio eleitoral, diversamente do domicílio civil, deve ser compreendido com bastante flexibilidade.

Registre-se que este conceito que se dá ao domicílio eleitoral tem grande importância no exame de crimes eleitorais, tal como o previsto no art. 289 do Código Eleitoral, que diz ser crime "inscrever-se fraudulentamente eleitor". A tipicidade desse crime ocorre com declaração falsa de re-

---

[25] TSE RC n° 10.972, Relator Min. Carlos Velloso, Rev. TSE, vol. 6, n° 1, Jan/mar/95, p. 376.

sidência ou domicílio. Assim, ao examinar a existência ou não desse delito eleitoral, deve-se, obviamente, ter presente a maleabilidade conceitual do domicílio eleitoral, diversamente do que ocorre com o conceito de domicílio civil. Nesse sentido, o entendimento dominante do TSE.[26]

---

[26] "Domicílio eleitoral. Noção. A definição de domicílio eleitoral há de ser implementada com flexibilidade. Constatado que o endereço fornecido corresponde à residência do declarante, impossível é concluir pelo tipo do art. 350 do Código Eleitoral. O ânimo definitivo não a compõe." (TSE-AC no HC nº 210/SP, j. em 31/08/93, Rel. Min. Marco Aurélio, p. DJ de 12/11/93). "Crime eleitoral. Inscrição fraudulenta como eleitor (Código Eleitoral, art. 289). I – Admite-se o domicílio eleitoral em localidade onde o eleitor mantenha vínculo patrimonial. No caso, a recorrente foi contemplada, no inventário de seu pai, com uma parte ideal do imóvel rural, situado no Distrito e Município de Onda Verde, onde o casal comprovou possuir interesses na produção agrícola do imóvel, em que, com freqüência, permanecia, administrado pelo cônjuge-varão, também recorrente. II – Ofensa ao art. 42, parágrafo único do Código Eleitoral, caracterizada. III – recurso especial provido, a fim de reformar o acórdão recorrido e absolver os recorrentes das penas que lhe foram impostas." (TSE- Ac. nº 11.814/SP, j. em 1º/09/94, Rel. Min.Antônio de Pádua Ribeiro, p. DJ de 30/09/94). "Crime eleitoral. Caracterização: Ausência. Domicílio eleitoral. Vínculo patrimonial. Código Eleitoral, art. 350. I – A jurisprudência desta Corte é no sentido de não configurar a falsidade ideológica, quando couber à autoridade pública averiguar a fidelidade de declaração que lhe é prestada (precedente: Acórdão nº 6.460/78). II – Admite-se o domicílio eleitoral em localidade onde o eleitor mantenha vínculo patrimonial. III – Recurso especial não conhecido." (TSE – Ac. nº 13.459/SE, j. em 25/05/93, Rel. Min. Carlos Velloso, DJ de 12/11/93).

Capítulo IV

A Justiça Eleitoral

4.1. A jurisdição especializada eleitoral

Desde a Constituição de 1946 que os órgãos colegiados da Justiça Eleitoral têm-se mantido os mesmos e com a mesma composição:
– Tribunal Superior Eleitoral-TSE – 7 Ministros.
– Tribunais Regionais Eleitorais-TREs – 7 Juízes.
– Juntas Eleitorais – 3 a 5 membros.

Os sucessivos textos constitucionais, a partir de então, dispuseram sobre os órgãos da Justiça Eleitoral, sua composição, modo de investidura, seus Juízes e sua competência básica.

A CF/46 regulou a matéria nos arts. 109 a 121. A CF/67, nos arts.123 a 140. A CF/69, nos arts. 130 a 140, e a CF/88, nos arts. 118 a 121.

Embora a Constituição/88 preveja a competência básica dos Tribunais Eleitorais, quanto aos Juízes Eleitorais monocráticos, que atuam perante cada Zona Eleitoral, como ainda não foi editada a lei complementar prevista no art. 121, *caput*, da CF, suas atribuições são aquelas que estão especificadas no Código Eleitoral, que foi recepcionado com *status* de lei complementar. Também as Juntas Eleitorais têm a sua composição e competência regrada no Código Eleitoral, Lei nº 4.737/65.

A Justiça Eleitoral no Brasil foi criada após a Revolução de 1930, através do Decreto nº 21.076, de 24/02/32 (1º Código Eleitoral), e incorporada à Constituição de 1934. Contudo, foi extinta no período ditatorial de 1937 a 1945, sendo revigorada através do Decreto nº 7.586, de 28/05/45, e, a partir daí, sempre agasalhada nos textos constitucionais, a partir da CF/46.

4.2. Peculiar forma de organização: o periódico recrutamento de seus membros e a composição heterogênea de seus órgãos colegiados

A Justiça Eleitoral não dispõe de quadro próprio de magistrados. Os magistrados que compõem a Justiça Eleitoral vêm de outros setores do Judiciário e possuem mandatos periódicos.

Direito Eleitoral

Na Justiça Eleitoral, o princípio da temporariedade é extensivo a todos os seus membros, o que equivale a dizer que nenhum magistrado tem vinculação permanente na Justiça Eleitoral, integrando-a sempre por prazo determinado, portanto, com maior amplitude do que na Justiça Militar e na Justiça do Trabalho, onde a renovação era parcial, aplicada apenas aos Vogais, sendo excluídos os magistrados togados.

Aliás, muito tem-se propagado para que seja a Justiça Eleitoral dotada de seus próprios juízes. Contudo, não é esse o entendimento majoritário, tendo em vista que a rotatividade dos membros da Justiça Eleitoral é recomendada como eficiente esquematização institucional e deve ser ela conservada, como medida de sabedoria política.

Penso que o sistema não merece reparos, pois que concilia a necessidade de mudança e a exigência de concurso de magistrados garantidos por investidura vitalícia. É um sistema que a um só tempo atende ao princípio político da alternação e ao princípio judiciário da garantia vitalícia.

Aliás, pessoalmente, entendo que é muito saudável o sistema vigorante na composição dos membros da Justiça Eleitoral, tendo em vista que as competições políticas acarretam frequentes exacerbações passionais, no entrechoque de grupos rivais, que não ficam circunscritas aos protagonistas das lutas partidárias, muitas vezes atingindo também os magistrados que tiveram de contrariar os interesses de uns e de outros. Daí a importância da renovação obrigatória dos mandatos, após o decurso do 2º biênio para os juízes que integram os Tribunais Eleitorais, a fim de manter a imparcialidade no bom funcionamento da instituição. No RS, o TRE tem norma expressa, aplicando o mesmo sistema aos juízes eleitorais de 1º grau, à semelhança da disposição constitucional relativa aos magistrados que integram os Tribunais Eleitorais.[27]

Outro aspecto peculiar da Justiça Eleitoral é a composição eventualmente colegiada que assumem os órgãos de 1ª instância na fase de apuração dos votos à diplomação dos eleitos através das Juntas Eleitorais.

As *Juntas Eleitorais* funcionam presididas por um Juiz de Direito e mais dois ou quatro membros leigos, dentre os eleitores das Zonas, designados pelo TRE de cada Estado, mediante indicação dos respectivos Juízes de Direito (arts. 36 a 41 do Código Eleitoral).

---

[27] Resolução nº 99/97-TRE/RS – "Estabelece normas relativas ao exercício da jurisdição eleitoral em primeiro grau, à regulamentação relativa à designação de escrivão eleitoral, diretor e chefe de cartório, à forma de substituição, e dá outras providências. ... I – DA JURISDIÇÃO ELEITORAL Art. 1º A jurisdição em cada uma das zonas eleitorais é exercida por um juiz de direito da respectiva comarca, em efetivo exercício, e, na sua falta, férias ou impedimentos, por seu substituto que goze das prerrogativas do art. 95 da Constituição Federal, de acordo com a tabela do Poder Judiciário Estadual, exceto na Capital, quando os juízes eleitorais serão substituídos uns pelos outros. (CE, art. 32) Art. 2º Nas comarcas com mais de uma vara, caberá ao Tribunal, mediante indicação da Corregedoria Regional Eleitoral, designar o juiz de direito que exercerá as prerrogativas de juiz eleitoral para o período de 2 (dois) anos ..."

Nas demais atividades, os Juízes Eleitorais funcionam singularmente, processando e julgando os crimes eleitorais, conhecendo e decidindo os *habeas corpus*, os mandados de segurança, dirigindo o alistamento eleitoral, localizando as seções eleitorais e nomeando os respectivos mesários e apreciando as reclamações que sobre essas sejam interpostas, enfim, praticando todos os atos decisórios que processual ou administrativamente lhes sejam cometidos pelo Código Eleitoral. A competência dos Juízes Eleitorais monocráticos está regrada no art. 35 do Código Eleitoral.

TRIBUNAL SUPERIOR ELEITORAL – TSE

O art. 119, I e II, da Constituição Federal/88, derrogando os arts. 16 e 17 do Código Eleitoral, dá a seguinte composição do TSE:

a) 3 (três) Juízes dentre os Ministros do STF;

b) 2 (dois) Juízes dentre os Ministros do STJ;

c) 2 (dois) Juízes nomeados pelo Presidente da República.

O Plenário do STF, na sua composição plena e na forma do que dispõe o seu Regimento Interno (art. 7º, II), elegerá os Ministros que integrarão o TSE, bem como organizará a lista de seis advogados, de notável saber jurídico e idoneidade moral, na forma prevista também em seu Regimento Interno (arts. 143 a 146), que indicará ao Presidente da República para que este nomeie dois dos indicados para integrarem o TSE.

Da mesma forma procederá o STJ, que, através do seu Plenário e na forma do seu Regimento Interno (arts. 10, III, e 171), procederá à eleição dos dois Ministros que integrarão o TSE.

O TSE elegerá seu Presidente e o Vice dentre os três Ministros do STF, e seu Corregedor, dentre os dois Ministros do STJ. O TSE também aplicará nessa eleição o que dispuser seu Regimento Interno.

Na composição da atual Constituição, ocorreram duas alterações em relação ao texto Constitucional anterior. A primeira em razão da extinção do Tribunal Federal de Recursos – TFR, passando a indicação dos dois Ministros, então oriundos do TFR, a serem do STJ, órgão jurisdicional criado em substituição àquela Corte. A segunda alteração é que pelo art. 17 do Código Eleitoral o Corregedor do TSE era denominado Corregedor-Geral Eleitoral e pela Constituição/88 passou simplesmente a ser denominado Corregedor Eleitoral (parágrafo único do art. 119, CF). Aliás, a Constituição/88, desde 1946, foi a primeira a mencionar a Corregedoria Eleitoral. Assim, para não haver confusão, nos Estados, o Corregedor continuou com a denominação de Corregedor Regional Eleitoral, na forma do disposto no art. 26, § 1º, do Código Eleitoral.

O TSE, por força do disposto no art. 92, parágrafo único, da Constituição Federal/88, tem sede na Capital Federal – Brasília – e possui jurisdição em todo o território nacional.

Direito Eleitoral

Os seus membros continuam a serem chamados "juízes", em razão do próprio texto constitucional, e não "ministros", ao contrário de todos os outros membros integrantes dos demais Tribunais Superiores da República (veja-se art.101-Ministros do STF, art. 104 – Ministros do STJ, art. 111, § 1º – Ministros do TST e art. 123 – Ministros do STM). Contudo, na prática, continuam os juízes que integram o TSE, oriundos do STF e STJ, sendo chamados de Ministros.

Na composição do TSE, diferentemente também da composição dos demais Tribunais, não existem juízes oriundos do Ministério Público. Essa composição eminentemente classista é só para os advogados em sentido legal. Portanto, nesse particular, também não há simetria com a composição dos demais Tribunais Superiores, onde o quadro do Ministério Público foi sempre preservado em igualdade com a classe dos advogados. Note-se que o art. 119, inciso II, da CF/88, ao dar a composição do TSE, fala especificamente em "advogados", diferentemente do art. 101 da CF/88, que, ao dar a composição do STF, fala apenas em "cidadãos", o que permitia a nomeação para a Suprema Corte de membros do Ministério Público. Entendo que não se justifica a exclusão do quinto constitucional do Ministério Público na composição dos Tribunais Eleitorais, contudo há notícias de que a Assembleia Constituinte já redigiu anteprojeto que se encontra na fase da Comissão Sistemática, mudando essa orientação, mas até hoje sem votação.

Para os sete Ministros (Juízes) integrantes do TSE também são escolhidos substitutos, na mesma ocasião e pelo mesmo processo da escolha dos titulares, em igual número para a categoria.

A atuação de todos o Juízes do TSE será por dois anos, no mínimo, e nunca por mais de dois biênios consecutivos.

TRIBUNAIS REGIONAIS ELEITORAIS – TRE

A Constituição/88 derrogou os arts. 25 e 26 do Código Eleitoral, dispondo no art. 120 sobre a composição dos Tribunais Regionais Eleitorais da seguinte forma:

a) 2 (dois) Juízes dentre Desembargadores do Tribunal de Justiça;

b) 2 (dois) Juízes dentre os Juízes de Direito, escolhidos pelo Tribunal de Justiça;

c) 1 (um) Juiz dentre os Desembargadores do Tribunal Regional Federal com sede na Capital do Estado ou no Distrito Federal e, onde não houver TRF, será um Juiz Federal, escolhido, em qualquer caso, pelo Tribunal Regional Federal a que pertencer;

d) 2 (dois) Juízes dentre seis advogados de notável saber jurídico e idoneidade moral, indicados pelo Tribunal de Justiça e nomeados pelo Presidente da República.

A eleição dos Desembargadores que comporão o TRE será feita mediante votação secreta pelo Plenário do Tribunal de Justiça de cada Estado e na forma que dispuser seu Regimento Interno.

A lista sêxtupla dos advogados será feita pelos Tribunais de Justiça de cada Estado e na forma que dispuserem seus Regimentos Internos.

A eleição do Juiz Federal que integrará a Corte Regional Eleitoral será procedida pelo respectivo Tribunal Regional Federal, devendo, como já dito, onde for sede de TRF, ser o Juiz escolhido dentre os integrantes da Corte Federal Regional e onde não for sede de TRF será pelo Tribunal Regional Federal escolhido dentre os Juízes Federais da Capital do Estado e na forma que dispuser o Regimento Interno de cada Tribunal Regional Federal.

A Constituição Federal/69 dispunha na composição dos TREs que duas vagas de juízes seriam preenchidas por "cidadão", enquanto a Constituição/88 prevê tal composição do TSE por "advogados". Dessa forma, pela Constituição anterior, em razão de seu texto, poderiam ser nomeados membros oriundos do Ministério Público, tanto que a ex-Lei Orgânica do Ministério Público Estadual – LC nº 40/81 – previa em seu art. 53 a possibilidade de membros do Ministério Público comporem os TREs.

Até a Constituição/67 integravam os TREs 3 (três) Desembargadores, não havendo na composição um representante da Justiça Federal, tendo em vista que foi apenas com o AI nº 2, de 1965, que a Justiça Federal de 1ª Instância foi restabelecida, e com a Lei nº 5.010/66 a Justiça Federal foi reorganizada, de forma que na CF/67 passou novamente a figurar Justiça Federal, como órgão integrante do Poder Judiciário, e um Juiz Federal passou a integrar também os Tribunais Regionais Eleitorais.

Na reforma do Judiciário em tramitação no Congresso Nacional, há a previsão de aumentar o número de 1 para 2 Juízes Federais a comporem os integrantes dos TREs, diminuindo, em consequência, o número de Juízes proveniente da Justiça Estadual.

Os TREs, na forma de seus Regimentos Internos, elegerão seu Presidente e Vice, dentre os Desembargadores. Normalmente, ao Vice-Presidente compete as funções de Corregedor Regional Eleitoral.

Da mesma forma que os substitutos dos Juízes do TSE, são também escolhidos, na mesma oportunidade que os titulares, os Juízes substitutos dos TREs. Também os Juízes dos TREs servirão por dois anos, no mínimo, e nunca por mais de dois biênios consecutivos (§ 2º do art. 121da CF/88).

JUÍZES ELEITORAIS

Os Juízes Eleitorais são Juízes de Direito integrantes da magistratura Estadual, designados pelo TRE para presidirem as Zonas Eleitorais, menor fração territorial com jurisdição dentro de uma circunscrição judiciária eleitoral.

Direito Eleitoral   **55**

As Zonas Eleitorais correspondem às Comarcas da Justiça Comum e, estas, ao município. Contudo, às vezes, existem Zonas Eleitorais que abrangem mais de um município, bem como municípios com mais de uma Zona Eleitoral. No RS, por exemplo, atualmente existem 467 municípios, com 173 Zonas Eleitorais instaladas, sendo que 10 Zonas Eleitorais em Porto Alegre, 4 em Canoas e nos Municípios de Caxias e Pelotas, 3 em Rio Grande e 2 em Santa Maria. Muitas Zonas Eleitorais jurisdicionam muitos municípios, tal como, por exemplo, a 32ª, com sede em Palmeira da Missões, que jurisdiciona mais de 8 municípios.

O Juiz Eleitoral deve ser Juiz de Direito pelo disposto no art. 95 da CF/88, o que impede venha um Pretor exercer essa função. Contudo, podem exercer a função de Juiz Eleitoral os Juízes de Direito, mesmo que em estágio probatório, sem vitaliciedade, portanto, já que com menos de dois no exercício do cargo, com sustentação no art. 22, § 2º, da LC nº 35/79-LOMAN.

Os Juízes Eleitorais exercem essa função cumulativamente com a função de Juiz de Direito.

Os Juízes Eleitorais têm o seu elenco de atribuições e competência regrado no art. 35 do Código Eleitoral, dispondo o art. 34 do mesmo Codex o dever legal de os Juízes Eleitorais despacharem diariamente nas Zonas Eleitorais que jurisdicionam.

Os Juízes de Direito são indicados para o exercício da atividade de Juiz Eleitoral pelo Plenário do TRE. Os critérios adotados são: 1º) a antiguidade na comarca, 2º) a antiguidade na entrância e 3º) a participação em juntas eleitorais na comarca antes do advento da Lei nº 8.350, de 28 de dezembro de 1991.[28] Nos casos de entrância inicial, quando se tratar de Juiz em início de carreira, o critério adotado pelo TRE/RS, se houver mais de um Juiz na comarca, será o da melhor classificação no concurso.

Penso que é salutar a Resolução nº 99/97 do TRE/RS, que foi aprovada pelo Plenário em 07/05/97, no sentido de aplicação similar ao previsto na Constituição aos Juízes que compõem os Tribunais Eleitorais, para que o Juiz Eleitoral exerça essa função por 2 (dois) anos, possibilitando, assim, um rodízio entre os Juízes de Direito.

JUNTAS ELEITORAIS

As Juntas Eleitorais são órgãos colegiados de 1ª instância da Justiça Eleitoral, gozando os seus membros, no exercício de suas funções, de plenas garantias da magistratura de carreira, inclusive a inamovibilidade (arts. 118, IV, e 121, § 1º, da CF). As Juntas Eleitorais existem desde a CF/34, sendo que naquele texto foram chamadas de Juntas Especiais. Contudo, essas Juntas Especiais já eram órgãos da Justiça Eleitoral que

---

[28] Resolução nº 99/97-TRE/RS, § 1º, do art. 2º.

atuavam na apuração das eleições municipais somente e eram compostas por 3 membros, dos quais 2 deles, pelo menos, deveriam ser magistrados.

Como já referido anteriormente, a Justiça Eleitoral foi extinta na CF/37 e perdurou até o fim da ditadura de Vargas, em 1945, tendo na CF/46 já aparecido com o nome de Juntas Eleitorais, exigindo apenas que o exercício da presidência da mesma fosse por um Juiz de Direito. A nomeação da Junta Eleitoral é feita pelo presidente do TRE, após a aprovação pelo plenário da Corte. Sua organização foi delegada à lei ordinária e não mencionou o número mínimo de integrantes da mesma e nem restringiu a sua competência e assim se mantém até hoje, sendo o Código Eleitoral – Lei nº 4.737/65, em seus arts. 36 a 41, 159 a 164 e 195 a 196 – que regula a sua organização e competência.

O Código Eleitoral, em seus arts. 187, 196 e 379, *caput*, usa equivocadamente a expressão de *Junta Apuradora* para designar a Junta Eleitoral. Aliás, outras leis eleitorais também usam essa expressão imprópria, tal como a Lei 9.100/95 (art. 22), que regulou o pleito municipal de OUT/96.

A Lei nº 9.504/97, que vem regulando os pleitos eleitorais desde as eleições de 1998, fala sempre em Junta Eleitoral (arts. 64, 69 e 70). Contudo, ainda são as regras do Código Eleitoral que regulam a organização e competência da Junta Eleitoral.

As Juntas Eleitorais são compostas por dois ou quatro membros, mais o seu Presidente, que é sempre um Juiz de Direito, formando um colegiado de 3 ou 5 membros no total (art. 36 do Código Eleitoral). Na prática, tem-se mostrado muito mais eficaz quando as Juntas Eleitorais são formadas por 3 membros. (Resolução TSE nº 10.038/76).

O Presidente da Junta Eleitoral deverá ser sempre um Juiz de Direito, e os demais membros poderão ser leigos, vale dizer, sem formação jurídica.

O art. 36 do Código Eleitoral, que determina a nomeação dos integrantes da Junta Eleitoral até 60 dias antes das eleições pelo TRE, também enumera as pessoas que estão impedidas de participar como membros da Junta Eleitoral, a saber:

– escrutinadores ou auxiliares;

– candidatos, seu cônjuge e seus parentes, ainda que por afinidade, até o 3º grau, inclusive;

– os membros de Diretório dos Partidos Políticos devidamente registrados e cujos nomes tenham sido oficialmente publicados;

– as autoridades e agentes policiais, bem como os funcionários com desempenho de cargos de confiança do Executivo;

– os que pertencem ao serviço da Justiça Eleitoral.

Por evidente que os impedimentos enumerados no Código Eleitoral não são exaustivos, mas meramente exemplificativos, pois que os menores de 21 anos, os que não estão no gozo de seus direitos políticos (por exemplo em razão de condenação criminal, ainda que em *sursis*) e os membros do Ministério Público[29] não podem ser nomeados para comporem as Juntas Eleitorais. Registe-se que comporta impugnações, no prazo de três dias, pelos partidos políticos, da nomeação dos membros das Juntas Eleitorais (art. 36, § 2°, Cód. Eleitoral).

Além das pessoas enumeradas no art. 36 do Código Eleitoral, também estão impedidas de participar na composição das Juntas Eleitorais as pessoas enumeradas no art. 64 da Lei n° 9.504/97.[30]

Em cada zona eleitoral haverá, pelo menos, uma Junta Eleitoral, sendo que a competência das Juntas Eleitorais está regrada no art. 40, itens I a IV, do Código Eleitoral e a Resolução TSE n° 22.154/2006, no art. 85 a reproduz.

"A competência das Juntas Eleitorais é:

I – apurar a votação realizada nas seções eleitorais sob sua jurisdição, no prazo determinado;

II – resolver as impugnações e demais incidentes verificados durante os trabalhos de apuração;

III – expedir os boletins de urna na impossibilidade de sua emissão normal nas seções eleitorais, com emprego dos sistemas de votação, de recuperação de dados ou de apuração;

IV – lacrar o compartimento do disquete da urna após a recuperação dos dados ou finalização do uso do sistema de apuração."

4.3. Prestação jurisdicional do contencioso eleitoral

A Justiça Eleitoral possui uma amplitude de reservas funcionais, muito mais elástica que nos demais ramos integrantes do Poder Judiciário.

A princípio, a área de competência da Justiça Eleitoral desenvolvia-se a partir do alistamento eleitoral, exaurindo-se com a expedição dos diplomas eletivos. Atualmente, não prevalece mais essa compreensão em razão dos múltiplos encargos que lhe foram adicionados. Na verdade, a Justiça Eleitoral se tornou um resguardo dos conflitos políticos. Há, porém, uma preocupação constante da Justiça Eleitoral em manter a neutralidade nas confrontações político-partidárias, principalmente, após a edição da Lei 9.096/95, que substituiu a antiga LOPP – Lei Orgânica dos Partidos Políticos –, Lei n° 5.682, que vigia desde 1971. A Lei n° 9.096/95, seguindo a regra já insinuada na Constituição Federal de 1988 (art. 17, § 2°), trans-

---

[29] TRE/SP – Consulta n° 71.930, j.em 10/SET/1976 e TRE/MG – Consulta n° 842/50.

[30] Lei n° 9.504/97 – art. 64. É vedada a participação de parentes em qualquer grau ou servidores da mesma repartição pública ou empresa privada na mesma Mesa, Turma ou Junta Eleitoral.

formou os Partidos Políticos em "Pessoas Jurídicas de Direito Privado", possibilitando-lhes com isso uma maior autonomia para resolverem suas quezilas *interna corporis*, sem o aval da Justiça Eleitoral. Aliás, tudo o que não disser respeito à matéria eleitoral, os Partidos Políticos discutirão perante a Justiça Comum.

A Justiça Eleitoral, com a expansão do seu empório funcional, além da atividade jurisdicional, compreende também atividades administrativas, consultivas e resolutivas.

Aliás, com a Constituição Federal de 1988, a competência dos órgãos da Justiça Eleitoral, em nível de atividade jurisdicional, foi ampliada, sobre as hipóteses de cabimento dos recursos das decisões do TSE, que é a última instância da Justiça Eleitoral, conforme se vê do art. 121, § 3°, da CF/88, que diz que "são irrecorríveis as decisões do Tribunal Superior Eleitoral, salvo as que contrariarem esta Constituição e as denegatórias de *habeas corpus* ou mandado de segurança".

Relativamente às decisões dos TREs, também alastraram as possibilidades de recursos, pela criação de novos institutos jurídicos. Vejamos o que dispõe o art. 121, § 4°, da CF/88:

"Das decisões dos Tribunais Regionais Eleitorais somente caberá recurso quando:

I – forem proferidas contra disposição expressa desta constituição ou de lei;

II – ocorrer divergência na interpretação de lei entre dois ou mais tribunais eleitorais;

III – versarem sobre inelegibilidade ou expedição de diploma nas eleições federais ou estaduais;

IV – anularem diplomas ou decretarem a perda de mandatos eletivos federais ou estaduais;

V – denegarem *habeas corpus*, mandado de segurança, *habeas data* ou mandado de injunção."

O art. 121 da Constituição Federal remeteu à Lei Complementar a organização e competência dos tribunais, dos juízes de direito e das juntas eleitorais. Essa lei ainda não foi editada, prevalecendo as regras do vetusto Código Eleitoral, como se lei complementar fosse. Contudo, já existem sugestões para essa lei complementar, inclusive do TRE-RS, com a seguinte previsão:

"Capítulo I
Seção I – Dos órgãos da Justiça Eleitoral;
Seção II – Do Tribunal Superior Eleitoral;
Seção III – Dos Tribunais Regionais Eleitorais;
Seção IV – Dos Juízes Eleitorais;
Seção V – Das Juntas Eleitorais.

Direito Eleitoral

Capítulo II – Dos deveres e garantias dos juízes e membros das Juntas Eleitorais.
Capítulo III – Da Secretaria dos Tribunais.
Capítulo IV – Das disposições gerais."

Como não foi editada essa lei complementar, prevalecem, em matéria de competência, as previstas na própria Constituição e as disposições do Código Eleitoral, a saber:

1º) sobre o TSE – arts. 22 e 23;

2º) sobre os TREs – arts. 29 e 30;

3º) sobre os Juízes Eleitorais – art. 35;

4º) sobre as Juntas Eleitorais – arts. 40, 195 e 196.

Deve ser salientado, ainda, que os Tribunais Eleitorais não podem se subdividir em Câmaras ou Turmas, diante da ausência de permissão constitucional. Desta forma, todos os atos deliberativos, de caráter administrativo, normativo ou jurisdicional devem resultar da manifestação do Plenário da Corte, não as podendo emitir singularmente o seu Presidente, em virtude da natureza colegiada da instância.

Por fim, deve ainda ser referido sobre a competência da Justiça Eleitoral para a emissão de atos normativos, com força regulamentar, que são as Resoluções e as Consultas.

RESOLUÇÕES – São as normas regulamentadoras em matéria eleitoral, que são expedidas pelo TSE.

Essa atividade regulamentar, relacionada estritamente à matéria eleitoral, exclui a correspondente reserva de competência do Presidente da República contemplada no art. 84, IV, da Constituição Federal, polarizando-se no Tribunal Superior Eleitoral, sem transbordar, evidentemente, dos limites da respectiva lei eleitoral, nos termos do art. 23, XVIII, do Código Eleitoral.

Os TREs também têm competência para expedir Resoluções no caso de plebiscito para criação de municípios.

Também expedem Resoluções, tanto o TSE com os TREs, para normatizar a administração dessas Cortes.

CONSULTAS – A Justiça Eleitoral tem competência, ainda, para responder a Consultas hipotéticas, nunca em casos concretos, emanadas de autoridades públicas ou partidos políticos.

COMPETÊNCIA – Têm competência para responder as Consultas tanto os TREs (art. 30, VIII, do Cód. Eleitoral), como o TSE (art. 23, XII, do Cód. Eleitoral), o que significa que a resposta dada à consulta tem eficácia espacial ou territorial determinada pelo âmbito do tribunal que a respondeu.

Os Juízes Eleitorais não detêm competência para responder as Consultas.

LEGITIMIDADE – Tem legitimidade para formular consulta, em tese, ao TSE, a autoridade com jurisdição federal ou órgão nacional do partido político e, ao TRE, a autoridade pública ou partido político.

O que deve ser entendido por autoridade, para fins consultivos?

Conforme ensina o Desembargador Tupinambá, "autoridade pública, para efeitos da lei eleitoral, é a que detém, em nome próprio, poder de decisão pública em menor ou maior extensão".[31] No dizer de Hely Lopes Mirelles, autoridade é aquele agente político que atua com plena liberdade funcional.[32]

Têm legitimidade para formular consultas ao TSE, o Presidente, os Governadores, os Senadores e os Deputados Federais, e, ao TRE, os Governadores, os Prefeitos, os Deputados Estaduais e Distritais. O simples candidato não pode ser consulente. O Vereador também tem legitimidade para formular consulta ao TRE somente em eleições municipais, face ao disposto no art. 29, IX, da CF, que dá a similitude entre todos os membros do Poder Legislativo de todos os entes federativos.

Da mesma forma um Juiz Eleitoral e o Ministério Público Eleitoral, como agentes políticos que são, têm autoridade pública para formular consultas ao TSE e ao TRE. O TRE também tem legitimidade para formular consulta ao TSE, porém apenas através do seu Colegiado ou do Juiz-Corregedor ou Presidente, não possuindo um outro Juiz do Tribunal competência para sozinho formular consulta ao TSE, por lhe faltar autonomia como autoridade e isto porque o TRE funciona apenas como um Colegiado. O Procurador Regional Eleitoral tem competência para formular consulta ao TSE

Os partidos políticos, através do Diretório Nacional, poderão formular consultas ao TSE e, através do Diretório Regional, ao TRE.

OBJETO DA CONSULTA – apenas matéria eleitoral em tese, que exista desde a etapa preparatória das eleições até o ato da diplomação e as irresignações desta.

Não podem ser objeto de consulta os plebiscitos, os referendos e a iniciativa popular, uma vez que as consultas são exclusivas em matéria eleitoral.

A consulta não pode envolver caso concreto, devendo ser em tese porque a resposta da consulta é para a generalidade de casos que será no futuro enfrentada. Assim, a consulta, para ser conhecida, não deverá indicar ou dar a entender quem é ou será o interessado direto na resposta.

EFICÁCIA NORMATIVA – A resposta à consulta é dotada de eficácia normativa *erga omnes*, alcança a parte consulente e todos os demais que, no

---

[31] NASCIMENTO, Tipinambá Miguel Castro do. *Lineamentos...*, obra citada, p. 118.

[32] MEIRELLES, Hely Lopes. *Direito Administrativo Brasileiro*. 13ª edição. São Paulo: RT, 1987, p. 50.

Direito Eleitoral

futuro, estejam em situação de igualdade. Poder-se-ia dizer que a consulta equivale àquilo que se pode denominar de orientação vinculante.

Contudo, a consulta não possui o efeito da imutabilidade da coisa julgada, o que significa que quando aplicada ao caso concreto, esse poderá ser rediscutido em nível de recurso. Quando um Tribunal Eleitoral responde à consulta, não declara em que hipótese concreta irá ela incidir, pois que a responde em tese, não resultando, portanto, a resposta dada à consulta coisa julgada, mas tão somente de natureza administrativa e normativa, a teor da Resolução TSE n° 12.017, de 27/11/84, de Relatoria do Min. José Néri.[33]

IRRECORRIBILIDADE – Como a resposta dada à consulta não tem significado de jurisdição prestada, no sentido de ser uma decisão substancialmente jurisdicional, porque materialmente tem natureza administrativa, não cabe recurso da resposta dada à consulta.

O direito do consulente se limita, portanto, a que o órgão competente, na resposta, diga qual a solução para a situação em tese formulada. Isto não significa que quando, mais adiante, aplicada a resposta dada à consulta a um caso concreto, a pessoa atingida não possa recorrer.

Contudo, penso que tem aplicabilidade ao caso o art. 275 do Código Eleitoral, embargos declaratórios no prazo de 3 dias, quando na resposta houver obscuridade, dúvida, contradição ou omissão.

Também entendo que, se a consulta versar matéria constitucional, também poderá ser interposto recurso extraordinário perante o STF, por força do regrado no § 3° do art. 121 da Constituição Federal.

Segundo leciona o Desembargador Tupinambá, "numa só situação pode se detectar sucumbência. Quando a consulta não é conhecida por ilegitimidade do consulente, não se tratar de matéria de consulta – sustenta-se o não conhecimento por ser hipótese de matéria não eleitoral ou de fato concreto –, ou outro motivo qualquer. A negativa de dar resposta à consulta tem efeito sucumbencial. Em tese, o recurso é possível. Não no TSE, face a regra do § 3° do art. 121 da constituição federal. Em se tratando de decisão do TRE, se a hipótese se subsumir no § 4°, incisos I – for proferida (decisão) contra disposição expressa de lei – e II – 'ocorrer divergência na interpretação de lei entre dois ou mais tribunais eleitorais' – poderá haver recurso".[34]

---

[33] TSE – Resolução n° 12.017, de 27/11/84, Consulta n° 6.988/DF, respondida de forma unânime, nos termos do voto Relator Min. José Néri da Silveira: "... De outra parte, a decisão do TSE, quando responde a consultas, não é materialmente jurisdicional, dela não resulta coisa julgada, mas, tão-só, de natureza administrativa e normativa. Isso significa que, na resposta a consulta, não declara a Corte o direito, que há de incidir numa determinada hipótese, em concreto. ..."

[34] Autor e obra citada, p. 126.

Capítulo V

O Ministério Público Eleitoral

5.1. Órgãos e composição

O Ministério Público apresenta-se dividido nos planos horizontal e vertical.

No *plano horizontal*, a divisão decorre da organização federativa, com a repartição da capacidade de auto-organização e de autogoverno entre a União, os Estados-Membros e o Distrito Federal. Essa descentralização de índole política repercute na área funcional do Ministério Público, tanto quanto na atividade jurisdicional, abrangendo o mesmo conjunto de instituições fundamentais, através das ações articuladas que exercem, inerentes às suas correspondentes funções.

Como no Município não existe organização judicial própria, em razão de sua pequena envergadura, consequentemente não dispõe de aparelhamento de Ministério Público próprio.

A presença do órgão do Ministério Público onde houver exercício de atividade jurisdicional é indispensável, em razão dos interesses públicos polarizados nas duas instituições.

A divisão do Ministério Público da União e Ministério Público dos Estados, no plano horizontal, está contemplada nos itens I e II do art. 128 da Constituição Federal.

No *plano vertical* ou funcional, somente se contemplam áreas comuns especializadas na esfera da União Federal, compondo o elenco do inciso I do art. 128 da Constituição Federal:

1°) o Ministério Público Federal;

2°) o Ministério Público do Trabalho;

3°) o Ministério Público Militar;

4°) o Ministério Público do Distrito Federal e Territorial.

De plano se constata que não estão inseridos nesse rol o Ministério Público Eleitoral e o Ministério Público junto ao TCU.

O Ministério Público junto ao TCU foi regrado no art. 130 da Constituição Federal, em separado, por certo, para que pudesse melhor se acomodar autonomamente; contudo, foram aplicadas a eles "as disposições pertinentes a direitos, vedações e forma de investidura".

No entanto, quanto ao Ministério Público Eleitoral, a Constituição Federal foi omissa. Segundo Fávila Ribeiro, "no tocante ao Ministério Público Eleitoral, o reparo que temos a fazer é sobre a injustificável omissão quanto ao seu porte constitucional, não por tê-lo excluído do contexto do agrupamento denominado Ministério Público da União, pois a este também não se vinculou o Ministério Público do Tribunal de Contas". Contudo, segue o tratadista: "a omissão, absolutamente, não coloca em dúvida a existência do Ministério Público Eleitoral, nem é de molde a suscitar questionamento sobre o seu caráter federal, por quanto a total responsabilidade pelas atividades eleitorais vem encaixada na exclusiva esfera da União Federal – a entidade política e não um processo articulado na organização do Ministério Público –, compreendendo a plenitude legiferativa, jurisdicional e executiva, sendo matéria que de nenhum modo suporta deslocamento, mercê do rígido tratamento unitário recebido".[35]

Fávila Ribeiro, ventilando uma possível explicação para a não inclusão do Ministério Público Eleitoral, no seio da CF, refere que "é possível ainda conjeturar com a firme intenção de poupá-lo de agregação ao bloco arrolado no mencionado dispositivo constitucional, para confirmar a sua linhagem independente, considerando ainda a inexistência de quadro próprio, por serem os seus membros oriundos de duas fontes: do Ministério Público Federal e do Ministério Público Estadual, sendo esta uma montagem para deliberadamente o desvencilhar da superposição de uma chefia dual, liberando-o de fator subordinativo, ainda que ficasse a depender de acréscimos na armação institucional, que não poderia emergir do éter".[36]

Já tivemos duas Constituições Federais que expressamente dispuseram sobre o Ministério Público Eleitoral: a CF/34, no art. 98, previu que a organização do Ministério Público Eleitoral seria feita por lei especial, e a CF/46, no art. 125, previu que a lei organizaria o Ministério Público da União junto à Justiça Eleitoral.

Não obstante a CF/88 ter sido totalmente omissa quanto à organização do Ministério Público Eleitoral, tendo ela disposto no art. 127 que *"o Ministério Público é instituição permanente, essencial à função jurisdicional do Estado*, incumbindo-lhe a defesa da ordem jurídica, do regime democrático e dos interesses sociais e individuais indisponíveis", não deixou margem a qualquer dúvida da indispensabilidade do Ministério Público atuando permanentemente junto à Justiça Eleitoral.

Atualmente, o Ministério Público Eleitoral está devidamente regrado na Lei Orgânica do Ministério Público da União, Lei Complementar nº 75,

---

[35] RIBEIRO, Fávila. *Direito Eleitoral*. 4ª edição. Rio de Janeiro: Forense, 1996, p. 169.

[36] Idem, p. 170.

de 20/05/93, mais especificamente nos arts. 72 a 80, dentro do Capítulo I, que trata do Ministério Público Federal, tendo essa lei complementar atribuído as funções de Ministério Público Eleitoral ao Ministério Público Federal, aliás, como já o era anteriormente à CF/88.

O art. 72 da LC n° 75/83 dispõe:

"Compete ao Ministério Público Federal exercer, no que couber, junto à Justiça Eleitoral, as funções do Ministério Público, atuando em todas fases e instâncias do processo eleitoral.

Parágrafo único – O Ministério Público Federal tem legitimação para propor perante o juízo competente, as ações para declarar ou decretar a nulidade de negócios jurídicos ou atos da administração pública, infringentes de vedações legais destinadas a proteger a normalidade e a legitimidade das eleições, contra a influência do poder econômico ou o abuso do poder político ou administrativo."

O art. 73 da LC n° 75/93 também não deixa qualquer margem de dúvida ao dispor que "o Procurador-Geral Eleitoral é o Procurador-Geral da República".

Também não deixa qualquer margem a dúvidas a LC n° 75/93 ao dispor no art. 75 que "incumbe ao Procurador-Geral Eleitoral; I – designar o Procurador Regional Eleitoral em cada Estado e no Distrito Federal", sendo que o art. 76 da LC n° 75/93 determina que "o Procurador Regional Eleitoral, juntamente com o seu substituto, será designado pelo Procurador-Geral Eleitoral, dentre os Procuradores Regionais da República no Estado e no Distrito Federal, ou, onde não houver, dentre os Procuradores da República vitalícios, para um mandato de dois anos", dispondo no § 1° deste último artigo citado que "o Procurador Regional Eleitoral poderá ser reconduzido uma vez". Vale lembrar que neste tópico a disposição pertinente aos Procuradores Regionais Eleitorais guarda simetria com o regramento constitucional dos Juízes que integram as Cortes Eleitorais, que possuem mandato por dois anos, e nunca por mais de dois biênios consecutivos (art. 121, § 2°, da CF).

Fávila Ribeiro manifesta, também, em seu livro, que "há necessidade indeclinável de que sobreviva a instituição do Ministério Público Eleitoral com a sua autonomia orgânica, para que a ela afluam os titulares em seus respectivos ofícios, em temporários rodízios, no máximo por dois biênios, uma vez que ela não deve possuir, como é de sua tradição e para que esteja preservada de imparcialidade através de dois eixos, o federal e o estadual, o primeiro no recrutamento do Procurador-Geral Eleitoral e dos Procuradores Regionais Eleitorais, e o segundo, para os Promotores de Justiça".[37]

Até penso que tem razão a preocupação do mestre Fávila Ribeiro, pois em razão de não haver previsão constitucional a respeito do Ministé-

---

[37] RIBEIRO, Fávila. *Direito Eleitoral*. 4ª edição. Rio de Janeiro: Forense, 1996, p. 174.

rio Público Eleitoral, atualmente, além da LC n° 75, de 20/05/93 (Lei Orgânica do Ministério Público da União), também a Lei Federal n° 8.625, de 12/02/93 (Lei Orgânica Nacional do Ministério Estadual), dispõe acerca dos Promotores de Justiça, as estipulações seguintes, *verbis*:

"Art. 32. Além de outras funções cometidas nas Constituições Federal e Estadual, na Lei Orgânica e demais leis, compete aos Promotores de Justiça, dentro da esfera de atribuições:

...

III – oficiar perante a Justiça Eleitoral de primeira instância, com as atribuições do Ministério Público Eleitoral previstas na Lei Orgânica do Ministério Público da União que forem pertinentes, além de outras estabelecidas na legislação eleitoral e partidária."

"Art. 10. Compete ao *Procurador-Geral da Justiça*:

...

IX – *designar* membros do Ministério Público para:

...

h) oficiar perante a Justiça Eleitoral de primeira instância, ou junto ao Procurador Regional Eleitoral, quando por este solicitado."

Quanto à disposição do art. 32, nenhum conflito existe com o regrado no art. 78 da LC n° 75/93:

"Art. 78. As funções eleitorais do Ministério Público Federal perante os Juízes e Juntas Eleitorais serão exercidas pelo Promotor Eleitoral."

Contudo, o disposto no art. 10 da Lei n° 8.625/93 conflitua com o disposto na LC n° 75/93, parágrafo único do art. 77 e art. 79 e seu parágrafo único, senão vejamos:

"Art. 77 ...
Parágrafo único – O Procurador-Geral Eleitoral poderá designar, por necessidade de serviço, outros membros do Ministério Público Federal para oficiar, sob a coordenação do Procurador Regional, perante os Tribunais Regionais Eleitorais."
"Art. 79. O Promotor Eleitoral será o membro do Ministério Público local que oficie junto ao Juízo incumbido do serviço eleitoral de cada Zona.
Parágrafo único – Na inexistência de promotor que oficie perante a Zona Eleitoral, ou havendo impedimento ou recusa justificada, *o chefe do Ministério Público local indicará ao Procurador Regional Eleitoral o substituto a ser designado.*"

Por evidente que uma lei complementar se sobrepõe a uma lei ordinária, devendo, assim, ser respeitadas as disposições da LC n° 75/93 no que forem conflitantes com as disposições da Lei n° 8.625/93.

Quanto *às competências* do Ministério Público Eleitoral, o Código Eleitoral, Lei nº 4.737/65, que foi recepcionado pela CF/88, com *status* de lei complementar, apresenta, em seu art. 24, a competência do Procurador-Geral, como chefe do Ministério Público Eleitoral e, no art. 27, apresenta uma síntese da competência do Procurador Regional na jurisdição eleitoral.

No § 3º do art. 27, que deve ser examinado em conjunto com o disposto no art. 357, § 1º, do mesmo Código Eleitoral, dá a atribuição de Procurador-Geral ao Procurador Regional Eleitoral, no âmbito do Estado em que oficiar.

Quanto ao § 4º do art. 27 do Código Eleitoral, penso que ele foi revogado pelo parágrafo único do art. 77 da LC nº 75/93.

Quanto à competência dos Promotores Eleitorais junto aos Juízes Eleitorais e Juntas Eleitorais, não há disposição específica no Código Eleitoral; contudo, a sua competência deriva do próprio texto constitucional, art. 127 CF/88, que dispõe ser o Ministério Público "instituição permanente, essencial à função jurisdicional do Estado, incumbindo-lhe a defesa da ordem jurídica, do regime democrático e dos interesses sociais e individuais indisponíveis".

5.2. A participação do Ministério Público como fator da continuidade contra as ações intermitentes para lisura do processo eleitoral e o exercício promocional dissociado dos antagonismos partidários

A toda sessão que se realizar nos Tribunais Eleitorais, TSE e TREs, e a toda audiência que se realizar perante os Juízes Eleitorais e Juntas Eleitorais, delas participará o representante do Ministério Público que junto a eles oficie.

Embora não integre a composição do órgão judiciário, o membro do Ministério Público tem lugar privativo na sala de reuniões, ao lado direito da autoridade que exerce a presidência dos trabalhos, sendo que a participação do Ministério Público Eleitoral deve ocorrer tanto nas sessões públicas como nas secretas que se realizarem.

Tratando-se a matéria eleitoral toda ela de ordem pública, a manifestação do *Parquet* Eleitoral, em todos os procedimentos eleitorais, é indispensável, cumprindo o Ministério Público Eleitoral o seu mister de representação da sociedade e de defensor da ordem jurídica.

Vale lembrar aqui que os membros do Ministério Público, como *custos legis*, têm livre acesso a todas as dependências judiciárias, a fim de que possam cumprir sem óbices os seus encargos funcionais. Da mesma forma

Direito Eleitoral

deve ser-lhes franqueado, a qualquer momento, o ingresso nos cartórios e serviços administrativos, podendo, para o bom desempenho de seu ofício, compulsar autos, livros de registros, lavratura de atos e termos judiciais, bem como acompanhar o cumprimento de mandados e diligências, a fim de fiscalizar a fiel observância da lei.

Por força do disposto no art. 355 do Código Eleitoral, a ação penal eleitoral é sempre pública, o que significa que somente o Ministério Público Eleitoral é dela titular e poderá promovê-la. Contudo, acaso o Ministério Público Eleitoral extrapole o prazo legal de 10 dias e não ofereça denúncia, poderá um particular, usando a faculdade disposta no art. 5°, LIX, CF, oferecer a queixa subsidiária; contudo, dessa queixa subsidiária será aberta vista ao Ministério Público Eleitoral, que poderá oferecer a denúncia, dando início à ação penal, mas se entender ele que tal não autoriza a iniciativa da persecução criminal, por inexistência de delito ou indefinição de autoria, requererá o arquivamento da provocação que tiver recebido.

Cabe ao Juiz Eleitoral despachar, ordenando o arquivamento formulado pelo Ministério Público e, acaso discorde, de promoção exarada por Promotor Eleitoral deverá, nos termos do art. 27, § 3°, c/c art. 357, § 1°, do Código Eleitoral, provocar o pronunciamento do Procurador Regional Eleitoral a respeito e, caso este insistir no arquivamento, deverá o Juiz Eleitoral acatar. Se o pedido de arquivamento for requerido pelo Procurador Regional Eleitoral em ação penal eleitoral originária do TRE, deverá essa Corte, acaso discorde de tal postulação, provocar o Procurador-Geral Eleitoral a respeito.

O Ministério Público Eleitoral, como *dominus litis* da persecução criminal eleitoral, age espontaneamente, independente de comunicação de particular ou mesmo de inquérito policial, mas se entender ele necessário maior investigação a respeito, deverá requisitar à autoridade policial a abertura de inquérito.

Uma vez instaurada a ação criminal eleitoral, o Ministério Público Eleitoral não pode mais dela dispor, nada obstando, contudo, que, ao final da instrução, convencido da inocência ou falta ou insuficiência de provas a respeito, possa ele pedir a absolvição.

O Ministério Público Eleitoral, como interessado na correta aplicação da lei ao caso concreto, deve, obrigatoriamente, oficiar, quer dizer, emitir parecer ou dizer do direito, em todos os procedimentos eleitorais, sendo que a abertura de vista ao MP deverá ser sempre por escrito, com vista dos autos, não sendo admissível a concessão de vista para pronunciamento oral, a não ser que ele próprio se proponha a tal.

Como o Ministério Público Eleitoral participa de todas as sessões, tanto ordinárias, como extraordinárias, é cabível a sua intervenção em todos os processos discutidos, por provocação de algum Juiz ou por iniciativa própria e, acaso não se considere habilitado, poderá pedir vista dos autos para pronunciamento posterior, o que não poderá lhe ser recusado.

Poderá participar também das discussões durante as sessões, enquanto não for ultrapassada pela fase decisória, quando, por ocasião da emissão dos votos, não poderá mais intervir, salvo a título de explicação.

O Ministério Público Eleitoral constitui o elemento dinâmico para a defesa da jurisdição eleitoral, devendo opor-se às resistências que se articulem, assistindo-lhe competência para intervir no conflito ou suscitá-lo. Assim, não cabe uma postura de passividade, enclausurado em gabinete, à espera de solicitação, mas sim deve espontaneamente verificar o modo de organização do funcionamento do serviço judiciário, formulando representações sempre que não se encontrarem em consonância com as disposições legais ou regimentais, com base no que dispõe o art. 129, II, da CF.

Segundo o ensinamento de Fávila Ribeiro, ao se ocupar o Procurador Regional Eleitoral das atribuições extensivas do Procurador-Geral Eleitoral, deverá "representar o Tribunal sobre a fiel observância das leis eleitorais, especialmente quanto à sua aplicação uniforme em todo o País".[38]

Cabe aqui referir que as funções institucionais estipuladas ao Ministério Público no art. 129 da CF, todas elas se aplicam ao Ministério Público Eleitoral, pois que a função do Ministério Público Eleitoral é eminentemente de preservação do interesse público.

Ao Procurador-Geral Eleitoral compete transmitir instruções aos Procuradores Regionais Eleitorais, a fim de que em todo o território nacional sejam adotadas as mesmas providências na fiel observância da lei eleitoral.

Da mesma forma aos Procuradores Regionais Eleitorais compete emissão de instruções ao Promotores Eleitorais, para garantia da exigida uniformidade no estilo de proceder da instituição.

Ao Ministério Público Eleitoral também compete, em qualquer grau de jurisdição, oficiar nas correições que forem efetivadas na Justiça Eleitoral, onde atuam os órgãos do Judiciário e os órgãos do *Parquet* Eleitoral, em regime de recíproca independência, cada qual dentro da respectiva ótica funcional, não obstante dirigido para o objetivo comum da eficiência e correção dos serviços.

Da mesma forma compete ao Ministério Público Eleitoral, por ser de interesse público, oficiar:

– nas reclamações sobre a constituição de mesas receptoras;

– nas arguições de violação de urnas;

– nas impugnações de registro de candidatos;

– nas impugnações de mandato eletivo;

---

[38] RIBEIRO, Fávila. *Direito Eleitoral*. 4ª edição. Rio de Janeiro: Forense, 1996, p. 183.

- nas investigações judiciais eleitorais;
- nos registros de partidos e seus órgãos de direção, perante a Justiça Eleitoral;
- nas prestações de contas que os candidatos e os partidos, das campanhas eleitorais, prestam à Justiça Eleitoral;
- no cancelamento do registro de partido político (Lei nº 9.096/95, art. 28);
- nas causas inibitórias de exercício de competências (suspeição, impedimento e incompatibilidades), arts. 20 e 28 do Código Eleitoral;
- nos mandados de segurança e *habeas corpus* relativos à matéria eleitoral e outros feitos eleitorais que tramitarem perante a Justiça Eleitoral.

5.3. A posição de vanguarda reservada ao Ministério Público contra os abusos de poder

Com a LC nº 64/90 veio mais um leque de atribuições onde a participação do Ministério Público Eleitoral é indispensável, sob pena de nulidade, em face de tratar-se de lei complementar que versa sobre inelegibilidades e investigação de abusos do poder econômico, político e social, corrupção e fraude que levam à ilegitimidade do pleito eleitoral com a cassação de mandatos eletivos e decretação de inelegibilidades.

Já com a Constituição Federal de 1988, começou a expandir a participação do Ministério Público Eleitoral com a "ação de impugnação de mandato eletivo", prevista nos §§ 10 e 11 do art. 14 da Magna Carta. Essa ação de desconstituição de mandato eletivo pode ser intentada por abuso do poder econômico, por corrupção ou por fraude no processo eleitoral. Esse dispositivo constitucional, por independer de qualquer regulamentação, passou a incidir já com a promulgação da então nova Carta, em OUT/88.

Aliás, essa ação de impugnação de mandato eletivo tem, na verdade, natureza de *actio populorum*, onde a participação do *Parquet* Eleitoral é fundamental, em face da interesse público relevante que ela encerra, tendo em vista a preservação do princípio da soberania popular. Justamente por o princípio da soberania popular ser o problema fundamental a ser preservado na ação de impugnação de mandato eletivo, vale aqui lembrar que, quando a ação for procedente, teremos uma decisão que desconstitui a soberania popular e, assim, também por equidade com a ação popular (art. 19 da Lei nº 4.717- ação popular), será em qualquer hipótese, tanto quando a sentença for de procedência, como de improcedência, indispensável o reexame necessário.

5.4. As sanções penais e as sanções de inelegibilidade

As sanções penais que pode sofrer o Ministério Público Eleitoral estão dispostas no próprio Código Eleitoral, senão vejamos: 1) o tipo do art. 357, § 3°, por não oferecimento de denúncia no prazo legal e 2) o delito tipificado no art. 342, por não promoção da execução de sentença condenatória.

As sucessivas leis eleitorais vêm disciplinando que os feitos eleitorais – do período do registro das candidaturas até cinco dias após a realização do 2° turno – têm prioridade a todos os demais, cominando ao Ministério Público e aos Juízes Eleitorais de todas as instâncias o cometimento de crime de responsabilidade, acaso descumprida essa norma legal (art. 96, inciso III, da CF), bem como anotação funcional para efeito de promoção – Lei n° 9.504/97, art. 94, § 2°.

O Código Eleitoral também veda que membros do Ministério Público, mesmo aqueles não designados para oficiar perante a Justiça Eleitoral, participem da composição das Juntas Eleitorais – art. 36, § 3°, IV, Código Eleitoral.

Da mesma forma o Código Eleitoral veda a participação de membros do Ministério Público como mesários ou escrutinadores – art. 120, § 1°, IV, Código Eleitoral.

A LC n° 64/90, inclusive, no art. 3°, § 2°, veda ao membro do Ministério Público Eleitoral a impugnação de candidato, se o membro do *Parquet*, nos 4 anos anteriores, tiver disputado cargo eletivo, integrado Diretório de Partido ou exercido atividade político-partidária.

Contudo, a LC n° 75/93, dentro "das funções eleitorais do Ministério Público Federal", no art. 80, dispõe que:

"Art. 80. A filiação a partido político impede o exercício de funções eleitorais por membro do Ministério Público, até dois anos do seu cancelamento."

Como se vê, o art. 80 da LC n° 75/93 impede o exercício das funções eleitorais a membro do Ministério Público que não tenha cancelado essa filiação há pelo menos 2 anos. Daí concluir-se que o artigo 80 da LC n° 75/90 derrogou em parte o dispositivo do art. 3°, § 2°, da LC n° 64/90, tendo o prazo de 4 anos da LC n° 64/90 passado para 2 anos.

E o art. 237 da LC n° 75/93, ao dispor sobre as vedações a todos os membros do Ministério Público da União, ressalvava a possibilidade de filiação partidária, dispondo:

"Art. 237. É vedado ao membro do Ministério Público da União:

...

V – exercer atividade político-partidária, ressalvada a filiação e o direito de afastar-se para exercer cargo eletivo ou a ele concorrer."

Direito Eleitoral   **71**

Gize-se que a Lei n° 8.625/93, Lei Orgânica Nacional do Ministério Público, aplicável aos Promotores Estaduais, ao tratar das vedações, tem disposição semelhante no art. 44, inciso V, "exercer atividade político-partidária, ressalvada a filiação e as exceções previstas em lei".

Destarte, membros do Ministério Público da União, como membros do Ministério Público dos Estados, podiam filiar-se a partido político, contudo, para que um integrante do Ministério Público, quer em nível de Ministério Público Federal, como também em nível de Ministério Público Estadual – porque quanto às funções eleitorais é a LC n° 75/93 que se aplica a ambos, quando no desempenho das funções eleitorais –, para que pudessem exercer as funções eleitorais, se filiados a partido político, deveriam ter cancelado essa filiação há pelo menos 2 anos (LC n° 75/93, art. 80) da designação.

Contudo, ficava a pergunta: acaso a mera filiação partidária já não caracterizaria a atividade político-partidária? Existem entendimentos jurisprudenciais entendendo que sim, como por exemplo o decidido na Res.13.981 do TSE, p. DJ de 28/3/94, Consulta formulada pelo Deputado Federal Romel Anésio Jorge, em que foi Relator o Min. Flaquer Scartezzini.[39]

Finalmente e por oportuno, cabe referir que o Procurador-Geral da República, Geraldo Brindeiro, ingressou com a ADIn n° 1371-8, em 08/11/95, discutindo a constitucionalidade da possibilidade de filiação partidária por membro do Ministério Público da União, permitida no art. 237, V, com reflexos diretos no art. 80 da LC n° 75/93. Foi Relator dessa ADIn o Min. Néri da Silveira, tendo o mérito sido julgado em 03/06/98, decisão publicada no DJU de 15/06/98, p. 2, Seção I do Caderno Eletrônico, nos seguintes termos:

> "O Tribunal, por votação majoritária, julgou parcialmente procedente a ação direta, para, sem redução de texto, (a) dar, ao art. 237, inciso V da Lei Complementar Federal n° 75, de 20/05/93, interpretação conforme à Constituição, no sentido de que a filiação partidária de membro do Ministério Público da União somente pode efetivar-se nas hipóteses de afastamento de suas funções institucionais, mediante licença, nos termos da lei, e (b) dar, ao art. 80 da Lei Complementar Federal n° 075/93, interpretação conforme à Constituição, para fixar como única exegese constitucionalmente possível aquela que apenas admite a filiação partidária, se o membro do Ministério Público estiver afastado de suas funções institucionais, devendo cancelar sua filia-

---

[39] No corpo do acórdão está expresso: "Desta forma, quanto aos itens *a*, *b*, *c* e *d* da consulta, importa responder, nos termos da informação da Assessoria, que *a simples filiação partidária caracteriza a atividade político-partidária*, sendo que, no tocante aos membros do Ministério Público, eventuais exceções devem estar previstas expressamente em lei própria. ... b) A filiação partidária, por si só, caracteriza o exercício de atividade político-partidária? – SIM".

ção partidária antes de reassumir suas funções, quaisquer que sejam, não podendo, ainda, desempenhar funções pertinentes ao Ministério Público Eleitoral senão dois anos após o cancelamento dessa mesma filiação político-partidária, vencido o Ministro Octávio Gallotti, que julgava totalmente improcedente a referida ação direta.".

Capítulo VI

Propapaganda eleitoral

6.1. Conciliação entre a liberdade e a isonomia na propaganda eleitoral

Conceituação de propaganda, do mestre Fávila Ribeiro: "A propaganda é um conjunto de técnicas empregadas para sugestionar pessoas na tomada de decisão.

Despreza a propaganda a argumentação racional, prescindindo do esforço persuasivo para demonstração lógica da procedência de um tema. Procura, isto sim, desencadear, ostensiva ou veladamente, estados emocionais que possam exercer influência sobre as pessoas. Por isso mesmo, com a propaganda não se coaduna a análise crítica de diferentes posições, desde que procura induzir por recursos que atuam diretamente no subconsciente individual".[40]

No meu entender, propaganda eleitoral é toda a ação destinada ao convencimento do eleitor para angariar votos.

Liberdade de propaganda. A propaganda terá implicação inevitável com a liberdade individual e com o estilo de vida da sociedade.

Como a propaganda tem sua origem na liberdade de expressão, toda a proteção a ela atribuída deverá ser em função da liberdade individual de pensamento. E como a liberdade é um único valor, abrangendo aspectos multiformes, a liberdade revela-se como a capacidade de o ser humano dirigir a sua personalidade de acordo com os seus sentimentos e inclinações.

Deve-se ter em conta que a liberdade não é atributo exclusivo de alguns, mas deve ser igualmente acessível a todos e, em face de a liberdade ser pré-requisito da propaganda, essa alcança uma dimensão social muito grande, pois deverá ela propiciar o debate de ideias e o confronto de opiniões.

Para preservação da igualdade, considerando a facilidade e limitação mental do homem, impõe-se a manutenção de uma atitude de tolerância à

---

[40] RIBEIRO, Fávila. Obra citada, p. 379.

Direito Eleitoral

opinião alheia, tanto quanto se possa aspirar seja respeitada a nossa própria opinião, em igual circunstância.

É de capital importância ao estilo de vida democrático o equilíbrio entre liberdade x igualdade, devendo para isto ser propiciada a existência de ambiente social estimulante do diálogo, tendo em vista que a cada manifestação individual projetada na sociedade, esta encontrará muitas outras de diferentes procedências, compondo, modificando ou desfazendo a opinião pública.

Antigamente, a determinação das preferências populares era facilmente discernível, face à reduzida densidade demográfica nos centros urbanos, ao escasso número de participantes do processo político e aos parcos meios de comunicação.

Modernamente, com o aumento considerável de concentração populacional no meio urbano, com o elevado índice de participação popular no processo político, através do acesso à educação e ao sufrágio, e a avançada tecnologia nos meios de comunicações (imprensa escrita, rádio e televisão), que chegam também ao ambiente rural, expandiu-se a influência que a propaganda pode conseguir na opinião pública, em face de ser ela transmitida maciçamente à coletividade.

Dessa forma, o processo gerador da opinião pública deixou de ser resultante de intenções individuais, para se concentrar em poderosas empresas que manipulam os veículos de comunicação. Conforme propalado por Fávila Ribeiro, essas empresas terminam por constituir um novo poder social, tendo se modificado, assim, a situação de liberdade e de autonomia individual.

Nessa estrutura, a liberdade deve ser considerada por dois aspectos: pela *parte da transmissão*, de um lado, e pela *parte da audiência*, pelo outro lado, devendo ser salientado que ambos os lados devem ser tratados articuladamente.

Como o intercâmbio pessoal, face a face, vem sendo suplantado pelas comunicações públicas, anônimas e heterogêneas, que se propagam com inusitada velocidade e a consideráveis distâncias, tanto que hoje em dia só se fala em globalização, paradoxalmente, o homem sente mais necessidade de relação com seus semelhantes, para escapar da sensação de isolamento em meio à massa que o envolve. Daí a comunicação ter-se tornado uma exigência da própria sociedade, tanto para as manifestações coletivas, como para orientação particular dos problemas cotidianos.

Dessa forma, é inegável que as comunicações de massa passaram a representar um exigência psíquica do homem moderno e uma força vital que abastece e condiciona a sua existência, de tal forma que, ao mesmo tempo que possibilitou ao homem adquirir maior disponibilidade crítica, também o tornou mais isolado e sozinho, o que nos leva à inarredável constatação de que o homem moderno está mais condicionado pelo pensamento alheio, manipulado coletivamente, embora desfrute da liberdade de expressão.

Montesquieu já preconizava que todo o homem que dispõe de poder é levado dele a abusar, daí a necessidade, segundo esse pensador, da implantação de técnicas limitadoras ao poder.

Maurice Duverger, Sociólogo Político, diz que a diversidade que era a principal fonte da liberdade de imprensa está, nos dias de hoje, cedendo lugar ao monopólio, como nos regimes autoritários. Acredita o sociólogo, no entanto, "que a única diferença é que o monopólio estará em mãos de enormes empresas capitalistas e não em mãos do Estado. Esse aspecto não modifica as coisas, pois estas empresas que formam a opinião dos cidadãos têm um meio de pressão formidável sobre os governantes. Elas podem arruinar a popularidade de um político, ou fabricar com todos os detalhes a popularidade de um outro".[41]

Assim, as contingências do viver contemporâneo estão tornando indispensável que haja não apenas proteção à liberdade de propaganda, mas que a liberdade individual também seja preservada, diante do impacto opressivo da propaganda massificada.

Na realidade, em épocas passadas, quando se lutava pela liberdade de impressa, era a própria liberdade individual que estava a receber proteção. Hoje o que se busca é a preservação da liberdade individual, em face do impacto opressivo que a propaganda de massa acomete ao indivíduo.

Destarte, deve ser mantido em funcionamento um saudável e eficiente controle estatal em regular forma jurídica, a fim de conter as formas abusivas cometidas através dos veículos de comunicação, à semelhança do controle que é adotado com relação aos próprios órgãos públicos.

Na verdade, como as empresas de comunicações formam um poder privado, nem por isso deixam de ser socialmente responsáveis, especialmente na formação do processo político, através da propaganda transmitida maciçamente ao povo, daí a indispensabilidade de não ser permitido possam subsistir privilégios de impunidade, devendo o Estado zelar para que privilégios não comprometam a condição de reciprocidade que é essencial em toda a sociedade democrática, na qual a *justiça* deve ser igual para todos, conforme a lei que obriga a todos.

---

[41] DUVERGER, Maurice. *Sociologia Política*. Tradução de Maria Helena Kuhner. Rio de Janeiro: Forense, 1968, p. 265.

Direito Eleitoral

O gráfico abaixo, constante no livro de Fávila Ribeiro,[42] reflete o ideal que deve buscar a propaganda eleitoral:

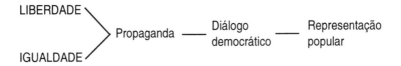

6.2. Limitações à propaganda

Segundo ensina Joel Cândido,[43] a propaganda política, em qualquer modalidade, rege-se por princípios:

1º) *Princípio da legalidade* – pelo qual se vinculam todos os demais, plenamente em vigor em nosso sistema eleitoral, e que consiste na afirmação de que a lei federal regula a propaganda, estando o ordenamento composto por regras cogentes, de ordem pública, indisponíveis e de incidência *erga omnes*;

2º) *Princípio da liberdade* – pelo qual todos têm o livre direito à propaganda, na forma do que dispuser a lei;

3º) *Princípio da responsabilidade* – pelo qual toda a propaganda é de responsabilidade dos partidos políticos e coligações, solidários com os candidatos e adeptos, bem como com os órgãos de imprensa, pelos abusos e excessos que cometerem;

4º) *Princípio igualitário* – pelo qual todos, com igualdade de oportunidades, têm direito à propaganda, paga ou gratuita;

5º) *Princípio da disponibilidade* – que decorre do princípio da igualdade e significa que os partidos políticos, coligações, candidatos e adeptos podem dispor da propaganda lícita, garantida e estimulada pelo Estado, já que a lei pune com sanções penais a propaganda criminosa e pune a propaganda irregular com sanções administrativo-eleitorais;

6º) *Princípio do controle judicial da propaganda* – pela qual é da Justiça Eleitoral, exclusivamente, a incumbência da aplicação das regras jurídicas sobre a propaganda e, inclusive, o exercício de seu Poder de Polícia.

A livre manifestação do pensamento é assegurada constitucionalmente, dentro dos direitos e garantias individuais e coletivos, através do que está disposto no art. 5º, incisos IV, V, IX, da Magna Carta e dentro do capítulo que trata das comunicações sociais, sendo que o art. 220 da CF veda qualquer restrição à manifestação do pensamento, como veda

---
[42] DUVERGER, Maurice. Obra Citada, p. 397.
[43] CÂNDIDO, Joel José. *Direito Eleitoral...*, obra citada, p. 142.

qualquer censura de natureza política, ideológica e artística, dispondo que nenhuma lei conterá dispositivo que possa constituir embaraço à plena liberdade de informação jornalística em qualquer veículo de comunicação social.

A propaganda eleitoral encontra-se regulada nos arts. 240 a 256 da Lei n° 4.737/65, Código Eleitoral, sendo que as sucessivas leis eleitorais, que regem cada pleito no país, introduzem modificações para corrigir ou eliminar regras que, com a evolução, se revelam ineficazes.

O art. 248 do Código Eleitoral consubstancia proteção à liberdade de propaganda ao dispor que "ninguém poderá impedir a propaganda eleitoral, nem inutilizar, alterar ou perturbar os meios lícitos nela empregados."

O legislador não se limitou a proclamar a liberdade da propaganda eleitoral, mas se preocupou em garantir a sua eficácia, através das figuras delitivas dos arts. 331 e 332 do Código Eleitoral, que tipificam como crime eleitoral a inobservância do disposto nesses artigos.[44]

O art. 245 do Código Eleitoral cuida da ressalva quanto ao exercício normal do poder de polícia, a ser exercido em benefício da ordem pública. Aliás, no próprio texto da norma protetora da propaganda já está implícita a cláusula do exercício regular do poder de polícia na propaganda, ao se referir a licitudes dos meios empregados, porque havendo exorbitância na atividade da propaganda, derivando para o abuso, a toda evidência, que não se estará mais cogitando de propaganda tutelada pela ordem jurídica, daí a importância do poder de polícia, para evitar conflito entre os antagonistas, com distúrbios nas vias públicas. A Lei n° 9.504/97, em vigor desde o pleito de 1998, dispõe no art. 41 que "a propaganda exercida nos termos da legislação eleitoral não poderá ser objeto de multa nem cerceada sob alegação do exercício de poder de polícia."

Desta forma, embora independa de licença da polícia a realização de qualquer ato de propaganda partidária eleitoral – art. 39, *caput*, da Lei n° 9.504/97 –, o § 1° desse mesmo artigo prevê a necessidade de o candidato, o partido ou a coligação fazer a comunicação ao setor policial competente, com vinte e quatro horas, no mínimo, de antecedência, da realização de seus comícios e outros atos públicos de propaganda, nos locais já previamente designados para esse fim, a fim de que lhe seja garantido, segundo a prioridade do aviso, o direito de usar o local no dia e horário indicados.

Já o § 2° do art. 245 do Código Eleitoral prevê o caso de não terem sido designados previamente locais para esse fim e casos de o local indicado não se afigurar adequado, quando então deverá ser pleiteada, pelo órgão político à autoridade policial a designação de outro local com ante-

---

[44] Código Eleitoral: Art. 331. Inutilizar, alterar ou perturbar meio de propaganda devidamente empregado: Pena-detenção até seis meses ou pagamento de 90 a 120 dias-multa. Art. 332. Impedir o exercício da propaganda. Pena-detenção até seis meses e pagamento de 30 a 60 dias-multa.

Direito Eleitoral

cedência mínima de setenta e duas horas, devendo a autoridade policial, em qualquer dos casos, nas vinte e quatro horas seguintes, designar local amplo e de fácil acesso, compatível com o ato de propaganda. Atualmente, principalmente nas grandes cidades, já existem os locais previamente designados pelo TRE para a realização das manifestações políticas eleitorais.

De qualquer sorte, deve ser registrado que a comunicação antecipada para reserva de local é salutar no sentido, também, de evitar que dois partidos antagonistas convirjam simultaneamente ao mesmo local e horário, pondo em risco a segurança coletiva, em face dos ânimos acirrados, comum nas campanhas eleitorais.

O § 3º do mesmo artigo 245 do Código Eleitoral dispõe, ainda, que compete à Justiça Eleitoral julgar as reclamações sobre a localização dos comícios e providências sobre a distribuição equitativa dos locais entre os partidos.

O art. 244 do Código Eleitoral assegura aos partidos políticos registrados, independente de licença da autoridade pública e de qualquer pagamento:

1º) inscrever nas fachadas de suas sedes e dependências o nome que os designe, da forma que melhor lhes parecer conveniente;

2º) instalar e fazer funcionar serviço de alto-falante, fixo ou móvel, nos 3 meses anteriores ao pleito, no horário compreendido entre 14h e 22h. A Lei nº 9.504/97 prevê, no § 3º do art. 39, que esse horário é permitido entre 8h e 22h.

O parágrafo único desse artigo limita o serviço de alto-falante a 500 metros das sedes do Executivo Federal, dos Estados e Prefeituras Municipais, bem como das Câmaras Legislativas, Federal, Estadual e Municipal, dos Tribunais Judiciais, dos hospitais e casas de saúde, das escolas e bibliotecas públicas, igrejas e teatros, quando em funcionamento e dos quartéis e outros estabelecimentos militares.

Na Lei nº 9.504/97, no art. 39, § 3º, incisos I, II e III, a distância foi diminuída para 200 metros.

Observe-se que a regra do art. 244 do Código Eleitoral é exclusiva dos partidos políticos, o que significa que não estavam autorizados a fazê-la os candidatos particularmente, mesmo porque a propaganda somente é admitida mediante a responsabilidade direta das agremiações partidárias, tal como também regulado no § 2º do art. 6º da Lei nº 9.504/97.

A essa propaganda também se aplica o disposto no art. 240, parágrafo único, do Código Eleitoral, ou seja, os alto-falantes, fixos ou móveis, só podem funcionar até quarenta e oito horas antes da realização do pleito.

Como já referido, a CF, no art. 220, § 2º, proíbe qualquer censura à propaganda através do rádio e da televisão, silenciando, contudo, quanto à propaganda escrita, o que significa que a liberdade de expressão não admite a censura prévia. A Lei nº 9.504/97 é expressa no art. 53 quanto à propaganda gratuita eleitoral, dispondo que "não serão admitidos cortes instantâneos ou qualquer tipo de censura prévia nos programas eleitorais gratuitos.".

Contudo, se excesso houver, os dirigentes partidários e seus representantes, solidariamente, suportarão as sanções, tanto civis como penais, que lhes forem aplicadas, daí a existência do art. 241 no Código Eleitoral.[45]

Os arts. 242 e 243 do Código Eleitoral devem ser examinados em conjunto, pois que eles contêm proibições em relação à propaganda eleitoral.

Deve ser gizado que todas essas proibições são permanentes, *por interesse geral da ordem pública*, à exceção da proibição do inciso IX (caluniar, difamar ou injuriar quaisquer pessoas, bem como órgãos ou entidades que exerçam autoridade pública), o que significa que a Justiça Eleitoral está de pronto autorizada a suspender a propaganda que for contra o disposto no art. 243, o que em hipótese alguma significa que estará com isso implantando a censura prévia, pois que a Justiça Eleitoral tem o dever de fazer cessar ou impedir propaganda, quando se deparar com qualquer abuso, sem prejuízo, evidentemente, da promoção de ação penal a ser feita por iniciativa do Ministério Público, pois todas as infrações eleitorais são de ação pública, nos termos do art. 335 do Código Eleitoral.

6.3. Distribuição proporcional de horários gratuitos pelos meios de comunicações audiovisuais

Com a Lei nº 6.091/74, foi dado o primeiro passo para refrear a comprometedora intromissão do poder econômico na campanha eleitoral, que desfigurava, até então, a autenticidade democrática das eleições no país.

Também quanto à propaganda, essa lei a enfrentou com realismo, como estava a exigir as circunstâncias, a fim de conter a infiltração do poder econômico que corria solto na propaganda eleitoral.

Até então a propaganda gratuita instituída no Código Eleitoral tinha sabor paliativo e era exercida a título de compensação, para que os candidatos de menor lastro econômico encontrassem também acesso aos meios de comunicação, eliminando a grande distância que os separava dos candidatos mais ricos ou com suporte econômico de apoio.

---

[45] Código Eleitoral – art. 241. Toda propaganda eleitoral será realizada sob a responsabilidade dos Partidos e por eles paga, imputando-se-lhes solidariedade nos excessos praticados pelos seus candidatos e adeptos.

Direito Eleitoral

O art. 12 da Lei 6.091/74 assim dispôs: "a propaganda eleitoral, no rádio e na televisão, circunscrever-se-á, única e exclusivamente, ao horário gratuito disciplinado pela Justiça Eleitoral, com a expressa proibição de qualquer propaganda paga.".

Com esse regramento, os candidatos foram colocados em nível comum de disputa, participando todos, igualitária e unicamente, dos programas gratuitos distribuídos entre os partidos políticos, ficando proibida a propaganda paga, elevando, assim, o coeficiente democrático do debate eleitoral.

Vale aqui lembrar que pelo art. 241 do Código Eleitoral, "toda a propaganda eleitoral será realizada sob a responsabilidade dos partidos e por eles paga, imputando-se-lhes solidariedade nos excessos praticados por seus candidatos e adeptos". De modo que até então, toda e qualquer propaganda, custeada ou gratuita, deveria estar filiada à responsabilidade de um partido político.

Vale também referir que a Lei nº 5.682, de 21/07/71, no art. 91, IV, vedou aos partidos políticos receber direta ou indiretamente contribuição ou auxílio de empresa privada, de finalidade lucrativa, entidade de classe ou sindical, e no art. 93, § 2º, vedou, sob pena de cassação do respectivo registro, aos candidatos, efetuar, individualmente, despesas de caráter eleitoral, inclusive com alistamento, arregimentação, propaganda e demais atividades definidas pela Justiça Eleitoral, devendo processar todos os gastos através dos partidos ou comitês.

Daí por que, para que os fins previstos na Lei nº 5.682/71 não fossem infringidos é que a Lei nº 6.091/74 restringiu a liberdade de propaganda no rádio e na televisão unicamente ao horário gratuito disciplinado pela Justiça Eleitoral, proibindo qualquer propaganda paga, tudo em nome dos valores igualitários entre os que disputam as preferências do povo.

Como se vê, a linha evolutiva da legislação eleitoral brasileira, mesmo na época do início do regime militar, denotava uma constante preocupação em que os valores de liberdade e igualdade fossem mantidos em recíprocas e persistentes implicações.

Contudo, não permaneceu assim, pois com a edição do Decreto-Lei 1.538, de 14/04/77, que surgiu com arraigado tono autoritarista, restringiu a exibição dos programas políticos gratuitos a meras exibições de *slides*, pois vedou a projeção da imagem direta dos candidatos no vídeo e a projeção de qualquer pronunciamento pela televisão e no rádio; poderia apenas ser anunciada a legenda, o nome e o número do candidato. Contudo, esse decreto vigeu apenas até 1º/07/85, quando foi publicada a Lei nº 7.332/85, que em seu artigo 21 suspendeu a aplicação do art. 250 do C.E. com a redação dada por aquele Decreto-Lei.

Atualmente, permanece a propaganda política eleitoral, através do rádio e da televisão, apenas nos horários gratuitos, disciplinada pela Justiça Eleitoral, e sob a responsabilidade dos partidos políticos, o que assegura a igualdade e a liberdade a todos os candidatos que disputam o sufrágio.

A Lei n° 9.504/97, que vem regulando os pleitos desde a eleição de 1998, está lastreada no princípio da igualdade que deve existir entre todos os disputantes do sufrágio universal e regula a propaganda eleitoral nos arts. 43 a 58, estabelecendo no art. 47, § 2°, incisos I e II, a distribuição do tempo de 50 min. destinados à propaganda eleitoral gratuita nos 45 dias anteriores à antevéspera da eleição, da seguinte forma:

I – 1/3 de forma igualitária entre todos os partidos e coligações; e

II -2/3 de forma proporcional à bancada na Câmara dos Deputados, considerando, no caso de coligação, o resultado da soma de número de representantes de todos os partidos que a integram, em qualquer caso existentes em 01/02/95.

Convém ser gizado, também, que compete plenamente à Justiça Eleitoral o controle a ser exercido em matéria de propaganda eleitoral, devendo velar para que a campanha política eleitoral seja realizada em sintonia com os preceitos legais que regulam a propaganda eleitoral. Nesse caso também não fica a Justiça Eleitoral dependendo de provocação de interessados, cabendo-lhe tomar todas as precauções para a manutenção de um clima de respeito e segurança nas atividades da propaganda, daí o poder de polícia conferido aos magistrados eleitorais, que atuam em qualquer grau de jurisdição da Justiça Eleitoral.

O poder de polícia na propaganda eleitoral é exercido em nome da ordem pública, conforme disposto no art. 249 do Código Eleitoral.

Também deve ser lembrado sobre a atuação ampla que possui o Ministério Público Eleitoral, tendo em vista não apenas a incumbência constitucional disciplinada no art. 127 da CF, que lhe atribui a defesa do regime democrático e dos interesses sociais e individuais indisponíveis, como também porque, na Justiça Eleitoral, todos os crimes são de ação pública, o que vale dizer que não existe crime eleitoral dependente de queixa do ofendido ou de representação de autoridade, cabendo ao Ministério Público Eleitoral a condição de titular exclusivo da ação penal eleitoral, não significando com isso que não possa o *Parquet* Eleitoral ser provocado, por qualquer eleitor, para a apuração da ocorrência de crimes capitulados na legislação eleitoral.

Sendo a Justiça Eleitoral uma Justiça Federal, é da atribuição da Polícia Federal, já que polícia judiciária da União, por regramento constitucional (art. 144, § 1°, IV, CF), a investigação dos crimes eleitorais, não significando com isso que no caso de municípios não servidos pela Polícia Federal, não possa a polícia civil efetuar esse ofício. Contudo, nos municípios onde não existir Polícia Federal permanecerá a competência concorrente da Polícia Civil para esse fim (Consulta n° 432/92, realizada ao

Direito Eleitoral 83

TRE/RS pelo Departamento de Organização e Correição da Polícia Civil do Estado, julgada em 08/02/92).[46]

6.4. Propaganda Eleitoral regrada na lei eleitoral, Lei n° 9.504/97

PROPAGANDA FORA DE ÉPOCA

O art. 36 da Lei n° 9.504/97[47] só permite a propaganda eleitoral após o dia 5 de julho do ano da eleição.

Por outro lado, o § 1° deste mesmo artigo permite ao postulante a cargo eletivo que efetue propaganda intrapartidária, na quinzena anterior à convenção de escolha dos candidatos, contudo, veda que essa propaganda seja realizada através de rádio e televisão, pois que a propaganda nesses meios de comunicação é apenas a gratuita, bem como proíbe a veiculação dessa propaganda em *outdoor*. As Resoluções do TSE que vêm regulamentando a propaganda eleitoral nas eleições a partir do pleito de 1998 também consideram como proibida a propaganda intrapartidária por meio da *internet*. Assim, o *Parquet* Eleitoral, na quinzena que antecede as convenções partidárias para escolha dos candidatos, deve estar atento às infrações a esse dispositivo legal e, se constatar essa infração, deverá ajuizar a representação para os fins da aplicação da penalidade prevista no § 3° desse mesmo artigo, já que os partidos políticos e candidatos, embora opositores, se protegem nessas ocasiões.

O § 2° desse artigo também prevê a aplicação da penalidade do § 3° do art. 36 da Lei n° 9.504/97 aos partidos políticos, que realizarem qualquer tipo de propaganda política paga no rádio e na televisão, já que a propaganda partidária ou política não é veiculada nos semestres em que haja eleições, e a propaganda no rádio e na televisão, quer a partidária da Lei n° 9.096/95, quer a eleitoral da Lei n° 9.504/97, são permitidas apenas as do horário gratuito, reservado nas emissoras de telecomunicações para esse fim.

---

[46] TRE/RS-Consulta n° 432/92, Rel. Des. José Vellinho de Lacerda: "Atribuição de instaurar inquéritos policiais e/ou de realizar atos investigatórios em matéria eleitoral. Atribuição concorrente. Compete à Polícia Civil, nos municípios em que não existe Delegacia de Polícia Federal, de ofício ou mediante requisição da Justiça Eleitoral, do Ministério Público Eleitoral ou da própria Polícia Federal, instaurar inquéritos policiais ou praticar atos investigatórios referentes à crimes de competência da Justiça Eleitoral."

[47] Lei n° 9.504/97 – art. 36. A propaganda eleitoral somente é permitida após o dia 5 de julho do ano da eleição. § 1° Ao postulante a candidatura a cargo eletivo é permitida a realização, na quinzena anterior à escolha pelo partido, de propaganda intrapartidária com vista à indicação de seu nome, vedado o uso de rádio, televisão e *outdoor*. § 2° No segundo semestre do ano da eleição, não será veiculada a propaganda partidária gratuita prevista em lei e nem permitido qualquer tipo de propaganda política paga no rádio e na televisão. § 3° *A violação do disposto neste artigo sujeitará o responsável pela divulgação da propaganda paga e, quando comprovado seu prévio conhecimento, o beneficiário, à multa no valor de vinte mil a cinqüenta mil UFIR ou equivalente ao custo da propaganda, se este for maior.*

A Resolução TSE nº 21.610, de 05/02/2004, que dispõe sobre a propaganda eleitoral e as condutas vedadas aos agentes públicos em campanha eleitoral nas eleições de 2004, tendo em vista a aplicação, pela lei eleitoral, das multas em UFIR – que foi extinta através da Medida Provisória nº 1.973-67, em 28/10/2000 (transformada na Lei nº 10.522 de 19/07/2002) – mantendo a orientação já firmada pelo Corregedor-Geral da Justiça Eleitoral[48] por ocasião da extinção da UFIR, mantém como valor das multas fixadas em UFIR, o último valor atribuído àquela unidade fiscal, ou seja, uma UFIR corresponde a R$ 1,0641, de modo que quando a lei eleitoral, como no § 3º do art. 36, fala na multa de vinte mil a cinquenta mil UFIR, a Resolução nº 22.610/04, no § 4º do art. 3º, que regulamenta justamente o § 3º do art. 36 da Lei nº 9.504/97, na eleição de 2004, fixa a multa aplicável no valor de R$ 21.282,00 (vinte e um mil, duzentos e oitenta e dois reais) a R$ 53.205,00 (cinquenta e três mil, duzentos e cinco reais). Aliás, após a extinção da UFIR em 2000, todas as Resoluções pertinentes às eleições que vêm se realizando, inclusive as Resoluções que regulamentaram as eleições 2006 e, as resoluções do TSE já expedidas para as eleições 2008, passaram a fixar as multas em moeda corrente nacional, correspondente ao valor da última UFIR.

A propaganda extemporânea, a que é feita fora da época permitida, ou seja, a propaganda realizada antes do dia 5 de julho do ano da eleição, pode ser: direta ou explícita e indireta, disfarçada ou sugerida.

A *propaganda direta ou explícita* não tem maiores implicações para ser identificada, já que a propaganda eleitoral só pode ocorrer no período após 5 de julho do ano da eleição. Como ela é propaganda direta ou explícita, por certo, trará o nome do partido político e do pretenso candidato. Nesses casos, o partido político poderá ser responsabilizado, e o pretenso candidato, caso fique comprovada a sua participação na propaganda irregular.

Um exemplo comum de ocorrer é a colocação de adesivos em carros, contendo o nome de determinada pessoa. Se este adesivo contiver a legenda partidária e o cargo a que pretende concorrer, ficará fácil o enquadramento na propaganda eleitoral extemporânea. Contudo, se apenas contiver um nome, vai ser muito difícil o enquadramento, pois a Consti-

---

[48] "Fax-Circular nº 064/00-CGE BSB, 14.11.00.

Exmos(as) Srs(as)

Corregedores Regionais Eleitorais.

Levo ao conhecimento de V. Exa., recomendando orientações às Zonas Eleitorais dessa circunscrição, que em razão da extinção da UFIR pela Medida Provisória nº 1.973-67, de 26.10.00 (DOU de 27.10.00), a fixação da base de cálculo do valor das multas eleitorais deverá observar o último valor atribuído aquela unidade fiscal, ou seja, R$ 1,0641, até ulterior deliberação desta Corte Superior. ..."

A Resolução TSE nº 20.988/02, que regulamenta Lei nº 9.504/97, pertinente à propaganda eleitoral e às condutas vedadas aos agentes públicos em campanha eleitoral, seguindo a mesma orientação, fixou os valores das multas tendo como base o valor atribuído a última UFIR, ou seja, uma UFIR = R$ 1,0641.

Direito Eleitoral

tuição ampara a liberdade de expressão. Até pode ser aberto um processo de Investigação Judicial, com base no art. 22 da LC nº 64/90, para apurar a responsabilidade e posterior enquadramento, já que este artigo possibilita a abertura de investigação judicial para apurar o "uso indevido, desvio ou abuso do poder econômico ou de poder de autoridade, ou utilização indevida de veículos ou meios de comunicação social, em benefício de candidato ou de partido político".

A *propaganda indireta, ou disfarçada, ou sugerida*, é muito difícil de ser enquadrada, pois normalmente esse tipo de propaganda é realizada por empresas especializadas em *marketing*, que normalmente unem a realidade particular do pretenso candidato com a sua realidade político-partidária e, apenas quando encontrar-se presente a união dessas duas realidades, voltadas para um cunho eleitoreiro, é que essa propaganda poderá ser enquadrada como propaganda eleitoral extemporânea.

Um exemplo comum e corriqueiro é o de um radialista, que possui um programa de rádio com seu nome, no qual faz campanha publicitária desse programa, com fins políticos, visando a uma futura disputa eleitoral e, realmente, depois vem a candidatar-se, com grande chance de vencer o pleito, pois teve a sua disposição um programa de rádio em seu nome. Contudo, a lei eleitoral não possui nenhuma disposição regulando essa possibilidade, pertinente ao principal beneficiário, que é o radialista/candidato.

É bem verdade que o § 1º do art. 45 da Lei 9.504/97, com a redação que lhe deu a Lei 11.300/06 proíbe, a partir do resultado da convenção, às emissoras de rádio e televisão, transmitirem programas apresentados ou comentados por candidato escolhido em convenção. Contudo, estamos falando da propaganda extemporânea velada, quando ainda não era vedada a transmissão desses programas às emissoras, pois que a infringência, no caso, será da emissora, e não do candidato, sendo que a multa será aplicada à emissora.

Após a escolha do candidato em convenção, ou seja, a partir de 1º de julho do ano da eleição, o inciso VI do art. 45 da Lei nº 9.504/97 contém a seguinte vedação às emissoras de rádio e televisão, em sua programação normal ou noticiário: "divulgar nome de programa que se refira a candidato escolhido em convenção, ainda quando preexistente, inclusive se coincidente com o nome do candidato ou com a variação nominal por ele adotada. Sendo o nome do programa o mesmo que o do candidato, fica proibida a sua divulgação, sob pena de cancelamento do respectivo registro". Aqui, como se observa, vigora nitidamente o princípio da igualdade e da isonomia que deve haver na propaganda eleitoral entre todos os candidatos, pois a toda evidência, que se um candidato escolhido em convenção tivesse um programa de rádio com seu nome, estaria sendo beneficiado em relação aos demais candidatos, já que a propaganda eleitoral no rádio e na televisão só é permitida aos candidatos nos horários eleitorais gratuitos, específicos para esse fim, sendo que essa vedação também é dirigida à emissora de rádio ou televisão, já que o radialista ou apresentador é mero contratado da emissora de telecomunicação.

Contudo, como existe a vedação apenas a partir de 1º de julho, apenas às emissoras de rádio e televisão, acaso venha a ocorrer um caso desses, ou seja, propaganda velada por detentor de programa radialístico ou na TV, em seu nome, antes do prazo permitido – 5 de julho – estará caracterizada a infringência ao art. 36, § 3º, da Lei nº 9.504/97.

Poderá ser promovida, também, a abertura de Investigação Judicial nos termos do art. 22 da LC nº 64/90, visando à impugnação do registro de candidatura e, acaso não dê tempo para tal, até a cassação do diploma, através da Ação de Impugnação de Mandato Eletivo, acaso venha a se eleger, esse candidato que utilizou indevidamente os veículos de comunicação social, em benefício de sua candidatura, ferindo o princípio da igualdade que deve prevalecer com todos os concorrentes ao pleito eleitoral.

PROPAGANDAS GENÉRICAS PERMITIDAS

A distribuição de *folhetos*, *volantes* e *outros impressos* é livre e, segundo está disposto no art. 38 da Lei nº 9.504/97,[49] independe de autorização da Justiça Eleitoral e da licença da autoridade municipal. Porém, será sempre editado sob a responsabilidade do partido, se veicular propaganda pertinente exclusiva do partido; da coligação, se veicular propaganda pertinente aos partidos que integram a coligação, e do candidato, solidariamente com o partido, se a propaganda for exclusiva sobre um candidato específico. Aliás, esse tipo de gasto com propaganda pode ser incluído dentro dos gastos eleitorais, regrados pelo art. 26 da Lei nº 9.504/97.

Gize-se que os "envelopes, papéis e franquias postais" colocados pelo Congresso, pelas Câmaras Legislativas e, no caso da eleição municipal, pela Câmara de Vereadores, à disposição dos parlamentares para o desempenho de seus mandatos, são benesses colocada à sua disposição como parlamentar, não podendo ser utilizadas para uso particular ou em campanha eleitoral, sob pena de, além de ofensa ao princípio da moralidade, ser desrespeitado o princípio da igualdade que rege a propaganda eleitoral.

Pelo art. 39 da Lei nº 9.504/97, a realização da propaganda eleitoral em recinto aberto ou fechado tais como, ginásios de esportes, cinemas, praça pública etc., independe de autorização policial, devendo o candidato, o partido ou a coligação do evento apenas comunicar à autoridade

---

[49] Lei nº 9.504/97 – art. 38. Independe da obtenção de licença municipal e de autorização da Justiça Eleitoral a veiculação de propaganda eleitoral pela distribuição de folhetos, volantes e outros impressos, os quais devem ser editados sob a responsabilidade do partido, coligação ou candidato.

policial, com 24 horas de antecedência antes da sua realização, com o fim de assegurar a prioridade e a segurança que se faz necessária.

A propaganda eleitoral por meio de *alto-falantes* ou *amplificadores de som*, bem como as carreatas, essas mais comum a sua utilização em eleições municipais, são permitidas durante o horário compreendido entre as 8 horas até as 22 horas, com a ressalva regrada no § 3° do art. 39 da lei eleitoral, qual seja, não podem as carreatas fazer uso desses equipamentos de som em distância inferior a 200 metros das sedes do Poder Executivo, Legislativo, Judiciário, de quartéis, dos hospitais e casas de saúde, de escolas, bibliotecas, igrejas e teatros, quando em funcionamento.

A realização de *comícios* e a utilização de aparelhagem de sonorização fixa só podem ocorrer dentro dos horários compreendidos entre as 8 horas e as 24 horas, nos termos do § 4° do art. 39 da lei eleitoral, com a redação que lhe deu a Lei n° 11.300/06.

A veiculação da propaganda eleitoral, *via internet*, é irregular antes de 5 de julho do ano da eleição, pois entraria dentro da proibição do art. 36, *caput*, da Lei n° 9.504/97.

No dia da eleição constitui crime, nos termos do § 5° do art. 39 da Lei n° 9.504/97, com a redação que lhe deu a Lei n° 11.300/06:

"I – a utilização de alto-falantes e amplificadores de som ou a promoção de comício ou carreata;
II – a arregimentação de eleitor ou a propaganda de boca de urna;
III – a divulgação de qualquer espécie de propaganda de partidos políticos ou de seus candidatos, mediante publicações, cartazes, camisas, bonés, broches ou dístico em vestuário."

Aliás, o TSE, por maioria, vencidos o Ministro Marco Aurélio de Mello e o Ministro José Gerardo Grossi, contrariando a regra do art. 16 da Constituição Federal, qual seja, de que "a lei que alterar o processo eleitoral deverá entrar em vigor na data da sua publicação, porém não se aplicando à eleição que ocorra até um ano da data de sua vigência" decidiu pela quase totalidade da aplicação às eleições de 2006, da mini-reforma eleitoral introduzida pela Lei n° 11.300, de 10/05/06. Pessoalmente, embora seja contrária à norma Constitucional, penso que salutar a medida adotada pelo TSE quanto à aplicação da Lei n° 11.300/06 às eleições de 2006, pois que normas moralizadoras que refrearão um pouco o descalabro das campanhas eleitorais.

Aliás, essas normas moralizadoras se verificam através do §§ 6°, 7° e 8° introduzidos no art. 39 da Lei n° 9.504/97 através da Lei n° 11.300/06, que também regram proibições que eram até então permitidas nas campanhas eleitorais. Vejamos:

"§ 6° É vedada na campanha eleitoral a confecção, utilização, distribuição por comitê, candidato, ou com a sua autorização, de camisetas, chaveiros, bonés, canetas, brindes, cestas básicas ou quaisquer outros bens ou materiais que possam proporcionar vantagem ao eleitor.

§ 7º É proibida a realização de *showmicio* e de evento assemelhado para promoção de candidatos, bem como a apresentação, remunerada ou não, de artistas com a finalidade de animar comício e reunião eleitoral.

§ 8º É vedada a propaganda eleitoral mediante *outdoors*, sujeitando-se a empresa responsável, os partidos, coligações e candidatos à imediata retirada da propaganda irregular e ao pagamento de multa no valor de 5.000 (cinco mil) a 15.000 (quinze mil) UFIRs."

Em resposta à Consulta 1286, formulada pelo Deputado Federal Luiz Antonio Fleury Filho (PMDB-SP), o Plenário do TSE, em 09/06/06, decidiu que é permitida a confecção e distribuição de *displays*, flâmulas e bandeirolas com propaganda eleitoral para afixação em veículos, bem como decidiu ser permitida a exposição de mídia exterior em propriedade particular e a pintura de muro de propriedade particular com propaganda eleitoral. Logicamente que, quanto a utilização de propriedade particular com propaganda eleitoral, esta deverá ocorrer com a permissão de seus proprietários, pois caso contrário poderá tal ser discutido na Justiça e reverter em indenização ao particular, em observância ao § 2º do art. 37 da Lei nº 9.504/97.

Outra regra salutar foi a proibição de veiculação de propaganda paga na impressa escrita na véspera e antevéspera das eleições, introduzida pela Lei nº 11.300/06, dando nova redação ao art. 43 da Lei nº 9.504/97. Até então a veiculação de propaganda paga na impressa escrita era permitida até o dia das eleições.

PROPAGANDA EM BENS PÚBLICOS

A Lei nº 11.300 de 10/05/06 deu nova redação alterando o art. 37 e § 1º da Lei nº 9.504/97. Vejamos qual a redação que passou a ter esse artigo:

"Art. 37. Nos bens cujo uso dependa de cessão ou permissão do Poder Público, ou que a ele pertençam, e nos de uso comum, inclusive postes de iluminação pública e sinalização de tráfego, viadutos, passarelas pontes, paradas de ônibus e outros equipamentos urbanos, é vedada a veiculação de propaganda de qualquer natureza, inclusive pichação, inscrição a tinta, fixação de placas, estandartes, faixas e assemelhados.

§ 1º A veiculação de propaganda em desacordo com o disposto no *caput* deste artigo sujeita o responsável, após a notificação e comprovação, à restauração do bem e, caso não cumprida no prazo, a multa no valor de R$ 2.000,00 (dois mil reais) a R$ 8.000,00 (oito mil reais)."

Direito Eleitoral

O artigo 37, antes, permitia a fixação de placas, estandartes, faixas ou assemelhados nos postes de iluminação pública, viadutos, passarelas e pontes, bens de uso comum do povo, desde que não lhes causasse danos, dificultasse ou impedisse o seu uso e o bom andamento do tráfego.

O § 1º do art. 37, antes, pela infringência à regra do *caput* do art. 37, além de sujeitar o responsável à restauração do bem o sujeitava, também, ao pagamento da multa no valor de cinco mil a quinze mil UFIRs.

Como se vê da atual redação dada pela Lei nº 11.300/06 ao § 1º do art. 37, a pena ficou mais branda pois apenas será aplicada multa no caso de não cumprida a restauração do bem no prazo estipulado. Inclusive, a Lei nº 11.300/06 inovou tendo aplicado a multa em reais, e não UFIRs como ocorre em todos os casos de aplicação da multa na Lei nº 9.504/97.

Contudo, o *caput* do art. 37 da Lei 9.504/97, com a redação dada pela Lei nº 11.300/06, foi mais drástico e proibiu qualquer tipo de propaganda nos bens próprios do Poder Público e naqueles cujo uso dependa de cessão ou permissão do poder Público, como são, por exemplo, os ônibus de transporte municipal, lotações e os táxis, tendo, inclusive, retirado a ressalva da possibilidade de fixação de placas, estandartes, faixas e assemelhados nos postes de iluminação pública, viadutos, passarelas e pontes.

Embora a Lei nº 11.300/06 tenha modificado a redação do *caput* do art. 37 e seu § 1º, dando nova redação à lei eleitoral, não trouxe a lume os casos de propagandas realizadas em árvores ao longo do leito das estradas, assim, penso que permanece o entendimento do TER-RS, posição mantida pelo TSE nas eleições de 1998 de que a propaganda realizada em árvores ao longo do leito das estradas infringe ao art. 37 da Lei nº 9.504/97, hoje, inclusive, com mais razão em face da redação que lhe deu a Lei nº 11.300/06.

Também hoje permanece a pergunta se o tapume de obra pública integra o bem público ou não, para fins de fixação de propaganda eleitoral? O TER-RS, por ocasião da entrada em vigência da Lei nº 9.504/97, fixou entendimento de que o tapume integra o bem público e, consequentemente, estava vedada a realização de propaganda eleitoral nos tapumes de obras públicas, entendimento esse que foi mantido pelo TSE. Hoje, com a redação dada pela Lei nº 11.300/06 ao art. 37 da Lei nº 9.504/97, por certo deverá permanecer esse entendimento.

O § 3º do art. 37 da Lei nº 9.504/97[50] traz uma inovação, ou seja, permitiu a realização de propaganda nas dependências do Poder Legislativo, a critério da Mesa Diretora do Casa. Isto significa que nas Casas Legislativas, ou seja, nas Câmaras de Vereadores, nas Assembleias Legislativas, na Assembleia Distrital, na Câmara dos Deputados e no Senado Federal a

---

[50] Lei nº 9.504/97 – art. 37. ... § 3º Nas dependências do Poder Legislativo, a veiculação de propaganda eleitoral fica a critério da Mesa Diretora.

veiculação de propaganda eleitoral é permitida, a critério e nos termos que a Mesa Diretora da Casa determinar ou estipular. Até então, as leis eleitorais que vigiam para cada eleição proibiam a veiculação de propaganda eleitoral nas dependências do Poder Legislativo.

Gize-se que nos termos do art. 241 do Código Eleitoral, que continua em pleno vigor, "toda propaganda eleitoral será realizada sob a responsabilidade dos Partidos e por eles paga, imputando-se-lhes solidariedade nos excessos praticados pelos seus candidatos e adeptos". No meu entender, o que esse dispositivo preserva é que toda a propaganda eleitoral não pode ser anônima, daí a responsabilização dos partidos políticos pela sua veiculação e confecção.

Constitui crime, nos termos do art. 40 da Lei nº 9.504/97, "o uso, na propaganda eleitoral, de símbolos, frases ou imagens, associadas ou semelhantes às empregadas por órgão de governo, empresa pública ou sociedade de economia mista constitui crime, punível com detenção, de seis meses a um ano, com a alternativa de prestação de serviços à comunidade pelo mesmo período, e multa no valor de dez a vinte mil UFIR".[51]

A Lei nº 9.840, de 28/09/99, acrescentou o art. 41-A à Lei nº 9.504/97, que veda a seguinte conduta eleitoral:

"Art. 41-A. Ressalvado o disposto no art. 26 e seus incisos, constitui captação de sufrágio, vedada por esta Lei, o candidato doar, oferecer, prometer, ou entregar, ao eleitor, com o fim de obter-lhe o voto, bem ou vantagem pessoal de qualquer natureza, inclusive emprego ou função pública, desde o registro da candidatura até o dia da eleição, inclusive, sob pena de multa de mil a cinqüenta mil UFIR, e cassação do registro ou do diploma, observado o procedimento previsto no art. 22 da Lei Complementar nº 64, de 18 de maio de 1980".

Como se depreende da conduta vedada neste artigo, ela deverá ser apurada através do procedimento da Investigação Judicial previsto no art. 22 da LC nº 64/90 e terá como consequência, além da multa de mil a cinquenta mil UFIR, a cassação do registro de candidatura acaso o processo eleitoral ainda esteja nesta fase ou, se ultrapassada essa fase, e o candidato já estiver diplomado, acarretará a cassação de seu diploma e, consequentemente, o seu mandato obtido com captação ilícita do sufrágio.

O TSE inclusive vem entendo que, comprovado na Investigação Judicial que o candidato praticou a conduta vedada no art. 41-A da lei eleitoral, incidirá de imediato a cassação do registro ou do diploma, se for o caso, independentemente da interposição de "Recurso contra a Diplomação" regrado no art. 262 do Código Eleitoral ou da "Ação de Impugnação de Mandato Eletivo" regrado nos §§ 10 e 11 do art. 14 da Constituição Federal. Nesse sentido, o seguinte acórdão do TSE, *verbis*:

---

[51] Veja remissão nº 47 sobre o valor atribuído a UFIR.

Direito Eleitoral   **91**

"211668 – Recurso Especial – Ação de Investigação Judicial Eleitoral – Captação ilegal de sufrágio (art. 41-A da Lei nº 9.504/97).
1. Sentença que cassou o prefeito e determinou a diplomação do vice. Correção pelo TRE. Possibilidade. Efeito translativo do recurso ordinário.
2. *Condenação com base no art. 41-A da Lei nº 9.504/97. Desnecessidade de ajuizamento de recurso contra expedição de diploma e ação de impugnação de mandato eletivo. Precedentes.*
3. O TSE entende que, nas eleições majoritárias, é aplicável o art. 224 do CE aos casos em que, havendo a incidência do art. 41-A da Lei nº 9.504/97, a nulidade atingir mais de metade dos votos. Recursos providos em parte para tornar insubsistente a diplomação do segundo colocado e respectivo vice e determinar que o TRE, nos termos do art. 224 do CE, marque data para a realização de novas eleições."
(TSE – RESPE 21169 – RN – Serra Negra do Norte – Relatora Juíza Ellen Gracie Northfleet – p. DJU 26/09/2003, p. 103).

No mesmo sentido, os acórdãos do TSE – AMS 1282-CE, DJU 03/10/03; RESPE 21221-MG, DJU 10/110/03; RESPE 21248-SC, DJU 08/08/03; RESPE-19759-PR, DJU 14/02/03; RESPE 19644-SE, DJU 14/02/03.

PROPAGANDA ELEITORAL POR MEIO DE *OUTDOORS*
A Lei nº 11.300/06 acrescentou o § 8º ao art. 39 da Lei nº 9.504/97 proibindo a propaganda eleitoral por meio de *outdoors*, tendo disposto:

"§ 8º É vedada a propaganda eleitoral mediante outdoors, sujeitando-se a empresa responsável, os partidos, coligações e candidatos à imediata retirada da propaganda irregular e ao pagamento de multa no valor de 5.000 (cinco mil) a 15.000 (quinze mil) UFRs."

O art. 4º da Lei nº 11.300/06 revogou expressamente o art. 42 da Lei nº 9.504/97, que tratava especificamente em seu *caput* e seus onze parágrafos sobre a veiculação da propaganda eleitoral por meio de *outdoors*.
O TSE, ao regulamentar essa minirreforma eleitoral introduzida pela Lei nº 11.300/06, inclusive, contrariando a regra do art. 16 da Constituição Federal, decidiu que grande parte dessa reforma já se aplicaria ao pleito eleitoral de outubro de 2006, inclusive a abolição da propaganda eleitoral por meio de *outdoors*.
O Ministro do TSE Carlos Aires Britto, em resposta à Consulta nº 1286, formulada pelo Deputado Federal Luiz Antonio Fleury Filho àquela Corte, deixou claro que a propaganda eleitoral por meio de *outdoors* é proibida, inclusive, em prédios particulares, o que não deixa margem de dúvidas que a propaganda eleitoral por meio de *outdoors*, que antes era veiculada apenas após sorteio realizado pela Justiça Eleitoral, entre os partidos políticos, dos pontos disponíveis para a sua veiculação, em

quantidade nunca inferior à metade do total dos espaços disponíveis nos municípios, ficou totalmente vedada pela minirreforma eleitoral (Lei nº 11.300/06).

Ademais a resposta à Consulta nº 1.274, formulada pelo Senador Valmir Amaral, também não deixou margem a dívidas da abolição total da propaganda eleitoral por meio de *outdoors* (que era do tamanho igual ou superior a 20 m²), tendo em vista que fixou o tamanho máximo da propagada eleitoral por meio de placas em 4 m².

Vejamos o inteiro teor das respostas a essas Consultas, decididas pelo TSE na sessão de 09/06/2006, das quais foi Relator o Ministro Carlos Ayres Britto:

CONSULTA 1286/06 – O Deputado Federal Luiz Antonio Fleury Filho, alegando que a minirreforma eleitoral (Lei nº 11.300/06), que estabeleceu diretrizes a serem aplicadas a partir das eleições de outubro, "deixou diversas lacunas quanto à proibição e veiculação de material publicitário a ser utilizado no período eleitoral" fez 7 (sete) perguntas ao TSE:

a) exposição de mídia exterior em propriedade particular;

b) fixação de publicidade eleitoral de proporções diversas do *outdoor* em prédios particulares;

c) fixação de publicidade eleitoral através de lonas plásticas com suporte metálico de proporções diversas do *outdoor*;

d) fixação de faixas e cartazes de papel ou plástico ou pano de proporções diversas do *outdoor* em propriedade particular;

e) exposição de vinhetas e letreiros em painel eletrônico;

f) confecção e distribuição de *displays*, flâmulas e bandeirolas para afixação em veículos automotores com veiculação de propaganda eleitoral;

g) pintura de muro de propriedade particular.

O Tribunal, à unanimidade, na esteira do voto do Relator, respondeu afirmativamente à Consulta com relação aos questionamentos dos itens "a", "f" e "g", e dela não conheceu no tocante às perguntas "b", "c", "d" e "e".

CONSULTA 1274/06 – O Senador Valmir Amaral perguntou ao TSE se haveria impedimento à fixação de placa de 2m x 2m em propriedade particular, durante a campanha eleitoral.

O Relator Ministro Carlos Ayres Britto inicialmente observou que era necessário fazer distinção entre placa e *outdoor*, já que o uso dessa espécie de propaganda foi proibido pela minirreforma eleitoral (Lei 11.300/06), que alterou o artigo 39, § 8º, da Lei 9.504/97. O *outdoor*, explicou o Ministro, é um engenho publicitário com dimensão igual ou superior a 20 m². Após, alegou que como não há norma que regulamente as placas, sugeriu que tivessem proporção cinco vezes menor que o *outdoor*, considerando

Direito Eleitoral

que assim "mantém o apelo visual, mitigam a poluição e não impõem informação ao eleitor de modo agressivo". Ademais, lembrou que as placas têm custo e que não se pode ignorar "o propósito da Lei 11.300/06 de coibir abuso do poder econômico e o consequente desequilíbrio na competição entre os candidatos".

O Tribunal, à unanimidade, na esteira do voto do Ministro-Relator, decidiu que o tamanho das placas a serem utilizadas na campanha eleitoral deve ser de, no máximo, 2m x 2m, ou seja, 4 m².

A decisão dada à Consulta não possui efeito da imutabilidade da coisa julgada, o que significa que no caso concreto, essa poderá ser rediscutida em nível de recurso, não obstante a decisão dada à Consulta criar uma orientação vinculante, pois é dotada de eficácia normativa *erga omnes*, porque essa decisão alcança não apenas a parte consulente mas também todos os demais que, no futuro, no decorrer da propaganda eleitoral, estiverem em situação análoga.

As ADIns n°s 3741-2 (PSC), 347-1 (PDT) e 3743-9 (PTC), que tiveram como Relator o Ministro Ricardo Lewandowski, por tratarem todas elas de idêntico assunto, ou seja, questionando ao STF a constitucionalidade da aplicação da minirreforma eleitoral ao pleito de 2006, introduzidas pela Lei n° 11.300/06, foram reunidas num único processo de ADIn que ficou com o n° 3741, foi julgado pelo STF no dia 06/09/06 que, por unanimidade, decidiu a ação direta procedente, em parte, declarando a inconstitucionalidade apenas do art. 35-A da Lei n° 9.504/97, com a redação que lhe deu a Lei n° 11.300 de 10/05/06, apoiando-se no fundamento de que esse artigo restringe o direito à informação, que é norma constitucional asseguradora da liberdade de expressão. Quanto à aplicação dos demais artigos da Lei 11.300/06 ao pleito do mesmo ano o STF julgou a ação direta improcedente, sustentando que as alterações introduzidas por essa lei, por serem de caráter meramente procedimental, são regras que não implicam o desequilíbrio da disputa eleitoral, não ferindo, portanto, a regra do art. 16 da CF. Desta forma resta incorporada essa minirreforma ao texto da Lei n° 9.504/98, denominada lei eleitoral.

PROPAGANDA ELEITORAL NA IMPRENSA

A propaganda eleitoral na imprensa será sempre paga, diferentemente da propaganda eleitoral no rádio e na televisão, que é sempre gratuita.

A Lei n° 11.300, de 10/05/06, modificou a redação do *caput* do artigo 43 da Lei n° 9.507/97 e, ao invés de permitir essa propaganda até o dia das eleições, dispôs que essa propaganda será permitida até a antevéspera das eleições, tal como já regulado na lei eleitoral para o término da propaganda eleitoral no rádio e na televisão (art. 47 da Lei 9.504/97), portanto, até dois antes das eleições, ficando a redação desse artigo com seguinte texto:

"Art. 43. É permitida, até a antevéspera das eleições, a divulgação paga, na imprensa escrita, de propaganda eleitoral, no espaço máximo, por edição, para cada candidato, partido ou coligação, de um oitavo de página de jornal padrão e um quarto de página de revista ou tablóide."

Assim, a propaganda eleitoral na imprensa é paga e pode ser realizada a partir do dia 5 de julho do ano das eleições, conforme regra do art. 36 da Lei nº 9.504/97, até a antevéspera do dia das eleições e deverá observar o espaço máximo permitido por edição, para candidato, partido ou coligação, de 1/8 (um oitavo) de página de jornal padrão e (um quarto) de página de revista ou tablóide.

Como essa propaganda é paga, e permite que cada candidato, cada partido ou cada coligação (que perante a Justiça Eleitoral funciona como um partido, inobstante seja integrada por vários partidos, nos termos do art. 6º, § 1º, da Lei nº 9.504/97),[52] utilize até 1/8 de página do jornal padrão ou 1/4 de página de revista ou tablóide, por edição, por evidente, que toda a propaganda por cada candidato, por cada partido, por cada coligação, não poderá ultrapassar esse limite, pois a inobservância desse limite sujeitará, não apenas os responsáveis pelo veículo de divulgação, mas também o partido, a coligação ou o candidato beneficiado com a divulgação irregular, à penalidade do parágrafo único do art. 43 da Lei nº 9.504/97.

PROPAGANDA ELEITORAL NO RÁDIO E NA TELEVISÃO

A propaganda eleitoral regrada pelos arts. 44 a 57 da Lei nº 9.504/97 *é toda ela gratuita*, vedada a propaganda paga nesses meios de comunicações. A intenção do legislador, com esse regramento legal que vem sendo adotado desde a edição da Lei nº 6.091/74, foi a preservação do princípio de igualdade que deve existir na disputa por cargos eleitorais. Ela tem início 45 dias antes à antevéspera do dia da eleição.

Nessa propaganda, por ser gratuita, os tempos reservados para sua veiculação serão distribuídos pela Justiça Eleitoral, na forma do regrado no art. 47 da Lei nº 9.504/97, entre todos os partidos e coligação que tenham candidato e representação na Câmara dos Deputados.

O art. 48 da Lei nº 9.504/97 ainda prevê que "nas eleições para Prefeitos e Vereadores, nos Municípios em que não haja emissora de televisão, os órgãos regionais de direção da maioria dos partidos participantes do pleito poderão requerer à Justiça Eleitoral que reserve dez por cento do tempo destinado à propaganda eleitoral gratuita para divulgação em rede da propaganda dos candidatos desses Municípios, pelas emissoras gera-

---

[52] Lei nº 9.504/97 – art. 6º ... § 1º A coligação terá denominação própria, que poderá ser a junção de todas as siglas dos partidos que a integram, sendo a ela atribuídas as prerrogativas e obrigações de partido político no que se refere ao processo eleitoral, e devendo funcionar como um só partido no relacionamento com a Justiça Eleitoral e no trato dos interesses interpartidários.

doras que os atingem", prevendo, também, o § 1° desse mesmo artigo que o tempo será dividido entre os candidatos dos municípios vizinhos, de tal forma, que o número máximo de municípios atingidos seja igual ao de emissoras geradoras disponíveis. O § 2° desse artigo ainda dispõe que essa mesma regra "aplica-se às emissoras de rádio, nas mesmas condições".

O art. 50 da lei eleitoral, democraticamente, dispõe que a veiculação da propaganda de cada partido ou coligação será efetuada por meio de sorteio, entre os partidos e coligações participantes, no primeiro dia da sua transmissão, de forma que a cada dia que se seguir, a propaganda veiculada por último, na véspera, será a primeira do dia seguinte a ser apresentada.

No art. 51 da Lei n° 9.504/97,[53] vêm regulados, ainda, os trinta minutos para inserções diárias pelos partidos ou coligações.

Interessante frisar que o inciso IV do art. 51 da lei eleitoral reproduz semelhante vedação da regrada no inciso II do art. 45 da mesma lei eleitoral, ou seja, "na veiculação das inserções é vedada a utilização de gravações externas, montagens ou trucagens, computação gráfica, desenhos animados e efeitos especiais, e a veiculação de mensagens que possam degradar ou ridicularizar candidato, partido ou coligação". Este dispositivo, antes de mais nada, objetiva o tratamento isonômico de todos os candidatos, partidos ou coligações, que deve predominar durante a propaganda eleitoral. Acaso houver infringência a esse inciso do art. 51, incidirá a regra do art. 53, onde prevê que a Justiça Eleitoral pode impedir a reapresentação de tal programa, por requerimento de partido, coligação ou candidato, a fim de impedir a reapresentação de tal programa irregular.

Embora a propaganda gratuita, através do rádio e da televisão, seja veiculada apenas nos 45 dias que antecedem a antevéspera das eleições (art. 47 da Lei n° 9.504/97), o art. 45 da Lei n° 9.504/97[54] relaciona veda-

---

[53] Lei n° 9.504/97 – art. 51 – Durante os períodos previstos nos arts 47 e 49, as emissoras de rádio e televisão e os canais por assinatura mencionados no art. 57 reservarão, ainda, trinta minutos diários para a propaganda eleitoral gratuita, a serem usados em inserções de até sessenta segundos, a critério do respectivo partido ou coligação. Assinadas obrigatoriamente pelo partido ou coligação, e distribuídas, ao longo da programação veiculada entre as oito e as vinte e quatro horas, nos termos do § 2° do art. 47, obedecido seguinte: I – o tempo será dividido em partes iguais para a utilização nas campanhas dos candidatos às eleições majoritárias e proporcionais, bem como de suas legendas partidárias ou das que componham a coligação, quando for o caso; II – destinação exclusiva do tempo para a companha dos candidatos a Prefeito e Vice-Prefeito, no caso de eleições municipais; III – a distribuição levará em conta os blocos de audiência entre as oito e as doze horas, as doze e as dezoito horas, as dezoito e as vinte e uma horas, as vinte e uma e as vinte e quatro horas.

[54] Lei n° 9.504/97 – art. 45 – A partir de 1° de julho do ano da eleição, é vedado às emissoras de rádio e televisão, em sua programação normal e noticiário: I – transmitir, ainda que sob a forma de entrevista jornalística, imagens de realização de pesquisa ou qualquer outro tipo de consulta popular de natureza eleitoral em que seja possível identificar o entrevistado ou que haja manipulação de dados; II – usar trucagem, montagem ou outro recurso de áudio ou vídeo que, de qualquer forma, degradem ou ridicularizem candidato, partido ou coligação, ou produzir ou veicular programa com esse efeito; III – veicular propaganda política ou difundir opinião favorável ou contrária a candidato, partido, coligação, a seus órgãos ou representantes; IV – dar tratamento privilegiado a candidato, partido ou coligação;

ções às emissoras de rádio e televisão, em sua programação normal e noticiário, já a partir de 1º de julho do ano da eleição, tendo em vista já ter havido escolha dos candidatos em convenção e já estar por iniciar, a partir do dia 5 de julho, a propaganda eleitoral permitida. A violação a essas vedações implica a sujeição das emissoras de rádio e televisão ao pagamento da pesada multa de vinte a cem mil UFIR,[55] que será duplicada em caso de reincidência, conforme disposto no § 2º do art. 45 da lei eleitoral, sujeitando ainda às emissoras de rádio e televisão ao disposto no art. 55, parágrafo único, da mesma lei, ou seja, a substituição da não veiculação do programa infrator pela informação de que tal ocorreu por determinação da Justiça Eleitoral.

A Lei nº 11.300/06 modificou a redação do § 1º do art. 45 da lei eleitoral, vedando, a partir do resultado da convenção e não apenas a partir de 1º de agosto, como regrava esse artigo, às emissoras transmitir programa apresentado ou comentado por candidato escolhido em convenção.

A minirreforma eleitoral, Lei 11.300/06, também deu nova redação ao § 3º do art. 47 da lei eleitoral, dispondo que e representação de cada partido na Câmara dos Deputados é a resultante da eleição, e não com antes estava regrado de que a representação de cada partido na Câmara dos Deputados era a existente na data de início da legislatura que estivesse em curso.

O art. 46 da Lei nº 9.504/97[56] também regula os debates entre os candidatos às eleições majoritárias ou proporcionais, assegurando a partici-

---

V – veicular ou divulgar filmes, novelas, minisséries ou qualquer outro programa com alusão ou crítica a candidato ou partido político, mesmo que dissimuladamente, *exceto programas jornalísticos ou debates políticos*; VI – divulgar nome de programa que se refira a candidato escolhido em convenção, ainda quando preexistente, inclusive se coincidente com o nome do candidato ou com a variação nominal por ele adotada. Sendo o nome do programa o mesmo do candidato, fica proibida a sua divulgação, sob pena de cancelamento do respectivo registro. § 1º A partir do resultado da convenção, é vedado, ainda, às emissoras transmitir programa apre- sentado ou comentado por candidato escolhido em convenção. (redação dada pela Lei 11.300/06) § 2º Sem prejuízo do disposto no parágrafo único do art. 55, a inobservância do disposto neste artigo sujeita a emissora ao pagamento de multa no valor de vinte a cem mil UFIR, duplicada em caso de reincidência.

[55] Veja nota nº 47 sobre o valor atribuído a UFIR.

[56] Lei nº 9.504/97 art. 46 – Independentemente da veiculação de propaganda eleitoral gratuita no horário definido nesta lei, é facultada a transmissão, por emissora de rádio e televisão, de debates sobre as eleições majoritárias ou proporcional, sendo assegurada a participação de candidatos dos partidos com representação na Câmara dos Deputados, e facultada a dos demais, observando o seguinte: I – na eleições majoritárias, a apresentação dos debates poderá ser feita: a) em conjunto, estando presentes todos os candidatos a um mesmo cargo eletivo; b) em grupos, estando presentes, no mínimo, três candidatos; II – nas eleições proporcionais, os debates deverão ser organizados de modo que assegurem a presença de número equivalente de candidatos de todos os partidos e coligações a um mesmo cargo eletivo, podendo desdobrar-se em mais de um dia; III – *os debates deverão ser parte de programação previamente estabelecida e divulgada pela emissora, fazendo-se mediante sorteio a escolha do dia e da ordem de fala de cada candidato, salvo se celebrado acordo em outro sentido entre os partidos e coligações interessados.* § 1º Será admitida a realização de debate sem a presença de candidato de algum partido, desde que o veículo de comunicação responsável comprove havê-lo convidado com a antecedência mínima de setenta e duas horas da realização do debate. § 2º É vedada a presença de um mesmo candidato a eleição pro-

pação, nos mesmos, de todos os partidos com representação na Câmara dos Deputados, facultando a participação dos demais.

Nas eleições majoritárias, só poderá haver apresentação de debates, se estiverem presentes todos os candidatos a Prefeito, a Governador e a Presidente de todos os partidos OU em grupos, estando presentes no mínimo 3 candidatos.

Nas eleições proporcionais, os debates poderão ser realizados desde que comparecerem candidatos de todos os partidos e coligações, salvo se celebrado acordo em sentido contrário entre todos os partidos, bem como a lei veda participação de um mesmo candidato à eleição proporcional, em mais de um debate da mesma emissora, buscando sempre preservar a igualdade entre todos os concorrentes.

No pleito de 1998, no RS, as emissoras de televisão realizaram apenas um debate entre os concorrentes ao pleito majoritário e nenhum entre os candidatos ao pleito proporcional, tendo em vista que qualquer infringência ao regrado no art. 46 da lei eleitoral sujeita as emissoras de rádio e televisão às sanções do art. 56 da mesma lei, quais sejam, a suspensão por 24 horas da programação normal e, a cada 15 minutos, a obrigatoriedade de a emissora suspensa informar que tal saída do ar ocorreu por desobediência à lei eleitoral, sendo que a cada nova infringência o período de suspensão é dobrado. Ora, tal regramento deixa as emissoras de rádio e televisão temerosas, pois é muito difícil realizar debates nos moldes do regrado no art. 46 da lei eleitoral, ainda mais após a introdução da reeleição para os cargos do Executivo.

Essa situação, aliás, vem ocorrendo em todos os pleitos realizados após a edição da Lei nº 9.504/97, nos quais jamais presenciamos debates entre os concorrentes às eleições proporcionais e raríssimos debates entre os candidatos às eleições majoritárias.

O art. 53 da Lei nº 9.504/97, na esteira do regrado na Constituição Federal, no capítulo dos direitos e garantias individuais e da liberdade de expressão, que baniu a censura prévia do nosso ordenamento jurídico, também dispõe que "não serão admitidos cortes instantâneos ou qualquer tipo de censura prévia nos programas eleitorais gratuitos".

DIREITO DE RESPOSTA NA PROPAGANDA ELEITORAL

Esse instituto, de cunho Constitucional (art. 5º, inciso V, da CF), é disciplinado exaustivamente na lei eleitoral (Lei nº 9.504/97), como direito de resposta, no artigo 58 e seus oito parágrafos. Esse direito pode ser exercido após a escolha dos candidatos em convenção, portanto, a rigor, ainda mesmo antes da veiculação de propaganda eleitoral permitida, que inicia

---

porcional em mais de um debate da mesma emissora. § 3º O descumprimento do disposto neste artigo sujeita a empresa infratora às penalidades previstas no art. 56.

após 5 de julho do ano da eleição, pois que as convenções para escolha dos candidatos ocorrem no período compreendido entre 10 a 30 de junho do ano da eleição, conforme estipulado no art. 8º da Lei nº 9.504/97.

Nesse tipo de procedimento eleitoral, direito de resposta, o Ministério Público Eleitoral, diferentemente dos demais procedimentos eleitorais, atua tão somente como *custos legis*, pois que possui legitimação ativa para pedir direito de resposta na propaganda eleitoral apenas o candidato, o partido ou a coligação, nos termos regrados no *caput* do art. 58 da Lei nº 9.504/97.[57]

---

[57] Lei nº 9.504/97 – art. 58. A partir da escolha de candidatos em convenção, é assegurado o direito de resposta a candidato, partido ou coligação atingidos, ainda que de forma indireta, por conceito, imagem ou afirmação caluniosa, difamatória, injuriosa ou sabidamente inverídica, difundidos por qualquer veículo de comunicação social. § 1º O ofendido, ou seu representante legal, poderá pedir o exercício do direito de resposta à Justiça Eleitoral nos seguintes prazos contados a partir da veiculação da ofensa: I – vinte e quatro horas, quando se tratar de horário eleitoral gratuito; II – quarenta e oito horas, quando se tratar de programação normal das emissoras de rádio e televisão; III – setenta e duas horas, quando se tratar de órgão da imprensa escrita. § 2º Recebido o pedido, a Justiça Eleitoral notificará imediatamente o ofensor para que se defenda em vinte e quatro horas, devendo a decisão ser prolatada no prazo máximo de setenta e duas horas da data da formulação do pedido. § 3º Observar-se-ão, ainda, as seguintes regras no caso de pedido de resposta relativo à ofensa veiculada: I – em órgão da imprensa escrita: a) o pedido deverá ser instruído com um exemplar da publicação para o texto para resposta; b) deferido o pedido, a divulgação da resposta dar-se-á no mesmo veículo, espaço, local, página, tamanho, caracteres e outros elementos de realce usados na ofensa, em até quarenta e oito horas após a decisão ou, tratando-se de veículo com periodicidade de circulação maior que quarenta e oito horas, na primeira vez em que circular; c) por solicitação do ofendido, a divulgação da resposta será feita no mesmo dia da semana em que a ofensa foi divulgada, ainda que fora do prazo de quarenta e oito horas; d) se a ofensa for produzida em dia e hora que inviabilizem sua reparação dentro dos prazos estabelecidos nas alíneas anteriores, a Justiça Eleitoral determinará a imediata divulgação da resposta; e) o ofensor deverá comprovar nos autos o cumprimento da decisão, mediante dados sobre a regular distribuição dos exemplares, a quantidade impressa e o raio de abrangência na distribuição; II – em programação normal das emissoras de rádio e de televisão: a) a Justiça Eleitoral, à vista do pedido, deverá notificar imediatamente o responsável pela emissora que realizou o programa para que entregue em vinte e quatro horas, sob as penas do art. 347 da Lei nº 4.737, de 15 de julho de 1965 (Código Eleitoral), cópia da fita da transmissão, que será devolvida após a decisão; b) o responsável pela emissora, ao ser notificado pela Justiça Eleitoral ou informado pelo reclamante ou representante, por cópia protocolada do pedido de resposta, preservará a gravação até a decisão final do processo; c) deferido o pedido, a resposta será dada em até quarenta e oito horas após a decisão, em tempo igual ao da ofensa, porém nunca inferior a um minuto; III – No horário eleitoral gratuito: a) o ofendido usará, para a resposta, tempo igual ao da ofensa, nunca inferior, porém, a um minuto; b) a resposta será veiculada no horário destinado ao partido ou coligação responsável pela ofensa, devendo necessariamente dirigir-se aos fatos nela veiculados; c) se o tempo reservado ao partido ou coligação responsável pela ofensa for inferior a um minuto, a resposta será levada ao ar tantas vezes quantas sejam necessárias para a sua complementação; d) deferido o pedido de resposta, a emissora geradora e o partido ou coligação atingidos deverão ser notificados imediatamente da decisão, na qual deverão estar indicados quais os períodos, diurno ou noturno, para a veiculação da resposta, que deverá ter lugar no início do programa do partido ou coligação; e) o meio magnético com a resposta deverá ser entregue à emissora geradora, até trinta e seis horas após a ciência da decisão, para veiculação no programa subseqüente do partido ou coligação em cujo horário se praticou a ofensa; f) se o ofendido for candidato, partido ou coligação que tenha usado o tempo concedido sem responder aos fatos veiculados na ofensa, terá subtraído tempo idêntico do respectivo programa eleitoral; tratando-se de terceiros, ficarão sujeitos à suspensão de igual tempo em eventuais novos pedidos de resposta e à multa no valor de duas mil a cinco mil UFIR. § 4º Se a ofensa ocorrer em dia e hora que inviabilizem sua reparação dentro dos prazos estabelecidos nos parágrafos anteriores, a resposta será divulgada nos horários que a Justiça Eleitoral determinar, ainda que nas quarenta e oito horas anteriores, em termos e formas previamente aprovados, de modo

Só cabe direito de resposta se o candidato, partido ou coligação forem atingidos, ainda que de forma indireta, por conceito, imagem ou afirmação *caluniosa, difamatória, injuriosa* ou *sabidamente inverídica*.

Por oportuno, cumpre referir que o *Parquet* Eleitoral, como exclusivo titular da ação criminal eleitoral, ainda que deferido o direito de resposta pela Justiça Eleitoral, se julgar oportuno, poderá oferecer denúncia por calúnia, difamação ou injúria, na forma do tipificado nos arts. 324, 325 e 326 do Código Eleitoral.

O *Parquet* Eleitoral, ainda, como fiscal da lei, deverá estar atento, no direito de resposta, sobre a observância dos prazos estipulados na lei eleitoral (prazos que por serem regrados em horas, são contados minuto a minuto, conforme regrado no art. 132, § 4°, do atual Código Civil), bem como, no caso de resposta pela imprensa escrita, vir o pedido de direito de resposta acompanhado do exemplar de publicação da ofensa, bem como do texto da resposta, sob pena de indeferimento liminar. Deverá também zelar sobre o cumprimento integral, pelo órgão infrator, das decisões proferidas pela Justiça Eleitoral, na forma do § 8° do art. 58 da Lei n° 9.504/98.

PESQUISAS ELEITORAIS

As pesquisas e testes pré-eleitorais, relativos às eleições e aos candidatos, estão regulados nos arts. 33 a 35 da Lei n° 9.504/97.

Toda a pesquisa eleitoral, para ser divulgada, deve, necessariamente, nos termos do art. 33, ser registrada junto à Justiça Eleitoral, até, no mínimo, 5 dias antes da divulgação, exigência essa que, acaso não cumprida, sujeitará os responsáveis pela divulgação a uma multa no elevado valor de cinquenta mil a cem mil UFIR,[58] nos termos do § 3° do mesmo art. 33 da Lei n° 9.504/97.

O § 4° do mesmo dispositivo legal ainda dispõe que a divulgação de pesquisa fraudulenta é crime, punível com detenção de seis meses a um ano e mais uma multa variável entre cinquenta mil e cem mil UFIR.[59] Daí o cunho científico que deve ter a pesquisa eleitoral, tendo a lei definido

---

a não ensejar tréplica. § 5° Da decisão sobre o exercício do direito de resposta cabe recurso às instâncias superiores, em vinte e quatro horas da data de sua publicação em cartório ou sessão, assegurado ao recorrido oferecer contra-razões em igual prazo, a contar da sua notificação. § 6° A Justiça Eleitoral deve proferir suas decisões no prazo máximo de vinte e quatro horas, observando-se o disposto nas alíneas *d* e *e* do inciso III do § 3° para a restituição do tempo em caso de provimento de recurso. § 7° A inobservância do prazo previsto no parágrafo anterior sujeita a autoridade judiciária às penas previstas no art. 345 da Lei n° 4.737, de 15 de julho de 1965 (Código Eleitoral). § 8° O não-cumprimento integral ou em parte da decisão que conceder a resposta sujeitará o infrator ao pagamento de multa no valor de cinco mil a quinze mil UFIR, duplicada em caso de reiteração de conduta, sem prejuízo do disposto no art. 347 da Lei n° 4.737, de 15 de julho de 1965 (Código Eleitoral).

[58] Veja nota de rodapé n° 47 sobre o valor atribuído a UFIR.

[59] Idem.

como crime a realização de pesquisa fraudulenta ou baseada em dados irreais. Havendo indícios de que isso ocorreu em alguma pesquisa, poderá ser encaminhada ao Ministério Público Eleitoral, para que este providencie na instauração do competente inquérito policial, para a devida apuração.

Nos incisos de I a VII do art. 33 da Lei nº 9.504/97 estão relacionadas as informações indispensáveis que deverão acompanhar o registro da pesquisa junto à Justiça Eleitoral, pela empresa contratada para a realização da pesquisa, que são:

"I – quem contratou a pesquisa;
II – valor e origem dos recursos despendidos no trabalho;
III – metodologia e período de realização da pesquisa;
IV – plano amostral e ponderação quanto a sexo, idade, grau de instrução, nível econômico e área física de realização do trabalho, intervalo de confiança e margem de erro;
V – sistema interno de controle e verificação, conferência e fiscalização da coleta de dados e do trabalho de campo;
VI – questionário completo aplicado ou a ser aplicado;
VII – o nome de quem pagou pela realização do trabalho."

Reputo fundamentais as informações dos incisos I , II e VII, para se aquilatar sobre a legitimidade do contratante da pesquisa, já que nem governo estrangeiro e nem entidade de direito público possuem legitimidade para tal. Ademais, pelo valor dos recursos despendidos e o nome da pessoa que pagou a pesquisa, a Justiça Eleitoral pode avaliar se houve influência abusiva do poder econômico, do poder político e do poder da imprensa. Acaso venha a Justiça Eleitoral verificar tal abuso, sendo o procedimento meramente administrativo, deverá encaminhar ao Ministério Público para exame.

Por outro lado, como no § 2º do art. 33 da Lei nº 9.504/97 está regrado que referidas informações deverão ser afixadas no local de costume, para exame pelos partidos, coligações e candidatos ao pleito, pelo prazo de 30 dias, acaso venha a ser constatada alguma abusividade do poder econômico, do poder político ou de poder de autoridade ou utilização indevida dos meios de comunicação social, estes deverão tomar as providências necessárias ou comunicar o *Parquet* Eleitoral para instauração de Investigação Judicial, nos termos do art. 22 da LC nº 64/90.

O § 1º do art. 34 da lei eleitoral ainda atribui aos partidos, como fiscais por excelência que são da lisura dos pleitos eleitorais, o poder de requerer à Justiça Eleitoral para terem acesso direto aos dados da pesquisa, para conferência com os dados publicados, sendo que o descumprimento ou dificultação dessa ação fiscalizadora constitui crime punível com a pena de detenção de seis meses a um ano, ou a pena alternativa de prestação de

Direito Eleitoral   **101**

serviços à comunidade, pelos responsáveis pela empresa realizadora da pesquisa, que descumprirem a ordem da Justiça Eleitoral, ou, se for o caso, do responsável pelo órgão divulgador da pesquisa fraudulenta, além da obrigatoriedade de publicarem os dados corretos no mesmo espaço, horário, página, caracteres e outros elementos de destaque, conforme o veículo de comunicação usado para divulgação da pesquisa.

A mini reforma eleitoral, Lei nº 11.300, de 10/05/06, acrescentou à lei eleitoral, Lei nº 9.504/97, o art. 35-A, com seguinte redação:

"Art. 35-A. É vedada a divulgação de pesquisas eleitorais por qualquer meio de comunicação, a partir do décimo quinto dia anterior até as 18 (dezoito) horas do dia do pleito."

Contudo, o STF, no julgamento da ADIn 3.741/06, efetivado em 06/09/06, julgou inconstitucional esse art. 35-A introduzido na lei eleitoral pela Lei 11.300/06, por entender que o mesmo fere o direito constitucional da liberdade de expressão.

6.5. Condutas vedadas aos agentes públicos

O art. 73 da Lei nº 9.504/97 relaciona as condutas que são vedadas aos agentes públicos, servidores ou não, porque condutas tendentes a afetar a igualdade de oportunidades entre os candidatos de um mesmo pleito eleitoral.

No meu pensar, tendo a Emenda Constitucional nº 16, de 04/06/97, modificado o § 5º do art. 14 da Constituição Federal, permitindo a reeleição para os cargos de Presidente da República, Governadores e Prefeitos, a lei eleitoral, Lei nº 9.504, de 30/09/97 – em face da inexistência de lei complementar, referida no § 9º do mesmo art. 14 da CF, que deveria dispor sobre hipóteses de prazos de desincompatibilização –, veio, através dos arts. 73 a 78, disciplinar as condutas vedadas aos agentes públicos, servidores ou não, visando, assim, a coibir o abuso do poder político e o uso da máquina administrativa, a fim de preservar o princípio da igualdade, que deve prevalecer entre todos os concorrentes de um mesmo pleito eleitoral.

USO DA MÁQUINA PÚBLICA

Como se observa da redação do art. 73, *caput*, da lei eleitoral, disciplina ele o "uso da máquina pública" em campanhas eleitorais, sendo que as vedações de condutas são direcionadas "aos agentes públicos, servidores ou não", o que significa, no dizer de Hely Lopes Meirelles,[60] de "todas as pessoas físicas incumbidas, definitiva ou transitoriamente, do exercício de

---

[60] MEIRELLES, Hely Lopes. *Direito Administrativo...*, obra citada, p. 49.

alguma função estatal". Portanto, a abrangência é ampla, devendo se entender do dispositivo em exame que, nessa categoria de agentes públicos, se integram os servidores estatutários, os celetistas, os admitidos para cargos em comissão, os admitidos temporariamente para atender às necessidades de excepcional interesse público etc. Aliás, o § 1° desse mesmo art. 73 da Lei n° 9.504/97 é claro ao dispor que "reputa-se agente público, para os efeitos deste artigo, quem exerce, ainda que transitoriamente ou sem remuneração, por eleição, nomeação, designação, contratação ou qualquer outra forma de investidura ou vínculo, mandato, cargo, emprego ou função nos órgãos ou entidades da administração pública direta, indireta ou fundacional".

A primeira conduta elencada no inciso I do art. 73 da lei eleitoral é *ceder ou usar bens móveis ou imóveis do domínio da administração direta, indireta ou fundacional, em benefício de candidato, partido ou coligação,* ressalvada a realização de convenção partidária. Tal ressalva já foi expressamente permitida no art. 8°, § 2°, dessa mesma Lei n° 9.504/97.[61]

Ainda existem mais duas exceções previstas na própria lei eleitoral, no § 2° do art. 73 da Lei n° 9.504/97, quais sejam: a primeira diz respeito ao uso de bens móveis, no caso do transporte oficial, que pode ser usado exclusivamente pelo Presidente da República em campanha eleitoral, com ressarcimento das despesas pelo partido ou coligação a que esteja vinculado, nos termos do art. 76 da mesma lei. Portanto, essa exceção alcança tão somente o Presidente da República, mas não os Prefeitos e Governadores candidatos à reeleição; a segunda diz respeito ao uso das residências oficiais, em campanha eleitoral, que podem ser usadas pelos candidatos à reeleição de Presidente e Vice-Presidente da República, Governador e Vice-Governador de Estado e do Distrito Federal, Prefeito e Vice-Prefeito para realização de contatos, encontros e reuniões pertinentes à própria campanha, desde que não tenham caráter de ato público.

A *segunda* conduta elencada é *a vedação do uso de materiais ou serviços custeados pelos Governos ou pelas Casas Legislativas,* que excedam as prerrogativas consignadas nos regimentos e normas dos órgãos que integram. Portanto, até um limite, pode haver o uso, o que considero uma burla à norma geral.

A *terceira* conduta relacionada é a vedação de não poder haver cedência de servidor público, nem seus serviços serem utilizados durante o horário de expediente normal, em comitês de campanha eleitoral de candidato, partido político ou coligação, qualquer que seja a sua categorização, estatutário ou celetista, vinculado à administração direta ou indireta do Poder Executivo, de qualquer dos entes federativos, ou seja, federal,

---

[61] Lei n° 9.504/97 – art. 8° .... § 2° Para a realização das convenções de escolha de candidatos, os partidos políticos poderão usar gratuitamente prédios públicos, responsabilizando-se por danos causados com a realização do evento.

Direito Eleitoral

103

estadual ou municipal, com a exceção de o servidor ou empregado encontrar-se licenciado, observando este dispositivo a liberdade de manifestação prevista na CF, arts. 5º, IV, e 220.

A *quarta* conduta elencada é *a vedação como uso promocional em favor de candidato, partido ou coligação da distribuição gratuita de bens e serviços de caráter social,* ainda que custeados ou subvencionados pelo Poder Público. Portanto, a vedação da distribuição gratuita de bens e serviços de caráter social não é proibida no semestre das eleições, o que é vedado é utilizar-se dessa distribuição em caráter promocional, que venha a favorecer candidato, partido ou coligação.

A *quinta vedação é nomeação, contratação, demissão sem justa causa ou exoneração de ofício de servidor público, nem remoção ou transferência de servidor sem que haja pedido expresso, nem supressão ou readaptação de vantagens ou outros meios que dificultem ou impeçam o exercício funcional,* na circunscrição do pleito, nos três meses que antecedem a eleição e até a posse dos eleitos. Existem as ressalvas discriminadas nas letras "a" até "e", quais sejam:

a) nomeação ou exoneração de cargos em comissão e designação ou dispensa de funções de confiança;

b) nomeação para o Judiciário, Ministério Público, Tribunais ou Conselhos de Contas e dos órgãos da Presidência da República;

c) nomeação de aprovados em concurso público desde que homologado até 3 meses antes do pleito;

d) nomeação ou contratação necessária à instalação ou ao funcionamento inadiável de serviços públicos essenciais, com prévia e expressa autorização do Chefe do Poder Executivo;

e) transferência ou remoção *ex officio* de militares, policiais civis e agentes penitenciários.

A *sexta* vedação, no período de três meses que antecede as eleições, consiste em:

1ª) *realizar* transferência *voluntária de recursos da União aos Estados e Municípios e dos Estados aos Municípios,* ressalvados os recursos destinados a cumprir obrigação formal preexistente para execução de obra ou serviço em andamento e com cronograma prefixado, e os destinados a atender situações de emergência e de calamidade pública;

2ª) *autorizar publicidade institucional de atos, programas, obras, serviços e campanhas de órgãos públicos federais, estaduais ou municipais,* ou das respectivas entidades da administração indireta – com exceção da propaganda de produtos e serviços que tenham concorrência no mercado e em caso de grave e urgente necessidade pública, assim reconhecida pela Justiça Eleitoral. Isto significa que antes da publicidade das exceções, deverá a Justiça Eleitoral ter autorizado a publicidade;

3ª) *fazer pronunciamento em cadeia de rádio e televisão, fora do horário eleitoral gratuito*, com exceção de casos de matéria urgente, relevante e característica das funções de governo, desde que autorizado pela Justiça Eleitoral.

As vedações desse inciso sexto, 2ª e 3ª, destinam-se apenas aos agentes públicos das esferas administrativas cujos cargos estejam em disputa na eleição.

A *sétima* vedação consiste na proibição da realizar, *durante o ano da eleição*, despesas com publicidade de órgãos públicos federais, estaduais ou municipais, ou das respectivas entidades da administração indireta, que excedam a média dos gastos nos três últimos anos que antecedem o pleito ou do último ano imediatamente anterior à eleição.

Na verdade, a prova de excesso de gastos com publicidade é muito difícil; contudo, havendo indícios, pode ser instaurada uma investigação judicial, nos termos do art. 22 da LC nº 64/90, para apuração dessa irregularidade.

A *oitava* vedação consiste na proibição, na circunscrição do pleito, de *fazer revisão geral da remuneração dos servidores públicos que exceda a recomposição da perda de seu poder aquisitivo ao longo do ano da eleição*, a partir das convenções para a escolha dos candidatos, que, pelos arts. 7º e 8º da mesma lei eleitoral, deverão ocorrer entre 10 e 30 de junho do ano da eleição, sendo que essa vedação se estende até a posse dos eleitos.

As penalidades para aqueles que infringirem as disposições do art. 73 da Lei nº 9.504/97 são as seguintes:

§ 4º suspensão imediata da conduta vedada, mais a multa no valor de cinco mil a cem mil UFIR.[62]

§ 5º nos casos de descumprimento do disposto nos incisos I, II, III e VI do *caput*, sem prejuízo do disposto no parágrafo anterior, o candidato beneficiado, agente público ou não, ficará sujeito à cassação do registro ou do diploma. (redação dada pela Lei nº 9.840, de 28/09/99).

§ 6º a cada reincidência as multas serão duplicadas.

§ 7º todas as condutas enumeradas nos incisos do art. 73 constituem improbidade administrativa, nos termos art. 11, inciso I, da Lei nº 8.429/92, sujeitando-se às penalidades daquele diploma legal, em especial às do art. 12, inciso III. Convém gizar que o exame da Lei nº 8.429/92 não é da competência da Justiça Eleitoral, mas da Justiça Comum.

§ 8º as sanções do § 4º, ou seja, a multa se aplica aos agentes públicos responsáveis pelas condutas vedadas e aos partidos, coligações e candidatos que delas se beneficiarem.

§ 9º quando a distribuição do Fundo Partidário, regrado pela Lei nº 9.096/95 – que se compõe das multas arrecadas por infrações à lei eleito-

---

[62] Veja remissão nº 47 sobre o valor atribuído a UFIR.

Direito Eleitoral   **105**

ral – os partidos que se beneficiaram pelos atos que originaram as multas deverão ser excluídos da distribuição do Fundo Partidário.

A Lei n° 11.300, de 10/05/06, acresceu a vedação do § 10° ao art. 73 da Lei n° 9.504/97, tendo o seguinte texto:

"§ 10° No ano em que se realizar eleição, fica proibida a distribuição gratuita de bens, valores ou benefícios por parte da Administração Pública, exceto nos casos de calamidade pública, de estado de emergência ou de programas sociais autorizados em lei e já em execução orçamentária no exercício anterior, casos em que o Ministério Público poderá promover o acompanhamento de sua execução financeira e administrativa."

INAUGURAÇÃO DE OBRAS PÚBLICAS

Nos três meses que antecedem às eleições é proibido aos candidatos a cargo do Poder Executivo participar de inaugurações de obras públicas, nos termos do art. 77 da Lei n° 9.504/97. A infringência a esse dispositivo sujeitará o candidato infrator à cassação do registro, nos termos do parágrafo único do mesmo art. 77.

Também, nesse período, é vedada a contratação de shows artísticos pagos com recursos públicos, nas inaugurações realizadas pelo poder público, nos termos do art. 75 da Lei n° 9.504/97.

O art. 74 da Lei n° 9.504/97 dispõe que "configura abuso de autoridade, para os fins do disposto no art. 22 da Lei Complementar n° 64, de 18 de maio de 1990, a infringência do disposto no § 1° do art. 37 da Constituição Federal, ficando o responsável, se candidato, sujeito ao cancelamento do registro de sua candidatura".

O § 1° do art. 37 da Magna Carta, por sua vez, dispõe que "a publicidade dos atos, programas, obras, serviços e campanhas dos órgãos públicos deverá ter caráter educativo, informativo ou de orientação social, dela não podendo constar nomes, símbolos ou imagens, que caracterizem promoção pessoal de autoridades ou serviços públicos".

A infringência a este artigo autoriza a abertura de investigação judicial, na forma do art. 22 da LC n° 64/90, visando ao cancelamento do registro de candidatura, ou mesmo da impugnação do mandato eletivo, acaso a investigação judicial tenha sido concluída após as eleições, quando na publicidade dos atos da administração federal, da administração estadual ou da administração municipal, se desviar do regrado no § 1° do art. 37 da Constituição Federal, pois que se constituirá em abuso de autoridade.

Muito moralizador esse regramento, considerando que os cargos do Executivo, quer em nível federal, estadual, ou municipal, foram contemplados com a possibilidade de reeleição, para mais um mandato, e a infringência a essa norma constitucional, sem dúvida, que carateriza o uso da máquina pública em benefício da candidatura do administrador que concorre à reeleição, já que o mesmo não precisa afastar-se do exercício de seu mandato para disputar a reeleição, conforme ficou assentado pelo TSE, ao responder a Consulta feita pelo Senador da República Freitas Neto, que resultou na Resolução TSE nº 19.952, de 02/09/97, na qual foi Relator o Ministro Néri da Silveira. Aliás, esse também foi o entendimento do STF, no julgamento da ADIn nº 1.805-DF, interposta por PDT, PT, PC do B e PL, contra o § 5º do art. 14, introduzido pela EC nº 16/97, que permitiu a reeleição, por mais um mandato, para os cargos do Executivo federal, estadual e municipal.

Embora tenha ficado sacramentada pelo STF e pelo TSE a não necessidade de afastamento do cargo para concorrer à reeleição, deve o candidato à reeleição para qualquer dos cargos do Executivo pedir licença de afastamento, para disputa, tal como ocorreu com o Governador Antônio Brito na eleições de 1998, pois, assim agindo, estará evitando para si maiores complicações e maiores probabilidades de se ver envolvido em pedido de cassação do seu registro de candidatura, se infringir a qualquer das regras vedadas pela lei eleitoral, especialmente as elencadas no art. 73 da Lei nº 9.504/97, e a do art. 37 da Constituição Federal, pois deve ser levado em conta que a oposição, certamente, estará atenta a qualquer infringência legal do disputante à reeleição.

6.6. Propaganda Eleitoral regrada na Lei nº 12.034/09

A Lei nº 12.034/09, no seu art. 3º, alterou inúmeras regras pertinentes à propaganda regrada na Lei nº 9.504/97 e no seu art. 4º acresceu vários artigos à Lei nº 9.504/97 pertinentes à propaganda eleitoral.

A principal alteração na propaganda eleitoral foi a permissão para candidatos, partidos políticos ou coligações manterem páginas da internet desde que o endereço eletrônico seja comunicado à Justiça Eleitoral e hospedado, direta ou indiretamente, em provedor estabelecido no Brasil. Ao aprovar uma das modificações sugeridas pelo Senado Federal, a Câmara dos Deputados manteve a liberdade dos *sites, blogs* e páginas pessoais para expressar a opinião por um ou outro candidato, ressalvando o direito de resposta aos candidatos ofendidos e a proibição do anonimato nas reportagens, de modo que qualquer cidadão poderá expressar sua opinião sobre as eleições em páginas pessoais e em *sites* de relacionamento, como o Orkut e o Twitter. A propaganda na internet é gratuita e a lei proíbe qualquer tipo de propaganda paga na internet, sob pena de aplicação de multa e, para evitar a formação de um mercado de cadastro de endereços eletrônicos, a lei proíbe, também, a venda desse tipo de banco de dados.

Direito Eleitoral

107

PROPAGANDA ELEITORAL EM GERAL

A Lei n° 9.504/97, a partir do art. 36, passa a regrar a propaganda eleitoral e é clara ao dizer que 'somente é permitida a propaganda eleitoral após o dia 5 de julho do ano da eleição'.

Porém, a Lei n° 12.034/09 acresceu o art. 36-A, no qual permite a propaganda antecipada por pré-candidatos, antes de 5 de julho do ano da eleição e, inclusive, no dia da votação. Vejamos o que ele regra:

"Art. 36-A. Não será considerada propaganda eleitoral antecipada:

I – a participação de filiados a partidos políticos ou de pré-candidatos em entrevistas, programas, encontros ou debates no rádio, na televisão e na *internet*, inclusive com a exposição de plataformas e projetos políticos, desde que não haja pedido de votos, observado pelas emissoras de rádio e de televisão o dever de conferir tratamento isonômico;

II – a realização de encontros, seminários ou congressos, em ambiente fechado e a expensas dos partidos políticos, para tratar da organização dos processos eleitorais, planos de governo ou alianças partidárias visando às eleições;

III – a realização de prévias partidárias e sua divulgação pelos instrumentos de comunicação intrapartidária; ou

IV – a divulgação de atos de parlamentares e debates legislativos, desde que não se mencione a possível candidatura, ou se faça pedido de votos ou de apoio eleitoral."

Como se vê, a Lei n° 12.034/09 ampliou a possibilidade de propaganda eleitoral no ano de eleição, só vedando o pedido de votos ou apoio eleitoral, o que eu acho correto, pois viabilizando a exposição de plataformas e projetos políticos pelos pré-candidatos, dá aos eleitores a possibilidade de fazerem uma melhor escolha de seus candidatos e, após, a viabilidade dos cidadãos eleitores cobrarem dos eleitos o que esses expuseram em suas campanhas, que possibilitou que se elegessem, pois assim deve ser numa democracia verdadeira.

O art. 3° da Lei n° 12.034/09 modificou § 3° e acrescentou os §§, 4° e 5° ao art. 36 da Lei n° 9.504/97. No § 3°, a multa em vez de ser em UFIR passou a ser em reais "no valor de R$ 5.000,00 (cinco mil reais) a R$ 25.000,00 (vinte e cinco mil reais), ou ao equivalente ao custo da propaganda, se este for maior".

Os §§ 4° e 5° dispõem da obrigatoriedade de constar da propaganda do candidato a cargo majoritário o nome do seu Vice ou do suplente de Senador, esclarecendo também a competência do TSE, dos TREs e do Juiz Eleitoral, no casos de representações por descumprimento das regras da propaganda eleitoral.

No art. 37 da Lei nº 9.504/97, o § 2º foi modificado e os §§ 4º, 5º, 6º 7º e 8º foram acrescidos pela Lei nº 12.034/09 esclarecendo o alcance do art. 37 da lei eleitoral, vejamos:

"§ 2º Em bens particulares, independe de obtenção de licença municipal e de autorização da Justiça eleitoral a veiculação de propaganda eleitoral por meio de fixação de faixas, placas, cartazes, pinturas ou inscrições, desde que não excedam a 4 m² (quatro metros quadrados) e que não contrariem a legislação eleitoral, sujeitando-se o infrator às penalidades previstas no § 1º.
§ 4º Bens de uso comum, para fins eleitorais, são os assim definidos pela Lei nº 10.406, de 10 de janeiro de 2.002 – Código Civil e também aqueles a que a população em geral tem acesso, tais como cinemas, clubes, lojas, centros comerciais, templos, ginásios, estádios, ainda que de propriedade privada.
§ 5º Nas árvores e nos jardins localizados em áreas públicas, bem como em muros, cercas e tapumes divisórios, não é permitida a colocação de propaganda eleitoral de qualquer natureza, mesmo que não lhes cause danos.
§ 6º É permitida a colocação de cavaletes, bonecos, cartazes, mesas para distribuição de material de campanha e bandeiras ao longo das vias públicas, desde que móveis e que não dificultem o bom andamento do trânsito e pessoas e veículos.
§ 7º A mobilidade referida no § 6º estará caracterizada com a colocação e a retirada dos meios de propaganda entre as seis horas e as vinte e duas horas.
§ 8º A veiculação da propaganda eleitoral em bens particulares devem ser espontânea e gratuita, sendo vedado qualquer tipo de pagamento em troca de espaço para esta finalidade."

Como percebemos do texto legal transcrito acima, a sua clareza não deixará margem para dúvidas por ocasião da propaganda eleitoral nele regrado.

O art. 38 da Lei nº 9.504/97, que trata da propaganda eleitoral pela distribuição de folhetos, volantes e outros impressos, teve acrescidos os §§ 1º e 2º pela Lei nº 12.034/09, deixando claro a responsabilidade da pessoa que os confeccionou e de quem contratou, através da obrigatoriedade de neles constar os respectivos CNPJ e CPF, bem como a respectiva tiragem, regrando, ainda, o § 2º da propaganda conjunta de diversos candidatos, os custos deverão constar das prestações de contas de cada candidato, ou apenas naquela do candidato que tiver arcado com os custos.

O art. 39 da Lei nº 12.034/09, que trata da não obrigatoriedade de licença da polícia para veicular propaganda em recintos abertos ou fechados, teve a redação do inciso III do § 5º modificada, dispondo simples-

Direito Eleitoral

109

mente que "*a divulgação de qualquer espécie de propaganda de partidos políticos ou de seus candidatos*" no dia da eleição que estiver em desacordo com lei eleitoral constitui crime. Acrescentou, também, o § 9º ao art. 39 regrando que "*até as vinte e quatro horas do dia que antecede a eleição*, serão permitidos distribuição de material gráfico, caminhada, carreata, passeata ou carro de som que transite pela cidade divulgando jingles ou mensagens de candidatos.". O art. 39 da lei eleitoral foi acrescido, ainda, do § 10, que diz que "fica vedada a utilização de qualquer espécie de trios elétricos em campanhas eleitorais, exceto para a sonorização de comícios".

O art. 4º da Lei 12.034/09 criou acrescendo o art. 39-A na Lei nº 9.504/97, *verbis*:

"Art. 39-A. É permitida, no dia das eleições, a manifestação individual e silenciosa da preferência do eleitor por partido político, coligação ou candidato, revelada exclusivamente pelo uso de bandeiras, broches, dísticos e adesivos.

§ 1º É vedada, no dia do pleito, até o término do horário da votação, a aglomeração de pessoas portando vestuário padronizado, bem como instrumento de propaganda referidos no caput, de modo a caracterizar manifestação coletiva, com ou sem utilização de veículos.

§ 2º No recinto das seções eleitorais e juntas apuradoras, é proibido aos servidores da Justiça Eleitoral, aos mesários e aos escrutinadores o uso de vestuário ou objeto que contenha qualquer propaganda de partido político, de coligação ou de candidato.

§ 3º Aos fiscais partidários, nos trabalhos de votação, só é permitido que, em seus crachás, constem o nome e a sigla do partido político ou coligação a que sirvam, vedada a padronização do vestuário.

§ 4º No dia do pleito, serão afixado cópias deste artigo em lugares visíveis nas partes internas e externa das seções eleitorais."

A Lei 12.034/09, através de seu art. 4º, criou acrescentando o art. 40-B à Lei nº 9.504/97, que dispõe:

"Art. 40–B. A representação relativa à propaganda irregular deve ser instruída com prova da autoria ou do prévio conhecimento do beneficiário, caso este não seja por ela responsável.

Parágrafo único. A responsabilidade do candidato estará demonstrada se este, intimado da existência da propaganda irregular, não providenciar, no prazo de quarenta e oito horas, sua retirada ou regularização e, ainda, se as circunstâncias e as peculiaridades do caso específico revelar a impossibilidade de o beneficiário não ter tido conhecimento da propaganda."

Essa lei, sem dúvida, veio com o intuito de esclarecer e não deixar margem de dúvidas quanto a regularidade ou irregularidade, bem como responsabilidade pela veiculação da propaganda eleitoral irregular.

PROPAGANDA ELEITORAL NA IMPRENSA

O art. 3° da Lei n° 12.034/09 mudou a redação do *caput* do art. 43 da Lei n° 9.504/97 e, extinguindo o parágrafo único, acresceu, ainda, os §§ 1° e 2° ao art. 43 da lei eleitoral. Vejamos as alterações:

"Art. 43. São permitidas, até a antevéspera das eleições, a divulgação paga, na imprensa escrita, e a reprodução na internet do jornal impresso, de até 10 (dez) anúncios de propaganda eleitoral, por veículo, em datas diversas, para cada candidato, no espaço máximo, por edição, de 1/8 (um oitavo) de página de jornal padrão e de 1/4 (um quarto) de página de revista ou tablóide.

§ 1° Deverá constar do anúncio, de forma visível, o valor pago pela inserção.

§ 2° A inobservância do disposto neste artigo sujeita os responsáveis pelos veículos de divulgação e os partidos, coligações ou candidatos beneficiados a multa no valor de R$ 1.000,00 (um mil reais) a R$ 10.000,00 (dez mil reais) ou equivalente ao da divulgação da propaganda paga, se este for maior."

O § 2° repete a redação do antigo parágrafo único que já havia sido alterado pela Lei n° 11.300/06, que já previa a o valor da multa a ser aplicada em reais. Já o *caput* do art. 43 introduziu a viabilidade da reprodução na internet do jornal impresso, em até 10 (dez) anúncios de propaganda eleitoral, que antes não era permitido.

A propaganda eleitoral na imprensa escrita é sempre paga e continua sendo permitida até dois dias antes das eleições, podendo, contudo, ser reproduzida na internet gratuitamente, já que a propaganda na internet é gratuita, conforme regra do art. 57-C da Lei n° 9.504/97, regra essa introduzida pelo art. 4° da Lei n° 12.034/09.

PROPAGANDA ELEITORAL NO RÁDIO E NA TELEVISÃO

A propaganda eleitoral veiculada no rádio e na televisão também continua sendo toda ela gratuita. As principais alterações introduzidas na propaganda eleitoral veiculada no rádio e na televisão, pelos arts. 3° e 4° da Lei n° 12.034/09, foram:

1°) a obrigatoriedade do uso da linguagem de sinais ou o recurso de legenda (§ 1° introduzido ao art. 44 da lei eleitoral);

2°) a proibição de no horário eleitoral gratuito usar propaganda comercial ou propaganda realizada com a intenção, ainda que disfarçada ou sublimar, de promover marca ou produto (§ 2° introduzido ao art. 44 da lei eleitoral);

3°) a punição de emissora veicular propaganda eleitoral, quando não autorizada a funcionar pelo poder competente (§ 3° introduzido ao art. 44 da lei eleitoral);

4º) explicitação no § 4º introduzido ao art. 45 da lei eleitoral: "entende-se por trucagem todo e qualquer efeito realizado em áudio ou vídeo que degradar ou ridicularizar candidato, partido político ou coligação, ou que desvirtuar a realidade e beneficiar ou prejudicar qualquer candidato, partido político ou coligação";

5º) explicitação no § 5º introduzido ao art. 45 da lei eleitoral: "entende-se por montagem toda e qualquer junção de registros de áudio ou vídeo que degradar ou ridicularizar candidato, partido político ou coligação, ou que desvirtuar a realidade e beneficiar ou prejudicar qualquer candidato, partido político ou coligação";

6º) o § 6º introduzido ao art. 45 da lei eleitoral, permite ao partido político na propaganda eleitoral de seus candidatos em âmbito regional, utilizar a imagem e a voz de candidato ou militante de partido político que integre a coligação em âmbito nacional, inclusive no horário gratuito;

7º) os §§ 4º e 5º introduzidos ao art. 46 da lei eleitoral regulam que as emissoras de rádio e televisão poderão realizar debates com a presença de pelo menos dois terços dos candidatos, tanto na eleição majoritária como na proporcional, desde que haja concordância deles, mas terão que convidar todos os postulantes ao cargo em questão, portanto diferente da regra anterior que exigia para eleição majoritária a presença de todos os candidatos. Já nos portais da internet não são obrigados a convidar todos.

8º) O art. 47 da Lei nº 9.504/97 – lei eleitoral – regula a propaganda eleitoral gratuita que é veiculada nas emissoras de rádio e televisão nos quarenta e cinco dias anteriores a antevésperas das eleições. O art. 3º da Lei nº 12.034/09, mudou a redação dos incisos III, IV e V e acresceu a cada um desses incisos as alíneas *c* e *d*, adequando mais detalhadamente a distribuição desses horários gratuitos entre os candidatos majoritários e proporcionais na disputa do pleito eleitoral;

9º) O art. 3º da Lei nº 12.034/09 alterou a redação do art. 48 da lei eleitoral, esclarecendo e dispondo que "nas eleições para Prefeitos e Vereadores, nos Municípios em que não haja emissora de rádio e televisão, a Justiça Eleitoral garantirá aos Partidos Políticos participantes do pleito a veiculação de propaganda eleitoral gratuita nas localidades aptas à realização de segundo turno de eleições e nas quais seja operacionalmente viável realizar transmissão", regrando o § 1º desse artigo, que "a Justiça Eleitoral regulamentará o disposto neste artigo, de forma que o número máximo de Municípios a serem atendidos seja igual ao de emissoras geradoras disponíveis".

10º) O art. 4º da Lei nº 12.034/09 acrescentou à Lei nº 9.504/97 o art. 53-A regulando e prevendo penalidade a partido ou coligação que desrespeitar as regras da lei na propaganda gratuita veiculada nas emissoras de rádio e televisão. Vejamos:

112   Vera Maria Nunes Michels

"Art. 53-A. É vedado aos partidos políticos e às coligações incluir no horário destinado aos candidatos às eleições proporcionais propaganda das candidaturas a eleições majoritárias, ou vice-versa, ressalvada a utilização, durante a exibição do programa, de legendas com referência aos candidatos majoritários, ou, ao fundo, de cartazes ou fotografias desses candidatos.

§ 1° É facultada a inserção de depoimento de candidatos a eleições proporcionais no horário da propaganda das candidaturas majoritárias e vice-versa, registrados sob o mesmo partido ou coligação, desde que o depoimento consista exclusivamente em pedido de voto ao candidato que cedeu o tempo.

§ 2° Fica vedada a utilização da propaganda de candidaturas proporcionais como propaganda de candidaturas majoritárias e vice-versa.

§ 3° O partido político ou a coligação que não observar a regra contida neste artigo perderá, em seu horário de propaganda gratuita, tempo equivalente no horário reservado à propaganda da eleição disputada pelo candidato beneficiado."

USO DA MÁQUINA PÚBLICA

O art. 73 da Lei n° 9.504/97 – lei eleitoral – trata das condutas vedadas aos agentes públicos em campanhas eleitorais. A Lei n° 12.034/09 mudando a redação do § 5° desse art. 73 da lei eleitoral foi mais abrangente determinando -- em caso de descumprimento de todos os incisos desse artigo, bem como no caso de descumprimento do § 10° desse artigo -- a cassação do registro ou do diploma, sem prejuízo do disposto no § 4° que determina a suspensão imediata da conduta vedada e a aplicação da pena de multa aos responsáveis.

O art. 73 da Lei n° 9.504/97 teve, ainda, acrescido pelo art. 3° da Lei n° 12.034/09 os §§ 11, 12 e 13, que dispõem:

"§ 11. Nos anos eleitorais, os programas sociais de que trata o § 10 não poderão ser executados por entidade nominalmente vinculada à candidato ou por esse mantida.

§ 12. A representação contra a não observância do disposto neste artigo observará o rito do art. 22 da Lei Complementar n° 64, de 18 de maio de 1990, e poderá ser ajuizada até a data da diplomação.

§ 13. O prazo de recurso contra decisões proferidas com base neste artigo será de 3 (três) dias, a contar da data da publicação do julgamento no Diário oficial."

O art. 74 da Lei n° 9.504/97 regrava que o candidato condenado por abuso de autoridade ficava sujeito apenas à cassação de seu registro de candidatura. Com muita propriedade a Lei n° 12.034/09, mudou a redação desse artigo e regrou que o candidato condenado por abuso de autoridade fica sujeito não apenas ao registro de sua candidatura mas também do diploma, pois é bem provável que a decisão por abuso de autoridade ocorra após a diplomação.

Da mesma forma o art. 75 da Lei n° 9.504/97 foi acrescido de parágrafo único pelo art. 3° da Lei n° 12.034/09, pois a regra do art. 75 não trazia qualquer penalização, sendo que agora, quem contratar shows artísticos pagos com recursos públicos nas inaugurações, nos três meses que antecedem as eleições, ficará sujeito à cassação do registro ou do diploma.

A redação do art. 77 da Lei n° 9.504/97 também foi ampliada a sua abrangência, pois antes a proibição de participação de inaugurações de obras públicas nos três meses que antecedem a eleição era apenas para os cargos do Poder Executivo, mas pelo art. 3° da Lei n° 12.034/09 foi ampliada a abrangência dessa norma para "qualquer candidato", portanto abrangendo também os cargos do Poder Legislativo e, ao parágrafo único foi posta a penalização da perda do diploma e não apenas do registro de candidatura como antes estava regrado.

PROPAGANDA ELEITORAL PELA INTERNET

Os santinhos, as faixas e os cartazes, certamente ficarão esquecidos nas eleições, pois uma nova era de pedir votos no país vai debutar a partir das eleições de 2.010, com o uso de plataformas digitais que poderão ser usadas livremente durante as campanhas eleitorais, inclusive até o dia da votação.

No Brasil por volta de 65 milhões de usuários fazem uso da internet, o que representa cerca de um terço da população, aliás, o brasileiro é recordista na utilização do Orkut e o português já é a segunda língua mais usada no Twitter, de modo que há um grande potencial para que seja sucesso a utilização da internet nas campanhas eleitorais.

A Lei n° 12.034/09, através de seu art. 4°, criou várias regras pertinentes ao uso da internet nas campanhas eleitorais, acrescentando vários artigos à Lei n° 9.504/97. Veremos a seguir, detalhadamente, essas regras.

O art. 57-A permite aos candidatos escolhidos em Convenção Partidária "a propaganda eleitoral, na internet, após o dia 5 de julho do ano da eleição", portanto, quando do início das demais propagandas utilizadas nas campanhas eleitorais.

No art. 57-B diz quais as formas que a propaganda eleitoral poderá ser utilizada na internet, vejamos:

"I – em sítio do candidato, com endereço eletrônico comunicado à Justiça Eleitoral e hospedado, direta ou indiretamente, em provedor de serviço de internet estabelecido no país;

II – Em sítio do partido ou da coligação, com endereço eletrônico comunicado à Justiça Eleitoral e hospedado, direta ou indiretamente, em provedor de serviço de internet estabelecido no País;

III – por meio de mensagem eletrônica para endereços cadastrados gratuitamente pelo candidato, partido ou coligação;

IV – por meio de blogs, redes sociais, sítios de mensagens instantâneas e assemelhados, cujo conteúdo seja gerado ou editado por candidatos, partidos ou coligações ou de iniciativa de qualquer pessoa natural."

O art. 57-C diz que "é vedada a veiculação de qualquer tipo de propaganda eleitoral paga" e proíbe nos §§ 1º e 2º desse artigo, a veiculação de propaganda eleitoral na internet, ainda que gratuitamente, em sítios de pessoas jurídicas, com ou sem fim lucrativo e em sítios oficiais ou hospedados por órgãos ou entidades da administração pública direta ou indireta da União, dos Estados, do Distrito Federal e dos Municípios. No caso de descumprimento dessa regra sujeitará o responsável pela divulgação da propaganda bem como o seu beneficiário, quando comprovado seu prévio conhecimento, à considerável e alta multa no valor de R$ 5.000,00 a R$ 30.000,00.

O art. 57-D diz que "é livre a manifestação do pensamento, vedado o anonimato durante a campanha eleitoral, por meio da rede mundial de computadores – internet, *assegurado o direito de resposta*, nos termos das alíneas *a, b* e *c* do inciso IV do § 3º do art. 58 e do art. 59-A, e por outros meios de comunicação interpessoal mediante mensagem eletrônica".

O art. 58 da Lei nº 9.504/97, por sua vez, através do art. 3º da Lei nº 12.034/09, quanto aos pedidos de resposta na internet, foi acrescido das alíneas *a, b* e *c* do inciso IV do § 3º. Vejamos:

"§ 3º ...

IV – em propaganda eleitoral na internet:

a) deferido o pedido, a divulgação da resposta dar-se-á no mesmo veículo, espaço, local, horário, página eletrônica, tamanho, caracteres e outros elementos de realce usados na ofensa, em até quarenta e oito horas após a entrega da mídia física com a resposta do ofendido;

b) a resposta ficará disponível para acesso pelos usuários do serviço de internet por tempo não inferior ao dobro em que esteve disponível a mensagem considerada ofensiva;

c) os custos de veiculação da resposta correrão por conta do responsável pela propaganda original."

O art. 58-A por sua vez regra que "os pedidos de direito de resposta e as representações por propaganda eleitoral irregular em rádio, televisão e internet tramitarão preferencialmente em relação aos demais processos em curso na Justiça Eleitoral".

Direito Eleitoral

O art. 57-E, §§ 1° e 2° diz que "são vedadas às pessoas relacionadas no art. 24 a utilização, doação ou cessão de cadastro eletrônico de seus clientes, em favor de candidatos, partidos ou coligações", bem como a "venda de cadastro de endereços eletrônicos", sujeitando o responsável e o beneficiário, quando previamente comprovado o seu conhecimento, à pesada multa no valor de R$ 5.000,00 a R$ 30.000,00.

O art. 57-F dispõe que "aplicam-se ao provedor de conteúdo e de serviços multimídia que hospeda a divulgação da propaganda eleitoral de candidato, de partido ou de coligação as penalidades previstas nesta Lei, se, no prazo determinado pela Justiça Eleitoral, contado a partir da notificação de decisão sobre a existência de propaganda irregular, não tomar providências para a cessação dessa divulgação". E o parágrafo único desse artigo com acuidade regra que "o provedor de conteúdo ou de serviços multimídia só será considerado responsável pela divulgação da propaganda se a publicação do material for comprovadamente de seu próprio conhecimento".

Quanto às mensagens eletrônicas enviadas por candidatos, partido ou coligação, por qualquer meio, o art. 57-G regra que "deverão dispor de mecanismo que permita seu descadastramento pelo destinatário, obrigado o remetente a providenciá-lo no prazo de quarenta e oito horas", sendo que as mensagens enviadas após o prazo de quarenta e oito horas, sujeitará o responsável à multa no valor de R$ 100,00 por mensagem.

O art. 57-H regra que "sem prejuízo das demais sanções legais cabíveis, será punido, com multa de R$ 5.000,00 (cinco mil reais) a R$ 30.000,00 (trinta mil reais), quem realizar propaganda eleitoral na internet, atribuindo indevidamente sua autoria a terceiro, inclusive candidato, partido ou coligação".

O art. 57-I também regra que "a requerimento de candidato, partido ou coligação, observado o rito previsto no art. 96, a Justiça Eleitoral poderá determinar a suspensão, por vinte e quatro horas, do acesso a todo conteúdo informativo dos sítios da internet que deixarem de cumprir as disposições desta lei".

Aliás, tal como na suspensão das emissoras de rádio e televisão, no período da suspensão a empresa deverá informar a todos os usuários que tentarem acessar seus serviços, que se encontra temporariamente inoperante por desobediência à legislação eleitoral, sendo que a cada reiteração de conduta o período de suspensão será duplicado (§§ 1° e 2° do art. 57-I da Lei n° 9.504/97, introduzidos pelo art. 4° da Lei n° 12.034/09).

O art. 7° da Lei n° 12.034/09, ainda em relação a propaganda eleitoral na internet, dispõe:

"Art. 7° Não se aplica a vedação constante do parágrafo único do art. 240 da Lei n° 4.737, de 15 de julho de 1965 – Código Eleitoral, à propaganda eleitoral veiculada gratuitamente na internet, no sítio eleitoral, blog, sítio iterativo ou social, ou outros meios eletrônicos de comunicação do candidato, ou no sítio do partido ou coligação, nas formas previstas no art. 57-B da lei n° 9.504, de 30 de setembro de 1997.

O art. 240 do Código eleitoral diz que *"a propaganda de candidatos a cargos eletivos somente é permitida após a respectiva escolha pela Convenção"*, o que significa que pela internet é possível aos pré-candidatos efetuarem propaganda pela internet para sua escolha na Convenção do Partido.

REGRAS GERAIS INSERIDAS NA LEI 9.504/97 PELA LEI 12.034/09

O art. 81 da Lei n° 9.504/97 trata das doações e contribuições de pessoas jurídicas para as campanhas eleitorais que só são permitidas a partir do registro dos comitês financeiros dos partidos ou coligações. A esse art. 81 foi acrescido o § 4°, pelo art. 3° da Lei n° 12.034/09, que dispõe que "as representações propostas objetivando a aplicação das sanções previstas nos §§ 2° e 3° observarão o rito previsto no art. 22 da Lei Complementar n° 64, de 18 de maio de 1990, e o prazo de recurso contra as decisões proferidas com base nesse artigo será de 3 (três) dias, a contar da data da publicação ou julgamento no Diário oficial".

O art. 97 da Lei n° 9.504/97 teve suprimido seu parágrafo único e foi acrescida dos §§ 1° e 2°, explicitando melhor a abrangência da norma nela tratada que trata do descumprimento da lei eleitoral por membros do Ministério Público e juízes eleitorais, bem como da competência para apreciação das representações feitas por candidatos, partidos ou coligações.

O art. 98 da Lei n° 9.504/97 trata das compensações fiscais das emissoras de rádio e televisão pela cedência do horário gratuito. O art. 3° da Lei n° 12.034/09 acrescentou os §§ 1° e 2° regrando que essa compensação fiscal será nos termos do que dispões o art. 8° da Lei n° 9.709, de 18 de novembro de 1998.

Tentando tornar mais difícil qualquer fraude, o art. 4° da Lei n° 12.034/09 acrescentou as seguintes modificações à Lei n° 9.504/97, através das regras contidas nos seguintes artigos:

"Art. 91-A. No momento da votação, além da exibição do respectivo título, o eleitor deverá apresentar documento de identificação com fotografia.

Parágrafo único – Fica vedado portar aparelho de telefonia celular, máquinas de fotográficas e filmadoras, dentro da cabina de votação.

Art. 96-A. Durante o período eleitoral, as intimações via fac-símile encaminhadas pela Justiça Eleitoral a candidato deverão ser exclusivamente realizadas na linha telefônica por ele previamente cadastrada, por ocasião do preenchimento do requerimento de registro de candidatura.

Parágrafo único – O prazo de cumprimento da determinação prevista no caput é de quarenta e oito horas , a contar do recebimento do fac--símile.

Art. 97-A. Nos termos do inciso LXXVIII do art. 5º da Constituição Federal, considera-se duração razoável do processo que possa resultar em perda de mandato eletivo o período máximo de 1 (um) ano, contado da sua apresentação à Justiça Eleitoral.

§ 1º A duração do processo de que trata o *caput* abrange a tramitação em todas as instâncias da Justiça Eleitoral.

§ 2º Vencido o prazo de que trata o *caput*, será aplicável o disposto no art. 97, sem prejuízo de representação ao Conselho Nacional de Justiça.

Art. 105-A. Em matéria eleitoral, não são aplicáveis os procedimentos previstos na Lei nº 7.347, de 24 de julho de 1985." (a Lei nº 7.347/85 disciplina a Ação Civil Pública).

O art. 5º da Lei nº 12.034/09 ainda criou, a partir das eleições de 2.014, inclusive, *o voto impresso conferido pelo eleitor*, garantindo o total sigilo do voto e observadas as seguintes regras:

"§ 1º A máquina de votar exibirá para o eleitor, primeiramente, as telas referentes às eleições proporcionais; em seguida, as referentes às eleições majoritárias; finalmente, o voto completo pela conferência visual do eleitor e confirmação final do voto.

§ 2º Após a confirmação final do voto pelo eleitor, a urna eletrônica imprimirá um número único de identificação do voto associado à sua própria assinatura digital.

§ 3º O voto deverá ser depositado de forma automática, sem contato manual do eleitor, em local previamente lacrado.

§ 4º Após o fim da votação, a Justiça Eleitoral realizará, em audiência pública, auditoria independente do software mediante o sorteio de 2% (dois por cento) das urnas eletrônicas de cada Zona Eleitoral, respeitado o limite mínimo de 3 (três) máquinas por município, que deverão ter seus votos em papel contados e comparados com os resultados apresentados pelo respectivo boletim de urna.

§ 5º É permitido o uso de identificação do eleitor por sua biometria ou pela digitação do seu nome ou número de eleitor, desde que a máquina de identificar não tenha nenhuma conexão com a urna eletrônica."

Capitulo VII

Elegibilidade

7.1. Breve histórico sobre a participação popular no sufrágio universal

No Brasil, o sufrágio já alcançou laços de universalidade, ao ser dilatada a participação popular, desmantelando-se, com a CF/88, os últimos focos restritivos que ainda subsistiam, tais quanto aos analfabetos e aos militares, ficando quanto a esses últimos apenas a restrição dos conscritos, que é o pequeno período destinado à prestação do serviço militar obrigatório.

A densidade do corpo eleitoral se tornou ainda mais ampliada com a redução da idade mínima para o alistamento eleitoral, que ficou em caráter facultativo para os maiores de 16 e menores de 18 anos. Quanto à elegibilidade, contudo, compreensivelmente, ficaram excluídos os analfabetos e os eleitores que medeiam a faixa etária compreendida entre os 16 e 18 anos. Dessa forma, podemos dizer que a elegibilidade não ficou envolvida em privilégios aplicados pela ordem jurídica vigente, desde que as hipóteses contempladas evitam o continuísmo político, que favorecem o uso do poder para favorecer eventuais ilícitos de seus ocasionais titulares.

No direito positivo, portanto, não se encontra a elegibilidade submetida a iníquas situações discriminatórias, inobstante o processo eleitoral vir a ser muitas vezes contaminado com o abuso do poder econômico, que expulsa a lisura da competição política.

Segundo preconiza Fávila Ribeiro, "não podem os partidos continuar em suas atitudes extremamente elitistas, esquivando-se do reconhecimento da capacidade de escolha de seus candidatos pelos próprios filiados, quando terão depois, inapelavelmente, de neles confiar e dos quais passam a depender, quando esses mesmos se diluírem com outros que lhe são iguais no exercício direto do atributo da cidadania na eleição para outorga dos mandatos representativos".[63] Segue Fávila Ribeiro dizendo que "ademais, as escolhas devem ser democraticamente disputadas, mediante o voto uninominal dos filiados, a ninguém sendo lícito evadir-se desse

---

[63] RIBEIRO, Fávila. *Direito Eleitoral... obra citada*, p. 233.

Direito Eleitoral   **119**

teste primário de consagração ou rejeição pelos filiados. Por outro lado, na hipótese de vacância por falecimento, renúncia ou declaração de inelegibilidade, já haverá uma ordem de substituição a ser cumprida, com os legítimos efeitos residuais".[64]

Contudo, assim não ocorre, e os candidatos são indicados pelo partido político, em regular funcionamento. Não são admitidas candidaturas avulsas, desvinculadas das organizações partidárias.

Em nosso sistema, é dos partidos a competência para apresentação de nomes de candidatos, bem como levá-los a registro na Justiça Eleitoral e assumir a direção e a responsabilidade da campanha eleitoral, coordenando e impondo a estratégia a ser adotada na arregimentação do eleitorado, ficando-lhes a incumbência de receber e processar todos os gastos legalmente admitidos.

Por evidente que os candidatos devem se manter integrados ao esquema partidário a que pertencem, não comportando apenas a utilização formal da legenda e, uma vez admitido a figurar entre os candidatos apresentados, contrai o mesmo direitos e obrigações.

Entre os direitos dos candidatos a cargo eletivo, podemos referir:

1º) acaso o partido não efetive tempestivamente o seu registro, poderá o candidato tomar para si a iniciativa de seu próprio registro;

2º) passa a ter legitimidade para fazer diretamente perante a Justiça Eleitoral arguições de inelegibilidade de outros candidatos e interpor os competentes recursos;

3º) passa a ter o direito igualitário de acesso aos programas partidários por rádio e TV;

4º) pode assistir aos trabalhos de votação e oferecer as impugnações que considerar pertinentes, bem como dessas decisões recorrer se as mesmas forem julgadas improcedentes;

5º) pode acompanhar os trabalhos de apuração, suscitando as questões que se afigurarem consentâneas com o seu interesse.

Em contrapartida, os candidatos a cargos eletivos ficam submetidos a uma gama de deveres diretamente com a agremiação partidária que lhes concedeu a legenda, passando, inclusive, a depender de controle disciplinar da agremiação partidária a que pertencem, devendo manter um comportamento uniforme, essencial aos objetivos da competição. Assim, além de natural preocupação do candidato com o seu sucesso eleitoral, necessita compartilhar do esforço generalizado para a vitória da legenda que o está abrigando, tanto na disputa proporcional, como em favor dos candidatos majoritários. Disso se conclui que as divergências internas podem prosperar até a hora da sacramentação partidária das candidaturas, mas daí para frente, por ação ou omissão, pode haver infringência ao princí-

---

[64] RIBEIRO, Fávila. *Direito Eleitoral...* obra citada, p. 233.

pio da lealdade partidária, que através de imposição de caráter disciplinar pode determinar a supressão da candidatura, com observância, a toda evidência, das regras atinentes ao procedimento disciplinar.

Assim, para atingir essa etapa de reconhecimento oficial de candidato, deve o eleitor promover sua filiação partidária dentro do prazo estabelecido em lei que, conforme já mencionado, varia em cada eleição, sendo que na lei que regula as eleições desde o pleito/98, a exigência é de que seja de pelo menos 1 (um) ano anterior à eleição (art. 9º da Lei nº 9.504/97).

Aqui deve ser lembrado que as regras de filiação partidária não se aplicam aos militares da ativa que pretendam concorrer ao sufrágio, consoante disposto no art. 14, § 3º, V, da CF/88. Em consulta formulada ao TSE, ficou assente que os Magistrados e membros dos Tribunais de Contas, por estarem submetidos à vedação constitucional da filiação partidária, estariam dispensados de cumprir o prazo de 1 ano de filiação partidária para concorrer ao pleito de out/98, devendo, contudo, se desincompatibilizar no prazo de 6 meses da LC nº 64/90 (Ac. 19.978/97 p. DJ de 21/10/97, na Consulta nº 353, formulada por Adylson Motta, Deputado Federal).

Vale lembrar, também, que a escolha dos nomes que concorrerão aos diferentes postos eletivos é decidida em *deliberação* partidária na correspondente esfera nacional, regional ou municipal, conforme for o cargo em disputa. Assim, a escolha dos candidatos a Presidente da República e Vice se dará na esfera partidária nacional; Prefeito e Vice e Vereadores, na esfera partidária municipal, e Governador e Vice, Senador, Deputados Federal e Estadual, na esfera partidária estadual. Essa escolha deve ser também realizada por voto direto e secreto e nunca por aclamação.

As convenções partidárias para escolha dos candidatos pelos partidos dá início à Fase Preparatória do Processo Eleitoral (1ª fase), valendo aqui referir que as convenções são atos político-partidários e dependerão, nas suas características, da espécie de eleição que se realizará, se em nível municipal, estadual ou nacional.

Assim, as Convenções para escolha dos candidatos guardam simetria com os cargos a serem preenchidos:

– em nível municipal, para Prefeito e Vice e Vereadores, a convenção será em nível de Partido Municipal;

– em nível estadual, para Governador e Vice , Senadores, Deputados Federais e Estaduais, a convenção será em nível de Partido Estadual;

– em nível nacional, para escolha de Presidente da República e Vice, a convenção partidária será em nível de Partido Nacional.

Anteriormente à EC nº 25/85 ainda subsistiam algumas restrições à livre organização partidária, muito embora já não convivêssemos com o bipartidarismo, existindo na época, atuando na vida política do país, partidos como o PTB, o PDT, o PT, o PDS (sucessor da ARENA) e o PMDB (sucessor do MDB).

Após a EC nº 25/85, foi permitido o reingresso dos partidos comunistas na legalidade partidária, após décadas de proibição.

A EC nº 25/85 também restabeleceu as eleições para Prefeito e Vice das Capitais e dos Municípios, que desde 1964 eram consideradas "áreas de segurança nacional", tendo o Congresso editado a Lei nº 7.332, de 1º/07/85, que facultou a participação, naquele pleito, também dos partidos com registro provisório (no caso foi para permitir a participação do PSDB que se criara às vésperas do pleito).

Na realidade, os doutrinadores afirmam que as eleições municipais de out/85 serviram de passe de entrada e campo de prova para a composição da Assembleia Nacional Constituinte, convocada pela EC nº 26, de 27/11/85.

Também serviram essas eleições municipais de 1985 como uma preparação dos Partidos Políticos para uma disputa maior que se deflagraria nas eleições gerais de OUT/86, quando foram eleitos os Constituintes. Deve ser lembrado que foi afastado o óbice do registro definitivo dos partidos para participar da elaboração da nova Carta Magna, pois que assente o pensamento de que deveriam participar todas as correntes de pensamento político organizado no país.

7.2. Processo de escolha dos candidatos pelos partidos

Os candidatos são escolhidos pelos partidos através das convenções partidárias. As regras para escolha dos candidatos e formação das coligações estão regradas na Lei nº 9.504/97, quanto às coligações, no art. 6º e seus parágrafos e, quanto às convenções para escolha dos candidatos, nos arts. 7º a 9º da Lei nº 9.504/97, regras essas que devem ser observadas pelo estabelecido nos Estatutos de cada Partido Político.

O art. 3º da Lei nº 12.034/09 esclarecendo o alcance do art. 6º da Lei nº 9.504/97 acresceu os seguintes §§ 1º-A e 4º, vejamos:

"§ 1º-A. A denominação da coligação não poderá coincidir, incluir ou fazer referência a nome ou número de candidato, nem conter pedido de voto para partido político.

§ 4º O partido coligado somente possui legitimidade para atuar de forma isolada no processo eleitoral quando questionar a validade da própria coligação, durante o período compreendido entre a data da convenção e o termo final do prazo para impugnação do registro de candidatos."

O art. 3° da Lei n° 12.034/09 modificou ainda a redação dos §§ 2° e 3° e acresceu o § 4° ao art. 7° da Lei n° 9.5045/97, tornando claras e indiscutíveis as normas para escolha e substituição dos candidatos e para formação das coligações, vejamos:

"§ 2° Se a convenção partidária de nível inferior se opuser, na deliberação sobre coligações, às diretrizes legitimamente estabelecidas pelo órgão de direção nacional, nos termos do respectivo estatuto, poderá esse órgão anular a deliberação e os atos dela decorrentes.

§ 3° As anulações de deliberações dos atos decorrentes de convenção partidária, na condição acima estabelecida, deverão ser comunicadas à Justiça Eleitoral no prazo de 30 (trinta) dias após a data limite para o registro de candidatos.

§ 4° Se, da anulação, decorrer a necessidade de escolha de novos candidatos, o pedido de registro deverá ser apresentado à Justiça Eleitoral nos 10 (dez) dias seguintes à deliberação, observado o disposto no art. 13."

COMPOSIÇÃO DAS CONVENÇÕES

1°) *Convenções Municipais* – são compostas pelos eleitores do município, filiados ao partido, com a antecedência que for fixada em lei ou Resolução TSE.

Necessariamente, participam desse rol: os Dirigentes partidários locais (membros do Diretório Municipal ou membros da Comissão Diretora Municipal Provisória); os Vereadores do partido no município; e os parlamentares = Senadores, Deputados Federais e Estaduais com domicílio eleitoral no município.

2°) *Convenções Regionais* – dela participam: os Dirigentes do partido em nível regional (membros do Diretório Regional e delegados à Convenção Nacional, ou os membros da Comissão Diretora Regional Provisória); os Delegados dos Diretórios Municipais e, eventualmente, representantes de Comissões Diretoras Municipais Provisórias; e os parlamentares = Senadores, Deputados Federais e Estaduais filiados ao partido e eleitores no Estado.

3°) *Convenções Nacionais* – dela participam: os Dirigentes do partido em nível nacional (membros do Diretório Nacional ou Comissão Diretora Nacional Provisória); os Delegados dos Diretórios Regionais ou representantes dos Órgãos Regionais Provisórios; e os parlamentares = Senadores e Deputados Federais.

DATA DAS CONVENÇÕES

A Lei n° 9.504/97, no art. 8°, *caput,* regra que as Convenções para escolha dos candidatos e formação das Coligações deverão ocorrer no período de 10 a 30 de junho do ano em que se realizarem eleições. E, de praxe, o período das Convenções é fixado nas Resoluções do TSE, observado o período determinado na lei eleitoral, que fixa a data inicial e a data do encerramento. Assim, estabelecido o período para a realização das Convenções, compete a cada partido, dentro desses limites, fixar a data da sua Convenção, não sendo necessariamente uma data uniforme, quer nas Convenções municipais, quer nas regionais. São os Dirigentes Partidários, segundo o quadro político municipal, estadual ou nacional, que decidem a data da realização da Convenção, evidentemente, observados os limites fixados na lei eleitoral e na Resolução TSE. Para as eleições de 2008, o TSE, em 28/02/08, através da Resolução n° 22.717, fixa como data inicial para as convenções o dia 10/06/08 e data final o dia 30/06/08.

A Lei n° 9.504/97 assegurava, no § 1° do art. 8°,[65] aos cargos da eleição proporcional (Deputado Federal, Estadual ou Distrital e Vereador), a figura da candidatura nata pelo partido ao qual estivessem filiados, não apenas para os titulares como também para os suplentes que tivessem exercido esses cargos, em algum período do mandato. Isso significava que mesmo aqueles que tivessem se elegido por um partido e durante a legislatura tivessem trocado de partido, teriam, ainda assim, assegurado o registro de candidatura, para o mesmo cargo, pelo partido ao qual estissem filiados.

O Procurador-Geral da República ajuizou Ação Direta de Inconstitucionalidade – ADIn n° 2.530-9 –, com pedido cautelar de liminar para suspensão do § 1° do art. 8° da Lei n° 9.504/97, que trata da candidatura nata, sustentando que a regra desse parágrafo contraria os artigos 17 e 5°, *caput*, da Constituição Federal. O Plenário do STF, na sessão realizada no dia 24/04/2002, por maioria, vencido o Ministro Ilmar Galvão, deferiu a medida cautelar liminar para suspender a eficácia do § 1° do art. 8° da Lei n° 9.504/97. Essa decisão, da qual foi Relator o Ministro Sydney Sanches, foi publicada no DJU em 21/11/2003, tendo a seguinte ementa:

> *"Direito Constitucional e Eleitoral: Candidatura nata. Princípio da isonomia entre os pré-candidatos. Autonomia dos Partidos Políticos.*
> Ação Direta de Inconstitucionalidade do § 1° do artigo 8° da Lei n° 9.504, de 30 de setembro de 1997, segundo o qual:
> '§ 1° Aos detentores de mandato de Deputado Federal, Estadual ou Distrital, ou de Vereador, a aos que tenham exercido esses cargos em qualquer período da legislatura que estiver em curso, é assegurado o registro de candidatura para o mesmo cargo pelo partido a que estejam filiados'.

---

[65] Lei n° 9.504/97 – art. 8° ... § 1° Aos detentores de mandato de Deputado Federal, Estadual ou Distrital, ou de Vereador, e aos que tenham exercido esses cargos em qualquer período da legislatura que estiver em curso, é assegurado o registro de candidatura para o mesmo cargo pelo partido a que estejam filiados.

Alegação de ofensa aos art. 5º, *caput*, e 17 da Constituição Federal. Pedido de Medida Cautelar de suspensão da norma impugnada. Plausibilidade jurídica da ação, reconhecida, por maioria (8 votos x 1), sendo 3, com base em ambos os princípios (da isonomia art. 5º, *caput* e autonomia partidária art. 17) e 5, apenas, com apoio nesta última.
Periculum in mora também presente.
Cautelar deferida."

Portanto, a partir dessa decisão cautelar liminar na ADIn nº 2.530-9, perdeu eficácia a candidatura nata para os detentores de mandatos obtidos na eleição proporcional para Deputado Federal, Estadual ou Distrital, ou de Vereador, ou para aqueles que tivessem exercido esses cargos em qualquer período da legislatura, regrado do § 1º do art. 8º da Lei nº 9.504/97.

Penso que extremamente moralizante essa decisão do STF, pois com essa regra em vigor era muito difícil a alternância nesses cargos das casas legislativas, de mandatos obtidos nas eleições proporcionais, já que beneficiava também àqueles que tivessem exercido o mandato em qualquer período da legislatura e, inclusive, àqueles que tivessem mudado de partido após eleitos, pois que os mesmos, ao mudarem de partido, não perdem o mandato, mas pela norma indigitada mantinham assegurado o seu registro de candidatura para o mesmo cargo pelo partido para qual migraram. Entendo que numa democracia é essencial e fundamental a alternância em todos os cargos eletivos, a fim de preservar a moralidade administrativa e legislativa.

Por oportuno, deve ser esclarecido que com a aposentadoria do Relator, Ministro Sydney Sanches, passou a ser Relator desta ADIn nº 2.530-9 o Ministro Cezar Peluso, em 03/12/2003; contudo, de lá para cá, não houve qualquer movimentação neste processo. Reputo tal sem importância, tendo em vista que com o deferimento da medida cautelar liminar, que suspendeu a eficácia do § 1º do art. 8º da Lei nº 9.504/97, a ADIn em questão alcançou seu desiderato.

CONVOCAÇÃO DOS CONVENCIONAIS

Há duas formas na legislação pelas quais os convencionais são chamados a participar das Convenções: por edital ou por notificação pessoal.

De praxe, é utilizado o edital publicado na imprensa local, e não havendo imprensa local, o edital é afixado no Cartório da Zona Eleitoral, com antecedência mínima de 8 dias, sob pena de nulidade do ato convocatório, que contaminará a própria convenção. Em regra, as Convenções realizam-se num domingo ou em dia feriado, possibilitando, assim, o comparecimento de maior número de convencionais, até porque as Convenções deliberam sob um determinado *quorum*, que está previsto nos Estatutos dos Partidos.

INSTALAÇÃO E DELIBERAÇÃO

A instalação das Convenções se dá com qualquer número de presentes; contudo, as deliberações apenas ocorrem com determinado *quorum* específico, normalmente deliberam "por maioria absoluta dos convencionais".

Na votação das chapas são observadas as seguintes regras:

a) tratando-se de chapa única, considerar-se-á eleito se receber 20% dos votos convencionais. Caso contrário, deverá o partido, se dispuser de tempo, formar uma "chapa de consenso" e convocar nova Convenção;

b) tratando-se de duas ou mais chapas, se alguma recebeu menos de 20% dos votos, será de pronto excluída; se nenhuma alcançou os restantes 80%, circunstância essa que a consagrará na íntegra, será procedida a divisão de vagas entre as chapas remanescentes, na proporção dos votos obtidos.

As chapas propostas nas Convenções, bem como as tratativas quanto à formação de Coligações, são atos marcadamente de cúpula partidária, embora possam promanar de convencionais em número legalmente estabelecido. Na prática, o manuseio das regras das convenções é bastante restrito: cinge-se aos Delegados de Partido e quando muito a um ou outro Dirigente Partidário.

NÚMERO DE CANDIDATOS

No pleito proporcional (Câmaras Municipais, Assembleias Legislativa e Câmara de Deputados), o número de candidatos que cada partido pode lançar será sempre relativo ao número de cadeiras em disputa nas respectivas casas legislativas, que terá por parâmetro os dados populacionais dos Municípios e do Estado.

A matéria está genericamente tratada, quanto à eleição proporcional municipal, no art. 29, IV, *a, b* e *c*, da CF, que estabelece o número de Vereadores entre 9 e 55, com graduações, segundo a população.

O TSE – com sustentação no julgamento do Recurso Extraordinário n° 197.917, julgado pelo Plenário do STF em 24/03/04 (decisão publicada no DJU de 07/05/04), que declarou inconstitucional, *incidenter tantum*, o parágrafo único art. 6° da Lei Orgânica do Município de Mira Estrela/SP, por ferir a regra insculpida no art. 29, IV, *a, b* e *c*, da CF/88 – editou a Resolução n° 21.702, em 02/04/04, baixando instruções sobre o número de vereadores a eleger segundo a população de cada município, sendo Relator o Ministro Sepúlveda Pertence, do seguinte teor:

"O Tribunal Superior Eleitoral, no uso das atribuições que lhe confere o art. 23, IX, do Código Eleitoral, resolve expedir a seguinte Instrução:

Art. 1º Nas eleições municipais deste ano, a fixação do número de vereadores a eleger observará os critérios declarados pelo Supremo Tribunal Federal no julgamento do RE nº 197.917, conforme as tabelas anexas.

Parágrafo único. A população de cada município, para os fins deste artigo, será a constante da estimativa do Instituto Brasileiro de Geografia e Estatística (IBGE) divulgada em 2003.

Art. 2º Até 1º de junho de 2004, o Tribunal Superior Eleitoral verificará a adequação da legislação de cada município ao disposto no art. 1º e, na omissão ou desconformidade dela, determinará o número de vereadores a eleger.

Art. 3º Sobrevindo emenda constitucional que altere o art. 29, IV, da Constituição, de modo a modificar os critérios referidos no art. 1º, o Tribunal Superior Eleitoral proverá a observância das novas regras.

Art. 4º Esta Instrução entra em vigor na data de sua publicação."

Penso que salutar essa norma editada pelo TSE, em consonância com a decisão da Suprema Corte, pois embora vigente a regra da proporcionalidade do art. 29, IV, da Constituição, não existia uma tabela dispondo sobre essa proporção de vereadores dentro de cada uma das faixas das alíneas *a*, *b* e *c* dessa norma Constitucional; os municípios fixavam livremente o número de vereadores, observando apenas os limites das respectivas faixas, de modo que com a edição dessa tabela a efetiva proporção será respeitada, sendo que a população dos municípios levada em conta para fixação do número de seus representantes será aquela estimada nos sensos realizados pelo IBGE. Em 17/06/04, foi publicada no DJU a Resolução nº 21.803, do TSE, fixando o número de cadeiras a preencher nas Câmaras de Vereadores de cada município brasileiro, de acordo com os critérios declarados pelo STF, no julgamento do RE nº 197.917 (DJU de 07/05/04).

Está em tramitação no Congresso Nacional a PEC 52 1999, de 02/06/99, da autoria do Senador Álvaro Dias, propondo a alteração da redação do art. 29, inc. IV, da Constituição Federal, para reduzir o número de Vereadores no país.

A PEC dos Vereadores promulgada pelo Congresso Nacional no dia 23 de setembro de 2009 criou mais de 7.000 (sete mil) cargos de vereador em todo Brasil e determinou em seu art. 3º a posse dos suplentes dentro das novas vagas.

O Procurador Geral da República ingressou com ADIn nº 4.307/09 perante o STF, com pedido de tutela liminar, postulando seja considerado inconstitucional o art. 3º da Emenda Constitucional dos Vereadores, que prevê o preenchimento imediato dos cargos de vereador, sob o argumento de que os novos cargos criados pela Emenda só devem ser ocupados a partir da eleição municipal que se realizará em 2012.

A Ministra Carmem Lúcia concedeu a medida liminar com efeito retroativo ao dia 23 de setembro, data da promulgação da PEC dos Vereadores. Na decisão liminar a Ministra destacou que a emenda não pode mudar um processo eleitoral que já terminou, argumentando que "A eleição é processo político aperfeiçoado segundo as normas jurídicas vigentes em sua preparação e em sua realização. As eleições de 2008 constituem, assim, processo político juridicamente perfeito".

Quanto à eleição proporcional estadual, no art. 27 da CF, está disposto que o número de Deputados à Assembleia Legislativa corresponderá ao triplo da representação no Estado na Câmara Federal e, atingido o número de 36, será acrescido de tantos quantos forem os Deputados Federais, em número acima de 12.

Quanto à eleição proporcional federal, no art. 45, § 1°, da CF, está remetendo a matéria à lei complementar, proporcionalmente à população, procedendo-se os ajustes no ano anterior à eleição, para que nenhum dos Estados da Federação tenha menos de 8 e mais de 70 Deputados.

Quanto ao número de candidatos que podem ser registrados, para concorrerem ao pleito proporcional, a regra do art. 92 do Código Eleitoral foi revogada expressamente pelo art. 107 da Lei n° 9.504/97, estabelecendo esta lei eleitoral, no art. 10, as seguintes regras:

"Art. 10. Cada partido poderá registrar candidatos para a Câmara dos Deputados, Câmara Legislativa, Assembléias Legislativas e Câmaras Municipais, até cento e cinqüenta por cento do número de lugares a preencher.

§ 1°. No caso de coligação para as eleições proporcionais, independentemente do número de partidos que a integrem, poderão ser registrados candidatos até o dobro do número de lugares a preencher.

§ 2°. Nas unidades da Federação em que o número de lugares a preencher para a Câmara dos Deputados não exceder de vinte, cada partido poderá registrar candidatos a Deputado Federal e a Deputado Estadual ou Distrital até o dobro das respectivas vagas; havendo coligação, estes números poderão ser acrescidos de até mais cinqüenta por cento."

O § 3° do art. 10 da Lei n° 9.504/97, de acordo com a redação que lhe deu o art. 3° da Lei n° 12.034/09, veio regrar, ainda, a necessidade taxativa de preenchimento de 30% das vagas ao pleito proporcional, por candidaturas do sexo feminino, e não simplesmente reserva como dispunha anteriormente, regrando que "do número de vagas resultante das regras previstas neste artigo, cada partido ou coligação *preencherá* o mínimo de 30% (trinta por cento) e o máximo de 70% (setenta por cento) para candidatura de cada sexo". Pessoalmente, entendo que agora a regra inserida pela Lei n° 12.034/09 passou a ser mais coerente e mais de acordo com o princípio constitucional consagrado no *caput* e no inciso I do art. 5° da Magna Carta, pois não apenas reserva as vagas destinadas para mulheres, mas dá o comando legal de necessidade de preenchimento dos 30% destinados a vagas para candidatas mulheres.

DOCUMENTAÇÃO DA CONVENÇÃO

Dois documentos são imprescindíveis para registro dos candidatos: a lista de presença dos convencionais (para averiguação do *quorum*) e a ata da convenção (que é o histórico das matérias discutidas na convenção). O art. 11, § 1°, da Lei n° 9.504/97, relaciona todos os documentos que deverão instruir os pedidos de registros de candidaturas, a saber:

1°) cópia da ata da Convenção;

2°) autorização do candidato por escrito;

3°) prova de filiação partidária;

4°) declaração de bens, assinada pelo candidato;

5°) cópia do título eleitoral ou certidão, fornecida pelo cartório eleitoral, de que o candidato é eleitor na circunscrição ou requereu sua inscrição ou transferência de domicílio no prazo previsto no art. 9°, ou seja, de pelo menos um ano antes do pleito;

6°) certidão de quitação eleitoral;

7°) certidões criminais fornecidas pelos órgãos de distribuição das Justiças Eleitoral, Federal e Estadual;

8°) fotografia do candidato, nas dimensões estabelecidas pela Justiça Eleitoral, para que seja introduzida na urna eletrônica.

7.3. Registro dos candidatos e sua impugnação

Conforme disposto no art. 93 do Código Eleitoral, "o prazo de entrada em Cartório ou na Secretaria do Tribunal, conforme o caso, de requerimento de registro de candidato a cargo eletivo terminará, improrrogavelmente, às dezoito horas do nonagésimo dia anterior à data marcada para a eleição", portanto nos três meses que precederem as eleições.

O art. 11, *caput*, da Lei n° 9.504/97 estabelece a *data de 05/07/98, às 19h*, o prazo para os partidos e coligações solicitarem o registro dos candidatos. Não o fazendo o partido, poderá o próprio candidato fazê-lo no prazo de 48 horas do prazo estipulado para os partidos ou coligações (art. 11, § 4°). Portanto, de plano se constata que a nova lei eleitoral obedeceu ao período nonagesimal estipulado antes pelo C.E., porém dilata o prazo para entrega dos pedidos de registro de candidatura para as 19h.

Direito Eleitoral

O art. 3º da Lei nº 12.034/09 alterou a redação do § 4º do art. 11 da Lei 9.504/97, esclarecendo que o prazo para o candidato requerer o seu registro de candidatura, caso o partido ou coligação não o faça, é de 48 horas seguintes à publicação da lista dos candidatos pela Justiça Eleitoral.

O art. 3º da Lei nº 12.034/09, esclarecendo a abrangência do art. 11 da Lei nº 9.504/97, acrescentou, ainda, os §§ 6º, 7º, 8º, I e II, 9º, 10º e 11º, *verbis*:

"§ 6º A Justiça Eleitoral possibilitará aos interessados acesso aos documentos apresentados para os fins do disposto no º 1º.

§ 7º A certidão de quitação eleitoral abrangerá exclusivamente a plenitude do gozo dos direitos políticos, o regular exercício do voto, o atendimento a convocações da Justiça Eleitoral para auxiliar os trabalhos relativos ao pleito, a inexistência de multas aplicadas, em caráter definitivo, pela Justiça Eleitoral e não remidas, e a apresentação de contas de campanha eleitoral.

§ 8º Para os fins de expedição de certidão de que trata o § 7º, considerar-se-ão quites aqueles que:

I – condenados ao pagamento de multa, tenham, até a data da formalização do seu pedido de registro de candidatura, comprovado o pagamento ou o parcelamento da dívida regularmente cumprido;

II – pagarem a multa que lhes couber individualmente, excluindo-se qualquer modalidade de responsabilidade solidária, mesmo quando imposta concomitantemente com outros candidatos e em razão do mesmo fato.

§ 9º A Justiça Eleitoral enviará aos partidos políticos, na respectiva circunscrição, até o dia 5 de julho do ano da eleição, a relação de todos os devedores de multa eleitoral, a qual embasará a expedição das certidões de quitação eleitoral.

§ 10º As condições de elegibilidade e as causas de inelegibilidade devem ser aferidas no momento da formalização do pedido de registro da candidatura, ressalvadas as alterações, fáticas ou jurídicas, supervenientes ao registro que afastem a inelegibilidade.

§ 11º A Justiça Eleitoral observará, no parcelamento a que se refere o § 8º deste artigo, as regras de parcelamento previstas na legislação tributária federal."

Acaso haja renúncia, falecimento de candidato, o prazo para substituição do candidato será de 60 dias anteriores ao pleito, conforme disposto no art. 101 do Código Eleitoral. No caso de o candidato ser considerado inelegível ou tiver seu registro cancelado ou indeferido, o prazo será de 10 dias do fato (art.13, § 1º, da Lei nº 9.504/97). No caso de eleições proporcionais, dispõe a Lei nº 9.504/97, art. 13, § 3º, que a substituição só se efetivará, caso o novo pedido seja apresentado até 60 dias antes do pleito.

O art. 3° da Lei n° 12.034/09 alterou a redação do § 1° do art. 13 da Lei n° 9.504/97 esclarecendo que o prazo de 10 dias para escolha do substituto do candidato considerado inelegível começa a contar da "notificação do partido da decisão judicial que deu origem à substituição", e não simplesmente da "decisão judicial" como constava antes.

O art. 3° da Lei n° 12.034/09 alterou ainda o art. 16 da Lei n° 9.504/97 que trata do prazo de 45 dias antes da data das eleições que os Tribunais Regionais deverão enviar relação dos candidatos registrados às eleições majoritárias e proporcionais ao Tribunal Superior Eleitoral, acrescentando os esclarecedores §§ 1° e 2°, *verbis*:

"§ 1° Até a data prevista no caput, todos os pedidos de registro de candidatos, inclusive os impugnados, e os respectivos recursos, devem estar julgados em todas as instanciais, e publicadas as decisões e eles relativas.

§ 2° Os processos de registro de candidaturas terão prioridade sobre quaisquer outros, devendo a Justiça Eleitoral adotar as providências necessárias para o cumprimento do prazo previsto no § 1°, inclusive com a realização de sessões extraordinárias e a convocação de juízes suplentes pelos tribunais, sem prejuízo da eventual aplicação do disposto no art. 97 e de representação ao Conselho Nacional de Justiça."

O art. 4° da Lei n° 12.034/09 acrescentou, ainda, o art. 16-A na Lei n° 9.504/97 dispondo que "O candidato cujo registro esteja sub judice poderá efetuar todos os atos relativos à campanha eleitoral, inclusive utilizar o horário gratuito no rádio e na televisão e ter seu nome mantido na urna eletrônica enquanto estiver sob esta condição, ficando a validade dos votos a ele atribuídos condicionado ao deferimento de seu registro por instância superior". No parágrafo único do art. 16-A está disposto que "O cômputo, para o respectivo partido ou coligação, dos votos atribuídos ao candidato cujo registro esteja sub judice no dia da eleição fica condicionado ao deferimento do registro do candidato".

IMPUGNAÇÃO AO REGISTRO

As causas que regulam a impugnação ao registro de candidatura, na fase preparatória do processo eleitoral, que antecede a votação, estão diretamente ligadas às condições de elegibilidade dos candidatos, e são aquelas regradas na própria Constituição Federal, no art. 14, §§ 3° a 8° e aquelas causas estabelecidas na Lei Complementar n° 64/90, chamada lei das inelegibilidades, que veio regular o estabelecido no § 9° do art. 14 da Constituição Federal.

As causas de inelegibilidades regradas na Constituição Federal e no art. 1°, § 1°, inciso I e alíneas, da LC n° 64/90, são denominadas inelegi-

Direito Eleitoral   **131**

bilidades absolutas, e as regradas no art. 1°, § 1°, incisos II a VII, da LC n° 64/90, são denominadas inelegibilidades relativas.

As inelegibilidades constitucionais, regradas no art. 14, §§ 3° a 8°, da Constituição Federal, que podem originar a "ação de impugnação do registro de candidatura", regulada dos arts. 3° a 18 da LC n° 64/90, são elas:

1ª) possuir o candidato nacionalidade brasileira, sendo que os cargos de Presidente e Vice-Presidente da República, Presidente da Câmara dos Deputados e Presidente do Senado Federal são cargos privativos de brasileiro nato (art. 12, § 3°, CF), para os demais cargos, inclusive para os de Deputado Federal e Senador da República, poderão concorrer brasileiros naturalizados, sendo que, se eleitos, não poderão exercer a Presidência da respectiva casa legislativa;

2ª) estar o candidato no pleno exercício de seus direitos políticos, sendo que a perda ou cassação desses ocorre nos casos previstos no art. 15 da Magna Carta;[66]

3ª) possuir alistamento eleitoral e domicílio eleitoral que, pelo art. 9° da Lei n° 9.504/97, deverá ser de pelo menos um ano, na circunscrição pela qual vai concorrer;

4ª) possuir filiação partidária que, pelo art. 9° da Lei n° 9.504/97, também deve ser de pelo menos um ano no partido pelo qual vai disputar;

5ª) possuir idade mínima: de 35 anos para Presidente, Vice e Senador; 30 anos para Governador e Vice; 21 anos para Deputado Federal, Estadual ou Distrital, Prefeito e Vice; e de 18 anos para Vereador. O § 2° do art. 11 da Lei n° 9.504/97 dispôs que "a idade mínima constitucionalmente estabelecida como condição de elegibilidade é verificada tendo por referência a *data de posse*";

6ª) os inalistáveis são inelegíveis e, embora os analfabetos possam facultativamente se alistar eleitoralmente, não podem disputar cargo eleitoral;

7ª) o Presidente da República, os Governadores e os Prefeitos, ou quem os houver substituído no curso dos mandatos, poderão concorrer à reeleição, por um único período subsequente (EC n° 16/97, que deu nova redação ao § 5° do art. 14 da CF). Porém, acaso os mesmos venham a concorrer a outros cargos, deverão renunciar a seus mandatos até 6 meses antes do pleito;

8ª) o cônjuge e os parentes consaguíneos ou afins, até o segundo grau ou por adoção, do Presidente, de Governador e de Prefeito, ou de quem os

---

[66] Constituição Federal – art. 15. É vedada a cassação de direitos políticos, cuja perda ou suspensão só se dará nos casos de: I – cancelamento da naturalização por sentença transitada em julgado; II – incapacidade civil absoluta; III – condenação criminal transitada em julgado, enquanto durarem os seus efeitos; IV – recusa de cumprir obrigação a todos imposta ou prestação alternativa, nos termos do art. 5°, VIII; V – improbidade administrativa, nos termos do art. 37, § 4°.

haja substituído dentro dos 6 meses anteriores ao pleito, salvo se já titular de mandato eletivo e candidato à reeleição, são inelegíveis no território da jurisdição do titular.

9ª) o militar alistável é elegível, e se contar com menos de dez anos de serviço, deverá afastar-se da atividade para concorrer e quando contar com mais de dez anos de serviço, será agregado pela autoridade superior e, no caso de ser eleito, no ato da diplomação passará para inatividade.

O § 9º do art. 14 da Constituição Federal[67] remete à lei complementar o estabelecimento de outros casos de inelegibilidades. Ainda não foi editada lei complementar, após a EC nº 4, de 07/06/94, que deu nova redação a esse parágrafo. Assim, os casos de inelegibilidades em vigor são aqueles que estão regrados na Lei Complementar nº 64, de 18/05/90, com as alterações da Lei Complementar nº 81, de 13/04/94. Passaremos, a seguir, a uma abordagem dos casos de inelegibilidades regrados nessa lei complementar.

Os §§ 1º e 2º do art. 1º da LC nº 64/90 têm incidência restrita de inelegibilidade, atingindo o § 1º apenas as candidaturas do Presidente da República, Governadores e Prefeitos que para concorrerem a outros cargos eletivos deverão renunciar aos respectivos mandatos até 6 meses antes do pleito, repetindo a mesma regra do § 6º da Constituição Federal. O § 2º trata dos Vices enumerados no § 1º, que para concorrerem a outros cargos poderão preservar seus mandatos desde que nos últimos 6 meses anteriores ao pleito não tenham substituído ou sucedido ao titular.

A EC nº 16/97, que deu nova redação ao § 5º do art. 14 da Constituição Federal, permitindo a reeleição, por mais um mandato subsequente, de Presidente, de Governador e de Prefeito, não dispôs se os mesmos deveriam afastar-se dos cargos para concorrer à reeleição. No Ac. nº 19.953/97, p. DJ de 21/10/97, Consulta nº 328, formulada ao TSE por Nilson Gibson, Deputado Federal, e no Ac. nº 19.952/97, Consulta nº 327, formulada pelo Senador Antônio de Almeida Freitas Neto, nas quais foi Relator o Ministro Néri da Silveira, ficou assente de que não há necessidade de desincompatibilização dos titulares desses cargos para concorrerem à reeleição.

Foi ajuizada perante o STF a ADIn nº 1.805-2, de autoria do Partido Democrático Trabalhista-PDT, Partido dos Trabalhadores-PT, Partido Comunista do Brasil-PC do B e Partido Liberal-PL que, dentre outras questões, questionaram a inconstitucionalidade do § 5º do art. 14 da CF, introduzido pela EC nº 16/97, e a inconstitucionalidade das Resoluções do TSE que responderam negativamente a Consultas feitas àquela Corte so-

---

[67] Constituição Federal – art. 14 ... § 9º Lei Complementar estabelecerá outros casos de inelegibilidade e os prazos de sua cessação, a fim de proteger a probidade administrativa, a moralidade para o exercício de mandato considerada vida pregressa do candidato, e a normalidade e legitimidade das eleições contra a influência do poder econômico ou o abuso do exercício de função, cargo ou emprego na administração direta ou indireta. (Redação dada pela EC nº 4, de 07/06/94)

Direito Eleitoral

bre a necessidade de desincompatibilização dos titulares do Poder Executivo para concorrer à reeleição. Também foi Relator dessa ADIn o Ministro Néri da Silveira, sendo que, em 23/03/98, o STF, em votação majoritária, indeferiu o pedido de medida cautelar liminar, ficando vencido o Ministro Marco Aurélio. Ainda não foi apreciado pelo STF o julgamento final dessa ADIn. A decisão do julgamento da medida cautelar liminar, pelo Plenário do STF, foi publicada no DJU de 14/11/03, cuja parte da ementa, nesses tópicos específicos, foi a seguinte:

"1. Ação direta de inconstitucionalidade. 2. Art. 14, § 5°, da Constituição, na redação dada pela Emenda Constitucional n° 16/1997. (...) 5. Não conhecimento da ação direta de inconstitucionalidade, no que concerne às Resoluções referidas do TSE, em respostas a consultas, porque não possuem a natureza de atos normativos, nem caráter vinculativo. 6. Na redação original, o § 5° do art. 14 da Constituição era regra de inelegibilidade absoluta. Com a redação resultante da Emenda Constitucional n° 16/1997, o § 5° do art. 14 da Constituição passou a ter a natureza de norma de elegibilidade. 7. Distinção entre condições de elegibilidade e causas de inelegibilidade. 8. Correlação entre inelegibilidade e desincompatibilização, atendendo-se esta pelo afastamento do cargo ou função, em caráter definitivo ou por licenciamento, conforme o caso, no tempo previsto na Constituição ou na Lei de Inelegibilidades. 9. Não se tratando, no § 5° do art. 14 da Constituição, na redação dada pela Emenda Constitucional n° 16/1997, de caso de inelegibilidade, mas, sim, de hipótese em que se estipula ser possível a elegibilidade dos Chefes dos Poderes Executivos, federal, estadual, distrital, municipal e dos que os hajam sucedido ou substituído no curso dos mandato, para o mesmo cargo, para um período subseqüente, não cabe exigir-lhes desincompatibilização para concorrer ao segundo mandato, assim constitucionalmente autorizado. 10. *Somente a Constituição poderia, de expresso, estabelecer o afastamento do cargo, no prazo por ela definido, como condição para concorrer à reeleição prevista no § 5° do art. 14, da Lei Magna, na redação atual.* (...) 16. *Não configuração* de relevância jurídica dos fundamentos da inicial, para concessão da liminar pleiteada, visando a suspensão de vigência, até o julgamento final da ação, das normas infraconstitucionais questionadas, bem assim *da interpretação impugnada do § 5° do art. 14 da Constituição, na redação da emenda Constitucional n° 16/1997, que não exige de Chefe do poder executivo, candidato à reeleição, o afastamento do cargo, seis meses antes do pleito.*(...)" (Grifei).

Não houve interposição de recurso do acórdão pertinente à medida cautelar liminar deferida na ADIn n° 1.805-2, publicado em 14/11/2003 no DJ. Em razão da aposentadoria do Relator, Ministro Néri da Silveira, passou, em 04/06/2003, a ser Relator da ADIn n° 1.805-2 o Ministro Gilmar Mendes, estando conclusos esses autos, com o Ministro-Relator desde 01/12/2003.

O art. 1°, I, *a*, da LC n° 64/90 também não comporta maiores comentários, pois é taxativo ao dizer que são inelegíveis os inalistáveis e os analfabetos, repetindo o texto constitucional (art. 14, § 4°, CF). Esse assunto já foi visto pormenorizadamente quando foi tratado sobre o alistamento eleitoral. Deve, contudo, aqui ser salientando que, embora o analfabeto tenha adquirido o direito de alistar-se eleitoralmente, esse ficou restrito ao pólo ativo, podendo ele exercer o direito de votar, porém vedam a CF e a lei das inelegibilidades ao analfabeto o direito de participar no polo passivo do sufrágio, não podendo ele ter acesso a mandatos eletivos.

O art. 1°, I, *b*, da LC n° 64/90 trata da inelegibilidade pelo prazo de 8 anos subsequentes ao término da legislatura, dos membros do Congresso Nacional, das Assembleias Legislativas e das Câmaras Municipais, que tenham perdido seus mandatos por infringência ao disposto no art. 55, I e II, da Constituição Federal, dos dispositivos equivalentes constantes das Constituições Estaduais e Lei Orgânica dos Municípios.

O art. 55, I e II, da CF trata também da perda do mandato eletivo para aqueles Senadores ou Deputados Federais que infringirem as disposições do art. 54 e cujo procedimento for declarado incompatível com o decoro parlamentar. Portanto, nesses casos, além da perda do mandato, pela LC n° 64/90, ainda será inelegível esse parlamentar pelo prazo de 8 anos, após o término do período da legislatura que estava exercendo. O procedimento dessa alínea é julgado pela própria casa legislativa a que pertencer o parlamentar.

O art. 1°, I, *c*, da LC n° 64/90 trata da inelegibilidade para as eleições que se realizarem no período remanescente e nos 3 anos subsequentes ao término do mandato para o qual tenham sido eleitos Governador e Vice e Prefeito e Vice que perderem seus cargos eletivos por infringência a dispositivos da Constituição Estadual e Lei Orgânica Municipal. Aqui são disposições casuísticas de cada texto. Por ex., no RS, no art. 81 da Constituição Estadual, há a previsão da perda de cargo se o Governador se ausentar do país, por qualquer tempo, e do Estado por mais de 15 dias, sem licença expressa da Assembleia Legislativa. Também aqui o procedimento será julgado pela própria casa legislativa a que pertencer o parlamentar.

O art. 1°, I, *d* da LC n° 64/90 trata da inelegibilidade para a eleição na qual concorreram ou tenham sido diplomados, bem como para as que se realizarem nos 3 anos seguintes, dos que tenham contra sua pessoa representação (investigação judicial) julgada procedente pela Justiça Eleitoral, transitada em julgado, em processo de apuração de abuso do poder econômico ou político.

Aqui versa a hipótese de inelegibilidade apurada através da Investigação Judicial Eleitoral regulada na própria LC n° 64, arts. 19 e ss. Esse

---

Direito Eleitoral

prazo de 3 anos flui a partir da eleição em que verificado o ilícito, conforme se vê da resposta dada no Ac. 19.974/97 p. DJ de 14/10/97, na Consulta n° 15.157, formulada pelo Deputado Federal Roberto Rocha.[68]

O art. 1°, I, *e*, da LC n° 64/90 trata da inelegibilidade pelo prazo de três anos, após o término do cumprimento da pena, dos que foram condenados criminalmente, com sentença transitada em julgado, pela prática de *crimes contra a economia popular, a fé pública, a administração pública, o patrimônio público, o mercado financeiro, pelo tráfico de entorpecentes e por crimes eleitorais.*

O legislador foi incisivo ao sancionar com inelegibilidade aos condenados pela prática dos crimes que enumera. Assim, além da perda dos direitos políticos, que está regulada no art. 15, III, da CF, pelo tempo que durarem os efeitos da condenação criminal, o autor continuará inelegível por mais 3 anos após o cumprimento da pena ou efeito da condenação. Aqui vale lembrar que se o condenado for agraciado com o *sursis*, ainda assim perderá seus direitos políticos enquanto estiver no período de prova do *sursis* e será inelegível por mais 3 anos após o término do *sursis*. Da mesma forma, se for aplicada a pena substitutiva, regrada pela Lei n° 9.714/98, que deu nova redação aos arts. 43 e ss. do Código Penal, os direitos políticos só serão readquiridos após o término do integral cumprimento da pena substitutiva.

No caso, a inelegibilidade por 3 anos ocorre apenas nos crimes enumerados no texto legal, enquanto a suspensão dos direitos políticos previstos no art. 15, III, da CF ocorre para qualquer tipo de condenação criminal. (a Súmula 9 do TSE diz que a suspensão dos direitos políticos cessa com o cumprimento ou extinção da pena, independentemente de reabilitação).

Os *crimes contra* a *economia popular* estão regrados na Lei n° 1.521/51; *fé pública*, no Código Penal, arts. 289 a 311; *administração pública,* no Código Penal, arts. 312 a 359; *patrimônio público,* no Código Penal, arts. 155 a 180; *mercado financeiro,* nas Leis n°s 4.728/65 (Mercado de Capitais) e 7.492/86 – Lei do Colarinho Branco (Sistema Financeiro Nacional); *tráfico de entorpecentes,* que está regulado nos arts. 12, §§ 1° e 2°, e 14 da Lei n° 6.368/76 – Lei de Tóxicos (a nova Lei de Tóxicos, Lei n° 10.409, de 11/01/2002, a parte que regula os crimes e as penas foi totalmente vetada pelo Presidente da República, de modo que permanecem íntegros os dispositivos dos arts. 12 e 14 da Lei n° 6.368/76); *crimes eleitorais,* na Lei n° 4.737/65 – Código Eleitoral, arts. 289 a 354 e nas leis eleitorais esparsas, em especial os tipificados na Lei n° 9.504/97, na LC n° 64/90 e outras leis que tipifiquem crimes eleitorais.

---

[68] Ementa: Consulta. Inelegibilidade. Abuso do poder econômico. O prazo de três anos em que cabível a cominação da sanção de inelegibilidade, nos termos dos arts. 1°, I, *d*, e 22 da LC 64/90, flui a partir da eleição em que verificado o ilícito.

Vale aqui referir que a enumeração desse artigo é taxativa, e não exemplificativa. Quanto aos crimes que são cominados apenas com a pena de multa, somente o seu pagamento efetivo é que extingue a pena, passando a partir daí a correr o prazo de 3 anos.

Quanto à prescrição, cabe referir que tão somente a prescrição da pretensão executória não impede a inelegibilidade por 3 anos.

O art. 1º, I, *f*, da LC nº 64/90 trata da inelegibilidade pelo prazo de 4 anos dos que forem declarados indignos do oficialato. Esta inelegibilidade diz respeito aos que perderam o seu posto de Oficial das Forças Armadas, face à rigorosa hierarquia militar, pois ao galgar o oficialato militar, o sujeito torna-se um exemplo a ser seguido por seus comandados, daí por que sujeitar-se à inelegibilidade pelo prazo de 4 anos, quando da perda do oficialato por sentença, transitada em julgado, proferida por tribunal civil ou militar.

O art. 1º, I, *g*, da LC nº 64/90 trata da inelegibilidade para as eleições que se realizarem nos 5 anos seguintes, contados a partir da data da decisão dos que tiverem suas contas, relativas ao exercício de cargos ou funções públicas, rejeitadas por irregularidade insanável ou por decisão irrecorrível do órgão competente, salvo se a questão houver sido ou estiver sendo submetida à apreciação do Poder Judiciário.

A decisão irrecorrível de que se refere o legislador é do órgão administrativo, no caso dos Tribunais de Contas, em nível Federal, Estadual ou Municipal, a quem compete o julgamento das contas da administração direta ou indireta. Esse julgamento, embora tenha natureza administrativa, tem assento constitucional. Uma vez elaborado o parecer pelo TC, é o mesmo encaminhado ao órgão legislativo da União, do Estado ou do Município, conforme as contas de quem estiver sendo julgado, e o Legislativo elaborará uma decisão, daí não falar a lei em decisão irrecorrível, porque sempre poderá ser submetido à apreciação do Poder Judiciário. Assim, caso o administrador que tiver rejeitadas as suas contas tenha ingressado com ação, *discutindo o mérito*, perante o Poder Judiciário para desconstituir a decisão administrativa, só se poderá falar em inelegibilidade após o trânsito em julgado da decisão proferida pelo Judiciário. Além do mais, essa regra só valerá para aqueles que tiverem ajuizado a ação judicial até a propositura da Ação de Impugnação de Registro e tenham obtido provimento liminar ou tutela antecipada; nesse sentido, a Súmula 1 do TSE.[69]

Deve ser referido que mesmo que tenha havido ressarcimento aos cofres públicos, tal não impedirá a inelegibilidade, porque essa tem natureza moral.

---

[69] Súmula nº 1 TSE: "Proposta a ação para desconstituir a decisão que rejeitou as contas, anteriormente à impugnação, fica suspensa a inelegibilidade (Lei Complementar nº 64/90, art. 1º, I, *g*)."

Direito Eleitoral

O prazo de 5 anos começa a contar da decisão, quer administrativa ou judicial.

O art. 1º, I, *h*, da LC nº 64/90 trata da inelegibilidade nos 3 anos seguintes ao término do mandato ou do período de sua permanência no cargo, daqueles detentores de cargo na administração pública direta, indireta e fundacional, que beneficiarem a si ou terceiros, pelo abuso do poder econômico ou político apurado em processo, com sentença transitada em julgado.

Aqui também é caso da Investigação Judicial Eleitoral prevista nos arts. 19 e ss. da mesma lei complementar. A jurisprudência do TSE é no sentido de que a condenação em ação popular faz incidir a inelegibilidade do art. 1º, I, *h*, da LC nº 64/90.[70]

O art. 1º, I, *i*, da LC nº 64/90 trata da inelegibilidade dos que em estabelecimento de crédito, financiamento ou seguro, que tenham sido ou estejam sendo objeto de processo de liquidação judicial ou extrajudicial, tenham exercido nos 12 meses anteriores à respectiva decretação, cargo de função ou direção, administração ou representação, enquanto não forem exonerados de qualquer responsabilidade.

Os incisos II a VII do art. 1º da LC nº 64/90 – Lei das Inelegibilidades – trata, basicamente, de prazos de desincompatibilização dos candidatos que ocupam, em diversos órgãos, cargos ou funções que exigem a desincompatibilização para concorrer a mandato eletivo. As desincompatibilizações são as chamadas inelegibilidades relativas.

As desincompatibilizações barram apenas o acesso a alguns mandatos eletivos, inviabilizando, com relação a estes, o deferimento do pedido de registro de candidatura que nas condições vedadas se encontrem.

São chamadas inelegibilidades relativas, pois que se não operada a desincompatibilização dentro dos prazos previstos na LC nº 64/90, surgirá a inelegibilidade para aquele pleito que deseja concorrer. A desincom-

---

[70] "AGRAVO REGIMENTAL. INELEGIBILIDADE: LEI COMPLEMENTAR Nº 64/90, art. 1º, I, *h*. - A jurisprudência da Corte tem sido no sentido de que a condenação em ação popular faz incorrer o condenado na inelegibilidade da letra 'h' do inciso I do art. 1 da Lei das Inelegibilidades. - Agravo Regimental a que se nega provimento."
TSE – Agr.Ins. em Rec.Esp. nº 0012978/RJ, Rel. Min. CARLOS VELLOSO, j. unânime em 01/10/92, Jurisprudência do PRODASEN. "INELEGIBILIDADE. Art. 1º, I, *h*, DA LEI COMPLEMENTAR Nº 64/90. A condenação em ação popular em função de aumento indevido dos próprios subsídios, quando exercente do cargo de Vereador, enseja a decretação da inelegibilidade, com fundamento no aludido dispositivo."
TSE – Recurso nº 12.876/RS, Rel. Min. EDUARDO ALCKMIN, *in* Jurisprudência do TSE, vol. 5, nº 2, ABR/JUN/94, p. 89/92. "REGISTRO DE CANDIDATO. INELEGIBILIDADE. LC Nº 64/90, art. 1º, I, *h*. AÇÃO POPULAR. CONDENAÇÃO. TRÂNSITO EM JULGADO. MUNICÍPIO. ... Existindo condenação com trânsito em julgado, em ação popular, incide o responsável na inelegibilidade da alínea *h* do inciso I do art. 1º da LC nº 64/90. Recursos a que se nega provimento, rejeitada a preliminar de intempestividade."
TSE – Recurso nº 12.159/SP, Rel. Min. FLAQUER SCARTEZZINI, *in* Jurisprudência do TSE, vol. 6, nº 4, OUT/DEZ/95, p. 285/302.

patibilização é apenas o afastamento temporário do cargo ou função que ocupa em determinados órgãos da administração pública e que geram a incompatibilidade com o mandato eletivo que irá disputar, em razão do interesse da coletividade e a lisura do pleito. Essa desincompatibilização visa a evitar o abuso do exercício de cargo, função ou emprego na administração pública direta ou indireta.

Já vimos que com a Emenda Constitucional nº 16, de 04/06/97, que permitiu a reeleição dos mandatários dos cargos dos Executivos Federal, Estadual e Municipal, o TSE – através de Consulta nº 19.953/97 – já firmou posição de que os titulares desses cargos que concorrerão à reeleição não precisam afastar-se dos respectivos cargos. A ADIn nº 1.805-2 também decidiu nesse sentido.

7.4. Arguições de inelegibilidade: oportunidades e efeitos

Após a implementação da democracia plena, através da Constituição Federal de 1988, os questionamentos sobre a inelegibilidade foram bastante reforçados, contando atualmente com 5 (cinco) procedimentos distintos, dependendo da fase do processo eleitoral em que ele for detectado.

Do período que precede a eleição e que se inicia na fase de preparo das convenções partidárias até a eleição, temos dois procedimentos: a Ação de Impugnação ao Registro de Candidatura (arts. 3º a 18 da LC nº 64/90) e a Investigação Judicial Eleitoral (arts. 19 a 24 da LC nº 64/90), este último procedimento grande parte entende que cabe a sua propositura até a diplomação; outros entendem que cabe até a data da eleição. Pessoalmente, penso que cabe esse procedimento inclusive para apuração do abuso de poder previsto nas prestações de contas das campanhas eleitorais, podendo ser, sob esse fundamento, instaurado em qualquer tempo.

O efeito da procedência da ação de impugnação de registro de candidatura, se o impugnado ainda não obteve o registro, ser-lhe-á negado; se já obteve, será o registro cancelado; e se já tiver sido diplomado, será declarada nula a diplomação.

O efeito da procedência da investigação judicial, se antes da eleição, cassa o registro de candidatura do requerido e o torna inelegível por três anos; se depois da eleição, é prova suficiente a ensejar a propositura do Recurso contra a Diplomação (art. 262 do Código Eleitoral) ou a Ação de Impugnação de Mandato Eletivo (art. 14, §§ 10 e 11, da Constituição Federal), porém acaso já ultrapassado o prazo de interposição do Recurso contra a Diplomação (3 dias da Diplomação) e da Ação de Impugnação de Mandato Eletivo (15 dias da Diplomação), ainda assim terá o efeito de tornar inelegível o investigado para as eleições que se realizarem nos três anos seguintes da eleição.

Direito Eleitoral   **139**

Do período após o pleito, temos dois procedimentos específicos: o Recurso contra a Diplomação (regulado no art. 262 do Código Eleitoral), que é interposto no prazo de 3 dias da Diplomação, e a ação de Impugnação de Mandato Eletivo (art. 14, §§ 10 e 11, da CF), que é uma ação com regramento estritamente constitucional e é interposta no prazo de 15 dias da Diplomação.

O efeito da procedência do Recurso contra a Diplomação é a cassação da própria diplomação e o exercício do mandato. Por força do art. 216 do Código Eleitoral até a decisão definitiva com trânsito em julgado, poderá o recorrido exercer o seu mandato eletivo, caso o recurso seja para que o recorrido perca o diploma, isto porque o inciso IV do art. 262 do CE prevê também esse recurso para obter diplomação e, no caso, não incide a exceção do art. 216 do CE, de modo que enquanto não provida a irresignação, o recorrente não poderá exercer o mandato. Se provido o Recurso contra a Diplomação, o recorrido torna-se inelegível não só para aquela eleição, mas para todo o período de tempo previsto no dispositivo legal que embasou o recurso.

O efeito principal da procedência da Ação de Impugnação de Mandato Eletivo é a perda do mandato eletivo, e o efeito correlato é a inelegibilidade por três anos, decorrente do art. 1º, I, *d*, da LC nº 64/90, que passará a fluir da eleição em que verificado o ilícito que originou a ação. Também por força do art. 216 do CE, a Ação de Impugnação de Mandato Eletivo não tem efeito suspensivo, de modo que o eleito que responde por essa ação continua no desempenho de seu mandato até decisão final da ação.

O quinto procedimento para arguição de inelegibilidade é ação rescisória eleitoral, de decisão irrecorrível, específica tão somente nos casos de inelegibilidade, introduzida em nosso direito eleitoral através da Lei Complementar nº 86, de 14/05/96, que acrescentou ao inciso I do art. 22 do Código Eleitoral, que trata da competência do TSE, a alínea *j*, a saber: "Art. 22. Compete ao Tribunal Superior: I – processar e julgar originariamente: ... j) a ação rescisória, nos casos de inelegibilidade, desde que intentada no prazo de cento e vinte dias de decisão irrecorrível, possibilitando-se o exercício do mandato eletivo até o seu trânsito em julgado.".

A ADIn 1459-5 questionou a possibilidade do exercício do mandato eletivo durante a tramitação da rescisória, e o STF, confirmando a liminar *ab initio* deferida, julgou o seu mérito, decisão publicada no DJU de 07/05/99, considerando inconstitucional "a possibilidade do exercício do mandato eletivo até o seu trânsito em julgado", de modo que aquele eleito que sofrer uma ação rescisória terá que se afastar do cargo para o qual foi eleito, durante a tramitação da ação rescisória eleitoral.

Por certo que esse derradeiro remédio, até então inexistente no processo eleitoral, veio suprir uma lacuna importante, pois que visa a rescisória eleitoral a rescindir casos que versem exclusivamente sobre inelegibilidades, que podem, como sabemos, envolver também inelegibilidade por abuso do poder econômico.

Podemos ainda referir procedimentos extrajudiciais sobre inelegibilidade, levados a efeito na esfera partidária. Isto ocorre no período pré-convencional, que antecede a escolha dos candidatos. Daí a importância da necessidade de que todos os candidatos sejam escolhidos não apenas por alguns dirigentes partidários, mas por todo o corpo de filiados do partido político. Saudável será que todos os Estatutos dos partidos políticos prevejam essa forma de escolha, com procedimentos internos que possibilitem que os filiados previamente discordem e apontem os motivos por serem contra esta ou aquela candidatura, procedimento esse que vai ao encontro da democratização política do país.

Convém reafirmar que prepondera na Justiça Eleitoral a preclusão, o que significa que se não foi um fato arguido no momento oportuno, precluiu o direito de ser alegado em outra fase do processo eleitoral. Contudo, dispõem o art. 259 e seu parágrafo único do Código Eleitoral que não precluem quando versar matéria constitucional, o que significa que um fato que não foi alegado na fase própria, tratando-se de matéria constitucional, poderá numa outra fase que se apresentar, observados os prazos legais, ser novamente alegado. Daí perguntar-se: a matéria constitucional que o artigo refere é a que se encontra estritamente regulada na Constituição ou se entende também aquela infraconstitucional, que é regulada em leis complementares por determinação da própria Constituição? O entendimento doutrinário e jurisprudencial é no sentido de que é apenas aquela matéria regrada estritamente na Constituição.[71]

7.5. Ação Rescisória Eleitoral

Até bem pouco tempo não era possível a ação rescisória no seio da Justiça Eleitoral. E isto porque a Constituição Federal, no seu art. 121, deixou à lei complementar a tarefa de dispor sobre a "organização e a competência dos tribunais, juízes e das juntas eleitorais".

Como nesse particular, em razão da não elaboração dessa lei complementar, o Código Eleitoral foi recepcionado com natureza da norma reclamada e nele não se continha nenhuma referência à ação rescisória, tornou-se seguro o entendimento de seu não cabimento na Justiça Eleitoral.

---

[71] TSE, Ac. n° 11.980/96; TSE, Ac. n° 0531/95; TSE, Ac. n° 0536/95; TSE, Ac. n° 0496/95, TSE, Ac. n° 0491/95; TSE, Ac. n° 11.575/93; TSE, Ac. n° 11.624/93; TSE, Ac. n° 11.881/91; TSE, Ac. n° 10.875/89.

Direito Eleitoral

Todavia, no dia 14/05/96, foi sancionada a *LC n° 86, que acrescentou ao inciso I do art. 22 do Código Eleitoral*, que trata da competência do TSE, a alínea *j*, a saber:

"Art. 22. Compete ao Tribunal Superior;
I – processar e julgar originariamente:

...

j) a ação rescisória, nos casos de inelegibilidade, desde que intentada no prazo de cento e vinte dias de decisão irrecorrível, possibilitando-se o exercício do mandato eletivo até o seu trânsito em julgado."

E o art. 2° dessa LC n° 86/96 dispôs que esta lei se aplicava, "inclusive, às decisões havidas até cento e vinte dias anteriores à sua vigência".

Dessa forma, pelo texto acima transcrito, desde 14 de maio de 1996, seria possível a interposição de ação rescisória, perante o TSE, no prazo de 120 dias de decisão que transitou em julgado perante a Justiça Eleitoral, não tendo efeito suspensivo, o que significa que poderia o parlamentar que foi condenado por inelegibilidade continuar desempenhando o seu mandato até a decisão da rescisória e, mais, dispôs que se aplicaria também essa lei às decisões havidas até 120 dias anteriores à sua vigência.

O Procurador-Geral da República, Dr. Geraldo Brindeiro, ajuizou ação direta de inconstitucionalidade, ADIn n° 1460-9, questionando a respeito das disposições transcritas do texto da LC n° 86/96, que possibilitava o exercício do mandato até final da decisão da rescisória e possibilitava a aplicação dessa lei também aos casos julgados até 120 dias da sua vigência, sendo que o PT ajuizou a ADIn n° 1459-5 discutindo igualmente essas questões. O Procurador-Geral da República, nas razões da ADIn, enfatiza, *verbis*:

"... 7. E justamente por ser imperativo da própria sociedade para evitar o fenômeno da perpetuidade dos litígios, causa de intranqüilidade social (Ministro Sálvio de Figueiredo Teixeira, Revista de Processo n. 53, p. 54), não se pode admitir seja a coisa julgada prejudicada pelo mero ajuizamento de ação rescisória, mormente quando se cuida de decisões proferidas pela Justiça Eleitoral em matéria de inelegibilidade.

...

De outra banda, sob a ótica do direito intertemporal, a ordem emanada da Segunda parte, do art. 2°, da lei transcrita, não tem como sobreviver.

Ensina Barbosa Moreira que se a pretensão à rescisão surge com o trânsito em julgado da sentença, a possibilidade de que esta seja rescindida não se apresenta se o direito vigente nesta ocasião não cuidava da hipótese.

... Oportuno, igualmente, invocar a lição de Pontes de Miranda, na mesma direção: 'se no dia em que transitou em julgado a sentença não era rescindível, não há *lex nova* que a faça rescindível'."

Com base nessas ADIns, o Plenário do STF julgou prejudicada a ADIn 1460-9 e na ADIn 1459-5 proposta pelo PT, por votação unânime, no dia 30/07/96, deferiu medida liminar para suspender as expressões do art. 1° "possibilitando-se o exercício do mandato eletivo até o seu trânsito em julgado" e no art. 2° "aplicando-se, inclusive, às decisões havidas até cento e vinte dias anteriores à sua vigência", tendo a decisão sido deferida *ex tunc*, ou seja, desde a data de vigência de tal diploma.

A publicação desse acórdão na liminar acima referida, embora tenha a liminar sido deferida pelo Plenário do STF em jun/96, só ocorreu no DJU do dia 03/10/97. A decisão de mérito foi publicada no DJU em 25/06/99, confirmando a liminar *ab initio* deferida.

Deve ser gizado que a maioria dos Ministros, dentre eles, Carlos Velloso e Torquato Jardim, bem como doutrinadores eleitorais, como Pedro Henrique Távora Niess, entendiam que a ação rescisória era incompatível na Justiça Eleitoral. Contudo, a LC n° 86/96, introduzindo referida ação na Justiça Eleitoral, está em vigor, por evidente que não valendo as expressões retiradas pela ADIn 1459-5, contudo ela já existe, devendo ser levado em consideração, neste particular, que as leis são feitas pelo Legislativo e, essa lei complementar, por evidente, beneficiará exclusivamente os políticos.

Um dado parece relevante, e deve ser ressaltado, ou seja, a ação rescisória eleitoral apenas poderá ser proposta para rescindir ações julgadas pela Justiça Eleitoral e deverá versar sobre inelegibilidades tão somente. Como não há previsão nessa LC n° 86/96, além do prazo de cabimento da ação rescisória eleitoral nos casos de inelegibilidade, os demais requisitos que deverão acompanhar essa ação, por certo, deverão ser buscados supletivamente, no que não for incompatível, no procedimento adotado nas rescisórias, regrado pelo CPC.

Assim, sendo a jurisprudência e a doutrina a respeito unânimes em que não podem ser atacadas por rescisória aquelas decisões do juiz de 1° grau que transitaram em julgado, em razão de não interposição do recurso cabível, porque tal permitiria ser a rescisória usada em substituição do recurso cabível, penso que esse raciocínio também se aplica à ação rescisória eleitoral.

Nesse diapasão, podemos entender que na Justiça Eleitoral poderão ser atacados por ação rescisória apenas aqueles acórdãos que examinaram o mérito, proferidos pelo TSE, em grau de competência originária ou recursal, que versem sobre inelegibilidade, tão somente. Assim, por evidente que se o acórdão do TSE declarou a elegibilidade do candidato, esta

Direito Eleitoral

poderá ser discutida via ação rescisória, visando à declaração de inelegibilidade.

Ao ter a LC nº 86/96 falado em inelegibilidade, dever-se-á entender todo e qualquer tipo de inelegibilidade, não apenas aquelas previstas no corpo da Constituição Federal, mas também as demais, reguladas em outras leis, tais como as previstas na LC nº 64/90.

A legitimação ativa para propor a rescisória será, evidentemente, em primeiro lugar, da parte diretamente prejudicada pela sentença que deseja rescindir.

Contudo, à semelhança do disposto na Súmula 11 do TSE, penso que terá legitimidade ativa também o partido político, se se cuidar de matéria constitucional.

O Ministério Público Eleitoral, por ter a incumbência constitucional, prevista no art. 127 da Constituição Federal, de defender o regime democrático e os interesses individuais indisponíveis, será sempre parte legítima para propor ação rescisória eleitoral nos casos de inelegibilidade. Ademais, se o Ministério Público Eleitoral tem legitimidade para recorrer em qualquer feito eleitoral, com maior razão terá legitimidade para ajuizar a ação rescisória eleitoral, quando versar inelegibilidade. No processo eleitoral, é o Ministério Público Eleitoral obrigatoriamente ouvido em todos os processos, por tratar-se de matéria estritamente de ordem pública. Caso não tenha participado do feito eleitoral que versar matéria de elegibilidade, com maior razão poderá propor a ação rescisória eleitoral.

Os feitos na Justiça Eleitoral são todos gratuitos, justamente por versarem as ações, que nessa justiça especializada tramitam, sobre cidadania. Assim, por evidente, também as ações rescisórias eleitorais estarão acobertadas pela gratuidade inerente a todos os atos e feitos eleitorais.

Quanto aos prazos procedimentais, penso que deverão ser aplicados à ação rescisória eleitoral os prazos previstos no CPC, à exceção do prazo recursal ao STF, quando a rescisória estiver fundada em violação à Constituição Federal, que será de 3 dias, a exegese extraída dos arts. 278 e 279 do Código Eleitoral.

Aliás, o Supremo Tribunal Federal, recentemente, através da edição da Súmula 728, tornou incontroverso prazo de 3 dias do recurso extraordinário que versar matéria eleitoral, dispondo que "É de três dias o prazo para interposição de recurso extraordinário contra decisão do Tribunal Superior Eleitoral, contado, quando for o caso, a partir da publicação do acórdão, na própria sessão de julgamento, nos termos do art. 12 da Lei 6.055/74, que não foi revogado pela Lei 8.950/94".

O TSE inclusive já apreciou um agravo regimental dispondo quanto aos casos de cabimento da ação rescisória, *verbis*:

"Agravo Regimental. Ação Rescisória. Despacho que negou seguimento. Ausência de decisão por parte dessa Corte Superior. *O cabimento da ação rescisória somente se dá em casos de inelegibilidade (art. 22, j, CE), o que não ocorreu na espécie.* Manutenção do despacho anterior. Improvimento." Grifei.

TSE – Ac. n° 03, de 16/09/97, Agravo Regimental na Ação Rescisória/SC (34ª Zona-Siderópolis), Rel. Min. Costa Porto, Ementário TSE-OUT/97.

Quanto às *hipóteses de cabimento da ação rescisória eleitoral,* entendo que sejam os mesmos embasamentos regrados no art. 485 do CPC,[72] aplicáveis à ação rescisória na Justiça Comum, evidentemente que, no caso de ação rescisória eleitoral, pressupondo o julgamento de mérito de causa relativa à inelegibilidade, da qual não caiba mais recurso, a saber:

1ª) *Prevaricação, concussão ou corrupção do juiz* – essas condutas configuram os crimes com os mesmos nomes previstos no Código Penal, nos arts. 316, 317 e 319. O art. 319 do CP, *prevaricação,* consiste em "retardar ou deixar de praticar, indevidamente, ato de ofício, ou praticá-lo contra disposição expressa de lei, para satisfazer interesse ou sentimento pessoal". O art. 316 do CP, *concussão,* consiste em "exigir para si ou para outrem, direta ou indiretamente, ainda que fora da função ou antes de assumi-la, mas em razão dela, vantagem indevida". O art. 317 do CP, *corrupção passiva,* consiste em "solicitar ou receber, para si ou para outrem, direta ou indiretamente, ainda que fora da função, ou antes da assumi-la, mas em razão dela, vantagem indevida, ou aceitar promessa de tal vantagem". Por certo que não pode uma decisão judicial ter qualquer mácula, a fim de que não se firme o descrédito do Poder Judiciário, sendo, portanto, tão somente aquela decisão originária de peita do magistrado, que encerrar qualquer dos delitos acima citados, poderá ser passível de rescisória;

2ª) *Impedimento e incompetência absoluta* – figuras essas que desfiguram os pressupostos de validade do processo. Os motivos de impedimento do Magistrado estão enumerados nos arts. 134 e 136 do CPC, sendo que no art. 137 do mesmo Codex está expresso que esses motivos de impedimen-

---

[72] CPC – art. 485 – A sentença de mérito transitada em julgado, pode ser rescindida quando: I – se verificar que foi dada por prevaricação, concussão ou corrupção do juiz; II – proferida por juiz impedido ou absolutamente incompetente; III – resultar de dolo da parte vencedora em detrimento da parte vencida, ou de colusão entre as partes, a fim de fraudar a lei; IV – ofender a coisa julgada; V – violar literal disposição de lei; VI – se fundar em prova, cuja falsidade tenha sido apurada em processo criminal ou seja provada na própria ação rescisória; VII – depois da sentença, o autor obtiver documento novo, cuja existência ignorava, ou de que não pôde fazer uso, capaz, por si só, de lhe assegurar pronunciamento favorável; VIII – houver fundamento para invalidar confissão, desistência ou transação, em que se baseou a sentença; IX – fundada em erro de fato, resultante de atos ou de fundamentos da causa. § 1° Há erro, quando a sentença admitir um fato inexistente, ou quando considerar inexistente um fato efetivamente ocorrido. § 2° É indispensável, num como noutro caso, que não tenha havido controvérsia, nem pronunciamento judicial sobre o fato.

Direito Eleitoral

145

to são aplicáveis aos Juízes de todos os Tribunais. A incompetência absoluta porque "deve ser declarada de ofício e pode ser alegada em qualquer tempo e grau de jurisdição" e porque, uma vez reconhecida torna nulos os atos decisórios, por força do regrado no § 2º do art. 113 do CPC, pode gerar o ajuizamento de ação rescisória perante o TSE, sendo que este Tribunal, reconhecendo a própria incompetência, não poderá mais rejulgar a causa, mas tão somente rescindir o julgado. Gize-se que o TSE só funciona em plenário, diversamente dos demais Tribunais, contudo a Súmula nº 252 do STF é clara aos dispor que "na ação rescisória não estão impedidos os juízes que participaram do julgamento rescindendo", de modo que pode o TSE, em sua composição plenária, apreciar a ação rescisória;

3ª) *Dolo da parte vencedora ou colusão entre as partes* – o CPC regra no art. 14, inciso II, o dever de lealdade entre as partes e aos seus procuradores e o art. 17, incisos II e III, do mesmo *Codex*, reputa de má-fé o litigante que alterar a verdade dos fatos e que usar do processo para conseguir objetivo ilegal, o que possibilita a rescisão de sentença resultante da violação desses princípios de probidade, que deve prevalecer entre as partes num processo judicial. Cabe gizar que se o julgamento for reflexo de colusão entre as partes, o *Parquet* Eleitoral será a parte legitimada para ajuizar a rescisória;

4ª) *Ofensa à coisa julgada* – esse princípio, inclusive, decorre da própria Constituição Federal, art. 5º, inciso XXXVI, que retira do alcance da lei "o direito adquirido, o ato jurídico perfeito e a coisa julgada". É bem verdade que esse princípio dirige-se ao legislador, mas o Juiz como aplicador do direito poderá ter rescindida sentença que violar esse princípio;

5ª) *Violação de literal disposição de lei* – no caso da rescisória por inelegibilidade, perante o TSE, deverá a violação de lei ser interpretada de forma ampla, ou seja, abrangendo desde a Constituição até ato normativo baixado pelo Tribunal Superior Eleitoral, quer seja norma de direito material, como norma de direito processual. Vale referir aqui o enunciado da Súmula nº 343 do STF, segundo a qual "não cabe ação rescisória por ofensa a literal disposição de lei, quando a decisão rescindenda se tiver baseado em texto legal de interpretação controvertida nos tribunais", o que nos leva a concluir que a controvérsia, para constituir óbice ao cabimento da rescisória, deve ser contemporânea à decisão que se pretende anular. Assim, agride expressa disposição da lei revogadora a aplicação da lei por ela revogada e fere literal disposição da norma hierárquica superior à aplicação de norma inferior com ela incompatível;

6ª) *Prova falsa* – no caso de a falsidade da prova resultar de simples culpa de terceiro que certifica, não se exige portanto o dolo subjetivo, sendo que a falsidade poderá ser material ou ideológica sua apuração, se não efetuada em processo criminal, poderá ocorrer na própria ação rescisória. Segundo ensina Pedro Niess, "em dois, portanto, podem ser desdobrados os requisitos que, no particular, autorizam a rescisória: a) que no processo se tenha produzido falsa prova; b)que a prova, cuja falsidade venha a ser apurada 'em processo criminal ou na própria ação rescisória', tenha constituído fundamento do julgado, influindo decisivamente na direção do resultado colhido";[73]

7ª) *Documento novo* – o documento, por evidente, para embasar a ação rescisória, deverá ser novo, ou seja, documento que não foi utilizado no feito anterior, ou porque esse documento não existia na época ou porque era tal documento ignorado pelo autor da rescisória, ou mesmo no caso de ciência do documento, havia a impossibilidade intransponível, pelo autor da rescisória, utilizá-lo na época. Tais hipóteses deverão ser constatadas caso a caso;

8ª) *Invalidade da confissão, desistência ou transação* – a confissão, segundo está disposto no próprio CPC, art. 352, inciso II, "quando emanar de erro, dolo ou coação, pode ser revogada por ação rescisória, depois de transitada em julgado a sentença, da qual constituir o único fundamento". Contudo, como os direitos políticos são indisponíveis, terá a aplicação do regrado no art. 351 do CPC, que diz que "não vale como confissão a admissão, em juízo, de fatos relativos a direitos indisponíveis", de forma que apenas a confissão viciada, por erro, dolo ou coação, poderá originar a rescisória por inelegibilidade. A inelegibilidade constitui matéria de ordem pública, portanto, não subordinada a interesses particulares. Desta forma, não se admite que haja transação entre as partes sobre inelegibilidade, já que matéria de ordem pública;

9ª) *Erro de fato* – regra o § 1º do art. 485 do CPC que "há erro, quando a sentença admitir um fato inexistente, ou quando considerar inexistente um fato efetivamente ocorrido", dispondo o § 2º do mesmo artigo que "é indispensável, num como noutro caso, que não tenha havido controvérsia, nem pronunciamento judicial sobre o fato", de modo que acaso tenha havido pronunciamento judicial sobre o fato, espontâneo ou provocado, o acórdão poderá ser considerado injusto, mas não passível de ser rescindido.

Cabe, por fim, mencionar que a intervenção do Ministério Público Eleitoral como fiscal da lei, na ação rescisória, é indeclinável, acaso não for ele o autor da rescisória, face ao interesse público, quer da matéria nela debatida, inelegibilidade, quer face à autoridade da coisa julgada posta em discussão.

---

[73] NIESS, Pedro. *Ação Rescisória Eleitoral*. Belo Horizonte: Del Rey, 1997, p. 36.

Capítulo VIII

Abusos de poder no processo eleitoral

8.1. A infiltração do abuso de poder por diferentes flancos

O Direito Eleitoral tem como fonte primordial e como propósito finalístico garantir que a genuína vontade popular, realizada através do sufrágio universal e secreto, seja preservada e refreada contra a disseminação do abuso de poder. Para isso, vêm sendo criados, paulatinamente, procedimentos jurisdicionais para a apuração do abuso do poder econômico e do poder político, visando a refrear a corrupção e a fraude que desequilibram o sistema político.

Na realidade, para garantir a genuína representação política em sua autenticidade substancial, há necessidade de contenção contra qualquer tipo de poder, quer seja ele político, econômico, cultural ou social, de modo que para o Direito Eleitoral a contenção do abuso de poder não se restringe apenas ao abuso do poder econômico ou político, mas deve buscar as raízes também em nível cultural e social, a fim de abranger todos os flancos e impedir que toda e qualquer manifestação opressiva de poder prejudique a autenticidade representativa, realizada através do sufrágio direto e secreto dos dirigentes dos Poderes Executivo e Legislativo do país.

Por certo não tem o Direito Eleitoral a responsabilidade de disciplinar os processos social, cultural e econômico em sua amplitude, contudo pode alcançá-los e contê-los, sempre que se imiscuírem na dinâmica eleitoral de modo destrutivo e degenerativo da representação popular.

Fávila Ribeiro[74] coloca os poderes cultural, social, econômico e o próprio poder político como infiltrações a interferir e a desfigurar a autenticidade do processo eleitoral, da seguinte forma:

Poder cultural – ele o coloca em primeiro plano, traduzindo assim a sua preeminência no processo não apenas da organização social, mas como influência do pensamento de cada época. Diz Fávila Ribeiro que:

"(...) não comportaria que fosse espelhado pela Universidade, pois isso importaria em prévia exclusão de outros centros culturais que

---

[74] RIBEIRO, Fávila. *Abuso de Poder no Direito Eleitoral*. 2ª edição. Rio de Janeiro: Forense, 1993.

exprimem forte influenciação social às expensas da manipulação do saber. Os redutos culturais não se cingem a aspectos do ensino de pesquisa, abrangendo ainda os centros e as grandes empresas editoriais e todos os redutos das atividades intelectuais, no propósito de manter-se o compromisso com a verdade, sem sucumbir e engajar-se a outros focos hegemônicos.

A ação do poder cultural é a que se revela mais sutil e dissimulada, e por isso essa categoria nem sempre é mencionada, embora os seus resultados tenham maior aprofundamento, por envolverem o conhecimento aplicado, em posturas que denunciam favorecimento ou discriminações (...)

Os isolamentos grupalistas de intelectuais procuram superposição que lhes seja devida como honra ao saber, reclamando o reconhecimento social que lhes seja devido, incorporando-se à elite dirigente. Essa via ascencional e o poder que absorvem realiza-se aparentemente em nome da meritocracia, recobrindo o caráter autoritarista em que se reproduz (...)

O esforço pelo saber não traria tanto impulsionamento ao sucesso social, como a vertiginosa e indecifrável acumulação de riqueza, seguida de bem dosado investimento eleitoral.

O poder cultural, por si mesmo, tem a sua forma típica de afirmar a sua preponderância a outras pessoas, e é evidente que na escalada ao poder político, será, nas contingências da sociedade de massas, integrado aos modernos meios de comunicação coletiva, que apresenta a menor possibilidade, competindo com os demais, para ter sucesso no empreendimento. Mas, enquanto se revela mais precário na capacidade de mobilização coletiva ao seu direto proveito, alcança resultados frutuosos, quando empresta o seu concurso na moldagem ou destruição de mitos, com os ingredientes intelectuais e técnicos, empregando engenhosidade no burilamento para metamorfose de uma ficta personalidade ao agrado do consumo coletivo, na postura que deve assumir, no que deve dizer, no que deve silenciar, dos locais que deve freqüentar e dos que lhe ficam provisoriamente interditados, das coisas que deve divulgar que são de seu agrado e das rejeições a proclamar, descendo aos menores detalhes para o visual, com a indumentária e com o maneirismo para completar a obra plástica.

Esse trabalho não é depreciado, sendo mesmo bastante recompensado, por se ter como uma das premissas do êxito na iniciação política (...)

Desse modo, o reduto de poder cultural tem as mesmas intolerâncias dos demais, e as inclinações, as inoculações cooptativas e permanências oligárquicas, acometendo com abusos como é da índole de toda e qualquer formação de poder, mormente se sobre ele não fica assentado o sistema de controle, com os seus peculiares procedimentos oponíveis aos abusos de poder".[75]

Contudo, o mestre Fávila entende que com o advento da CF/88, que incluiu o plebiscito e o referendo em seu texto, o regime representativo democrático ficou mais enriquecido, pois "os sufrágios vão valer mesmo igual expoente, em perfeita integração da igualdade política, assumindo quando estão a eleger, como nas decisões em plebiscitos e referendos, onde não são pesados, nem medidos, mas apenas contados, um voto por pessoa".[76]

O regime representativo está expresso no texto constitucional ao dispor no art. 1° que "todo o poder emana do povo, que o exerce por meio de representantes eleitos ou diretamente, nos termos desta Constituição". Esse artigo deve ser conjugado com o art. 14 da mesma Carta, que o reforça, senão vejamos:

"Art. 14. A soberania popular será exercida pelo sufrágio universal e pelo voto direto e secreto, com valor igual para todos e, nos termos da lei, mediante:
I – plebiscito;
II – referendo;
III – iniciativa popular."

Tendo o plebiscito e o referendo sido incluídos no corpo do texto constitucional, arremata Fávila Ribeiro, houve aglutinação do sistema democrático que passou a contar com *dupla fonte deliberativa*: a *representativa*, através do sufrágio universal, e a *direta*, através do plebiscito e do referendo.

Poder social – segundo o mestre Fávila Ribeiro, promana da comunicação = opinião pública manufaturada – sendo que o poder social se revela, atualmente, através da possibilidade de ser alcançado, por meio da avançada tecnologia da comunicação, que em vários pontos do planeta as pessoas recebam, ao mesmo tempo, as mesmas informações, através dos meios de comunicações, especialmente a televisão.

Disso resulta ser a comunicação social um poder com total potencialidade de influenciação da sociedade de massa.

A "utilização indevida dos meios de comunicação social, em benefício de candidato ou partido" é referido no art. 22 da LC n° 64/90, e pode gerar a *Investigação Judicial Eleitoral*, para apuração desse abuso a disvirtuar o procedimento eleitoral.

Bem antes de a LC n° 64/90 vir regular, através da Investigação Judicial Eleitoral, a apuração do "abuso do poder na comunicação social"',

---

[75] RIBEIRO, Fávila. Op. cit., p. 31 a 40.

[76] Idem, p. 42.

Direito Eleitoral   **151**

a Lei 6.091/74, no seu art. 12, já regulava que "a propaganda eleitoral, no rádio e na televisão, circunscrever-se-á, única e exclusivamente, ao horário gratuito disciplinado pela Justiça Eleitoral, com a expressa proibição de qualquer propaganda paga". A finalidade primeira de a propaganda paga ser banida do nosso ordenamento eleitoral foi, justamente, a garantia da igualdade entre todos os disputantes do sufrágio.

É bem verdade que uma democracia tem seu lastro no respeito à liberdade de manifestação, sem qualquer cerceamento de censura; contudo, a censura prévia persistiu até o implantação plena da democracia no país, tendo sido banida de nosso sistema apenas com a Carta Constitucional de 1988.

Apesar disso, tal não significa que havendo constatação de propaganda abusiva esta não deva ser instantaneamente impedida pela autoridade eleitoral que a constatar. Daí a importância do poder de polícia de que estão investidos os Juízes Eleitorais no desempenho de suas funções junto à Justiça Eleitoral.

Isto significa que em uma sociedade democrática as autoridades públicas agem dentro de definidas pautas de competência, e os indivíduos devem agir dentro dos limites sinalizados pela lei. Assim, tanto as autoridades dentro de suas competências, como os indivíduos dentro de suas liberdades, não só podem como devem ser refreados quando houver transbordamento da ordem legalmente estabelecida, tendo em vista que por qualquer dos lados não são admitidas situações abusivas.

O art. 248 do Código Eleitoral, inclusive, disciplina a questão, regrando que "ninguém poderá impedir a propaganda eleitoral, nem utilizar, alterar ou perturbar os meios lícitos nela empregados".

Portanto, será apenas no momento em que surgir o abuso que a propaganda incidirá no campo da ilicitude, o que significa que ninguém pode obstar a propaganda eleitoral, bem como ninguém pode impedir o exercício da liberdade, porém, essa proteção é assegurada apenas à propaganda lícita, como a liberdade sem desvarios, pois caso contrário estaremos diante de um abuso, que deverá ser prontamente impedido no processo eleitoral, em face, inclusive, da natureza estritamente de ordem pública que se reveste o procedimento eleitoral.

No art. 249 do Código Eleitoral está disciplinado o poder de polícia, que deverá atuar sempre que as circunstâncias o exigirem no transcurso do processo eleitoral, para preservar a ordem pública e a lisura do diálogo eleitoral.

No art. 41 da Lei nº 9.504/97 está disposto que "a propaganda exercida nos termos da legislação eleitoral não poderá ser objeto de multa nem cerceada sob alegação do exercício do poder de polícia", o que significa que, se a propaganda extrapolar do disciplinado na lei eleitoral, incidirá em abuso e poderá ser cerceada de imediato através do poder de polícia.

Segundo Fávila Ribeiro, ao encerrar o comentário sobre o poder social, afirma que: "claro que a luta contra o abuso de poder não pode ser enfrentada simploriamente, contra poderosas engrenagens manipuladas com extrema e meticulosa racionalização, exigindo firmeza de atitudes, conhecimento de causa e ação fulminante. E o que primeiro é necessário fazer é ter aguçado senso de oportunidade, sabendo que o êxito em qualquer luta, é agir no preciso momento e de modo adequado. Se faltam essas cautelas, amargarão as autoridades o travo da derrota pela insegurança no controle".[77]

Poder econômico – o poder econômico, juntamente com o poder político, na realidade, é que são tratados especificamente na sistemática de controle de abusos de natureza eleitoral, não obstante, como já mencionado, ter o art. 22 da LC nº 64/90, ao disciplinar a Investigação Judicial Eleitoral, também referido o cabimento desse remédio legal, na "utilização indevida de veículos ou meios de comunicação social, em benefício de candidato ou partido".

Segundo Fávila Ribeiro, seria mais correto que ao tratar de abusos no procedimento eleitoral, não houvesse referência expressa a qualquer poder, mas sim "contra qualquer forma de abuso de poder à lisura do processo eleitoral", o que resguardaria a apuração também do abuso do poder cultural e do poder social e "ter-se-ia de levar em consideração o resultado lesivo ao processo eleitoral, na seqüência das fases e atos que o compõem, inquinando a sua autenticidade por qualquer modalidade de abuso de poder".[78]

De qualquer forma, como em nosso sistema jurídico prevalece o saudável e consagrado princípio de hermenêutica de que o espírito está acima da forma, subordinando-se os meios aos fins a serem alcançados, a letra da lei pode ser interpretada amplamente, o que significa que qualquer abuso de poder detectado no processo eleitoral poderá ser devidamente apurado.

Especificamente quanto ao abuso do poder econômico no processo eleitoral, embora a legislação eleitoral venha regrando a inibição do abuso do poder econômico no processo eleitoral, esse tem se propagado em razão da influência que o dinheiro, cada vez mais, representa o dado primeiro para um bom desempenho na disputa eleitoral.

A investida econômica já se inicia no envolvimento do partido político, quase sempre contaminando as suas bases eleitorais, e não diretamente na disputa para admissão de uma candidatura.

Na realidade, é o poder econômico a argamassa que congrega e impulsiona todos os demais poderes, o social, o cultural e o político, forman-

---

[77] RIBEIRO, Fávila. Op. cit., p. 56.
[78] Idem, p. 57.

Direito Eleitoral

do uma estrutura de múltipla potencialidade, pois o dinheiro é a base para qualquer corrupção.

Por trás de qualquer político existem estruturas organizacionais e empresariais que manipulam todo o procedimento eleitoral, que vai desde as tratativas pré-convenções até a data das eleições. Isto se constata perfeitamente por ocasião da prestação de contas das campanhas políticas, pois que só uma estrutura empresarial poderia burlar o que está disposto na lei, sem deixar flancos abertos a possíveis ocorrências de demonstração de abuso do poder econômico, conforme se vê da contabilização das campanhas políticas apresentadas à Justiça Eleitoral.

Aliás, aqui vale referir que na Lei nº 9.100/95, que regeu o pleito municipal de 1995, o art. 69 dispunha que "o descumprimento das regras relativas ao financiamento de campanha caracteriza abuso do poder econômico", sendo que no parágrafo único do art. 43 da mesma lei, estava estabelecida a regra da obrigatoriedade de os candidatos e partidos, após o trânsito em julgado da sentença que julgar as contas, guardarem a documentação da prestação de contas, por cinco anos. Isto significava que se viesse, posteriormente, ser constatado abuso do poder econômico na campanha eleitoral, a investigação para apuração do abuso do poder econômico poderia se embasar na documentação que deveria obrigatoriamente ficar guardada com o candidato pelo prazo de cinco anos. Contudo, na Lei nº 9.504/97, o prazo de 5 (cinco) anos foi diminuído no art. 32, *caput*,[79] para 180 (cento e oitenta) dias após a diplomação do candidato.

Poder político – pode revelar-se em forma institucionalizada ou socialmente difusa.

Segundo Fávila Ribeiro, prevalece o poder político institucionalizado, tendo no Estado o seu centro culminante, ainda que não exclusivo.

No Brasil, deparamo-nos com um Estado em nível federativo e um Estado em nível municipalista, funcionando como entidades politicamente autônomas, com organizações e governos próprios; contudo é a ordem política nacional que condiciona a autoorganização e autonomia do governo, através da Carta Constitucional Federal, a que estão obrigados a observar todos os entes da federação.

Na propaganda política, verificamos que a máquina estatal está envolvida na campanha sucessória, tendo em vista que durante a campanha eleitoral são os representantes políticos e os novos pretendentes a cargos eletivos que assediam o povo, e programas de realizações são usados como favores eleitorais, para obtenção de votos.

---

[79] Lei nº 9.504/97, art. 32 – até cento e oitenta dias após a diplomação, os candidatos ou partidos conservarão a documentação concernente a suas contas. Parágrafo único – Estando pendente de julgamento qualquer processo judicial relativo às contas, a documentação a elas concernente deverá ser conservada até a decisão final.

Contudo, é ao Estado, como organização territorial soberana, que compete a criação de normas para combater o poder político, que se consubstancia no assédio das massas populares, pois que, no regime democrático sob o qual vivemos, é o povo que elege os seus representantes.

Daí poder-se considerar o poder político como o poder supremo do Estado, sendo que a Constituição Federal e o Governo Federal corporificam respectivamente a síntese da ordem política, como expressão de uma nacionalidade única e um território comum, não obstante a autonomia em níveis federal e municipal, com organizações de governos próprios, mas que constituídos nas bases dos limites definidos pela suprema ordenação constitucional, que obriga a todos.

Dessa forma, uma atitude omissiva na esfera do poder político configura ilicitude muito grave, tendo em vista que se revela em descumprimento de um dever inerente ao seu ofício público, já que compete ao Estado regrar as normas que deverão também ser observadas por quem o representa, qual seja, os políticos sufragados pelo povo.

Daí, sendo oficialmente a missão do governo assinalar os limites e lugar do exercício dos demais poderes, deverá cumprir seus compromissos com a sociedade, dentro de uma postura coerente com os interesses públicos, devendo zelar e preservar que grupos espúrios, que compõem a organização estatal, venham a corromper o Estado, devendo criar medidas legais impeditivas e punitivas do abuso do poder político.

Mesmo levando em consideração a temporariedade que acompanha as investiduras eletivas, os representantes políticos devem preservar a opinião pública, considerando o reencontro a que poderão se submeter, ainda mais com a atual legislação, Emenda Constitucional nº 16/97,[80] que modificou a CF/88 e permitiu a reeleição para os dirigentes do Poder Executivo, o que significa algo saudável numa democracia, pois que se um governante, ou mesmo um integrante do Poder Legislativo, vier a ser reeleito para o cargo, significa que o povo, que o elege, está satisfeito com o seu desempenho representativo e que ele vem cumprindo eficazmente o seu mandato público.

Contudo, até mesmo porque permitida a reeleição em nosso sistema eleitoral, penso que o abuso do poder político está mais exposto e deve ser coibido através de normas eficazes, que deverão promanar do Legislativo.

Em contrapartida, não apenas os partidos políticos, mas os cidadãos deverão se reciclar e buscar desempenhar plena e conscientemente esse papel fundamental para concretização de uma democracia plena, estando

---

[80] Emenda Constitucional nº 16 de 04/06/97, dá nova redação ao § 5º do art.14 da CF/88 – Art. 14 ... § 5º O Presidente da República, os Governadores de Estado e do Distrito Federal, os Prefeitos e quem os houver sucedido ou substituído no curso dos mandatos poderão ser reeleitos para um único período subseqüente.

Direito Eleitoral

atentos para que os abusos do poder político não prosperem impunemente e não haja omissões dos controles que devem ser aplicados.

Nesse diapasão, faz-se imprescindível o relacionamento dos cidadãos com os partidos políticos que deverão se democratizar internamente, buscando um debate estimulante e esclarecedor com aqueles cidadãos que se integrarem na vida partidária, o que, sem dúvida, servirá ao enriquecimento do lastro de cidadania. É claro que para isso os partidos políticos têm que se aparelhar e trazer os cidadãos para o seu convívio. Por certo que para um bom desempenho do exercício da cidadania, deverá o filiado partidário participar ativamente das decisões partidárias, devendo os partidos, por sua vez, se democratizarem e não permitirem que as decisões partam apenas da minoria dos dirigentes partidários, o que certamente contribuirá para que o abuso do poder político seja contido.

Como o partido político está moldado para a luta eleitoral, nada mais correto que se ajuste ao sistema democrático pleno, começando, inclusive, com reformulações internas, regulando que os candidatos deverão ser escolhidos por todos os seus filiados, e não apenas por poucos dirigentes partidários, o que representará o exercício da democracia plena, já que os representantes são eleitos diretamente pelo povo.

8.2. A apuração de abuso de poder na esfera de competência da Justiça Eleitoral

A apuração de abuso do poder será procedida através da Investigação Judicial Eleitoral, prevista nos arts. 19 e ss. da LC nº 64/90, com observância do devido processo, sendo realizada pela Justiça Eleitoral e pelo método jurisdicional. Portanto, essa investigação é bem diferente da investigação policial criminal, já que essa segue o rito inquisitorial, onde não é observado o princípio do contraditório.

Podem propor essa investigação judicial eleitoral contra candidato: outro Candidato, o Partido Político, a Coligação e o Ministério Público Eleitoral. Não pode o simples eleitor, mas este pode provocar a sua propositura, através de representação ao Ministério Público Eleitoral, que tem atribuição para tal.

Pelo art. 237, § 1º, do Código Eleitoral, o eleitor era parte legítima para propor investigação ao Juiz-Corregedor Eleitoral; contudo, a LC nº 64/90, que revogou esse artigo, dispõe no art. 22 como partes legitimadas à propositura da Investigação Judicial Eleitoral, apenas o Candidato, o Partido Político, a Coligação e o Ministério Público Eleitoral. Segundo os doutrinadores eleitorais, a LC nº 64/90, nesse aspecto, se constituiu em um retrocesso, ao eliminar essa possibilidade ao eleitor.

Aliás, Fávila Ribeiro, ao comentar o assunto, assevera que tal "reflete que as mentalidades dominantes hoje cultivam menos apreço à cidadania do que na época em que se editou o diploma contra o enriquecimento ilícito". Contudo, prossegue Fávila Ribeiro, "esse alijamento recaiu sobre o mais idôneo protagonista do processo eleitoral, o próprio artífice da elegibilidade, apresentando-se como o Ministério Público, sem suspeita por não ser beneficiário direto da disputa. Custa a crer que a lei que teve por escopo complementar matérias pertinentes a direitos políticos, em que o papel mais significativo é atribuído exatamente ao cidadão, o titular do poder de sufrágio, tenha reduzido o nível de participação nas latitudes antes reconhecidas especificamente nessa área correlacionada à cidadania".[81]

Convém lembrar, ainda, que foi o § 9° do art. 14 da CF que serviu de apoio à edição da LC n° 64/90, e que os §§ 10 e 11 do mesmo art. 14 da CF reforçam o sistema de abuso contra o poder ao determinar o cabimento *direto* de "ação de impugnação de mandato eletivo", contra aquele, já diplomado, que tiver incidido no abuso do poder econômico, corrupção ou fraude, para se eleger.

Dessa forma, não deixa de ser um retrocesso a não inclusão direta do eleitor como parte legitimada para propor a investigação judicial eleitoral contra qualquer candidato que incidir no abuso do poder econômico ou político na sua campanha eleitoral. Como diz Fávila Ribeiro, "disso decorre que a restrição imposta ao eleitor não tem lastro constitucional, refletindo excesso da legislação complementar".[82]

Do ponto de vista político, a restrição ao eleitor para propor diretamente junto ao Juiz-Corregedor a competente investigação judicial para apuração de abuso do poder econômico ou político contra qualquer candidato não se coaduna com as ideias de democracia participativa, lastro da Constituição Federal de 1988; contudo, na prática, tem-se observado que sempre que o eleitor detecta indício de abuso do poder econômico ou político tem representado ao Ministério Público Eleitoral que, de imediato, propõe a investigação perante o Juiz Eleitoral, contra o representado, suprindo essa falha da legislação complementar reguladora do § 9° do art. 14 da CF.

Convém ressaltar, ainda, que a LC n° 81, de 13/04/94, deu nova redação à letra *b* do inciso I do art. 1° da LC n° 64/90, tendo ampliado a incidência de inelegibilidade a todos os membros dos legislativos de qualquer esfera da Federação.

Aqui deve ser mencionada mais uma *característica específica da Justiça Eleitoral* para, através de seus Juízes Eleitorais, quando se tratar de pleito

---

[81] RIBEIRO, Fávila. Op. cit., p. 101.

[82] Idem, p. 104.

Direito Eleitoral

municipal, através do Juiz-Corregedor do TRE quando se tratar de pleito para Governador, Senador e Deputados Federais e Estaduais, e através do Juiz-Corregedor-Geral no TSE, quando se tratar de pleito a Presidente da República, para *presidir e processar as Investigação Judiciais Eleitorais.*

Os demais ramos da Justiça não possuem essa atribuição, contudo, à Justiça Eleitoral foi reconhecida e proclamada a responsabilidade de contenção ao abuso do poder. Entendo que correta a legislação – LC n° 64/90 – que dá desde logo o procedimento para que a Justiça Eleitoral realize as Investigações Judiciais Eleitorais, não deixando que ela proceda de ofício, como faz toda a autoridade a quem é cumulada com o poder de investigação.

Na verdade, na realização da Investigação Judicial Eleitoral, a Justiça Eleitoral conta apenas com seus próprios implementos jurisdicionais, de modo que a referida investigação não passa de um procedimento meramente judicial, para que não fique esvaziado, deva, acaso não possa mais essa investigação servir de suporte à propositura do *Recurso contra a Diplomação* ou da *Ação de Impugnação de Mandato Eletivo*, por não ser o meio hábil para cassar o mandato, mas tão só o registro de candidato ainda não eleito (art. 22, XIV, da LC n° 64/90), entendo que encerrada a Investigação Judicial Eleitoral após a diplomação, embora não tenha o condão de cassar o mandato do já diplomado, surtirá ainda o efeito da inelegibilidade do candidato beneficiado com o abuso de poder, pelo prazo de três anos para qualquer eleição, contado esse prazo da eleição que se beneficiou.

Releva ainda gizar que na Investigação Judicial Eleitoral é observado o princípio do contraditório e da defesa, justamente por ser realizada nos parâmetros dos demais procedimentos judiciais, de forma que ela se distingue dos demais procedimentos investigatórios, que são meramente inquiritórios e não inclui o contraditório, se encerrando inclusive, com sentença do Juiz Eleitoral, onde há a apreciação da prova e um julgamento em razão da mesma.

8.3. Pluralidade de procedimentos para combate ao abuso de poder em razão da fase a ser enfrentada

São quatro os procedimentos pelos quais podem ser arguidas as inelegibilidades, para combate ao abuso do poder. Antes da eleição, temos a Ação de Impugnação ao Registro de Candidatura (arts. 3° e ss da LC n° 64/90) e a Investigação Judicial Eleitoral (arts. 22 e ss da LC n° 64/90). Após a diplomação do candidato eleito, temos a Ação de Impugnação de Mandato Eletivo (art.14, §§ 10 e 11 CF) e o Recurso contra a Diplomação (art. 262 do Código Eleitoral).

AÇÃO DE IMPUGNAÇÃO AO REGISTRO DE CANDIDATURA

Essa ação pode discutir fatos que envolvam o candidato até a data do registro da candidatura, mas só pode ser interposta a partir do registro, no prazo de 5 dias contados da publicação do registro do candidato (art. 3º da LC nº 64/90). São partes legítimas para impugnar o registro: qualquer Candidato, o Partido Político, a Coligação e o Ministério Público.

A *competência* para conhecer e julgar as arguições de inelegibilidade é da Justiça Eleitoral, através de seus órgãos, elencados casuisticamente no art. 2º e parágrafo único da LC nº 64/90.

Assim, as ações de impugnações ao registro de candidatura deverão ser ajuizadas perante:

– o TSE, se se tratar de candidato à Presidência ou Vice-Presidência da República;

– o TRE, se se tratar de candidato a Governador ou Vice, a Senador, Deputado Federal ou Deputado Estadual;

– o Juiz Eleitoral singular, se se tratar de candidato a Prefeito ou Vice e Vereadores.

Os *motivos* que poderão ser alegados nessas ações de impugnações podem ser resumidos em dois grupos:

a)ausência de uma ou mais condições de elegibilidade do candidato; E/OU

b) ocorrência de uma ou mais causas de inelegibilidade na candidatura impugnada.

O *objetivo* da impugnação do registro de candidatura é impedir que o impugnado obtenha registro de sua candidatura que requereu à Justiça Eleitoral. Sem o registro, não é ele candidato e não pode concorrer. Daí esta ação de impugnação do registro ter natureza jurídica de uma verdadeira ação judicial, já que poderá o autor demonstrar, com provas em juízo, garantida a defesa, a inocorrência de uma ou mais condições de elegibilidade ou a ocorrência de uma ou mais causa de inelegibilidade na vida do candidato impugnado.

O *efeito* da procedência da ação de impugnação do registro, se o impugnado ainda não o obteve, ser-lhe-á negado; e se já o obteve, será o registro cancelado; e se já tiver sido diplomado, será declarada nula a diplomação (art. 15 da LC nº 64/90).

O *rito processual* da ação de impugnação de registro de candidatura está regrado nos arts. 3º até 18 da LC nº 64/90. Só em caráter excepcional e se não existir regramento na LC nº 64/90 poderá o Juiz Eleitoral ou o TRE ou o TSE aplicar as regras pertinentes às ações ordinárias disciplinadas pelo art. 282 do CPC.

Direito Eleitoral

159

Roteiro prático da ação de impugnação de registro de candidatura:
– petição inicial no prazo de 5 dias da publicação do registro;
– notificação do impugnado e intimação do Ministério Público, se não for o impugnante;
– contestação do impugnado, em 7 dias. O partido ou coligação também podem contestar; nesse caso, o prazo é comum;
– julgamento antecipado da lide ou despacho saneador;
– instrução em 4 dias;
– diligências e produção de outras provas em 5 dias;
– alegações finais em 5 dias (prazo comum às partes e ao Ministério Público).
– conclusão ao Juiz em 1 dia;
– sentença em 3 dias;
– recurso e razões em 3 dias da publicação da sentença; não sendo proferida sentença no prazo de 3 dias, o prazo para recorrer será da intimação da parte, e não como disposto no art. 9º da LC nº 64/90 (esse o entendimento do TRE-RS). A Súmula 10 do TSE diz que se a sentença for apresentada antes dos 3 dias, o prazo para recurso só começa a correr após o tríduo;
– contrarrazões do recorrido em 3 dias;
– subida do recurso, que não terá efeito suspensivo, ao Tribunal, de imediato;
– da decisão do TRE, cabe recurso especial ao TSE, nos termos do art. 276, I, do Código Eleitoral (decisão proferida contra expressa disposição de lei e quando ocorrer divergência na interpretação da lei entre dois ou mais tribunais eleitorais).

Ressalte-se que no tocante às testemunhas, a LC nº 64/90 foi contraditória, pois embora diga que elas deverão ser arroladas na inicial e na defesa e que comparecerão para depor por iniciativa das partes, no final do art. 5º da LC nº 64/90, há o termo "com notificação judicial". Dessa forma, entendo que o Juiz, ao despachar no Saneador, deverá deixar claro se as testemunhas comparecerão por iniciativa das partes ou serão notificadas para comparecer, na forma do art. 412 e § 1º do CPC.

Com muita propriedade, regrou a LC nº 64/90, no art. 18, que "a declaração de inelegibilidade do candidato à Presidência da República, Governador de Estado e do Distrito Federal e Prefeito Municipal não atingirá o candidato à Vice-Presidente, Vice-Governador ou Vice-Prefeito, assim como a destes não atingirá aqueles".

INVESTIGAÇÃO JUDICIAL ELEITORAL

Esse procedimento judicial poderá apurar os fatos que envolvem o candidato desde antes do registro de sua candidatura até a eleição, mas só pode ser interposto a partir do registro (art. 22 da LC n° 64/90), uma vez que fala em abuso do poder econômico praticado por "candidato" e só existe "candidato" após o registro. Contudo, não fixa a LC n° 64/90, tal como o faz para a Ação de Impugnação do Registro de Candidatura, um prazo (5 dias da publicação do registro – art. 3°, LC n° 64/90). Quanto ao termo final de pedido de abertura da Investigação Judicial Eleitoral, a doutrina e a jurisprudência são divergentes (Joel Cândido entende que pode ser ajuizada apenas até o dia da eleição. O Acórdão n° 11.524/93 do TSE entendeu ser a mesma data do prazo fatal para a Ação de Impugnação do Mandato Eletivo o termo final para pedido de Investigação Judicial).

São partes legítimas para propor a investigação judicial eleitoral, tal como a ação de impugnação de registro, qualquer Candidato, Partido Político, Coligação e o Ministério Público.

Registre-se, também, que pode ainda figurar como investigado o não candidato, desde que a ele se atribua a autoria, a coautoria ou a participação nos fatos que a motivam contra o candidato, uma vez que a LC n° 64/90 usa o termo "culpados", no art. 20. No caso, procedente a investigação judicial contra não candidato será ele inelegível por 3 anos a contar o trânsito em julgado da decisão.

Essa medida judicial é hábil para declarar: 1°) a inelegibilidade do candidato por 3 anos subsequentes à eleição na qual ocorreu a inelegibilidade e 2°) cassar o registro de sua candidatura. Se a medida judicial for julgada após a eleição, deverá ser enviada a investigação ao Ministério Público para fins do art. 14, §§ 10 e 11, da CF (ação da impugnação de mandato eletivo) e art. 262, inciso IV, do Código Eleitoral (recurso contra diplomação). Nesse particular, acaso já ultrapassado o prazo da interposição da ação de impugnação de mandato eletivo, que é de 15 dias da diplomação, ou já ultrapassado o prazo do recurso contra a diplomação, que é de 3 dias, ainda assim a investigação judicial eleitoral, se procedente, terá a sanção da inelegibilidade do impugnado pelo prazo de 3 anos da eleição em que ocorreu o fato inquinado e, dessa forma, embora não possa mais perder o mandato, em razão da ultrapassagem dos prazos, não poderá ele concorrer a qualquer pleito nos 3 anos seguintes à eleição que o elegeu, por ex.: se se elegeu Vereador, não poderá ele concorrer à Assembleia Legislativa de seu Estado ou a outro cargo em nível federal, tendo em vista que esse pleito ocorre 2 anos após a eleição municipal (exegese do art. 1°, I, *d*, da LC n° 64/90).

A *competência* para processar a investigação judicial eleitoral, como não poderia deixar de ser, é da Justiça Eleitoral, dentro da competência dos órgãos que a integram: se contra candidato a Presidente da República ou Vice, o TSE, através do Corregedor-Geral Eleitoral; se contra Governador ou Vice, Senador, Deputados Federal e Estadual, o TRE, através do Corregedor-Regional Eleitoral; e será investido o Juiz Eleitoral singular,

Direito Eleitoral   **161**

na função de Corregedor Eleitoral, quando se tratar de investigação contra candidato a Prefeito, Vice e Vereador.

Os *motivos* que justificam a instauração da investigação judicial eleitoral são as irregularidades, ainda que não criminosas, que acarretam, direta ou indiretamente, a anormalidade ou ilegitimidade das eleições, por influência do abuso do poder econômico, político ou de autoridade, ou por uso indevido dos meios de comunicações e da máquina administrativa (art. 19 LC n° 64/90).

O *objetivo* da investigação judicial eleitoral é demonstrar, assegurada a ampla defesa, se o candidato violou os princípios igualitários do pleito, praticando irregularidades na campanha eleitoral, para captação de votos, através da prática de abuso do poder econômico, político ou de autoridade, ou, ainda, por uso indevido dos meios de comunicações e da máquina administrativa.

O *rito processual* da investigação judicial eleitoral está regulado nos arts. 19 a 23 da LC n° 64/90, seja qual for a instância competente para dela conhecer. Subsidiariamente, incidirão as regras da ação de impugnação de registro de candidatura da mesma lei. A lei não fala em recurso; contudo, ele é possível: quando tratar-se de investigação judicial originária do Juiz-Corregedor Eleitoral, em primeiro grau, o recurso cabível será o recurso ordinário ao TRE e, após, se cabível, o recurso especial ao TSE; se a investigação judicial originária do TRE, em face do princípio constitucional da ampla defesa e, como se trata de inelegibilidade, amparado especificamente no inciso III, § 4°, do art. 121 da CF, caberá recurso ordinário ao TSE, ou especial nos casos do inciso II, § 4°, do mesmo dispositivo constitucional; no caso de investigação judicial originária do TSE apenas caberá recurso extraordinário ao STF se contrariar disposição expressa da Constituição Federal, nos termos do § 3° do art. 121. No caso, o prazo para interposição desses recursos será de 3 dias, a exegese do art. 8°, *caput*, da LC n° 64/90, quando trata do recurso em impugnação ao registro. O recurso não terá efeito suspensivo.

Efeitos da procedência:

a) se antes da eleição, cassa o registro de candidatura do requerido e o torna inelegível por 3 anos;

b) se depois da eleição, é prova suficiente a ensejar a propositura do Recurso contra Diplomação (art. 262 do Código Eleitoral) ou a Ação de Impugnação de Mandato Eletivo (art. 14, §§ 10 e 11, da Constituição Federal), porém se já passado o prazo de interposição do Recurso contra a Diplomação (3 dias da diplomação) e da Ação de Impugnação de Mandato Eletivo (15 dias da diplomação), *ainda assim terá ela o efeito de tornar inelegível o investigado para as eleições que se realizarem nos 3 anos seguintes da eleição.*

AÇÃO DE IMPUGNAÇÃO DE MANDATO ELETIVO

Essa ação tem previsão apenas na Constituição Federal, art. 14, §§ 10 e 11, e correrá em segredo de justiça, respondendo o autor da ação, nos termos da lei, se a ação for considerada temerária ou se intentada de manifesta má-fé.

Antes da CF/88, o mandato apenas era atacado através do Recurso contra a Diplomação, regulado no art. 262 do Código Eleitoral. Com a CF/88, veio a possibilidade de atacar o mandato eletivo, adquirido através das urnas, pela Ação de Impugnação de Mandato Eletivo, disposta no art. 14, §§ 10 e 11, da CF.

O *prazo* para o aforamento da Ação de Impugnação de Mandato Eletivo é de 15 dias contados da diplomação. Não é demais referir que além do maior prazo conferido a essa ação do que ao Recurso contra a Diplomação, que tem prazo de 3 dias da diplomação, por ser ação, e não recurso, propiciará uma maior possibilidade de produção de provas do que no Recurso contra a Diplomação. Ademais, para propositura do Recurso contra a Diplomação, é exigida prova pré-constituída e se restringe aos casos enumerados no art. 262 do Código Eleitoral, enquanto na Ação de Impugnação da Mandato Eletivo é desnecessária a prova pré-constituída, e o seu campo de abrangência será bem mais amplo que no Recurso contra a Diplomação.

Têm *legitimidade ativa* para propor essa ação o Ministério Público, os Partidos Políticos, as Coligações e os Candidatos eleitos ou não. Terceiros interessados podem provocar a propositura da ação, através de comunicação ou representação perante o Ministério Público ou qualquer das outras partes legitimadas para propô-la. (Tito Costa e Pedro Henrique Távora Niess entendem que qualquer do povo tem legitimidade ativa para propor a ação, porém a jurisprudência é remansosa apenas quanto às partes antes enumeradas).

Tratando-se de ação com interesse público relevante, o Ministério Público, quando não for a parte do polo ativo do feito, funcionará como *custos legis.*

No *polo passivo*, figurará tão somente o candidato favorecido por abuso do poder econômico, corrupção ou fraude que se elegeu, não sendo caso de figurar como litisconsórcio necessário o Partido Político que apoiou sua candidatura, poderá, quando muito, o Partido Político intervir no processo na qualidade de Assistente do réu, dado seu interesse jurídico no desacolhimento da impugnação.

O foro competente, tratando-se a ação referente a exame de Direito Eleitoral, será sempre o da Justiça Eleitoral, através de seus órgãos. Dessa forma, para conhecer e julgar a ação, será competente o Juiz Eleitoral que tiver competência para registrar e diplomar o réu.

Direito Eleitoral

Assim, se o sujeito passivo for Prefeito, Vice, Vereador ou Suplente, a ação tramitará perante a Zona Eleitoral e o seu Juiz Eleitoral e, se no município tiver mais de uma Zona Eleitoral, a ação correrá perante a Zona Eleitoral incumbida da diplomação, que normalmente coincidirá com a Zona incumbida do registro.

Se o sujeito passivo for o Governador, Vice, Deputados Estaduais e Federais e Senadores, bem como seus respectivos Suplentes, a ação tramitará perante o Tribunal Regional Eleitoral de suas circunscrições eleitorais (Estado ou Distrito Federal) pela qual disputaram o pleito e foram diplomados.

Se o sujeito passivo for o Presidente da República e o Vice, a ação tramitará perante o Tribunal Superior Eleitoral, funcionando aqui o TSE como instância originária.

Os *recursos*, na forma do art. 265 c/c art. 258 do Código Eleitoral, serão para as instância *ad quem* e, determinando o art. 257 do Código Eleitoral que os recursos eleitorais não terão efeito suspensivo, combinado este dispositivo com o art. 216 do mesmo Código Eleitoral, que dispõe que "enquanto o Tribunal Superior não decidir o recurso interposto contra a expedição de diploma, poderá o diplomado exercer o mandato em toda a sua plenitude". Esse entendimento já está pacificado pela jurisprudência, o que significa que poderá o titular de mandato, que estiver sofrendo a Ação de Impugnação de Mandato Eletivo, exercer o mandato em toda a sua plenitude até o trânsito em julgado da decisão final na ação.

O *objeto da ação* visa a desconstituir o mandato, mas, por evidente, se procedente, ela também tornará insubsistente a diplomação, e nula passará a ser a votação do réu. O réu ficará na posição igual à de candidato que não se elegeu.

Em princípio, o abuso do poder econômico de qualquer forma, a corrupção em qualquer acepção e a fraude em qualquer modalidade, seja em qualquer fase do processo eleitoral que ocorra, poderão ensejar essa ação. Contudo, se anteriores ao Registro e não arguidas na Ação de Impugnação de Registro de Candidatura, estarão fulminadas pela preclusão ou mesmo se fulminadas pela *res judicata* que decidiu sobre o Registro, não poderão mais ser levantadas na ação constitucional (art. 259, parte inicial, do Código Eleitoral e art. 467 do CPC).

Há duas exceções, contudo, a saber:

1º) em caso de fatos supervenientes;

2º) se a hipótese versar sobre matéria constitucional (art.259, parte final, do Código Eleitoral).

Saliente-se que os fatos devem ser supervenientes ao Registro, porque se forem anteriores, porém não desconhecidos, estarão também alcançados pela preclusão. A jurisprudência do TSE é remansosa nesse sentido inclusive.

Quanto *às provas*, não se exige para a propositura dessa ação prova preconstituída, até porque se trata de ação, diferentemente do Recurso contra a Diplomação. E se tratando de ação, terá no seu momento a própria instrução, onde a prova será colhida e aperfeiçoada. O que se exige para sua propositura é um início razoável de provas do alegado, que forneça ao autor o indispensável *fumus bonis iuris* para o recebimento da ação, essa a exegese que se extrai do § 10 do art. 14 da CF ao usar a expressão "... instruída a ação com provas do abuso do poder econômico, corrupção ou fraude".

Quanto *aos efeitos* da procedência da Ação de Impugnação de Mandato Eletivo, podemos mencionar:

1º) como efeito principal, a perda do mandato eletivo;

2º) como efeito correlato, a inelegibilidade por 3 anos, decorrente do art. 1º, I, *d*, da LC nº 64/90, que passará a fluir da eleição em que verificado o ilícito, segundo entendimento do TSE no Ac. 19.974/DF, p. DJ de 14/10/97, na Consulta nº 15.157, formulada por Roberto Rocha, Deputado Federal-PMDB, no qual foi Relator o Min. Costa Porto.

Quanto *ao rito processual*, muito tem-se questionado a respeito, tendo em vista que a sua previsão está apenas na CF, nos §§ 10 e 11 do art. 14.

Entendo que deveria ser-lhe aplicado o rito da LC nº 64/90, que regula as Ações de Impugnações de Registro de Candidatura, por ser um procedimento eleitoral que exige celeridade em seu desfecho.

Contudo, esse não tem sido o entendimento da maioria e, grande parte dos Tribunais Eleitorais tem orientado os juízes a adotar o rito ordinário do CPC para a instrução das Ações de Impugnação de Mandato Eletivo.

No tocante ao prazo do recurso, contudo, o TSE vem entendendo que o prazo para sua interposição é de 3 dias, aplicando o art. 258 do Código Eleitoral. A situação não é pacífica, pois acaso o Juiz que instruir e julgar dita ação dispuser expressamente que a parte tem 15 dias para recorrer, não poderá ser considerado intempestivo o recurso nesse prazo interposto.

RECURSO CONTRA A DIPLOMAÇÃO

O Recurso contra a Diplomação está regulado no art. 262 do Código Eleitoral e deve ser interposto no prazo de 3 dias contados da diplomação do candidato.

Será *competente* para dele conhecer o TRE se interposto perante o Juiz singular, quando a diplomação atacada for de Prefeito, Vice e Vereadores, desse julgamento cabendo recurso especial ao TSE.

Se interposto perante o TRE, quando atacar a diplomação de Governador, Vice, Senador, Deputados Federais e Estaduais, o julgamento desse recurso será pelo TSE.

São *partes legítimas do polo ativo* os Candidatos que tenham concorrido no pleito, os Partidos Políticos, as Coligações – todos esses devidamente representados por advogado legalmente habilitado – e o Ministério Público.

As regras do processamento do recurso são as estipuladas no Código Eleitoral.

A *prova preconstituída* deverá acompanhar o Recurso contra a Diplomação, no caso poderá ser a Investigação Judicial Eleitoral da LC nº 64/90, art. 22, inciso XV.

Quanto à *abrangência* do recurso, destacamos:

– O *inciso I do art. 262 do CE* prevê o cabimento por inelegibilidade ou incompatibilidade. Nesse caso, tem sido pacífico o entendimento, em face do princípio da preclusão que rege o direito eleitoral, que se não for exercido oportunamente o direito de impugnação do registro do candidato, não poderá ser a inelegibilidade ou incompatibilidade levantada nesse recurso, ou levantada novamente no recurso, até porque o Recurso contra a Diplomação não teria o condão de rescindir a decisão que deferiu o registro, já transitada em julgado.

Por evidente, que se o recorrente provar fato intransponível de não ter impugnado o registro, poderá o Recurso contra a Diplomação ser aceito.

Por oportuno, registre que, no caso de sentença criminal transitada em julgado após o registro, será caso de inelegibilidade que pode ser arguida nesse recurso.

Desta forma, tudo o que poderia ser alegado com a finalidade de obter o indeferimento do registro do candidato e não foi no tempo oportuno ou se alegado, foi rejeitado, não poderá mais ser arguido porque precluso.

Contudo, o que não poderia ter sido objeto da impugnação ao registro, quer por tratar-se de fato superveniente, quer porque da inelegibilidade ou incompatibilidade não se podia suspeitar, poderá ser levantado no Recurso contra a Diplomação. Da mesma forma as inelegibilidades previstas na Constituição, em face do disposto no art. 259 do CE que diz que elas não precluem e, portanto, podem ser alegadas nesse recurso.

– O *inciso II do art. 262 do CE* só diz referência à eleição proporcional de deputados e vereadores. Essa hipótese leva aos arts. 106 e 107 do CE, definidores dos quocientes eleitorais. O art. 5º da Lei nº 9.504/97[83] revogou expressamente no seu art. 107 o parágrafo único do art. 106 do Códi-

---

[83] Lei nº 9.504/97 – art. 5º. Nas eleições proporcionais, contam-se como válidos apenas os votos dados a candidatos regularmente inscritos e às legendas partidárias.

go Eleitoral, que contava como válidos, para determinação do quociente eleitoral, os votos em branco.

– O *inciso III do art.* 262 *do CE* tem por objeto qualquer tipo de pleito, porquanto os erros na apuração quanto à contagem dos votos, à classificação dos candidatos e à contemplação na legenda podem ser relativos tanto à eleição majoritária como à eleição proporcional.

Aqui também prevalece o princípio da preclusão, e os Recursos contra a Diplomação embasados nesse inciso não são conhecidos, se na época própria não houve impugnação à contagem dos votos ou à apuração da eleição.

– O *inciso IV do art.* 262 *do CE* trata de Recurso contra a Diplomação por "concessão ou denegação de diploma, em manifesta contradição com a prova dos autos, na hipótese do art. 222".

A Lei nº 9.840/99 deu nova redação ao inciso IV do art. 262 do Código Eleitoral, que introduziu o art. 41-A, na Lei nº 9.504/97, vejamos:

> "Art. 1º. A Lei 9.504, de 30 de setembro de 1997, passa a vigorar acrescida do seguinte artigo:
>
> 'Art. 41-A. ressalvado o disposto no art. 26 e seus incisos, constitui captação de sufrágio, vedada por esta Lei, o candidato doar, oferecer, prometer, ou entregar, ao eleitor, com o fim de obter-lhe o voto, bem ou vantagem pessoal de qualquer natureza, inclusive emprego ou função pública, desde o registro da candidatura até o dia da eleição, inclusive, sob pena de multa de mil a cinquenta mil Ufir, e cassação do registro ou do diploma, observado o procedimento previsto no art. 22 da Lei Complementar nº 64, de 18 de maio de 1990'.
>
> (...)
>
> Art. 3º. O inciso IV do art. 262 da Lei nº 4.737, de 15 de julho de 1965 – Código Eleitoral, passa a vigorar com a seguinte redação:
>
> 'Art. 262 ...
>
> ...
>
> IV – concessão ou denegação do diploma em manifesta contradição com a prova dos autos, nas hipóteses do art. 222 desta Lei, e do art. 41-A da Lei nº 9.504, de 30 de setembro de 1997'.
>
> (...)"

Gize-se que após a LC nº 64/90, que contemplou no art. 22, inciso XV, a investigação judicial, especificamente na hipótese desse inciso IV, tem-se entendido que só é possível o recurso discutindo essa hipótese, acaso existente a investigação jurisdicional, que antes da LC nº 64/90 era regrada pelo art. 237 do Código Eleitoral.

O *efeito* do Recurso contra a Diplomação é suspender a própria diplomação e o exercício do mandato.

Direito Eleitoral

Contudo, acaso apurada a infração tipificada no art. 41-A da Lei nº 9.504/97, introduzida na lei eleitoral pela Lei 9.840/99, através da Investigação Judicial do art. 22 da LC nº 64/90, o TSE já firmou jurisprudência remansosa de que uma vez reconhecida através da Investigação Judicial a captação ilícita de sufrágio por candidato, nos termos do art. 41-A da Lei nº 9.504/97, *a sentença de procedência dessa Investigação Judicial possui o efeito imediato de cassar o registro ou diploma já expedidos,* não sendo obrigatória a proposta de 'recurso contra expedição de diploma' ou de 'ação de impugnação de mandato eletivo'. (Vejam-se acórdãos do TSE: RESPE 21169-RN, DJU 26/09/03; AMS 1282-CE, DJU 03/10/03; RESPE 21221-MG, DJU 10/110/03; RESPE 21248-SC, DJU 08/08/03; RESPE 19759-PR, DJU 14/02/03; RESPE 19644-SE, DJU 14/02/03).

Por força do art. 257 do Código Eleitoral combinado com o art. 216 do mesmo *Codex*, até decisão definitiva com trânsito em julgado, poderá o recorrido exercer o seu mandato eletivo, no caso de o recurso ser para o recorrido perder o diploma. Isto porque o inciso IV do art. 262 do CE prevê também esse recurso para obter a diplomação e, no caso, não incide a regra do art. 216 do CE, de modo que enquanto não provida a irresignação, o recorrente não poderá exercer o mandato, já que o recurso é para obtenção da diplomação.

Finalmente, deve ser referido que, provido o Recurso contra a Diplomação, o recorrido torna-se inelegível não só para aquela eleição, mas para todo o período de tempo previsto no dispositivo legal que embasou o recurso. No caso da Investigação Judicial que apurar o cometimento da infração (captação de sufrágio), regrada no art. 41-A da Lei nº 9.504/97, a sentença de procedência dessa Investigação Judicial, de imediato, já terá o efeito de cassar o registro do candidato, acaso não ultrapassada essa fase eleitoral e, acaso já ultrapassada essa fase, cassar o diploma se já expedido, perdendo desde logo o mandato o político que se elegeu com infringência a essa norma legal.

Capítulo IX

Dos partidos políticos

9.1. Definição de partido político

Segundo Pinto Ferreira, os partidos políticos podem ser definidos "como grupos sociais, geralmente regulados pelo direito público, vinculando pessoas que, tendo a mesma concepção sobre a forma desejável da sociedade do Estado, se congregam para a conquista do poder político, para realizar um determinado programa".[84]

A Lei nº 9.096/95, que revogou a LOPP – Lei Orgânica dos Partidos Políticos (Lei nº 5.682/71) –, assim define o partido político, em seu art.1º: "O partido político, pessoa jurídica de direito privado, destina-se a assegurar, no interesse do regime democrático, a autenticidade do sistema representativo e a defender os direitos fundamentais definidos na Constituição Federal."

Podemos entender, assim, que o partido político, como pessoa jurídica de direito privado, é um grupo social de relevante amplitude, destinado à arregimentação coletiva, em torno de ideias e de interesses, para levar seus membros a compartilhar do poder decisório nas instâncias governativas.

9.2. O sistema nacional partidário pluralista

Segundo Fávila Ribeiro,[85] o estudo dos partidos políticos comporta diferentes enfoques científicos, recebendo vigorosa contribuição da Sociologia, da Psicologia, da Ciência Política e do Direito.

Dimensão sociológica dos partidos – na dimensão sociológica, pela condição de grupo humano onde se engendra uma gama de relações que lhe confere coesão e unidade, em decorrência do estímulo mútuo entre dirigentes, membros, candidatos, filiados e simpatizantes.

---

[84] FERREIRA, Pinto. *Comentários à Lei Orgânica dos Partidos Políticos*. São Paulo: Saraiva, 1992, p. 9.

[85] RIBEIRO, Fávila. *Direito Eleitoral...*, obra citada, p. 268 a 291.

Reflete o partido acentuado processo de interação humana para realização de ideias ou necessidades políticas, pressupondo uma trama de relações interpessoais entre os seus membros e destes com o público em geral.

Contudo, a apreciação sociológica não deverá ficar circunscrita ao exame da estrutura organizacional adotada, tendo de considerar as diferenciações de papéis entre os membros dos partidos políticos, a distribuição hierarquizada de suas autoridades internas, os delineamentos disciplinares e os processos de cooperação e comunicação estabelecidos.

As diferenciações no relacionamento com o poder político são concretizadas por intermédio dos partidos políticos, tanto quanto figuram as classes na esfera do poder econômico. Porém, ao se vincular a uma determinada classe social, o partido não se desfalca de sua própria natureza política, nem a classe exaure as suas atividades e se deixa absorver em todos os seus conteúdos pelo partido político.

Dimensão psicológica dos partidos – procura o partido, à vista do sistema competitivo a que está relacionado, esmerar-se por apresentar renovadas e acessíveis mensagens e demonstrar eficiente e dedicado trabalho de seus representantes em prol das causas populares, uma vez que sua força aumenta proporcionalmente em razão do apoio recebido do eleitorado.

Dessa forma, a existência de antagonismos políticos impulsiona para que cada partido procure adaptar suas posições em consonância às renovadas exigências coletivas, evitando o comprometimento de seus líderes em atitudes que possam acarretar repulsa popular.

O homem, para realizar-se socialmente, une-se a outras pessoas de modo a que os interesses e os ideais possam prevalecer pela força política do número.

Podemos representar os partidos como: liberal, radical, conservador e reacionário.

O domínio pelas forças liberais e conservadoras produzirá um quadro político estável.

O domínio pelas forças radicais e reacionárias produzirá um quadro político de instabilidade.

O domínio pelas forças liberais e radicais, ambas incorporando atitudes positivas, produzirá um quadro político de inclinação progressista.

O domínio pelas forças conservadoras e reacionárias, incorporando atitudes pessimistas, produzirá um quadro político de estagnação.

Pode ser constatado que os partidos que permanecem duradouramente no poder, deixando de sofrer adversidades, passam a sofrer sério processo degenerativo, em face da acomodação de suas ideias e ambições pessoais de seus líderes e dirigentes, que passam a solapar a própria individualidade da agremiação, para não perderem o controle da maquinaria governamental.

Dimensão política dos partidos – é o elemento necessário à luta em termos políticos pela conquista e manutenção do poder, pois o partido é instrumento de relevante importância na dinâmica do poder político, contribuindo à interação entre governantes e governados no esquema do regime representativo.

Muito embora os partidos tenham suas nascentes relacionadas na liberdade de associação, atualmente, abranda-se a conotação individualista, para passar a figurar no plano institucional, por ser esse o elemento indispensável na mecânica representativa, não apenas nas relações entre os órgãos governamentais, mas também em dar regularidade ao exercício do poder de sufrágio.

O fenômeno partidário já está circunscrito aos regimes democráticos e é utilizado na maioria dos Estados contemporâneos, independente de sua configuração política. Figura mesmo nas organizações totalitárias, funcionando como força monopolista empregada na mobilização social.

Contudo, deve ser observado que apesar das ambiguidades das posições reservadas aos partidos, servindo aos dois extremos políticos (democrático e totalitário), não perde a sua condição de recrutamento voluntário, uma vez que nele o ingresso não é obrigatório, como acontece nas organizações corporativas, que abrangem a todos os componentes de determinada categoria profissional.

Pode acontecer, também, que os partidos políticos constituídos se degenerem ou se decomponham internamente em facções, vindo a sucumbir ou mesmo se esfacelando da linha disciplinar, com dirigentes e líderes partidários articulando conchavos clandestinos com adversários, para levarem os próprios correligionários à derrota eleitoral.

As facções podem evoluir, transformando-se em novos partidos políticos ou podem os partidos políticos regredir a meras facções dentro de um mesmo partido, atuando como grupo de pressão, o que torna vulnerável o partido.

O partido nasce e se mantém na esfera do poder político, e o seu sucesso decorre da ressonância que encontra na opinião do eleitorado, daí a importância de que assuma o partido político a manipulação dos instrumentos da comunicação social e da capacidade de renovar, periodicamente, suas mensagens e realizações.

Dimensão jurídica dos partidos – o lastro de fundamentos a ser observado pelos partidos é delineado pelo poder público, tanto quanto as formalidades que são impostas como condição de validade de seus atos.

Direito Eleitoral **171**

No Brasil, o partido somente adquiriu dimensão nacional e recebeu tratamento jurídico no 1° Código Eleitoral, instituído pelo Decreto n° 21.075, de 24/02/32, tendo sua estreia no âmbito constitucional na Carta de 1934. Extintos pela Carta Política de 1937, ditadura de Vargas, foi ele readmitido com a redemocratização iniciada em 1945 e cristalizado na Constituição de 1946.

Foi extirpado de nosso sistema pelo Ato Institucional n° 2, de 27/10/65, reorganizando-se novamente com a Lei n° 5.682, de 21/07/71, chamada LOPP, que em seu art. 2° definiu os partidos políticos como pessoas jurídicas de Direito Público interno.

Na condição de pessoa jurídica, o partido é capaz de direitos e obrigações, que não se confundem com os das pessoas físicas ou naturais que ao partido estejam vinculadas.

Todos os atos previstos para a instituição de um partido devem ser cumpridos em regular sequência, mas a sua existência jurídica somente ocorre com o deferimento do registro conferido pela Justiça Eleitoral.

Por sua condição pública, deve estar o partido correlacionado a uma das 3 esferas políticas, federal, estadual ou municipal, pois somente pelo nexo de alguma delas, ou de todas elas, poderá resultar o seu predicamento público.

A Constituição de 1988, no seu art. 17, § 2°, ao dizer que "os partidos, após adquirirem personalidade jurídica, na forma da lei civil, registrarão seus estatutos no Tribunal Superior Eleitoral", reconheceu ao partido político personalidade de natureza civil, modificando o texto da LOPP que reconhecia aos partidos políticos personalidade jurídica de Direito Público interno.

A *Lei n° 9.096/95* revogou a LOPP e regulamentou os arts. 17 e 14, § 3°, inciso V, da Constituição, dispondo sobre os partidos políticos.

No Brasil, o sistema partidário-pluralista tem suas raízes na Constituição Federal, art. 17, ao dispor que é livre a criação, fusão, incorporação e extinção dos partidos políticos, resguardados a soberania nacional, o regime democrático, o *pluripartidarismo*, os direitos fundamentais da pessoa humana, com a observância do que dispõem os seus incisos, que dizem respeito à funcionalidade dos partidos.

Não obstante o § 1° do art. 17 da CF assegure aos partidos políticos autonomia para definir sua estrutura interna, organização e funcionamento, relega aos estatutos dos partidos o estabelecimento de normas de fidelidade e disciplina partidária. Segundo penso, a fidelidade partidária deveria existir em nosso país, mas como deverá ser estabelecida nos estatutos partidários, por certo não vigorará entre os brasileiros, pois não é conveniente aos partidos o estabelecimento desse instituto, que só tomará forma entre nós no momento em que o legislador constituinte erigir o instituto da fidelidade partidária em nível constitucional.

A Emenda Constitucional nº 52, de 08/03/06, ampliou a redação do § 1º do art. 17 da Constituição Federal, tendo incluído a possibilidade dos partidos para adotar os critérios de escolha e o regime de suas coligações eleitorais, sem obrigatoriedade de vinculação entre as candidaturas em âmbito nacional, estadual, distrital ou municipal, ficando com seguinte redação:

"§ 1º É assegurada aos partidos políticos autonomia para definir sua estrutura interna, organização e funcionamento e *para adotar os critérios de escolha e o regime de suas coligações eleitorais, sem obrigatoriedade de vinculação entre candidaturas em âmbito nacional, estadual, distrital ou municipal,* devendo seus estatutos estabelecer normas de disciplina e fidelidade partidária."

Como se vê, esse novo regramento introduzido pela Emenda Constitucional nº 52/06 veio extinguir obrigatoriedade da verticalização das coligações formadas até então pelos partidos políticos nos pleitos eleitorais nos níveis nacional e estadual, segundo regramento disciplinado pelo TSE no fim de 2002.

Penso que muito salutar a regra introduzida pela Emenda Constitucional nº 52/2006, pois a simetria entre as coligações para a eleição presidencial e as que se formarem para a eleição majoritária e proporcional nos Estados não correspondem à necessidade funcional, nem a lógico-jurídico, uma vez que as eleições não são distintas apenas em termos abstratos como também em termos concretos, de modo que à sujeição de 27 Estados brasileiros ao pacto celebrado em plano nacional, além de um típico engessamento autoritário, foge do molde federativo e da realidade dos fatos, tendo em vista que a grande virtude da federação é alcançar a unidade por via da diversidade.

O TSE na resposta dada à Consulta nº 1.398/DF, feita pelo PFL, decidiu no dia 27/03/07, que os partidos e coligações têm o direito de preservar a vaga obtida pelo sistema eleitoral proporcional, quando, sem justificação, ocorra o cancelamento de filiação ou de transferência de candidato eleito para outra legenda partidária, uma vez que a filiação constitui requisito e pressuposto constitucional do mandato, o cancelamento dela ou a transferência do partido pelo qual se elegeu o candidato, quando não seja justificado, tem por efeito, já do ângulo dessa norma Constitucional (art. 14, § 3º, Inc.IV), a preservação da vaga na esfera do partido de origem.

Com sustentação na resposta dada à Consulta nº 1.398/DF pelo TSE vários partidos políticos ingressaram com os Mandados de Segurança nº 26.602, 26.603 e 26.604 perante o STF questionando essa decisão. O STF, em 16/10/07, em sessão memorável, assentou entendimento no mesmo sentido da resposta dada à Consulta, ou seja, decidindo que deve ser mantido o quadro político-partidário traçado pelos eleitores nas urnas. Ficou claro nos debates e nos votos dos Ministros do STF, que nenhum parlamentar ou nenhum cidadão é obrigado a permanecer indefinidamente no partido no qual se inscreveu ou pelo qual se apresentou candidato e foi eleito, face o princípio constitucional de que "ninguém poderá ser compelido a associar-se ou a permanecer associado", sendo o direito de entrar num partido ou dele sair indiscutível. O que ficou assente pela decisão do STF foi de que o sistema de representação proporcional e a lógica eleitoral estabelecem, é que um parlamentar ao migrar de um partido para outro não leva a cadeira que ocupa na casa legislativa. Esta não é do parlamentar, é do partido pelo qual se elegeu. Sem dúvida de que essa decisão memorável se trata de uma lógica irrefutável que, além de levar a uma desejável fidelidade partidária, leva, principalmente, a uma fidelidade ao eleitor que o elegeu, valorizando o próprio processo eleitoral e o sistema representativo.

No dia 25/10/07, o TSE expediu a Resolução n° 22.610, normatizando o assunto, não apenas para os mandatários eleitos pelo sistema proporcional, mas também quanto aos eleitos pelo sistema majoritário (Veja-se a íntegra dessa Resolução na nota de rodapé inserta das páginas 36 e 37).

Não deixando dúvidas quanto à responsabilidade dos órgãos partidários, inclusive excluindo a solidariedade entre os órgãos de direção partidária, o art. 2° da Lei n° 12.034/09 acresceu o art. 15-A à Lei n° 9.096/95, lei dos partidos políticos, que dispõe:

Art. 15-A. A responsabilidade, inclusive civil e trabalhista, cabe exclusivamente ao órgão partidário municipal, estadual ou nacional que tiver dado causa ao não cumprimento da obrigação, à violação de direito, a dano ou a qualquer ato ilícito, excluída a solidariedade de outros órgãos de direção partidária

9.3. A institucionalização democrática dos partidos e a coerência aos métodos democráticos na relação com os filiados

Os partidos políticos são acessíveis a todos os cidadãos, sem discriminação de raça, sexo, classe social, categoria profissional, credo religioso e procedência geográfica, desde que não estejam incursos em impedimentos de natureza constitucional.

Inexiste ato de iniciação política ao ingresso de eleitor em agremiação partidária, bastando que manifeste em forma idônea o seu propósito, devendo estar o eleitor na plenitude de seus direitos políticos (arts. 16 e ss. da Lei n° 9.096/95).

Implicitamente, prevalece o entendimento de que somente os brasileiros, natos ou naturalizados, podem ingressar em partidos políticos, visto que somente estes preenchem o requisito da cidadania.

Os partidos políticos, externamente, são de maneira geral democráticos pelas ideias que exprimem nos discursos que difundem, mas internamente, descuram dos postulados democráticos mais elementares, conservando emperrados os procedimentos participativos com seus filiados, mantendo hermético e segregado o seu ambiente. Na verdade, falta aos partidos uma verdadeira demonstração de apreço aos seus filiados, não se podendo sequer falar em prática igualitária de procedimentos partidários, não passando os partidos políticos, na realidade, de aparelhos exclusivos para os confrontos eleitorais.

Contudo, a lei que rege os partidos políticos, Lei nº 9.096/95, já possui dispositivos visando a uma maior aproximação desses com os seus eleitores filiados, conforme se vê do art. 44, inciso IV, ao tratar dos recursos oriundos do Fundo Partidário (que é previsto na CF, art. 17, § 3º), tornando obrigatório que no mínimo 20% dos recursos recebidos pelo partido do Fundo Partidário seja aplicado na criação e na manutenção de instituto ou fundação de pesquisa e de doutrinação e educação política, tornando cogente a aplicação dessa norma, quando nos §§ 1º e 2º desse mesmo artigo, dá o controle efetivo de respeito pelos partidos dessa norma à Justiça Eleitoral, por ocasião que examinar as contas prestadas pelos partidos.

O art. 2º da Lei nº 12.034/09 modificou a redação do inciso I do art. 44 da Lei nº 9.096/95 dispondo, *verbis*: "na manutenção das sedes e serviços do partido, permitido o pagamento de pessoal, a qualquer título, observado neste último caso o limite máximo de 50% (cinquenta por cento) do total recebido;". Acresceu também o inciso V a esse art. 44, dispondo *verbis*: "V – na criação e manutenção de programas de promoção e difusão de participação política das mulheres conforme percentual que será fixado pelo órgão nacional de direção partidária, observado o mínimo der 5% (cinco por cento) do total.". Acrescentou, ainda, os §§ 4º e 5º ao art. 44 da Lei nº 9.096/95, que dispõem: "§ 4º Não se incluem no cômputo do percentual previsto no inciso I deste artigo encargos e tributos de qualquer natureza. § 5º O partido que não cumprir o disposto no inciso V do *caput* deste artigo deverá, no ano subsequente, acrescer o percentual de 2,5% (dois inteiros e cinco décimos por cento) do Fundo Partidário para essa destinação, ficando impedido de utilizá-lo para finalidade diversa".

O filiado está para o partido da mesma forma que está o povo para a sociedade política. Disto resulta que a legitimidade democrática emanada do parágrafo único do art. 1º da CF c/c o art. 14 *caput*, da mesma Carta – pela qual todo o poder emana do povo, que o exerce por seus representantes ou diretamente, através de plebiscito ou referendo – deveria ser transposto para a organização interna dos partidos em relação aos seus filiados, devendo não apenas os dirigentes dos partidos, mediante sufrágio universal, pelo voto direto e secreto, com valor igual para todos os filiados, nos limites da lei e dos postulados estatutários, ser eleitos, mas também os filiados que irão concorrer aos variados mandatos eletivos.

Com a adoção dessa fórmula, estariam os partidos fortalecidos, pois os filiados passariam a refletir perante o seu partido a condição equivalente à cidadania, exprimindo a mesma legitimidade que o acompanha no exercício participativo em nível de cidadão brasileiro.

A ideia de isonomia deve estar presente na compreensão geral do sistema partidário, unindo o sentido participativo dos filiados em seus respectivos partidos e destes, uns com os outros, na reciprocidade das regras que são aplicáveis.

O sistema tem por lema o caráter transitório das vitórias políticas, prevendo mutações periódicas, apoiadas essas no desempenho eficiente de cada partido, dos líderes que forem consagrados e dos candidatos escolhidos, tudo emanando do poder do sufrágio.

Tendo em vista que a campanha eleitoral só se inicia após a escolha dos candidatos nas convenções partidárias, nada mais natural que os escolhidos o fossem em processo de escolha direta pelos filiados, mediante prévias eleitorais, que poderiam revelar índice direto da receptividade local, regional e nacional de cada partido, demonstrada pelo comparecimento às referidas prévias partidárias.

A filiação partidária tem grande importância no procedimento de escolha dos candidatos que irão disputar o pleito. É verdade que a lei eleitoral dá o prazo mínimo exigido de filiação partidária, para que um eleitor-filiado possa concorrer ao pleito (a Lei n° 9.504/97, no art. 9°, *caput*, dá o prazo de 1 ano anterior ao pleito).

Com a Lei n° 9.096/95, o sistema de filiação partidária sofreu considerável modificação em relação à legislação anterior, pois que modificado um sistema que vigia desde a vigência da LOPP (1971). Vejam-se os arts. 16 a 22 da Lei n° 9.096/95.[86]

Aliás, o art. 2° da Lei n° 12.034/09 acrescentou o § 3° ao art. 19 da Lei n° 9.096/95, dispondo que "Os órgãos de direção nacional dos partidos políticos terão pleno acesso às informações de seus filiados constantes do cadastro eleitoral.".

O art. 4° da Lei n° 12.034/09 acrescentou, também, um artigo que reputo de grande importância para a transparência da arrecadação dos

---

[86] TSE, Mandado de Segurança n° 5/SE, Rel. Min. CARLOS VELLOSO, j. 21/MAR/96, *in* JTSE vol. 8, p. 11. TSE, REsp. n° 14.679, Rel. Min. NILSON NAVES, DJU de 30/OUT/96, p. 41.800. TSE/SÚMULA n° 14 – "A duplicidade de que cuida o parágrafo único do artigo 22 da Lei n° 9.096/95 somente fica caracterizada caso a nova filiação houver ocorrido após a remessa das listas previstas no parágrafo único do artigo 58 da referida Lei". (Súmula 14 – cancelada pela Resolução 21.885, de 17/08/2004).

candidatos e comitês financeiros nas campanhas eleitorais, qual seja, o art. 22-A da Lei nº 9.504/97 que regra que "Candidatos e Comitês Financeiros estão obrigados à inscrição no Cadastro Nacional da Pessoa Jurídica – CNPJ", regrando o § 1º desse artigo que: "Após o recebimento do pedido de registro da candidatura, a Justiça Eleitoral deverá fornecer em 3 (três) dias úteis, o número de registro de CNPJ", dispondo o § 2º desse mesmo artigo que: "Cumprido o disposto no § 1º deste artigo e no § 1º do art. 22, ficam os candidatos e comitês financeiros autorizados a promover a arrecadação de recursos financeiros e a realizar despesas necessárias à campanha".

Todo o eleitor que integrar os quadros partidários por ato de espontânea vontade, por certo terá o direito de desligar-se quando não mais persistir a sua afinidade com o partido, porém enquanto não se desfiliar, deve manter-se fiel ao partido, não adotando qualquer medida que o possa prejudicar. Daí ficarem os filiados sujeitos a sanções disciplinares, quando ficar caracterizado o desrespeito aos princípios programáticos do partido. As penas disciplinares estão previstas nos estatutos de cada partido, conforme estabelecido no art. 23 da Lei nº 9.096/95, e são elas aplicadas em nível interno do partido, em procedimento que comporte o contraditório assegurado constitucionalmente a todos os procedimentos judiciais e administrativos.

O art. 21 da Lei nº 9.096/95 trata do desligamento de filiado de partido político, tornando obrigatório, para que a desfiliação se concretize, que o filiado faça comunicação, por escrito, tanto ao órgão de direção municipal do partido do qual deseja se desfiliar, como ao Juiz Eleitoral da Zona em que for inscrito, da sua intenção efetiva de desfiliação partidária. Regra o parágrafo único desse artigo que decorridos dois dias da data da entrega dessas comunicações, o vínculo torna-se extinto, para todos os efeitos. Desta forma, é fundamental e acautelador que essas comunicações da intenção de desfiliar-se do partido, entregues ao órgão de direção do partido e ao Juiz Eleitoral da Zona na qual possui sua inscrição eleitoral, sejam entregues mediante protocolo, devendo o desfiliado guardar em seu poder, para possível comprovação posterior da data de seu efetivo desligamento do partido.

O parágrafo único do art. 22 da Lei nº 9.096/95 dispõe, ainda, que "quem se filia a outro partido deve fazer comunicação ao partido e ao juiz de sua respectiva Zona Eleitoral, para cancelar sua filiação; se não o fizer no dia imediato ao da nova filiação, fica configurada dupla filiação, sendo ambas consideradas nulas para todos os efeitos". A observância dessa regra é fundamental, sob pena de o cidadão que não agir de acordo com ela, responder, também, pelo crime regrado no art. 320 do Código Eleitoral, ou seja, dupla filiação.

Direito Eleitoral

177

9.4. As deliberações partidárias e a disciplina interna, sua fusão e extinção

A criação, a fusão, a incorporação e a extinção dos partidos políticos estão disciplinadas no art. 17 da Constituição Federal e nos arts. 27 a 29 e seus §§ da Lei nº 9.096/95.

Já com a Constituição/88, deixava o partido político de ter a natureza de pessoa jurídica de Direito Público interno, para passar à condição de pessoa jurídica de direito privado, tendo referida disposição constitucional se consolidado através da Lei nº 9.096/95, que deu nova regulamentação aos partidos políticos.

Entendo que correta a condição de pessoa jurídica de direito privado dada aos partidos políticos pela Carta de 88, tendo em vista que estes, como associações de cidadãos, não são diferentes dessas. A LOPP, ao atribuir a condição de pessoa jurídica de Direito Público interno aos partidos, estava equivocada, pois uma entidade só adquire personalidade jurídica de direito público se for criada por lei. Ora, o partido político não integra a Administração Pública, e sua constituição, mesmo durante a vigência da LOPP, não o era por lei.

Na atual legislação, o partido político, num primeiro momento, adquire a personalidade jurídica na forma da lei civil, com o registro de seus Estatutos no Cartório de Registro Civil das Pessoas Jurídicas da Capital Federal, art. 8º da Lei nº 9.096/95 e, após, serão registrados no TSE,[87] na forma do art. 9º do mesmo Diploma Legal.

Todo aquele que compartilha de uma organização associativa, tal como o é o partido político, alimenta-se de sadios sentimentos nas convivências que se estabelecem, acreditando no desenvolvimento de impulsos criativos, estimulados pela solidariedade que recebem, abrindo esperanças que se transponham para os relacionamentos externos, a refletir confiança no esforço conjugado. Assim, nada mais justo que numa sociedade democrática os cidadãos encontrem essa convivência dentro dos partidos políticos a que são filiados.

Sendo os partidos políticos pessoas jurídicas de direito privado, não estão sujeitos à tutela da Justiça Eleitoral, em suas quezilas internas, que deverão resolvê-las internamente e, se assim não for possível, em nível da Justiça Comum.

Também estão os partidos políticos regidos exclusivamente na forma que dispuserem seus estatutos, inclusive quanto à forma que venham a dissolver-se ou fundir-se a outro.

O art. 28 da Lei nº 9.096/95 enumera os casos em que o TSE determinará o cancelamento do registro civil e do estatuto do partido, a saber:

---

[87] TSE, Recurso nº 12.209/RS, Rel. Min. AMÉRICO LUZ, j. 10/03/92, *in* JTSE vol. 4, p. 204.

"I – ter recebido ou estar recebendo recursos financeiros de procedência estrangeira;

II – estar subordinado a entidade ou governo estrangeiros;

III – não ter prestado, nos termos da lei, as devidas contas à Justiça Eleitoral;

IV – que mantiver organização paramilitar."

Nos casos acima enumerados, deverá haver apuração em procedimento judicial regular, que assegure a ampla defesa, sendo que o processo pode ser iniciado pelo TSE, à vista de denúncia de qualquer eleitor, de representante do partido, ou de representação do Procurador-Geral Eleitoral.

O art. 2º da Lei nº 12.034/09 acresceu os §§ 4º, 5º e 6º a esse art. 28 da Lei nº 9.096/95, detalhando e esclarecendo sua abrangência, *verbis:*

"§ 4º Despesas realizadas por órgãos partidários municipais ou estaduais ou por candidatos majoritários nas respectivas circunscrições devem ser assumidas e pagas exclusivamente pela esfera partidária correspondente, salvo acordo com órgão de outra esfera partidária.

§ 5º Em caso de não pagamento, as despesas não poderão ser cobradas judicialmente dos órgãos superiores dos partidos políticos, recaindo eventual penhora exclusivamente sobre o órgão partidário que contraiu a dívida executada.

§ 6º O disposto no inciso III do caput refere-se apenas aos órgãos nacionais dos partidos políticos que deixarem de prestar contas ao Tribunal Superior Eleitoral, não ocorrendo o cancelamento do registro civil e do estatuto do partido quando a omissão for dos órgãos regionais ou municipais."

O art. 29 da Lei nº 9.096/95 prevê a possibilidade de fusão e de incorporação entre dois ou mais partidos.

A *fusão* decorre da conjugação, abrangendo dois ou mais partidos, da qual emergirá uma nova entidade partidária, absorvendo as agremiações que assim ajustaram, seguindo as mesmas tramitações aplicáveis à formação dos partidos. Deverão os partidos que se fundiram elaborar novo estatuto e programa, ficando o Diretório Nacional, que for provisoriamente constituído, incumbido da promoção do registro da entidade emergente.[88]

A *incorporação* partidária importa na abdicação de determinado partido de sua individualidade existencial, perdendo a sua autonomia para agregar-se a outro partido existente, após assim ser deliberado nas apropriadas instâncias partidárias. Assim ocorrendo, haverá uma unificação e uma reacomodação, sendo certo que se distenda o corpo de filiados, aos quais se repassam os mesmos direitos e deveres diferenciados da esfera

---

[88] RESOLUÇÃO TSE nº 19.133 – Registro de Partido nº 254/DF, Cl. 7ª, Rel. Min. DINIZ DE ANDRADA, j. 08/06/93, in JTSE vol. 5, p. 456.

que recebe e recepciona o partido. Não pode ser de outro modo, pois o filiado é o citado na esfera do partido.[89]

A *extinção* dos partidos poderá ocorrer do processo de fusão, que implique o surgimento de outro partido, ou por deixar de subsistir em razão da sua incorporação a um outro partido.

Na forma democrática que prevalece, inadmitem-se deliberações enclausuradas de dirigentes no tocante a fusão, incorporação ou extinção dos partidos, tendo de haver o envolvimento da coletividade de filiados, em manifestação direta interna, para esse fim específico, dentro do figurino constitucional vigente, na concepção de autonomia do perfil associativo, ao qual implica a ideia de participação igualitária de seus membros.

Quanto ao *cancelamento* do partido, este só pode resultar de decisão judicial, com trânsito em julgado, onde foi assegurado o contraditório e o princípio da ampla defesa e nos moldes do estipulado quanto às associações, CF, art. 5º, XIX. Têm legitimidade para propositura do cancelamento do partido o Ministério Público e qualquer partido político em legítimo funcionamento. O cancelamento do registro acarreta a perda da personalidade jurídica do partido, razão pela qual deverá haver desse cancelamento registro na forma da legislação civil, a mesma que prevaleceu para sua criação.

Quanto às doações recebidas de pessoas físicas e jurídicas "em ano eleitoral, os partidos políticos poderão aplicar ou distribuir pelas diversas eleições os recursos financeiros recebidos de pessoas físicas e jurídicas, observando-se o disposto no § 1º do art. 23, no art. 24 e no § 1º do art. 81 da Lei nº 9.504, de 30 de setembro de 1997, e os critérios definidos pelos respectivos órgãos de direção e pelas normas estatutárias" (esse § 5º foi acrescido ao art. 39 da Lei nº 9.096/95, pelo art. 2º da Lei nº 12.034/09).

9.5. Propaganda partidária regrada na Lei nº 9.096/95

A Lei nº 9.504/97, que regula a propaganda eleitoral, dispõe taxativamente no seu art. 36 que "a propaganda eleitoral somente é permitida após o dia 5 de julho do ano da eleição".

Como é do conhecimento de todos nós, especialmente nos anos em que se realizam eleições, o que ocorre a cada dois anos, que sendo a propaganda eleitoral permitida apenas no semestre em que se realiza o sufrágio – apenas a partir do dia 5 de julho –, que a propaganda partidária veiculada no primeiro semestre do ano eleitoral se presta a desvirtuar a propaganda partidária, entrando descaradamente na propaganda eleitoral.

---

[89] RESOLUÇÃO TSE nº 19.114 – Registro de Partido nº 247/DF, Cl. 7ª, Rel. Min. JOSÉ CÂNDIDO, j. 27/05/93, in JTSE vol. 5, p. 448.

Para coibir essas distorções, que é mais comum acontecer nos anos eleitorais, o *Parquet* Eleitoral deve estar atento para, com a sua atuação, inclusive como parte-autora, e não apenas como fiscal da lei, ajuizar as medidas necessárias para fazer cessar a propaganda partidária irregular ou a propaganda eleitoral proibida.

A lei dos partidos políticos menciona apenas os "partidos políticos", no § 2° do art. 45 da Lei n° 9.096/95, como detentores de poder representar contra as transmissões infringentes do permitido aos partidos políticos, na veiculação da propaganda partidária gratuita, regrada pelo art. 45, *caput* e § 1°.[90]

Contudo, a Constituição Federal, ao regrar no art. 127 que *o Ministério Público é instituição permanente e essencial à função jurisdicional do Estado*, "incumbindo-lhe a defesa da ordem jurídica, do regime democrático e dos interesses sociais e individuais indisponíveis", regra essa que, aliada ao disposto nos arts. 72 e ss da LC n° 75, de 20/05/93,[91] que disciplina as funções eleitorais do Ministério Público, determinando a atuação do *Parquet* Eleitoral em todas as fases e instâncias do processo eleitoral, equipa, dando competência ao Ministério Público Eleitoral para representar junto à Justiça Eleitoral sobre as infringências à propaganda partidária ou à propaganda eleitoral irregular, veiculada através da propaganda partidária.

É bem verdade que a Lei n° 9.096/95, no § 2°, do art. 45, prevê apenas a penalidade de cassação ao partido infrator, do direito de transmissão a que faria jus, no semestre seguinte, o que significa que o partido que infringir o regrado no art. 45 da lei dos partidos políticos, poderá ter cassado o direito de transmissão no primeiro semestre do ano seguinte. Contudo, aqui também tem aplicação o regrado no art. 249 do Código Eleitoral,[92] atribuído aos Juízes Eleitorais, que possuem o poder de polícia para fazer cessar a veiculação da propaganda irregular. E o Ministério Público,

---

[90] Lei n° 9.096/95 – art. 45 – A *propaganda partidária gratuita*, gravada ou ao vivo, efetuada mediante transmissão por rádio e televisão será realizada entre as dezenove horas e trinta minutos e as vinte e duas horas *para, com exclusividade*: I – difundir programas partidários; II – transmitir mensagens aos filiados sobre a execução do programa partidário, dos eventos com este relacionados e das atividades congressuais do partido; III – divulgar a posição do partido em relação a temas político-comunitários. § 1° Fica *vedada*, nos programas de que trata este Título: I – a participação de pessoa filiada a partido que não o responsável pelo programa; II – a divulgação de propaganda de candidatos a cargos eletivos e a defesa de interesses pessoais ou de outros partidos; III – a utilização de imagens ou cenas incorretas ou incompletas, efeitos ou quaisquer outros recursos que distorçam ou falseiem os fatos ou a sua comunicação.

[91] LC n° 75/93 – art. 72 – Compete ao Ministério Público Federal exercer, no que couber, junto à Justiça Eleitoral, as funções do Ministério Público, atuando em todas as fases e instâncias do processo eleitoral. Parágrafo único – O Ministério Público Federal tem legitimação para propor, perante o juízo competente, as ações para declarar ou decretar a nulidade de negócios jurídicos ou atos da administração pública, infringentes de vedações legais destinadas a proteger a normalidade e a legitimidade das eleições, contra a influência do poder econômico ou o abuso do poder político ou administrativo.

[92] Código Eleitoral – Lei n° 4.737/65 – art. 249 – O direito de propaganda não importa restrição ao poder de polícia quando este deva ser exercido em benefício da ordem pública.

Direito Eleitoral

embora não haja sanção legal, no caso de propaganda partidária que é veiculada afrontando as disposições legais, poderá tomar providênciais através de representação para que o Juiz Eleitoral, usando o poder de polícia que lhe é atribuído, faça cessar a propaganda partidária irregular.

Visando a uma maior participação feminina na política partidária, o art. 2º da Lei nº 12.034/09 acrescentou o inciso IV ao art. 45 da Lei nº 9.096/95, dispondo ainda: "promover e difundir a participação política feminina, dedicando às mulheres o tempo que será fixado pelo órgão nacional de direção partidária, observando o mínimo de 10% (dez por cento)".

Acrescentou, também, a Lei nº 12.034/09, através de seu art. 2º, o § 2º, inciso I e II e os §§ 3º, 4º, 5º e 6º, ao art. 45 da Lei dos partidos políticos, regrando que:

"§ 2º O partido que contrariar o disposto neste artigo será punido:

I – quando a infração ocorrer nas transmissões em bloco, com a cassação do direito de transmissão no semestre seguinte;

II – quando a infração ocorrer nas transmissões em inserções, com a cassação de tempo equivalente a 5 (cinco) vezes ao da inserção ilícita, no semestre seguinte.

§ 3º A representação, que somente poderá ser oferecida por partido político, será julgada pelo Tribunal Superior Eleitoral quando se tratar de programa em bloco ou inserções nacionais e pelos Tribunais regionais Eleitorais quando se tratar de programas em bloco ou inserções transmitidos nos Estados correspondentes.

§ 4º O prazo para o oferecimento de representação encerra-se no último dia do semestre em que for veiculado o programa impugnado, ou se este tiver sido transmitido nos últimos 30 (trinta) dias desse período, até o 15º (décimo quinto) dia do semestre seguinte.

§ 5º Das decisões dos Tribunais Regionais Eleitorais que julgarem procedente representação, cassando o direito de transmissão de propaganda partidária, caberá recurso para o Tribunal Superior Eleitoral, que será recebido com efeito suspensivo.

§ 6º A propaganda partidária, no rádio e na televisão, fica restrita aos horários gratuitos disciplinados nesta Lei, com proibição de propaganda paga."

As representações contra a propaganda partidária correrão perante o TSE, se for o caso de propaganda partidária gratuita em nível de partido nacional e perante os TREs se for o caso de propaganda partidária em nível de partido estadual, pois pela Resolução TSE nº 20.034/97, em regulamentando os arts. 45 e ss da Lei nº 9.096/95, especificamente no seu art. 12, assim dispôs sobre as representações de que trata o § 2º do art. 45 da lei dos partidos políticos. Aliás, Resoluções posteriores também vêm regrando da mesma forma a questão.

A Resolução do TSE n° 20.034/97, e as posteriores que vêm regulando essa questão, em consonância com o disposto no art. 127 da Constituição Federal, em seu art. 13,[93] inclui o Ministério Público como parte ativa para propor representação perante a Corregedoria do Tribunal que for o competente para instruir a representação, por infringência às regras da propaganda partidária da Lei n° 9.096/95.

Porém, como para propor representação perante os TREs possui competência tão somente o Procurador Regional Eleitoral (art. 77 da LC n° 75/93),[94] o Promotor Eleitoral que tomar ciência da infringência à propaganda partidária gratuita, veiculada nas rádios e emissoras de televisão, deverá diligenciar imediatamente na comunicação ao Procurador Regional Eleitoral, para a propositura da competente representação, a fim de cassação do direito de transmissão pelo partido infrator, no primeiro semestre, após o pleito, que está a se realizar.

De qualquer sorte, tendo conhecimento o Promotor Eleitoral de veiculação, no 1° semestre de ano eleitoral, de propaganda eleitoral no horário gratuito reservado aos partidos políticos para realização da propaganda partidária, independente de remessa ao Procurador Regional Eleitoral, para propositura de representação, visando aos fins do § 2° do art. 45 da Lei n° 9.096/95 perante o TRE, com sustentação no art. 36, § 3°, c/c art. 96 da Lei n° 9.504/97, poderá ajuizar também representação perante o Juiz Eleitoral, para aplicação de multa ao responsável pela divulgação da propaganda irregular e ao pretenso candidato beneficiário, se resultar comprovado o seu prévio conhecimento da propaganda irregular em seu favor.

---

[93] Resolução TSE n° 20.034/97 – art. 13 – Caberá à Corregedoria Geral da Justiça Eleitoral ou às Corregedorias Regionais Eleitorais, conforme a competência dos respectivos Tribunais Eleitorais, receber e instruir representação do Ministério Público, partido político, órgão de fiscalização do Ministério das Comunicações ou entidade representativa das emissoras de rádio e televisão, para ver cassado o direito de transmissão de propaganda partidária, bem como as reclamações do partido, por afronta ao seu direito de transmissão em bloco ou em inserções, submetendo suas conclusões ao tribunal.

[94] LC n°75/93 – art. 77 – Compete ao Procurador Regional Eleitoral exercer as funções do Ministério Público nas causas de competência do Tribunal Regional Eleitoral respectivo, além de dirigir, no Estado, as atividades do setor.

Direito Eleitoral

Capítulo X

Crimes eleitorais e o respectivo Processo Penal

10.1. Natureza dos crimes eleitorais

Conceito – Crimes eleitorais são condutas tipificadas em razão do processo eleitoral e, portanto, puníveis em decorrência de serem praticados por ocasião do período em que se preparam e realizam as eleições e ainda porque visam a um fim eleitoral.

Para Nelson Hungria, crimes eleitorais "são as infrações, penalmente sancionadas, que dizem respeito às várias e diversas fases de formação do eleitorado e do processo eleitoral".[95]

Natureza jurídica – Os crimes eleitorais derivam da subdivisão dos crimes políticos, sendo, portanto, sua *natureza jurídica política*, pois como se sabe, os crimes eleitorais são cometidos contra a ordem política e social, enquanto a outra divisão dos crimes políticos é daqueles crimes cometidos contra a segurança nacional.

Fávila Ribeiro salienta que "a inclusão dos crimes eleitorais na esfera de especialização política não é apenas decorrente da atitude assumida pelo legislador pátrio, retirando-os do contexto do Código Penal, fazendo-os inserir em capítulo da codificação eleitoral, é a própria natureza dos crimes eleitorais, afetando diretamente as instituições representativas, estruturas básicas da organização política democrática, que impõe sejam reconhecidos como crimes políticos".[96]

No crime eleitoral, o bem jurídico lesado ou exposto a perigo de dano é a ordem política, daí concluir-se serem os crimes eleitorais crimes contra o Estado, mais especificamente contra a ordem política do Estado, decorrendo daí o grande interesse do Estado em prevenir tais delitos.

Nessa ordem de raciocínio, podemos afirmar que nos crimes eleitorais o sujeito passivo é sempre o Estado. Contudo, nada impede que concomitante a ele exista outro sujeito passivo, ou seja, outro cidadão lesado ou ameaçado no exercício de seu direito. Essa duplicidade de dano pode ocorrer, por exemplo, quando um cidadão é impedido de votar, situação

---

[95] HUNGRIA, Nelson. *Comentários ao Código Penal*, 4ª edição. Rio de Janeiro: Forense, 1958, p. 289.

[96] RIBEIRO, Fávila. *Direito Eleitoral...*, obra citada, p. 554.

Direito Eleitoral   **185**

que está tipificada no art. 297 do Código Eleitoral, sendo no caso lesado, não apenas o eleitor, mas também o próprio Estado: o cidadão, por ser impedido de exercer o seu direito-dever que impõe e assegura o Estado, e o Estado por ser agredido na normalidade de sua atividade política.

Dessa forma, podemos dizer que o sufrágio popular é a energia política que vai assegurar o funcionamento das instituições governamentais. Portanto, é no sufrágio que o regime político encontra sua força vital e a sua própria fundamentação.

Dados históricos pertinentes aos crimes eleitorais no Brasil.

- Código Criminal do Império de 1830 – no Título II, ao disciplinar "Dos crimes contra o livre gozo exercício dos direitos políticos dos cidadãos", reservou aos crimes eleitorais os arts. 100 a 106, com redação bastante pormenorizada das condutas e das penas aplicadas.

– Código Penal de 1890 – no Título IV, tratou "Dos crimes contra o livre gozo e exercício dos direitos individuais", abrangendo 4 Capítulos, sendo que no Capítulo I, que protegia o livre exercício dos direitos políticos, na cominação de pena, além da de privação de liberdade e multa, já previa a pena "de privação dos direitos políticos".

– Código Penal de 1940 – vigente até nossos dias, é omisso quanto à matéria de crimes eleitorais, tendo o legislador optado a tratar a matéria em legislação específica.

– Decreto n° 21.076, de 24/02/32 – 1° Código Eleitoral – no Título II, preceitua que todos os delitos são inafiançáveis; reserva um Capítulo para ação penal pública e outro aos delitos eleitorais, prevendo num único artigo, com 28 parágrafos, a capitulação dos crimes eleitorais.

– Decreto-Lei n° 7.586, de 28/01/45 – primeira lei especial que trata exclusivamente da criminalidade eleitoral, mas remete o processo eleitoral à legislação comum.

– Lei n° 4.737, de 15/07/65 – Código Eleitoral vigente – no Título IV, dividido em 3 Capítulos, trata exclusivamente de matéria criminal eleitoral, sendo o 1° capítulo reservado às disposições preliminares, o 2° capítulo, à tipificação dos crimes eleitorais, e o 3° capítulo destinado ao processo desses delitos.

– Lei n° 9.504/97 – lei eleitoral e outras leis, tais como, a Lei Complementar n° 64/90 e a Lei n° 6.091/74, que são leis que têm em seu bojo capitulações de crimes eleitorais.

Classificação. A doutrina é muito controvertida a respeito da classificação dos delitos eleitorais, havendo sugestões de que deva ocorrer, segundo o sujeito ativo, o bem jurídico tutelado ou até mesmo considerando o momento da consumação do crime.

Para Nelson Hungria,[97] há dois critérios diversos: o primeiro, observando o modo de execução (violência, fraude, corrupção), e o segundo, considerando o momento ou as fases de preparação ou realização do processo eleitoral (propaganda, alistamento, votação, apuração). Propõe o mestre, contudo, outra classificação, embora reconheça a sua imperfeição, a saber:

"a) abusiva propaganda eleitoral (arts. 322 a 337);
b) corrupção eleitoral (art. 299);
c) fraude eleitoral (arts. 289 a 291, 302, 307, 309, 310, 312, 315, 317, 319, 321, 337, 339, 340, 348, 349, 352, 353 e 354);
d) coação eleitoral (arts. 300 e 301);
e) aproveitamento econômico da ocasião eleitoral (arts. 303 e 304);
f) irregularidade no ou contra o serviço público eleitoral (dos demais artigos do Capítulo II, do Título IV)."

Joel Cândido,[98] à simetria da classificação adotada pelo Código Penal, apresenta uma classificação segundo o bem jurídico especificamente protegido, a saber:

"1 – Crimes contra a Organização Administrativa da Justiça Eleitoral: art. 249; arts. 305 a 306, art. 310; art. 318 e art. 340;
2 – Crimes contra os serviços da Justiça Eleitoral: arts. 289 a 293; art. 296; art. 303; arts. 341 a 347; art. 11 da Lei n° 6.091/74, art. 45, §§ 9° e 11; art. 47, § 4°; art. 68, § 2°; art. 72, § 3°; art. 114, parágrafo único e art. 120 § 5° todos do Código Eleitoral;
3 – Crimes contra a Fé Pública Eleitoral: arts. 313 a 316, arts. 348 a 354, art. 15 da Lei n° 6.996/82 e art. 174, § 3° do Código Eleitoral;
4 – Crimes contra a Propaganda Eleitoral: arts. 322 a 337;
5 – Crimes contra o sigilo e Exercício do Voto: art. 295, arts. 297 a 302, arts. 307 a 309; art. 312; art. 317; art. 339; art. 5° da Lei n° 7.021/82 e art. 135, § 5° do Código Eleitoral;
6 – Crimes contra os Partidos Políticos: arts. 319 a 321; art. 338 e art. 25 da LC n° 64/90."

Fávila Ribeiro[99] oferece outra classificação, considerando os bens lesados ou colocados em perigo mediante o comportamento do sujeito ativo, a saber:

"Crimes Eleitorais:
I – lesivos à autenticidade do processo eleitoral;
II – lesivos ao funcionamento do serviço eleitoral;

---

[97] HUNGRIA, Nelson. "Crimes Eleitorais". *Revista Eleitoral da Guanabara*, ano I, n° 1, 1968. Tribunal Regional Eleitoral, p. 134/135.

[98] CÂNDIDO, Joel José. *Direito Eleitoral...*, obra citada, p. 250/251.

[99] RIBERO, Fávila, p. 558.

Direito Eleitoral   **187**

III – lesivos à liberdade eleitoral;
IV – lesivos aos padrões éticos ou igualitários nas atividades eleitorais."

Por considerar a classificação do Mestre Fávila Ribeiro mais adequada com as tipificações dos crimes definidos no Código Eleitoral, a ela restringiremos a abordagem.

I – Nos crimes lesivos à autenticidade do processo eleitoral, Fávila Ribeiro faz a seguinte subdivisão:
1°) *Fraude eleitoral*:
I – no alistamento = arts. 289 a 291;
II – em atos partidários = arts. 319 a 321;
III – na votação = arts. 307 a 311;
IV – na apuração = arts. 315 a 318.
2°) *Corrupção eleitoral* = art. 299.
3°) *Falsidade de documentos para fins eleitorais* = arts. 348 a 354.

II – Nos crimes lesivos ao funcionamento do serviço eleitoral, Fávila Ribeiro faz a seguinte subdivisão:
1°) *Cometidos por funcionários* = arts. 292, 294, 305, 306, 313, 314, 338 e 341 a 345;
2°) *Cometidos por particulares ou funcionários* = arts. 339, 340 e 347;
3°) *Cometidos por particulares* = arts. 293, 296, 297 e 302 a 304.

III – Nos crimes lesivos à liberdade eleitoral, Fávila Ribeiro inclui os crimes tipificados: arts. 295, 298, 300, 302, 312, 331 e 332.

IV – Nos crimes lesivos aos padrões éticos e igualitários nas atividades eleitorais, Fávila Ribeiro inclui os crimes tipificados: arts. 322 a 330, 333 a 337, 346 e 25 da LC n° 64/90.

Como o Código Eleitoral não faz qualquer referência à conexão de crimes no procedimento eleitoral criminal, valem as regras do CPP, onde a conexão se refere a um laço existente entre vários delitos; a cumplicidade a um laço existente entre vários autores em um mesmo delito

Uma menção importante é quanto ao conceito de membros e funcionários da Justiça Eleitoral, bem como o de funcionário público empregado no Código Eleitoral, art. 283, *verbis*:

"Art. 283. Para efeitos penais são considerados membros e funcionários da Justiça Eleitoral:

I – os magistrados que, mesmo não exercendo funções eleitorais, estejam presidindo Juntas Apuradoras ou se encontrem no exercício de outra função por designação de Tribunal Eleitoral;

II – os cidadãos que temporariamente integram órgãos da Justiça Eleitoral;

III – os cidadãos que hajam sido nomeados para as Mesas Receptoras ou Juntas Apuradoras;

IV – os funcionários requisitados pela Justiça Eleitoral.

§ 1º Considera-se funcionário público, para os efeitos penais, além dos indicados no presente artigo, quem, embora transitoriamente ou sem remuneração, exerce cargo, emprego ou função pública.

§ 2º Equipara-se funcionário público quem exerce cargo, emprego ou função em entidade paraestatal ou em sociedade de economia mista."

Como se observa do dispositivo transcrito, no momento em que os enumerados nos incisos I a IV, quer como "membro" ou "funcionário", cedidos ou requisitados, passam a trabalhar perante a Justiça Eleitoral, adquirem, para efeitos penais, a condição de funcionário da Justiça Eleitoral. Os enumerados nos incisos I a III são considerados "membros" da Justiça Eleitoral, e os mencionados no inciso IV são considerados "funcionários" da Justiça Eleitoral. Contudo, quer como "membro", quer como "funcionário" da Justiça Eleitoral, todos, pelo § 1º do mesmo artigo transcrito, para efeitos de lei penal eleitoral, são considerados funcionários da Justiça Eleitoral.

Após a vigência da Lei nº 9.504/97, lei eleitoral que vem regrando os pleitos eleitorais desde a eleição de 1998, e a implementação total da votação eletrônica em todo país, muitos crimes tipificados no Código Eleitoral, ou foram revogados expressamente por essa lei eleitoral, ou foram revogados tacitamente, a saber:

1º) *crimes eleitorais revogados expressamente pelo art. 107 da Lei nº 9.504/97* – arts. 322, 328, 329 e 333, todos do Código Eleitoral;

2º) crimes eleitorais revogados tacitamente pela Lei nº 9.504/97 – arts. 307, 308, 311, 313 e seu parágrafo único, 314 e seu parágrafo único, 315, 330, 336 revogado parcialmente em razão da revogação expressa dos arts. 322, 328 e 329.

A Lei nº 9.504/97 traz tipificações criminais eleitorais: § 4º do art. 33; §§ 2º e 3º do art. 34; § 5º do art. 39; art. 40; art. 41-A (introduzido pela Lei nº 9.840, de 28/09/99)[100]; §§ 7º e 8º do art. 58; § 2º do art. 68 e art. 72.

---

[100] O art. 3º da lei nº 12.034/09 alterou esclarecendo a redação dos arts. 41 e 41-A da Lei nº 9.504/97: Art. 41. A propaganda exercida nos termos da legislação eleitoral não poderá ser objeto de multa e nem cerceada sob alegação do exercício do poder de polícia ou de violação de postura municipal, casos em que se deve proceder na forma prevista no art. 40. § 1º o poder de polícia sobre a propaganda eleitoral será exercido pelos juízes eleitorais e pelos juízes designados pelos Tribunais Regionais

Direito Eleitoral

A Lei Complementar n° 64/90 traz tipificação criminal eleitoral nos arts. 20 e 25.

A Lei n° 6.091, de 15/08/74, que dispõe sobre o fornecimento gratuito de transporte, em dia de eleição, a eleitores residentes nas zonas rurais, contém tipos criminais eleitorais no art. 11 e seus incisos I a V, sendo que este último foi revogado tacitamente, em parte, pelo regrado no § 2° do art. 73 da Lei n° 9.504/97.

10.2. As penas nos crimes eleitorais

Os crimes eleitorais, a exemplo dos crimes comuns, são punidos com penas privativas de liberdade (reclusão ou detenção) e pecuniárias (multa), além da perda do registro ou do diploma eleitoral, e ainda a suspensão das atividades eleitorais.

A pena de cassação do registro consta do tipo do art. 334 do Código Eleitoral. O crime tipificado no art. 11 da Lei n° 6.091/74[101] prevê cumulativamente a pena de cancelamento do registro, se candidato, ou do diploma, se já eleito, ao infrator desse tipo criminal eleitoral.

Eleitorais. § 2° O poder de polícia se restringe às providências necessárias para inibir práticas ilegais, vedada a censura prévia sobre o teor dos programas a serem exibidos na televisão, no rádio ou na internet. Art. 41-A. ... § 1° Para a caracterização da conduta ilícita, é desnecessário o pedido explícito de votos, bastando a evidência do dolo, consistente no especial fim de agir. § 2° As sanções previstas no caput aplicam-se contra quem praticar atos de violência ou grave ameaça a pessoa, com o fim de obter voto. § 3° A representação contra as condutas vedadas no *caput* poderá ser ajuizada até à data da diplomação. § 4° O prazo de recurso contra decisões proferidas com base neste artigo será de 3 (três) dias, a contar da data da publicação do julgamento no Diário Oficial.

[101] Lei n° 6.091/74: Art. 11. Constitui crime eleitoral: I – descumprir, o responsável por órgão, repartição ou unidade de serviço público, o dever imposto no art. 3°, ou prestar informação inexata que vise a elidir, total ou parcialmente, a contribuição de que ele trata: Pena – detemção de quinze dias a seis meses e pagamento de 60 a 100 dias-multa. II – desatender à requisição de que trata o art. 2°: Pena – pagamento de 200 a 300 dias-multa, além da apreensão do veículo para o fim previsto. III – descumprir a proibição dos arts. 5°, 8° e 10: Pena – reclusão de 4(quatro) a 6(seis0 anos e pagamento de 200 a 300 dias multa (art. 302 do Código Eleitoral). IV – obstar por qualquer forma a prestação dos serviços previstos nos arts. 4° e 8° desta Lei, atribuídos à Justiça Eleitoral: Pena – reclusão de 2 (dois) a 4 (quatro) anos; V – utilizar em campanha eleitoral, no decurso dos 90 (noventa) dias que antecedem o pleito, veículos e mebarcações pertencentes à União, Estados, territórios, municípios e respectivas autarquias e sociedades de economia mista: Pena – cancelamento do registro do candidato ou de seu diploma, se houver sido proclamado eleito. Parágrafo único – O responsável pela guarda do veículo ou da embarcação será punido com a pena de detenção, de 15 (quinze) dias a 6 (seis) meses, e pagamento de 60 (sessenta) a 100 (cem) dias-multa. (Art. 5° Nenhum veículo ou embarcação poderá fazer transporte de eleitores desde o dia anterior até o posterior da eleição, salvo: I – a serviço da Justiça Eleitoral; II – coletivos de linhas regulares e não fretados; III – de uso individual do proprietário, para o exercício do próprio voto e dos membros de sua família; IV – o serviço normal, sem finalidade eleitoral, de veículos de aluguel não atingidos pela requisição de que trata o art. 2°. Art. 8°. Somente a Justiça Eleitoral poderá, quando imprescindível, em face da absoluta carência de recursos de eleitores da zona rural, fornecer-lhes refeições, correndo, nesta hipótese, as despesas por conta do Fundo Partidário. Art. 10. É vedado aos candidatos ou órgãos partidártios, ou qualquer pessoa, o fornecimento de transporte ou refeições aos eleitores da zona urbana.)

A pena de suspensão das atividades eleitorais é prevista apenas no art. 336, parágrafo único, em caráter de pena principal.

Observe-se que na legislação eleitoral há, no mínimo, uma curiosidade, visto que há vários tipos penais para os quais não é estipulada pena de reclusão nem de detenção, mas somente multa, o que contraria frontalmente o art. 1º da Lei de Introdução ao Código Penal, que expressamente considera crime "a infração penal a que a lei comina pena de reclusão ou detenção, quer isoladamente, quer alternativa ou cumulativamente com a pena de multa".

Tal impropriedade ocorre nos arts. 292, 294, 303, 304, 306, 313, 320, 338 e 345 do Código Eleitoral, cominando-se apenas a pena de multa. Na legislação penal comum apenas há previsão isolada de pena de multa para as contravenções, nunca para os crimes.

Outra curiosidade que possui a legislação criminal eleitoral, tipificada no Código Eleitoral, é que ao prever as sanções silencia diversas vezes a respeito da cominação mínima da pena de cada tipo legal. Em realidade, não se trata de omissão nem de descuido do legislador. O fato é que sempre que os tipos legais calarem sobre o mínimo da pena aplicada, deve-se ir ao art. 284 do mesmo Código Eleitoral, onde há estipulação expressa de que "sempre que este Código não indicar grau mínimo, entende-se que será ele de *quinze dias para a pena de detenção* e de *um ano para a de reclusão.*"

No tocante à pena de multa, que é aplicada subsidiariamente nos crimes eleitorais, por força do disposto no art. 12 do Código Penal, há algumas observações importantes a serem feitas, como por exemplo:

1º) enquanto o valor pago na multa por condenação por crime comum é recolhido ao fundo penitenciário, o valor da multa por crime eleitoral é recolhido ao Fundo Partidário;

2º) enquanto nos crimes comuns o valor fixado será, no mínimo, de 10 dias-multa e, no máximo, 360 dias-multa, nos crimes eleitorais o valor mínimo poderá ser fixado em 1 dia-multa, e o máximo, em 300 dias-multa;

3º) enquanto o valor mínimo do dia-multa nos delitos comuns será de 1/30 do salário mínimo, e o máximo, de 5 vezes o valor deste, nos crimes eleitorais o valor mínimo é também de 1/30 do salário mínimo, contudo, o valor máximo será de 1 salário mínimo.

4º) nos crimes tipificados na Lei nº 9.504/97 (§ 4º do art. 33, § 2º do art. 34, § 5º, I, II e III, com a redação dada pela Lei nº 11.300 de 10/05/06, arts. 39, 40, § 2º, 68, § 4º e 87) as penas de multas, únicas ou cumulativas com outras penas, são fixadas em UFIR, que variam entre mil UFIR até cem mil UFIR. Desde a extinção da UFIR pela Medida Provisória nº 1.973-67, de 28/10/2000 (transformada na Lei nº 10.522, de 19/07/02), o TSE decidiu que para as multas fixadas em UFIR, na Justiça Eleitoral, o valor

Direito Eleitoral

da unidade fiscal será calculada com base no valor em reais atribuído ao último valor da mesma, ou seja, uma UFIR igual a R$ 1,061.

Outra observação importante é a existência de algumas exceções à aplicação do art. 14 do Código Penal, aos crimes eleitorais tipificados nos arts. 309, 312 e 317, que expressamente em seus núcleos preveem condutas de crime tentado ou consumado com uma mesma pena. De qualquer sorte, entendo que o bom-senso manda ao Juiz Eleitoral, ao fixar a pena-base, levar em conta o estipulado no art. 59 do CP e, à luz da culpabilidade e consequências do crime, tratar com maior reprovação a conduta do agente que efetivou a conduta dos tipos referidos, com sustentação, inclusive, no art. 287 do Código Eleitoral, que expressamente determina que "aplicam-se aos fatos incriminados nesta lei as regras gerais do Código Penal."

O art. 285 do Código Eleitoral dispõe que quando a lei determinar agravação ou atenuação da pena, sem indicar o *quantum*, deverá o Juiz fixá-lo entre 1/5 e 1/3, guardados os limites da pena cominada ao crime.

Especificamente quanto aos delitos tipificados nos arts. 324 (calúnia), 325 (difamação) e 326 (injúria), cometidos por meio da imprensa, do rádio e da televisão, na propaganda eleitoral, determina o art. 288 do Código Eleitoral que se aplicam exclusivamente as regras do Código Eleitoral e as remissões a outra lei nele contemplada.

O art. 287 do Código Eleitoral ao determinar que "aplicam-se aos fatos incriminados nesta Lei as regras gerais do Código Penal", não deixa qualquer dúvida que aplicável a pena substitutiva aos delitos eleitorais, introduzida nos arts. 43 e ss da parte geral do Código Penal, pela Lei nº 9.714/98.

10.3. Da ação penal eleitoral

Como a Constituição não estabeleceu a competência da Justiça Eleitoral, deverá ela ser estabelecida em lei complementar, conforme expressamente determinado no art. 121 da CF. Como ainda não veio essa lei complementar, é pacífico o entendimento que o Código Eleitoral, que vige desde 1965, foi recepcionado em tudo que não incompatível com a CF. Também é pacífico o entendimento de que compete à Justiça Eleitoral processar e julgar os crimes eleitorais e os comuns que lhes forem conexos, assim como os *habeas corpus*, os mandados de segurança e os mandados de injunção, que versarem matéria eleitoral.

Ação Penal Eleitoral – no processo eleitoral, a ação penal eleitoral será sempre pública, na forma do que dispõe o art. 355 do Código Eleitoral.

O art. 366 do Código Eleitoral prevê que todo o cidadão que tiver conhecimento de infração eleitoral deverá comunicar ao Juiz Eleitoral da

Zona onde o fato se verificou. Obviamente que em razão de serem os crimes eleitorais de ação penal pública incondicionada, a comunicação dessa ocorrência poderá ser feita perante o Ministério Público Eleitoral ou mesmo perante o Delegado de Polícia.

Ao tomar conhecimento dessas informações, poderá o representante do Ministério Público, com atuação perante o Juiz Eleitoral, oferecer denúncia ou requerer o seu arquivamento. Acaso o Magistrado Eleitoral não concorde com o pedido de arquivamento, deverá encaminhar tais informações ao Procurador Regional Eleitoral no Estado que, nos termos do art. 27, § 3º, c/c art. 357, § 1º, ambos do Código Eleitoral, detém as atribuições de Procurador-Geral, podendo este, se assim o entender, designar outro Promotor Eleitoral para oferecer denúncia, ou ele mesmo oferecê-la ou, ainda, se concordar com a posição do Promotor Eleitoral, insistir no arquivamento, que estará obrigado o Magistrado Eleitoral a acatar.

O prazo para oferecimento de denúncia é de 10 dias, nos termos do art. 357, *caput*, do Código Eleitoral, não havendo diferença se o denunciado estiver solto ou preso. Os §§ 3º, 4º e 5º do mesmo art. 357, no caso de o Ministério Público Eleitoral extrapolar este prazo, preveem as seguintes hipóteses: a) sua responsabilização penal, de acordo com o art. 342 do Código Eleitoral; b) sua responsabilização disciplinar, devendo o Juiz representar junto o Procurador Regional Eleitoral, com a solicitação ao Procurador Regional Eleitoral para que designe outro Promotor Eleitoral para que ofereça denúncia.

A ação penal eleitoral é sempre pública, o que significa que ela deverá partir e ser a ação penal eleitoral instaurada, sempre, através de denúncia do Ministério Público Eleitoral. Contudo, a regra insculpida no art. 5º, inciso LIX, da Constituição, prevê a ação penal subsidiária nos crimes de ação pública, sempre que esta não for intentada no prazo legal. Penso que esta norma constitucional é aplicada também nos casos da ação penal eleitoral, pois que os crimes eleitorais são todos de ação pública. Contudo, uma vez ajuizada a "ação penal subsidiária", obrigatoriamente deverão ser abertas vistas ao *Parquet* Eleitoral, que poderá endossá-la, oferecendo denúncia ou, acaso entenda não ter fundamento para dar início à persecução criminal, poderá pedir o arquivamento da mesma, arquivamento esse que deverá ser acatado pelo Juízo Eleitoral. Entendendo o Juiz Eleitoral que não é caso de arquivamento, deverá proceder de acordo com as regras do art. 357, § 1º, c/c art. 27, § 3º do Código Eleitoral, regras essas que se equivalem à regra do art. 28 do CPP.

A *denúncia* por crime eleitoral será sempre escrita e formal, tal como no direito comum. Deverá ela observar o disposto no art. 357, § 2º, do Código Eleitoral, que dispõe que "a denúncia conterá a exposição do fato criminoso com todas as suas circunstâncias, a qualificação do acusado ou esclarecimentos pelos quais se possa identificá-lo, a classificação do cri-

---

Direito Eleitoral

193

me e, quando necessário o rol de testemunhas".[102] Aliás, este dispositivo é igual ao que dispõe o art. 41 do CPP. O Ministério Público também deverá juntar com a denúncia todos os documentos que dispõe, pedirá todas as diligências que julgar necessárias para a formulação de sua tese acusatória, além de arrolar, desde logo, as testemunhas. Como o Código Eleitoral não prevê o número de testemunhas, tem aplicabilidade o art. 539, *caput*, e § 1º, do CPP, que permite o máximo de 5 testemunhas se a pena cominada ao delito imputado for de multa ou detenção, ou ambas acumuladas, e o art. 398 do CPP, que permite o máximo de 8 testemunhas nos casos de o crime prever pena de reclusão. No entanto, tratando-se de vários acusados, é conclusão lógica que cada um poderá arrolar o número máximo de testemunhas. O mesmo se dará no caso da imputação a um ou mais réus, de mais de uma conduta delituosa, o que facultará o oferecimento do número máximo de testemunhas para cada fato imputado, consoante entendimento do Supremo Tribunal Federal.[103]

Rito processual – o rito do processo penal eleitoral é o previsto nos arts. 355 a 364 do Código Eleitoral.

Se a ação penal eleitoral for de competência originária dos Tribunais Eleitorais, além do procedimento previsto no Código Eleitoral, será aplicado, segundo entendimento do TSE, o rito da Lei nº 8.038/90, com o suporte no disposto na Lei nº 8.658/93, que determina aplicação desse rito aos Tribunais Federais[104] e, sendo a Justiça Eleitoral uma Justiça Federal, tem, segundo penso, plena aplicabilidade o rito da Lei nº 8.038/90 às ações penais eleitorais originárias.

No processo penal eleitoral não há interrogatório do réu, conforme se depreende da simples leitura dos arts. 359 e 360 do Código Eleitoral. Não se diga que o Código Eleitoral é omisso a respeito, tendo em vista que ele dispõe que a resposta do réu é por contestação escrita (art. 359 Cód. Eleitoral), o que elide o interrogatório, só existente no processo penal tradicional. De modo que tendo o Código Eleitoral assim disposto, o fez diferentemente da legislação penal processual tradicional, e não foi omisso como pretendem alguns. Aliás, tampouco poderá se cogitar de insuficiência de defesa, tendo em vista que na contestação terá o réu oportunidade da mais ampla defesa em peça escrita, assistido por seu defensor, e poderá juntar a documentação que entender necessária para elidir o delito impu-

---

[102] TSE, *Habeas Corpus* nº 227/MG, Rel. Min. ANTÔNIO DE PÁDUA RIBEIRO, j. 7/JUN/94, *in* JTSE vol. 7, p. 11. TSE, *Habeas Corpus* nº 226/SE, Rel. Min. TORQUATO JARDIM, j. 23/JUN/94, *in* JTSE vol. 6, p. 20.

[103] STF, Recurso de *Habeas Corpus* nº 65.673/SC, 2ª Turma, Rel. Min. ALDIR PASSARINHO, j. 04/DEZ/87, DJU de 11/MAR/88, p. 4.742.

[104] TSE, *Habeas Corpus* nº 276/CE, Rel. Min. ILMAR GALVÃO, j. 28/MAR/96, *in* JTSE vol. 8, p. 31. TSE, *Habeas Corpus* nº 237/RS, Rel. Min. DINIZ DE ANDRADA, j. 13/OUT/94, *in* JTSE vol. 7, p. 23.

tado. A jurisprudência do TSE é pacífica que não incide qualquer nulidade a falta de interrogatório do réu no processo penal eleitoral.[105]

Contudo, a Lei n° 10.732, de 5 de setembro de 2003, alterou a redação do art. 359 do Código Eleitoral, instituindo a obrigatoriedade do depoimento pessoal do acusado no processo penal eleitoral. A redação atual do art. 359 do Código eleitoral, introduzida pela Lei n° 10.732/03, passou a ser a seguinte:

> "Art. 359. Recebida a denúncia, o juiz designará dia e hora para o depoimento pessoal do acusado, ordenando a citação deste e a notificação do Ministério Público.
>
> Parágrafo único – O réu ou seu defensor terá o prazo de 10 (dez) dias para oferecer alegações escritas e arrolar testemunhas."

Como se observa do parágrafo único desse artigo, as alegações escritas no processo penal eleitoral, que corresponderiam à defesa prévia do processo penal comum, que é de três dias, permaneceu de dez dias, tal como antes era regrado para apresentação de contestação. Na verdade, portanto, além do prazo de 10 dias para as alegações escritas, ou defesa prévia, ter permanecido igual ao que antes regrava esse artigo para apresentação de contestação, o que houve com a modificação dessa norma legal foi, na verdade, a obrigatoriedade do interrogatório pessoal do acusado, na ação penal eleitoral.

Os pedidos de diligências deverão ser formulados pelo réu, na peça da sua contestação, bem como será a oportunidade de arrolar as suas testemunhas e juntar os documentos que entender cabíveis.

O processo penal eleitoral também é sumário, não havendo amplas possibilidades de peticionar, como no rito ordinário do CPP ou no rito do júri. Assim, no prazo do art. 360 do Código Eleitoral, não poderão mais as partes, Ministério Público e réu, formular pedidos de diligências que deveriam vir já com a denúncia e a contestação. Evidente que se ficar provada a existência de fatos novos posteriores à denúncia e à contestação, poderão ser requeridas diligências no prazo do art. 360 do Código Eleitoral, porém, só excepcionalmente, tratando-se de fatos novos.

Na *instrução* criminal eleitoral aplicam-se os princípios que regem a instrução criminal comum, já que o Código Eleitoral não dispôs de modo diverso e até porque no art. 364 do Código Eleitoral está disposto, expressamente, que se aplica subsidiariamente o CPP, no processo e julgamento dos crimes eleitorais e dos comuns que lhes forem conexos. Assim, quanto

---

[105] TSE, *Habeas Corpus* n° 286, Rel. Min. ANTÔNIO DE PÁDUA RIBEIRO, DJU de 10/MAI/96, p. 15.168. TSE, Recurso n° 11.552/MG, Cl. 4ª, Rel. Min. CARLOS VELLOSO, j. 6/OUT/94, in JTSE vol. 7, p. 111. TSE, REsp. n° 12.416/SC, Rel. Min. MARCO AURÉLIO, j. 28/SET/95, *in* JTSE vol. 8, p. 205. TSE, Recurso n° 11.551/MG, Cl. 4ª, Rel. Min. ANTÔNIO DE PÁDUA RIBEIRO, j. 20/SET/94, *in* JTSE vol. 7, p. 123.

Direito Eleitoral

a intimação e ouvida das testemunhas se aplicará o que dispõe a legislação processual comum, já que o Código Eleitoral é silente a respeito.

O prazo das alegações finais no processo penal eleitoral será de 5 dias sucessivos, a contar da abertura de vista ao Ministério Público e, após à defesa (art. 360 do Cód. Eleitoral).

Cabe referir que no processo criminal eleitoral, tal como no processo criminal comum, não existe o Princípio da Identidade Física do Juiz.

A sentença deverá ser proferida em 10 dias contados da conclusão, que deverá ser feita em 48 horas contadas das alegações finais (art. 361 do Cód. Eleitoral).

A sentença criminal eleitoral será igual à sentença criminal comum, seguindo o mesmo roteiro: preâmbulo, relatório, fundamentação (com análise das preliminares e da prova quanto ao mérito) e a conclusão (art. 381, incisos I a VI do CPP).

Recursos – A lei eleitoral não foi específica ao tratar dos recursos em matéria criminal.

O art. 362 do Código Eleitoral, ao dizer que cabe "recurso" das decisões finais de condenação ou absolvição, para o Tribunal Regional, no prazo de 10 dias, subentende que se trata de *apelação criminal eleitoral*. Os 10 dias para interposição do recurso devem ser contados a partir da intimação, na forma do CPP, já que o Código Eleitoral é omisso quanto à intimação da sentença às partes. É um recurso amplo e devolve ao Juízo *ad quem* o exame de toda a matéria de direito e de fato. Pode ele atacar toda ou apenas uma parte da sentença definitiva de 1º grau.

A interposição do recurso com as devidas razões devem, ambos, serem feitos dentro do decênio. Normalmente a petição de recurso já é acompanhada das razões, porém nada impede que seja interposto o recurso e depois as razões, desde que ambos sejam ajuizados dentro do decênio, equivale dizer que não pode o Juiz criar prazo para apresentação de razões, pois o prazo é um só – 10 dias – para interposição do recurso e razões.

Não incide aqui o *caput* do art. 600 do CPP. Lá o rito é comum, pelo Código Eleitoral o rito é sumário. Daí o legislador ter previsto o dobro do prazo do rito comum para interposição do recurso criminal eleitoral.

Não tem aplicabilidade, também, na Justiça Eleitoral, o regrado no § 4º do art. 600 do CPP, ou seja, não pode o réu usar a faculdade de apresentar razões perante o Tribunal Eleitoral, tal como o pode fazer na Justiça Comum, por expressa disposição do § 4º do art. 600 do CPP, já que o Código Eleitoral é taxativo ao regrar o prazo de 10 dias para recurso, diferentemente o CPP, que dá um prazo para a parte recorrer e outro prazo para apresentação de razões de recurso.

Não podem as partes juntar documentos nessa fase do processo, a não ser que seja documento pertinente a fato superveniente à sentença, tal como o é na Justiça Comum, tendo em vista que o mérito e a prova já foram debatidos em 1º grau. Discute-se, agora, apenas a sentença e, para isso não se necessita de documento novo.

Embora o silêncio da lei eleitoral, tenha ou não o apelante apresentado razões, deve ser aberto oportunidade, com prazo de 10 dias, para o apelado contra-arrazoar, mantendo-se o princípio da igualdade processual entre as partes.

No despacho que receber o recurso, deverá o Juiz, abrindo o prazo para contra-razões, já dizer que após esse prazo, com ou sem as razões, deverá o processo subir ao TRE.

No caso de não recebimento da apelação, o Código Eleitoral é silente. Contudo, entendo que por força do disposto no art. 364 do Código Eleitoral cabe a interposição do recurso em sentido estrito definido no art. 381, inciso XV, do CPP.

Cumpre ainda referir que das decisões dos TREs, mesmo em matéria criminal, caberá o recurso especial ao TSE, nos casos do disposto no art. 276, I, *a* e *b*, e caberá recurso ordinário ao TSE quando houver denegação de *habeas corpus*, art. 276, II, *b*, primeira parte, do Código Eleitoral, e art. 121, § 4º, inciso V da Constituição Federal.

Nos casos de *não recebimento da denúncia* previstos no art. 358 do Código Eleitoral, por aplicação subsidiária, expressamente determinado no art. 364 do Código Eleitoral, o recurso a ser interposto é o recurso em sentido estrito, nos exatos termos do art. 381, I do CPP.

O réu por crime eleitoral, que se apresentar para o interrogatório, nos termos do art. 359, com a redação que lhe deu a Lei nº 10.732, de 05/09/03, sem indicar defensor constituído, na forma da regra do art. 266 do CPP, deverá o Juiz Eleitoral nomear-lhe defensor dativo para o ato de interrogatório, na forma do art. 263 do CPP, podendo o réu por crime eleitoral, se assim o desejar, permanecer com o defensor dativo nomeado pelo Juízo ou, a qualquer tempo, poderá ele nomear outro advogado de sua confiança.

Relativamente à *execução da sentença*, a regra do art. 363 do Código Eleitoral é salutar, pois obriga o Ministério Público, sob penas das sanções disciplinares (arts. 342 e 357, §§ 3º, 4º e 5º, do Cód. Eleitoral), a promover a execução da sentença, a curto prazo, que ocorrerá no Juízo das Execuções Criminais comum, já que não existe execução própria só para os crimes eleitorais, aplicando-se as regras da Lei 7.210/84, Lei das Execuções Penais.

10.4. Aplicação da Lei nº 9.099/95 aos delitos eleitorais

No tocante à aplicação da Lei nº 9.099/95 aos delitos eleitorais, como Procuradora Regional Eleitoral no RS, no exercício do cargo de 1996 a 2000, manifestei-me que é possível a aplicação tão somente do art. 89 da Lei nº 9.099/95 (suspensão condicional do processo), perante a Justiça Eleitoral, uma vez que é o único benefício dessa lei que ocorre somente após o oferecimento da denúncia. Isto porque toda ação criminal no procedimento eleitoral é ação pública incondicionada, o que não permite, segundo entendo, a aplicação da transação e do acordo em momento anterior ao oferecimento da referida denúncia.

No TRE-RS, inclusive, quando vinha um recurso numa ação penal eleitoral, em que não havia sido oportunizado a aplicação do art. 89 da Lei nº 9.099/95, que, gize-se, cabe na maioria das ações criminais eleitorais, pois que exige a pena mínima de 1 ano de reclusão, o que é o caso da maioria dos tipos criminais eleitorais, a meu requerimento a Corte baixava em diligência ao Juízo de origem para, após verificado o preenchimento dos requisitos da lei, fosse oportunizado ao réu o benefício do art. 89 da Lei nº 9.099/95.

I – No tocante à não aplicação da transação (art. 76) e da composição dos danos (art. 74) da Lei nº 9.099/95, perante a Justiça Eleitoral, em procedimentos que me eram remetidos por Juízes Eleitorais, por analogia ao art. 28 do CPP, quando da formulação pelo Promotor Eleitoral da Comarca de designação, em inquéritos policiais, de audiência preliminar para esse fim, na forma do disposto no art. 61 da Lei nº 9.099/95, assim me manifestava, *verbis*:

"Entendo que a Lei nº 9.099/95 tem aplicação parcial na Justiça Eleitoral, incidindo apenas o instituto da *suspensão condicional do processo* (art. 89).

Em primeiro lugar, porque todas as infrações e crimes eleitorais, tanto as tipificadas no Código Eleitoral como as tipificadas em leis eleitorais especiais de vigência temporária, inobstante sejam em quase a sua totalidade de menor potencial ofensivo, *são de ação pública incondicionada*, independente da pena ser apenas de multa, de detenção ou reclusão. Portanto, sendo todas as infrações e os crimes eleitorais de ação pública incondicionada, inerentes a elas são os princípios da obrigatoriedade e da indisponibilidade da ação penal pública, o que significa que o Ministério Público dela não pode dispor, estando obrigado ao oferecimento da denúncia, acaso entenda não ser caso de arquivamento. O mestre Fávila Ribeiro ensina:

'A ação penal em matéria eleitoral é sempre pública. Significa isso que somente pode promovê-la a instituição que dela é titular – o Ministério Público. Afastada está a possibilidade de ação penal em matéria eleitoral por iniciativa privada ... a ação penal em matéria eleitoral é pública. E por ser pública, o seu exclusivo titular é o Ministério Público ... E uma vez instaurado o processo, deste não pode dispor, por faltar ao Ministério Público competência para prolatar julgamento. A ação penal é, portanto, indispensável.'[106]

Em segundo lugar, porque a própria Lei n° 9.099/95 em seu artigo 61 excetua 'aos casos em que a lei preveja procedimento especial'. Ora, a Justiça Eleitoral é uma Justiça Especial e os crimes eleitorais possuem um procedimento criminal especial, disposto no Código Eleitoral, que são julgados privativamente perante a Justiça Eleitoral, que é uma Justiça especializada. Portanto, a expressão excepcional colocada no citado artigo, com mais razão, alcança os casos criminais eleitorais.

Em terceiro lugar, porque os institutos criados pela Lei n° 9.099/95, da composição dos danos (art. 74) e da transação (art. 76) são *expressamente* destinados à ação penal de iniciativa privada e à ação penal pública condicionada à representação. Ora, como já referido, *todos os tipos criminais eleitorais*, previstos tanto no Código Eleitoral, como nas leis eleitorais temporárias, *são de ação pública incondicionada*, a teor do art. 355 do Código Eleitoral.

Em quarto lugar, porque só têm competência para aplicação do instituto da composição dos danos (acordo civil) (arts. 72 a 74) e da transação (art. 76) os Juizados Especiais Criminais, que são Órgãos da Justiça Ordinária. Ora, como é da competência privativa da União legislar sobre matéria eleitoral (art. 22, inciso I da Constituição Federal) e não tendo a Constituição Federal no art. 98, inciso I, incluído a criação do Juizado Especial perante a Justiça Eleitoral, por evidente, que não se pode entender aplicáveis esses institutos na Justiça Eleitoral. Aliás, entendo que só seria viável a aplicação desses institutos na Justiça Eleitoral, acaso fosse expressamente permitido pela lei que os criou. Mas, ao contrário, também o art. 61 da Lei n° 9.099/95 é por demais claro, excluindo expressamente os casos que dependa de procedimento especial.

Ademais, o art. 1° da Lei n° 9.099/95 ao dispor sobre a criação dos Juizados Criminais Especiais, apenas como parte da Justiça Ordinária, significa que expressamente excluiu do âmbito dos Juizados Especiais as matérias criminais de competência da Justiça Eleitoral, justamente por serem as infrações e crimes eleitorais da competência exclusiva da Justiça Eleitoral, que é uma Justiça especializada.

O entendimento de DAMÁSIO E. DE JESUS é lapidar ao comentar sobre abrangência da aplicabilidade do art. 61 da Lei n° 9.099/95, *verbis*:

'*Justiça Eleitoral.*

---

[106] RIBEIRO, Fávila. *Direito Eleitoral...*, obra citada, p. 177 a 179.

Direito Eleitoral   **199**

Não tem Juizados Especiais Criminais. Pode, contudo, aplicar o instituto da suspensão condicional do processo (art. 89).'[107]

Joel José Cândido, ao comentar sobre a aplicabilidade da Lei n° 9.099/95 na Justiça Eleitoral, é enfático ao ensinar:

'Dos principais institutos da Lei n° 9.099/95, entendemos que só a suspensão condicional do processo (art. 89) se aplica no Direito Eleitoral – aplicação parcial, portanto –, não se cogitando da incidência da composição civil extintiva da punibilidade (art.74, *caput* e seu parágrafo), da transação (art. 76) e da representação (art. 88).

Isso porque, entre outros argumentos:

1. Os Juizados Especiais criados pela lei são órgãos da Justiça Ordinária e a Justiça Eleitoral é Justiça Especial (art. 1°).

2. Esses Juizados serão criados pela União só no Distrito Federal e nos Territórios (estes não existem mais no País, não se sabendo a razão de constar na lei) e, pelos Estados, em seus municípios. Logo, como a União, única que pode legislar em matéria eleitoral, não foi autorizada a criar esses juizados nos Estados, onde estão as zonas eleitorais, não serão eles criados para fins eleitorais. A lei estadual não pode criá-los para esse fim (art. 1°). E não se pode entender que o legislador só quisesse os juizados especiais no Distrito Federal.

3. A interpretação da expressão 'excetuados os casos em que a lei preveja procedimento especial', constante do art. 61, *in fine*, da Lei, se refere à Lei do Abuso de Autoridade, Lei de Falências, Lei de Tóxicos e outras tantas com procedimento especial, que são leis sujeitas à Justiça Ordinária. *Se assim é, a expressão exclui, também, com muito mais razão, os casos criminais eleitorais que são também de procedimento especial e sujeitos à Justiça especializada.*

4. Como é a lei estadual que disporá sobre o sistema de Juizados Especiais, sua organização, composição e competência (art. 93), a destinação da lei, nesta parte, pela iniciativa legal indicada pelo legislador, nesse artigo, não pode ser aos crimes eleitorais.'[108] (Grifei)

Desta forma, entendo que apenas aplicável à Justiça Eleitoral o instituto disposto no art. 89 da Lei n° 9.099/95, justamente porque nesse artigo há a expressão 'abrangidos ou não por essa Lei', o que significa que, ao contrário do disposto nos art. 74 e 76, que exclui da sua abrangência, expressamente, os 'os casos em que a lei preveja procedimento especial', alcança aquele dispositivo – art. 89. também os delitos eleitorais, que são previstos em leis especiais, Código Eleitoral e leis eleitorais especiais de vigência temporária.

Especificamente quanto a 'Ata da reunião realizada entre o TRE e o Ministério Público', em 16/MAR/96, juntada à fl. 35, é salutar que

---

[107] JESUS, Damásio E. de. *Lei dos Juizados Especiais Criminais Anotada*. São Paulo: Saraiva, 1995, p. 41.

[108] CÂNDIDO, Joel José. Direito Eleitoral..., obra citada, p. 330-331.

fique claro que ela foi realizada sem a presença desta Procuradora Regional Eleitoral a quem compete, nos exatos termos do art. 27, § 3º do Código Eleitoral, 'exercer, perante os tribunais junto aos quais servirem, as atribuições do Procurador-Geral' e registra apenas que foram *debatidos* e *esclarecidos* vários assuntos, dentre eles a aplicação da Lei nº 9.099/95 na Justiça Eleitoral. Ademais, a Lei Complementar nº 75, de 20/MAI/93, Lei Orgânica do Ministério Público da União, ao disciplinar sobre as funções eleitorais do Ministério Público Federal, dispõe no art. 77, que 'compete ao Procurador Regional Eleitoral exercer as funções do Ministério Público nas causas de competência do Tribunal Regional Eleitoral respectivo, além de dirigir, no Estado, as atividades do setor'. Destarte, embora a Ata constante de fl. 35 registre que foi debatido e esclarecido vários assuntos, ela não registra que foi decidido e tornado inquestionável a aplicação dos institutos da conciliação e da transação da Lei nº 9.099/95, na Justiça Eleitoral, até porque uma reunião informal não teria atribuição para tal e nem força vinculativa, considerando, inclusive, que realizada sem a presença desta Procuradora Regional Eleitoral.

Pelo exposto, por entender que o Promotor Eleitoral ao postular a designação de audiência preliminar, visando a aplicação do art. 74 da Lei nº 9.099/95, se posicionou pela existência de *fato típico criminal eleitoral*, requeiro que V. Exa. abra novamente vista deste inquérito ao mesmo digno Promotor Eleitoral, para que proceda a denúncia e à possível aplicação do art. 89 da Lei nº 9.099/95."

II – No tocante à aplicação do art. 89 da Lei nº 9.099/95, inclusive quando se tratava de crimes em concurso, onde a pena de cada crime não excedesse a 1(um) ano, apontando as vantagens de aceitação do benefício, àqueles que responderem por crime eleitoral, assim me manifestava, *verbis*:

"I – A conduta tipificada no art. 299 do Código Eleitoral prevê a *pena mínima de 1 (um) ano de reclusão* (art. 299 c/c art. 284 do Código Eleitoral).

II – Por oportuno, entendo que embora os Réus tenham sido enquadrados pela denúncia, na conduta tipificada no art. 299 do Código Eleitoral, c/c art. 69 do Código Penal (concurso material), entendo que tal fato não se constitui em fator impeditivo da concessão do benefício da suspensão condicional do processo.

E isto porque, penso que a exegese que se extrai do art. 119 do Código Penal é perfeitamente adequada também ao caso de verificação da aplicabilidade do art. 89 da Lei nº 9.099/95, quando se tratar de crime denunciado em concurso, uma vez que inexiste ainda interpretação jurisprudencial a respeito.

Direito Eleitoral

Ao comentar sobre o alcance do art. 89 da Lei n° 9.099/95 nos casos de concurso formal, *material* ou crime continuado, Ada Pelegrini Grinover, assevera que 'Não é a soma das penas que inviabiliza a suspensão, senão os requisitos relacionados com o *merecimento* do instituto',[109] ou seja, a análise dos requisitos contidos no art. 77 do Código Penal, em especial os contidos no seu inciso II (culpabilidade, personalidade, bons antecedentes, circunstâncias, consequências).

III – Cumpre salientar que a sentença recorrida *não transitou em julgado*, face o recurso tempestivo interposto pelo Promotor Eleitoral, buscando a condenação dos causados, que foram absolvidos pelo Juízo *a quo* que entendeu não existir prova suficiente para a condenação.

Ocorre que com o advento da Lei n° 9.099/95, conforme disposto no art. 89, será suspenso o processo cujo tipo penal determinar pena mínima igual ou inferior a um ano, desde que o acusado, atendidos os requisitos legais, se submeta a certas condições, previstas no § 1°, incisos I a IV, e § 2°, do referido dispositivo, faculdade que, no meu entendimento, é plenamente aplicável aos crimes eleitorais, aspecto que abordarei posteriormente.

A Lei n° 9.099/95, no seu art. 89, determina:

'Art. 89. Nos crimes em que a *pena mínima cominada for igual ou inferior a um ano*, abrangidas ou não por esta Lei, o Ministério Público, ao oferecer a denúncia, poderá propor a suspensão do processo, por dois a quatro anos, desde que o acusado não esteja sendo processado ou não tenha sido condenado por outro crime, presentes os demais requisitos que autorizariam a suspensão condicional da pena (artigo 77 do Código Penal)'.

Ainda que o próprio art. 90 da referida lei disponha que tal faculdade não será aplicada aos processos penais cuja instrução já estiver iniciada, tenho que tal dispositivo conflita com a regra geral prevista no art. 2°, par. único, do Código Penal, assegurando a retroatividade da Lei Penal que, de qualquer forma, beneficiar o réu.

Transcrevo o mencionado dispositivo:

'Art. 2°. Ninguém pode ser punido por fato que lei posterior deixa de considerar crime, cessando em virtude dela a execução e os efeitos penais da sentença condenatória.

Parágrafo único. A *lei posterior, que de qualquer modo favorecer o agente, aplica-se aos fatos anteriores, ainda que decididos por sentença condenatória transitada em julgado.*'

É evidente a carga de direito material que o preceito contido no art. 89, da Lei 9.099/95 possui, uma vez que de *sua aplicação resulta extinta*

---

[109] GRINOVER, Ada Pellegrini, *et al. Juizados Especiais Criminais – Comentários à lei 9.099, de 26.09.1995.* São Paulo: RT, 1996, p. 199.

a punibilidade que, eventualmente, poderia ser imposta ao agente do delito. Se o efeito é *retirar a penalização do tipo legal em que incidiu o agente,* tenho que sua natureza jurídica é nitidamente de direito material, até porque, e a conclusão resulta óbvia, a cominação de pena é regra de direito material e não processual. Não incide, desta forma, o disposto no art. 2º do Código de Processo Penal, que veda a retroatividade de norma processual.

Assim, existindo norma que retira a aplicação da norma de direito material (cominação de pena), entendo que a mesma possui natureza jurídica eminentemente material, motivo pelo qual seria inócua qualquer discussão acerca da aplicação retroativa ou não da regra facultada pelo art. 89, da Lei nº 9.099/95, em razão de entendimentos divergentes, alegando que tal dispositivo possui cunho processual, incidindo o disposto no art. 2º do Código de Processo Penal.

Saliento, ainda, neste sentido, o comentário de Jorge Maluly e Pedro Demercian, dizendo que 'o instituto da suspensão do processo, é irretorquível, traz em si um conteúdo de direito eminentemente material, pois decorrido o prazo estabelecido na sentença resultará na extinção da punibilidade'.[110]

Frederico Marques, também a esse respeito, ensina que 'é de natureza material toda regra que trate de ampliação ou diminuição do *ius puniendi* ou do *ius punitionis,* como toda disposição que, de qualquer forma, reforce ou amplie os direitos subjetivos do réu ou condenado'.[111]

A incidência retroativa da Lei Penal que, de qualquer modo, beneficiar o agente, é garantia constitucional, assegurada a todos os cidadãos. Tal garantia vem elencada no inciso XL, do art. 5º, da Constituição Federal, que assim dispõe:

'Art. 5º. Todos são iguais perante a lei, sem distinção de qualquer natureza, garantindo-se aos brasileiros e aos estrangeiros residentes no País a inviolabilidade do direito à vida, à liberdade, à igualdade, à segurança e à propriedade, nos termos seguintes:

(...)

XL – a lei penal não retroagirá, salvo para beneficiar o réu;

(...).'

Neste sentido vem entendendo a Jurisprudência, conforme julgado que transcrevo:

'Enquanto não extinto o processo, tem o réu direito de receber as propostas previstas nos arts. 76 e 89 da Lei nº 9.099/95, já que, na época

---

[110] MALULY, Jorge; DEMERCIAN, *Pedro. Juizados Especiais Criminais – Comentarios.* Rio de Janeiro: Aide, 1995, p. 118.

[111] MARQUES, Frederico. *Tratado de Direito Processual Penal.* Vol. I. São Paulo: Saraiva, 1980, p. 68.

que seria própria – a da denúncia –, não havia como apresentá-las, porque ainda não vigente a nova legislação que as instituiu.'[112]

Como se vê, tal princípio não pode ser restringido aos Réus. Neste aspecto, ao comentar sobre tal dispositivo, manifestou-se o Eminente Ministro Celso de Mello, no inquérito n° 1055-3 (Informativo STF, de 24/05/96), *verbis*:

'(...)As prescrições que consagram as medidas despenalizadoras em causa qualificam-se como normas penais benéficas, necessariamente impulsionadas, quanto à sua aplicabilidade, pelo princípio constitucional que impõe à *lex mitior* uma insuprimível carga de retroatividade virtual e, também, de incidência imediata.'

A regra para a aplicação retroativa da Lei Penal é, segundo o parágrafo único do art. 2° do Código Penal, aquela que 'de qualquer modo favorecer o agente'. Ora, no caso, é de solar evidência que a Lei n° 9.099/95 consagra benefício ao Réu, ao dispor sobre a suspensão do processo penal, desde que atendidas as condições previstas no § 1° e § 2° do art. 89. Neste sentido, veja-se o seguinte julgado:

'A suspensão do processo faz com que a ação penal seja encerrada, sem aplicação da pena, sendo mais benéfica ao réu, pois não haverá sentença condenatória e nem qualquer sanção penal é imposta. Por essa razão e em face do disposto no parágrafo único do art. 2° do Código Penal, e do inc. XL do art. 5° da Constituição Federal, o art. 89 e seus parágrafos, da Lei 9.099/95, deve ser aplicado aos processos já em andamento, oferecendo a oportunidade, ao réu, de ver suspenso o processo a que responde.'[113]

De qualquer sorte, penso que *o dispositivo contido no art. 90 da Lei 9.099/95 é inconstitucional, uma vez que colide frontalmente com o disposto no art. 5°, inciso XL, da Constituição Federal.*

Damásio E. de Jesus entende que 'trata-se de matéria de Direito Penal. Por isso, o art. 90 deve ser considerado inconstitucional, uma vez que ofende o princípio da retroatividade incondicional da Lei nova menos severa ...'.[114]

Do mesmo entendimento compartilha Ada Pellegrini Grinover, *verbis*:

'No que tange às normas penais da Lei 9.099/95 (arts. 74, parágrafo único, 76, 88 e 89) não tem incidência o que está preceituado neste art. 90. Haveria inconstitucionalidade patente em caso de entendimento

---

[112] TACRIM-SP, 6ª Câmara Criminal, ACr n° 998.615/7, Rel. Juiz Silvério Ribeiro, j. em 07.03.96, *in* RT 727/369.

[113] TACRIM-SP, 6ª Câmara Criminal, ACr n° 930.147/1, Rel. Nicolino Del Sasso, j. em 06.12.95, *in* RT 727/371.

[114] JESUS, Damásio E. de. *Lei dos Juizados Especiais Criminais Anotada*. São Paulo: Saraiva, 1995, p. 106.

diverso. É que o legislador infraconstitucional não pode restringir o alcance das normas constitucionais, sem estar autorizado para tanto. Seria invocável a eficácia direta e imediata das normas definidoras dos direitos e garantias fundamentais (v. CF, art. 5°, § 1°), bem como sua força vinculatória, que obriga seu acatamento por todos, isto é, poderes públicos e particulares. E também seria o caso de entrar em cena o art. 9° da Convenção Americana sobre Direitos Humanos.

Ainda haveria outro argumento: 'O princípio da igualdade perante a lei exige que a nova lei penal mais favorável se aplique a todos aqueles infratores que da sua aplicação retroativa ainda podem beneficiar e proíbe que se estabeleçam discriminações objetivas que excluam, injustificadamente, alguns dos destinatários da *lex mitior* do benefício da aplicação desta.'[115]

Esclareço, ainda, que em recente decisão, manifestou-se o STF sobre a matéria:

'*Habeas Corpus* impetrado contra acórdão que, em 13-12-95, sem pedir manifestação do Ministério Público sobre a admissibilidade da suspensão do processo prevista no art. 89 da Lei n° 9.099-95, em vigor desde 27-11-95, confirmou a sentença de 19-6-95, que condenara o paciente a 15 dias de detenção e 50 dias multa, por infringência do art. 330 do Código Penal.

Efeito retroativo das medidas despenalizadoras instituídas pela citada Lei n° 9.099 (Precedente do Plenário: Inquérito n° 1.055, D.J. de 24-5-96).

Pedido deferido para, anulados o acórdão e a sentença, determinarse a remessa dos autos da ação penal ao Tribunal Especial Criminal, para aplicação, no que for cabível, do disposto nos artigos 76 e 89 da Lei n° 9.099-95.'[116]

Ademais, entendo que a faculdade conferida no art. 89 da Lei n° 9.099/95, é aplicável aos crimes previstos na legislação eleitoral, uma vez que o próprio dispositivo determina que 'nos crimes em que a pena mínima cominada for igual ou inferior a um ano, abrangidas ou não por essa Lei, o Ministério Público, ao oferecer a denúncia, poderá propor a suspensão do processo ...'.

Como se observa, a Lei não fez restrição a crimes previstos na legislação especial, demonstrando, com isso, que tal benefício é estendido a todo e qualquer dispositivo de natureza penal, cuja pena mínima não for superior a um ano, atendidos os demais requisitos.

Por outro lado, é salutar que aqui seja referido que o princípio constitucional da presunção de inocência, insculpido no art. 5°, inciso LVII

---

[115] GRINOVER Ada Pellegrini, *et al. Juizados Especiais Criminais...*, obra citada, p. 237-238.

[116] SUPREMO TRIBUNAL FEDERAL, 1ª Turma, *Habeas Corpus* n° 74.017-1/CE, Rel. Min. Octávio Gallotti, j. em 13/08/96.

Direito Eleitoral

da Constituição Federal é claro ao dispor que *'ninguém será considerado culpado até o trânsito em julgado da sentença penal condenatória'*.

Desta forma, penso que a suspensão condicional do processo, prevista no art. 89 da Lei nº 9.099/95 não fere esse princípio constitucional, tendo em vista que na suspensão o acusado não é considerado culpado, até porque não cumpre ele pena, mas apenas condições, significando isso que a aceitação da proposta não implica culpabilidade.

E mais, confrontando esse raciocínio genérico com o disposto no art. 15, III da Constituição Federal, que trata da vedação da cassação dos direitos políticos refere que apenas a condenação criminal transitada em julgado e enquanto durarem os seus efeitos, acarretará a cassação, perda ou suspensão dos direitos políticos.

Destarte, entendo que a suspensão condicional do processo prevista no art. 89 da Lei nº 9.099/95, não tem o condão de acarretar a cassação, perda ou suspensão dos direitos políticos, pelo simples fato de que nesses casos ainda não existe sentença criminal transitada em julgado, mas apenas suspensão do processo criminal mediante condições e, apenas a sentença criminal condenatória transitada em julgado, pode acarretar a cassação, perda ou suspensão dos direitos políticos dos cidadãos.

Os mais conceituados doutrinadores, como Ada Pellegrini Grinover e Damásio E. de Jesus, a respeito dos efeitos do art. 89 da Lei nº 9.099/95, assim vem se posicionando, *verbis*:

'Não gera o ato da suspensão nenhum efeito penal secundário típico de sentença penal condenatória (rol de culpados, maus antecedentes, reincidência, etc.). Nem mesmo os direitos políticos resultam afetados. Na suspensão não se discute a culpa, não há culpado'. (Grifei).[117]

'Direitos políticos.

Não ficam suspensos durante o período de prova, uma vez que não há condenação penal (CF, art. 15, III)". (Grifei).[118]

Desta forma, entendo que a Constituição Federal, dispondo em seu art. 15, inciso III, de forma clara e límpida, no sentido de que apenas a *condenação criminal transitada em julgado,* enquanto durarem os seus efeitos, é causa de cassação, perda ou suspensão dos direitos políticos, a aplicação do art. 89 da Lei nº 9.099/95 aos crimes de natureza eleitoral, impede e evita dita suspensão, cassação ou perda dos direitos políticos.

Destarte, com a suspensão do processo pela incidência do art. 89, não há que se falar em limitação de qualquer espécie em relação aos direitos políticos do acusado.

---

[117] GRINOVER Ada Pellegrini, *et al. Juizados Especiais Criminais...*, obra citada, p. 225.

[118] Idem, p. 103.

Assim sendo, entendo aplicável o disposto no art. 89, da Lei nº 9.099/95 ao presente caso, fazendo-se necessário o oferecimento de tal faculdade aos Réus pelo Juízo Monocrático.

Ademais, como se pode observar dos autos, não há qualquer registro que os Réus foram ou estejam sendo processados por outro delito, ou sofreram qualquer condenação criminal, atendendo, em princípio, aos requisitos que autorizam a suspensão condicional da pena, o que, em tese, enseja a aplicação da faculdade conferida no art. 89 da Lei nº 9.099/95, sendo necessária a averiguação do preenchimento de tais requisitos pelo Julgador Monocrático.

Pelo exposto, esta Procuradora Regional Eleitoral, requer a baixa do presente feito em diligência para os fins consignados no art. 89 da Lei nº 9.099/95."

O TRE/RS, inclusive, enfrentou a questão, no *Proc. nº 41/96, Classe XIII*, da Relatoria do Juiz Norberto da Costa Caruso Mac Donald e no *Proc. nº 03/97, Classe XII*, da Relatoria do Juiz Carlos Rafael dos Santos Júnior e, por maioria, vencido apenas o Juiz Fábio Bittencourt da Rosa, decidiram, na época, que o concurso de crimes (material, formal ou crime continuado) não impede a aplicação do art. 89 da Lei nº 9.099/95, uma vez preenchidos os demais requisitos.

Por fim convém referir que no processo criminal eleitoral, na Justiça Eleitoral, tem aplicabilidade, por força do art. 364 do Código Eleitoral, a REVISÃO CRIMINAL, regrada nos arts. 621 a 631 do Código de Processo Penal.

Capítulo XI

Da arrecadação e da prestação de contas na Justiça Eleitoral

11.1. Arrecadação e aplicação de recursos nas campanhas eleitorais

Com a abertura democrática em nosso país, onde o cidadão brasileiro passou a ser respeitado no exato sentido que a palavra *cidadão* encerra, e a vontade do eleitor passou a ser livre, sem qualquer repressão, para a escolha de seus representantes no parlamento e do dirigente máximo da nação, a Magna Carta de 1988 no § 9° do art. 14, com o fim "de proteger a normalidade e legitimidade das eleições contra a influência do poder econômico ou do abuso do exercício de função, cargo ou emprego da administração direta ou indireta", tratou de criar mecanismos para que a soberania popular representasse, efetivamente, a vontade do eleitorado cidadão, livre da influência do abuso do poder econômico e do poder político.

É regra vigente, desde o vetusto Código Eleitoral,[119] que a propaganda eleitoral será sempre realizada sob a responsabilidade dos Partidos Políticos, sendo que a lei eleitoral, Lei n° 9.504/97,[120] atribui também aos Partidos Políticos a responsabilidade pelas despesas da campanha eleitoral, sendo que a lei dos partidos políticos, Lei n° 9.096/95, regra nos arts. 38 a 44 sobre os recursos que comporão o Fundo Partidário, permitindo, inclusive, a doação de pessoas físicas e jurídicas, Fundo Partidário esse que é repassado aos Partidos Políticos que tenham os seus Estatutos devidamente registrados perante o TSE (art. 7°, § 2°, da Lei n° 9.096/95).

As despesas com campanha eleitoral estão devidamente regradas na Lei n° 9.504/97, nos arts. 17 a 27, com redação e acréscimos feitos pela Lei n° 11.300 de 10/05/06, especialmente no tocante à arrecadação, visando essas regras a obstar que a influência do poder econômico venha a dese-

---

[119] Lei n° 4.737/65 – art. 241 – Toda propaganda eleitoral será realizada sob a responsabilidade dos Partidos Políticos e por eles paga, imputando-se-lhes solidariedade nos excessos praticados pelos seus candidatos e adeptos.

[120] Lei n° 9.504/97 – art. 17. As despesas da campanha eleitoral serão realizadas sob a responsabilidade dos partidos, ou de seus candidatos, e financiados na forma desta lei.

Direito Eleitoral **209**

quilibrar o pleito e ferir o princípio igualitário de todos os concorrentes numa campanha eleitoral.

Desta forma, como o princípio da legalidade é um dos que se aplica às campanhas eleitorais, as regras da lei eleitoral servirão de orientação segura para o entendimento da abrangência da dicotomia abusividade/regularidade, justamente por serem regras cogentes, de ordem pública, e por isso indisponíveis e de incidência *erga omnes*. Assim, aquilo que estiver normatizado como possível na lei eleitoral, servirá como orientação segura do que é lícito e ilícito nas campanhas eleitorais. Portanto, a participação do poder econômico nas campanhas eleitorais, que se qualifique como lícita, também será válida, eficaz e aceita quanto à sua origem.

A Lei n° 11.300, de 10/05/06, acrescentou o art. 17-A à Lei n° 9.504/97, com o seguinte texto:

"Art. 17-A – A cada eleição caberá à lei, observadas as peculiaridades locais, fixar até o dia 10 de julho de cada ano eleitoral o limite de gastos de campanha para os cargos em disputa;não sendo editada lei até a data estabelecida, caberá a cada partido político fixar o limite de gastos, comunicando à Justiça Eleitoral, que dará a essas informações ampla publicidade."

O art. 18 da Lei n° 9.504/97, com a redação que lhe deu a Lei n° 11.300, de 10/05/06, determina que "no pedido de seus candidatos, os partidos e coligações comunicarão aos respectivos Tribunais Eleitorais os valores máximos de gastos que farão por cargo eletivo em cada eleição a que concorrem, observados os limites estabelecidos, nos termos do art. 17-A desta Lei". No caso de coligação, o § 1° desse artigo 18 regra que cada partido que integrar a coligação fixará o valor máximo de gastos por cada candidatura.

O TSE, por maioria, contudo, entendeu que essa regra do art. 17-A não se aplicará à eleição/2006, permanecendo nas mãos dos partidos o teto para os gastos de campanha, como vêm sendo feito.

Assim, de plano, já se verifica que os candidatos não podem gastar nas campanhas eleitorais acima do limite/teto informado pelo Partido Político à Justiça Eleitoral, sob pena de incidir na cominação regrada no § 2° do art. 18 da Lei n° 9.504/97 (pagamento de multa no valor de cinco a dez vezes a quantia em excesso).

A Lei n° 9.504/97 regra no art. 19 a obrigatoriedade dos Partidos Políticos constituírem "comitês financeiros", até dez dias úteis após a escolha dos candidatos em Convenção, com a finalidade de arrecadar recursos e aplicá-los nas campanhas eleitorais. Esses "comitês financeiros", embora de constituição obrigatória, possuem também caráter temporário, existindo apenas na época das eleições e, cumprida a sua função, de arrecadação e aplicação dos recursos financeiros nas campanhas eleitorais, desaparecerão. Penso que o "comitê financeiro" não tem personalidade no mundo do direito, sendo apenas um organismo do Partido Político, de existência temporária, criado na época das eleições para cumprir as funções regradas no art. 19 da lei eleitoral, quais sejam, arrecadação e aplicação de recursos financeiros nas campanhas eleitorais.

Registre-se, ainda, que os "comitês financeiros" devem ser constituídos para cada uma das eleições em que o partido concorra com candidato próprio, permitindo a lei a reunião num único comitê numa mesma circunscrição eleitoral, englobando as atribuições de todos os candidatos daquela circunscrição (art. 19, § 1°, da Lei n° 9.504/97). Na eleição presidencial é obrigatória a criação de um comitê nacional e facultativa a criação de comitês nos Estados e Distrito Federal (art. 19, § 2°, da Lei n° 9.504/97).

Os "comitês financeiros" têm data certa para sua criação, ou seja, 10 dias úteis após a escolha dos candidatos em Convenção (art. 19, *caput*, da Lei n° 9.504/97), porém, a lei não dá dia certo para sua extinção. Entendo que a extinção do "comitê financeiro" só poderá correr com a aprovação da prestação de contas do candidato pela Justiça Eleitoral, para o qual foi constituído.

Apesar da obrigatoriedade de criação do comitê para arrecadar recursos e aplicá-los nas campanhas eleitorais, o candidato, ou pessoa por ele designada, é quem fará a administração financeira de sua campanha eleitoral (art. 20 da Lei n° 9.504/97), pois outros recursos, além dos arrecadados pelo comitê, são objeto da administração eleitoral, tais como os recursos repassados pelo Fundo Partidário (art. 17, § 3°, da CF regulamentado nos arts. 38 a 44 da Lei n° 9.096/95), os recursos recebidos de doações de pessoas físicas e jurídicas e os recursos originários do patrimônio do próprio candidato, certamente, que observado, sempre, o limite/teto fixado pelo Partido Político, pelo qual concorre o candidato.

A Lei n° 11.300 de 10/05/06 deu nova redação ao art. 21 da Lei n° 9.504/97, passando a ter a seguinte redação:

"Art. 21. O candidato é solidariamente responsável com a pessoa indicada na forma do art. 20 desta Lei pela veracidade das informações financeiras e contábeis de sua campanha, devendo ambos assinar a respectiva prestação de contas."

Pela redação anterior do art. 21 da Lei n° 9.504/97, o candidato era o único responsável pela prestação de contas de sua campanha eleitoral, ainda que houvesse designado terceira pessoa para a administração financeira de sua campanha eleitoral ou tivesse, na forma do art. 28, § 2°, da Lei n° 9.504/97, optado que a prestação de contas de sua campanha eleitoral fosse apresentada pelo "comitê financeiro", de formas que a responsabilidade por informações financeiras inverídicas, pertinente a campanha eleitoral, antes da reforma da introduzida pela Lei n° 11.300/06 fosse ex-

Direito Eleitoral **211**

clusivamente do candidato, após a vigência da mini reforma eleitoral, pela nova redação do art. 21 da Lei nº 9.504/97, a responsabilidade penal e administrativa que advirem das falsas informações passou a ser responsabilidade solidária do candidato e da pessoa responsável pela administração financeira de sua campanha.

A lei eleitoral, no art. 28, § 1º, determina que a prestação de contas de candidato à eleição majoritária deverá ser sempre feita pelo "comitê financeiro", facultando no § 2º desse mesmo art. 28, que o candidato à eleição proporcional opte por sua prestação de contas através do "comitê financeiro".

Como nas campanhas eleitorais paira o fantasma do abuso do poder econômico, a lei eleitoral, visando a minimizar esse espectro, regra no art. 22 a obrigatoriedade da abertura de conta bancária específica, tanto para os partidos, como para os candidatos, para registrar toda a movimentação financeira da campanha. Evidentemente que a lei eleitoral prevê exceção a essa obrigatoriedade, dispondo no § 2º do art. 22 que tal não se aplica aos casos de candidaturas para Prefeito e Vereador em Municípios onde não haja agência bancária, bem como nos casos de candidatura para Vereador em Municípios com menos de vinte mil eleitores. Essa regra da obrigatoriedade de abertura de conta bancária específica para registro da movimentação financeira das campanhas eleitorais visa a coibir o abuso do poder econômico, dispondo, inclusive, a Lei nº 9.096/95, no art. 35,[121] a possibilidade de quebra do sigilo bancário dessas contas.

O art. 3º da Lei 12.034/09 alterou a redação do § 1º do art.22 da Lei nº 9.504/97 que trata das contas bancárias aberta pelos candidatos e coligações durante as campanhas eleitorais, determinando que os Bancos não podem condicionar essas contas à depósito mínimo e proibindo cobrança de taxas e/ou outras despesas de manutenção das mesmas.

A Lei nº 11.300, de 10/05/06, acrescentou o § 3º e o § 4º ao art.22 da Lei nº 9.504/97, com o seguinte texto:

"§ 3º O uso de recursos financeiros para pagamentos de gastos eleitorais que não provenham da conta específica de que trata o caput deste artigo implicará a desaprovação da prestação de contas do partido ou candidato; comprovado abuso de poder econômico, será cancelado o registro da candidatura ou cassado o diploma, se já houver sido outorgado.

---

[121] Lei nº 9.096/95 – art. 35. O Tribunal Superior Eleitoral e os Tribunais Regionais Eleitorais, à vista de denúncia fundamentada de filiado ou delegado de partido, de representação do Procurador-Geral ou Regional ou de iniciativa do Corregedor, determinarão o exame da escrituração do partido e a apuração de qualquer ato que viole as prescrições legais ou estatutárias a que, em matéria financeira, aquele ou seus filiados estejam sujeitos, podendo, inclusive, determinar a quebra de sigilo bancário das contas dos partidos para o esclarecimento o apuração de fatos vinculados à denúncia.

§ 4º Rejeitadas as contas, a Justiça Eleitoral remeterá cópia de todo o processo ao Ministério Público Eleitoral para os fins previstos no art. 22 da Lei Complementar nº 64, de 18 de maio de 1990."

Como se observa da redação desses parágrafos, finalmente foi colocada na prestação de contas dos candidatos – quando essas contiverem informações inverídicas ou fraudulentas –, não apenas a desaprovação das contas, mas a viabilidade de, quando comprovado o abuso do poder econômico, de imediato ser cancelado o registro da candidatura ou cassado o diploma, se já houver sido outorgado e, se não for mais viável essas medidas, pelo menos remeter ao Parquet Eleitoral as contas rejeitadas pela Justiça Eleitoral, para fins de Investigação Judicial Eleitoral do art. 22 da LC nº 64/90 que, possibilitará, pelo menos, tornar inelegível o investigado para as eleições que se realizarem nos três anos seguintes da eleição que ocorreu a fraude na prestação de contas.

As doações de pessoas físicas e jurídicas, em dinheiro ou estimáveis em dinheiro para as campanhas eleitorais, só poderão ser feitas após a criação e registro dos "comitês financeiros", que ocorre dez dias após a escolha dos candidatos em Convenção. O § 2º do art. 23 da Lei nº 9.504/97 regra que "toda a doação a candidato específico ou a partido deverá fazer-se mediante recibo, em formulário impresso", sendo que o § 4º do mesmo art. 23 com a redação que lhe deu a Lei nº 11.300, de 10/05/06, dispõe que "as doações de recursos financeiros somente poderão ser efetuadas na conta mencionada no art. 22 destra Lei por meio de: I – cheques cruzados e nominais ou transferência eletrônica de depósitos; II – depósitos em espécie devidamente identificados até o limite fixado no inciso I do § 1º deste artigo".

Introduziu, ainda, a Lei nº 11.300/06 o § 5º ao art. 23 da Lei nº 9.504/97, com a seguinte redação:

"§ 5º Ficam vedadas quaisquer doações em dinheiro, bem como de troféus, prêmios, ajudas de qualquer espécie feitas por candidato, entre o registro e a eleição, a pessoas físicas ou jurídicas."

Dessas regras, surgem as perguntas: 1ª) a não utilização do recibo eleitoral causa nulidade ou há ineficácia da contribuição? 2ª) a doação depositada em dinheiro é nula?

Quanto ao primeiro questionamento, entendo que o ato solene do recibo eleitoral para as doações a candidato específico ou a partido, por estar regrada a obrigatoriedade na lei eleitoral, a sua não observância leva, como consequência, à conclusão da ocorrência de abuso do poder econômico, conforme está disposto no art. 25 da Lei nº 9.504/97.[122]

---

[122] Lei nº 9.504/97 – art. 25. O partido que descumprir as normas referentes à arrecadação e aplicação de recursos fixados nesta Lei perderá o direito ao recebimento da quota do Fundo Partidário do ano seguinte, sem prejuízo de responderem os candidatos beneficiados por abuso do poder econômico.

Direito Eleitoral **213**

Quanto ao segundo questionamento, o § 5º do art. 23 da Lei nº 9.504/97, introduzido pela Lei nº 11.300/06, não deixa mais margem de dúvida de que os depósitos em dinheiro são proibidos e que a sua não observância – os depósitos bancários em contas de candidatos e partidos devem ser feitos em cheques nominais e cruzados ou transferência eletrônica de depósitos –, leva à conclusão também de abuso do poder econômico pelo candidato beneficiado, devendo ainda ser gizado que penso que os Bancos não podem aceitar depósitos nas contas específicas dos candidatos e partidos políticos, que não sejam na forma regrada pela lei eleitoral, sob pena de responderem também pelo descumprimento da lei.

O art. 3º da Lei nº 12.034/09 alterou a redação do art. 23, *caput*, § 2º, inciso III do § 4º, da Lei nº 9.504/97 e acrescentou os §§ 6º e 7º, uma vez que Lei nº 12.034/09 regula e permite a propaganda via internet. Vejamos as alterações:

"Art. 23. Pessoas físicas poderão fazer doações em dinheiro ou estimáveis em dinheiro para campanhas eleitorais, obedecido o disposto nesta Lei.

§ 2º Toda doação a candidato ou a partido deverá ser feita mediante recibo, em formulário impresso ou em formulário eletrônico, no caso de doação via internet, em que constem os dados do modelo constante do Anexo, dispensada a assinatura do doador.

§ 3º ...

III – mecanismo disponível em sítio de candidato, partido ou coligação na internet, permitindo inclusive o uso de cartão de crédito, e que deverá atender aos seguintes requisitos:

a) Identidade do doador;

b) Emissão obrigatória de recibo eleitoral para cada doação realizada.

§ 6º Na hipótese de doações realizadas por meio da internet, as fraudes ou erros cometidos pelo doador sem conhecimento dos candidatos, partidos ou coligações não ensejarão a responsabilidade destes e nem a rejeição de suas contas eleitorais.

§ 7º O limite previsto no inciso I do § 1º não se aplica a doações estimáveis em dinheiro relativas à utilização de bens móveis ou imóveis de propriedade do doador, desde que o valor da doação não ultrapasse R$ 50.000,00 (cinquenta mil reais)."

Antes o *caput* do art. 23 permitia doações por pessoas físicas somente após o registro dos comitês financeiros. Ao não delimitar o momento da possibilidade do início exato de doações por pessoas físicas, penso que tal poderá suscitar inúmeras fraudes no tocante as doações de pessoas físicas para campanhas eleitorais.

O art. 24 da Lei nº 9.504/97 veda a partido político e a candidato receber direta ou indiretamente doação em dinheiro ou estimável em dinheiro, inclusive por meio de publicidade de qualquer espécie, procedente de: 1) entidade estrangeira; 2) órgão da administração pública direta e indireta ou fundação mantida com recursos provenientes do Poder Público; 3) concessionário ou permissionário de serviço público; 4) entidade de direito privado que receba, na condição de beneficiária, contribuição compulsória em virtude de disposição legal; 5) entidade de utilidade pública; 6) entidade de classe ou sindical; e 7) pessoa jurídica sem fins lucrativos que receba recursos do exterior. A Lei nº 11.300/06, visando a restringir ainda mais as vedações de recebimento de doações pelo candidato e partido, acresceu mais quatro itens às vedações do art. 24, a saber: 8) entidades beneficentes e religiosas; 9) entidades esportivas que recebam recursos públicos; 10) organizações não governamentais que recebam recursos públicos; e 11) organizações da sociedade civil de interesse público. Essas vedações legais visam, sobretudo, a evitar o abuso do poder político, sendo que acaso não cumprida a lei, além das sanções de âmbito eleitoral, haverá a prática de improbidade administrativa.

O art. 3º da Lei nº 12.034/09 introduziu ao art. 24 da Lei nº 9.504/97, que trata das vedações de doações, o inciso IX que veda as "entidades esportivas" a possibilidade de efetuar doações para as campanhas eleitorais. Incluiu, ainda, a esse art. 24, mais o parágrafo único que diz que "não incluem nas vedações de que trata esse artigo as cooperativas cujos cooperados não sejam concessionários ou permissionários de serviços públicos, desde que não estejam sendo beneficiadas com recursos públicos, observado o disposto no art.81".

Incluiu, ainda, ao art. 25 da Lei nº 9.504/97, o parágrafo único que de um prazo prescricional quinquenal e diz que "a sanção de suspensão do repasse de novas cotas do Fundo partidário, por desaprovação total ou parcial de prestação de contas do candidato, deverá ser aplicada de forma proporcional e razoável, pelo período de 1 (um) mês a 12 (doze) meses, ou por meio de desconto, do valor a ser repassado, na importância apontada como irregular, não podendo ser aplicada a sanção de suspensão, caso a prestação de contas não seja julgada, pelo juízo ou tribunal competente, após 5 (cinco) anos de sua apresentação.".

O art. 26 da Lei nº 9.504/97[123] arrola o que considera gastos eleitorais, sujeitos a registro e aos limites fixados na lei. Penso que o rol apresentado

---

[123] Lei nº 9.504/97 com as alterações dadas pela Lei nº 11.300/06 – art. 26. São considerados gastos eleitorais, sujeitos a registro e aos limites fixados nesta Lei, dentre outros: I – confecção de material impresso de qualquer natureza e tamanho; II – propaganda e publicidade direta ou indireta, por qualquer meio de divulgação, destinado a conquistar votos; III – aluguel de locais para a promoção de atos de campanha eleitoral; IV – despesas com transporte ou deslocamento de candidatos e de pessoal a serviço das candidaturas; V – correspondência e despesas postais; VI – despesas de instalação, organização e funcionamento de Comitês e serviços necessários às eleições; VII – remuneração ou gratificação de qualquer espécie a pessoal que preste serviços às candidaturas ou aos comitês eleitorais; VIII – montagem e operação de carros de som, de propaganda e assemelhados; IX – a realização de comícios ou eventos destinados à promoção de candidatura;

Direito Eleitoral

pela lei não se constitui em *numerus clausus*, sendo a enumeração feita meramente exemplificativa, aliás, conforme referido pelo próprio legislador ao especificar na própria norma "dentre outros" pois, por certo, que embora seja o rol apresentado na lei bastante extenso, não poderia o legislador deixar de levar em consideração que outros gastos eleitorais podem ocorrer em uma campanha a cargo eletivo, sendo impossível a lei enumerar todos os gastos eleitorais possíveis. Assim, podemos afirmar que gastos eleitorais são todas as despesas havidas com a campanha eleitoral, entendida nelas tanto as despesas-fim, tais como a propaganda, a correspondência, a produção ou patrocínio de eventos promocionais de candidatos, dentre outras, bem como as despesas-meio, tais como a remuneração de prestação de serviços, aluguel de locais para promoção de eventos, etc.

Prevê, ainda, a Lei n° 9.504/97, no art. 27, que "qualquer eleitor poderá realizar gastos, em apoio a candidato de sua preferência, até a quantia equivalente a uma mil UFIR, não sujeitos a contabilização, desde que não reembolsados". Essa norma é uma exceção, significando que toda doação até uma mil UFIR, em apoio de candidato, não está sujeita à contabilização, o que significa que não está sujeita à emissão de recibo eleitoral, regrado no art. 23, § 2°, da mesma lei. Penso que esse artigo dá azo à utilização abusiva do poder econômico, sem qualquer penalização, porque um candidato poderá receber inúmeras doações, de variadas pessoas, até mil UFIR, somando valores abusivos, e que não estarão sujeitos à contabilização, por força da própria lei eleitoral.

Neste particular, cabe referir que a UFIR foi extinta através de Medida Provisória em 27/10/00, tendo o TSE, na Resolução n° 20.987, de 21/02/02, que dispõe sobre a arrecadação e a aplicação de recursos nas campanhas eleitorais e sobre a prestação de contas nas eleições de 2002, regrado no art. 20. que regulamenta o art. 27 da Lei n° 9.504/97 –, que "qualquer eleitor/a poderá realizar gastos estimáveis em dinheiro, em apoio a candidato/a de sua preferência, até a quantia equivalente a R$ 1.064,10 (um mil, sessenta e quatro reais e dez centavos), não sujeitos a contabilização, desde que não reembolsados (Lei n° 9.504/97, art. 27)", de modo que, como se observa dessa regulamentação, o TSE manteve o valor da última UFIR , R$ 1,0641, para as doações não sujeitas à contabilização feita por eleitor a candidato de sua preferência. Deve ser gizado que o TSE após a extinção da UFIR em 2000, através da Medida Provisória n° 1.973-67 (trans-

---

X – produção de programas de rádio, televisão ou vídeo, inclusive os destinados à propaganda gratuita; XI – pagamento de cachê de artistas ou animadores de eventos relacionados a campanha eleitoral; REVOGADO. XII – realização de pesquisas ou testes pré-eleitorais; XIII – confecção, aquisição e distribuição de camisetas, chaveiros e outros brindes de campanha; REVOGADO. XIV – aluguel de bens particulares para veiculação, por qualquer meio, de propaganda eleitoral; XV – custos com a criação e inclusão de sítios na Internet; XVI – multas aplicadas aos partidos ou candidatos por infração do disposto na legislação eleitoral. XVII – produção de jingles, vinhetas e slogans para propaganda eleitoral.

formada na Lei n° 10.522, de 19/07/2002), vem entendendo que em toda a legislação eleitoral, os valores fixado em UFIR deverão ser convertidos em moeda corrente pelo valor da última UFIR, ou seja, R$ 1,064.

11.2. Prestação de contas dos candidatos

As regras pertinentes às prestações de contas dos candidatos, relativas à receita e à despesa da campanha eleitoral, estão nos arts. 28 a 32 da Lei n° 9.504/97.

Quanto à legitimação ativa e obrigatoriedade de prestar contas à Justiça Eleitoral, a lei prevê que a prestação de contas dos candidatos às eleições majoritárias (Presidente, Governadores, Prefeitos e Senadores) serão feitas através do "comitê financeiro" (art. 28, § 1°, da Lei n° 9.504/97). Acompanharão, obrigatoriamente, a prestação de contas desses candidatos os extratos das contas bancárias referentes à movimentação dos recursos financeiros usados na campanha e a relação dos cheques recebidos, com indicação dos respectivos números, valores, emitentes e respectivos CPFs. A lei eleitoral é expressa no sentido de que a prestação de contas dos candidatos à eleição majoritária será sempre e exclusivamente apresentada pelo "comitê financeiro", significando que não poderá o próprio candidato apresentá-la, sob pena de assim o fazendo, a Justiça Eleitoral dela não conhecer, por falta de legitimidade.

Quanto à legitimidade ativa da prestação de contas dos candidatos às eleições proporcionais (Deputados Federais, Deputados Estaduais e Vereadores), o § 2° do art. 28 da Lei n° 9.504/97 faculta seja ela apresentada pelo próprio candidato ou pelo "comitê financeiro". Portanto, sendo opção da própria norma, a apresentação de uma ou de outra forma é da escolha do candidato. Também a prestação de contas dos candidatos à eleição proporcional deverá ser acompanhada, obrigatoriamente, dos extratos das contas bancárias específicas à campanha eleitoral e da relação dos cheques recebidos, indicando-se o número, valores, emitentes e seus respectivos CPFs, bem como informação sobre os recibos eleitorais (data, numeração, quantidade e nome do doador).

Quanto a forma, modo ou meio, como se realizará a prestação de contas, o art. 28, inciso I, da Lei n° 9.504/97, regra que "no caso dos candidatos às eleições majoritárias, na forma disciplinada pela Justiça Eleitoral" e no inciso II, desse mesmo artigo, regra que "no caso dos candidatos às eleições proporcionais, de acordo com os modelos constantes do Anexo desta Lei". O inciso I dessa norma deve ser conjugado com o art. 105 da mesma

Direito Eleitoral   **217**

Lei nº 9.504/97[124] e o art. 23, IX, do Código Eleitoral.[125] Quanto à prestação de contas dos candidatos à eleição proporcional, o inciso II do art. 28 da lei eleitoral determina que a mesma se dará na conformidade com os modelos que acompanham a Lei nº 9.504/97.

Pelo Anexo – Modelo I da lei eleitoral (Ficha de Qualificação do Candidato), o limite de gastos por candidatura fixado pelo Partido é informado em reais (art. 18 da Lei nº 9.504/97), porém, conforme determina o § 3º do art. 28 da Lei nº 9.504/97, "as contribuições, doações e as receitas de que trata esta Lei serão convertidas em UFIR, pelo valor desta no mês em que concorrerem".

Ocorre que a UFIR foi extinta em 26/10/00, pela Medida Provisória nº 1973-67, arts. 29, § 3º, e 37. Daí pergunta-se: como passou a ser feita a conversão para UFIR das contribuições, doações e receitas, determinada no § 3º do art. 28 da Lei nº 9.504/97?

Por recomendação do Corregedor-Geral da Justiça Eleitoral, Ministro Garcia Vieira,[126] em 14/11/00, foi determinado às Circunscrições Regionais que as multas eleitorais deveriam ser fixadas com observação do último valor atribuído à UFIR, ou seja, R$ 1,0641, até ulterior deliberação do TSE.

Contudo, tal procedimento não foi aplicado para a conversão para UFIR determinada no § 3º do art. 28 da Lei nº 9.504/97, sendo as contribuições, doações e receitas, apresentadas a partir da extinção da UFIR, em moeda corrente nacional, sem qualquer conversão.

As Resolução do TSE que regulamentaram as eleições 2002, 2004 e 2006, tal como a Resolução nº 22.715/08 que está regulamentando o pleito que ocorrerá em 2008, todas regulando sobre a arrecadação e aplicação de recursos nas campanhas eleitorais e sobre as prestações de conta nas eleições, não emitem qualquer consideração a respeito da conversão determinada pelo § 3º do art. 28 da Lei nº 9.504/97, sendo que os formulários anexos a essas Resoluções regram que os valores informados pelos candi-

---

[124] Lei nº 9.504/97, art. 105 – Até o dia 5 de março do ano da eleição, o Tribunal Superior Eleitoral expedirá todas as instruções necessárias à execução desta Lei, ouvidos previamente, em audiência pública, os delegados dos partidos participantes do pleito.

[125] Código Eleitoral – art. 23. Compete ainda, privativamente, ao Tribunal Superior: ... IX – expedir as instruções que julgar convenientes à execução deste Código;

[126] "Fax-Circular nº 063/00-CGE BSB, 14.11.00.
Exmos Srs. Corregedores Regionais Eleitorais,
Tribunais Regionais Eleitorais.
Levo ao conhecimento de V. Exa., recomendando orientações às Zonas Eleitorais dessa Circunscrição, que, em razão da extinção da UFIR pela Medida Provisória nº 1.973-67, de 26.10.00 (DOU de 27.10.00), a fixação da base de cálculo do valor das multas eleitorais deverá observar o último valor atribuído aquela unidade fiscal, ou seja, R$ 1,0641, até ulterior deliberação desta Corte Superior. Saliento, outrossim, que a proposta de Resolução que substituirá a Resolução TSE nº 20.132/98 disciplina o procedimento a ser adotado em relação à fixação do valor das multas eleitorais e deverá ser apreciada por este Colendo Tribunal Superior Eleitoral, na próxima Sessão. ..."

datos deverão sê-los em moeda corrente nacional, sem qualquer conversão.

Até as eleições que ocorreram em 2006 para a doação regrada no art. 27 da Lei nº 9.504/97, quanto à regra disposta nesse artigo (*qualquer eleitor poderá realizar gastos, em apoio a candidato de sua preferência, até a quantia equivalente a um mil UFIR, não sujeitos a contabilização, desde que não reembolsados*), as Resoluções do TSE até 2006 regravam que tal valor estaria limitado ao valor da última UFIR, ou seja, R$ 1.064,10. Na Resolução nº 22.715/08, o TSE é omisso quanto à regra desse dispositivo (art. 27 da Lei nº 9.504/97). Porém, no parágrafo único do art. 19, o TSE regra que: "o depósito de doações, em qualquer montante, realizado diretamente em conta bancária, não exime o candidato ou comitê financeiro de emitir o competente recibo". De modo que penso que mesmo as doações previstas no art. 27 da Lei nº 9.504/97 estarão sujeitas à expedição do competente recibo eleitoral. Aliás, a redação do § 4º e incisos do art. 23 da lei eleitoral, com a redação que lhe deu a Lei nº 11.300/06 deixa claro que qualquer doação, sem especificar valor, somente poderá ser feita através de depósito na conta bancária específica aberta pelo candidato na forma do art. 22 da mesma lei eleitoral, para esse fim.

A Lei nº 11.300, de 10/05/06, acrescentou o § 4º ao art. 28 da Lei nº 9.504/97, penso que com a finalidade de uma efetiva fiscalização pelos eleitores dos gastos com a campanha eleitoral dos candidatos, com a seguinte redação:

> "§ 4º Os partidos políticos, as coligações e os candidatos são obrigados, durante a campanha eleitoral, a divulgar, pela rede mundial de computadores (internet), nos dias 6 de agosto e 6 de setembro, relatório discriminando os recursos em dinheiro ou estimáveis em dinheiro que tenham recebido para financiamento da campanha eleitoral, e os gastos que realizarem, em sítio criado pela Justiça Eleitoral para esse fim, exigindo-se a indicação dos nomes dos doadores e os respectivos valores doados somente na prestação de contas final de que tratam os incisos III e IV do art. 29 desta Lei."

Em princípio, o prazo para apresentação da prestação de contas à Justiça Eleitoral é de trinta dias após a realização da eleição (art. 29, inciso III e IV, da Lei nº 9.504/97),[127] quer sejam as contas apresentadas pelo "comitê financeiro", no caso dos candidatos à eleição majoritária e optativamente na eleição proporcional, quer sejam as contas prestadas diretamente pelos candidatos na eleição proporcional. No caso dos candidatos que disputa-

---

[127] Lei nº 9.504/97 – art. 29 ... III – encaminhar à Justiça Eleitoral, até o trigésimo dia posterior à realização das eleições, o conjunto das prestações de contas dos candidatos e do próprio comitê, na forma do artigo anterior, ressalvada a hipótese do inciso seguinte; IV – havendo segundo turno, encaminhar a prestação de contas dos candidatos que o disputem, referente aos dois turnos, até o trigésimo dia posterior a sua realização.

rem o segundo turno, haverá uma única prestação de contas pelo "comitê financeiro", englobando os dois turnos, no prazo de trinta dias posterior à realização do segundo turno.

A não apresentação da prestação de contas, pertinente à campanha eleitoral, impede, no dizer do § 2° do art. 29 da Lei n° 9.504/97, a não diplomação do candidato eleito, enquanto perdurar tal situação. Assim, a não apresentação da prestação de contas do candidato eleito não implica a modificação do resultado das urnas, pois tal resultado é soberano e intocável, porém impede a diplomação do candidato eleito, enquanto perdurar a situação, impedindo, pois, a posse, porque sem diplomação não pode o eleito tomar posse no cargo para o qual foi eleito.

Registre-se, porque oportuno, que se a inadimplência permanecer, jamais haverá diplomação e posse, contudo, o fato de a Justiça Eleitoral ter decidido pela irregularidade das contas prestadas, não é circunstância impeditiva da diplomação, pois o § 2° do art. 29 da lei eleitoral apenas tem o óbice de impedir a diplomação dos candidatos inadimplentes na prestação de contas, mas não daqueles que tiveram as contas julgadas irregulares pela Justiça Eleitoral.

O art. 3° da Lei n° 12.034/09 alterando acrescentou os §§ 3° e 4° ao art. 29 da Lei n° 9.504/97, regrando:

"§ 3° Eventuais débitos de campanha não quitados até a data de apresentação da prestação de contas poderão ser assumidos pelo partido político, por decisão do seu órgão nacional de direção partidária.

§ 4° No caso do disposto no § 3°, o órgão partidário da respectiva circunscrição eleitoral passará a responder por todas as dívidas solidariamente com o candidato, hipótese em que a existência do débito não poderá ser considerada como causa para a rejeição das contas."

O art. 30 da Lei n° 9.504/97 é claro ao dispor que "examinando a prestação de contas e conhecendo-a, a Justiça Eleitoral decidirá sobre a sua regularidade". Conforme regrado no artigo transcrito, a Justiça Eleitoral, conhecendo da prestação de contas, que estão sujeitos à prestação todos os candidatos eleitos e não eleitos, decide sobre a sua regularidade.

No caso de a Justiça Eleitoral julgar irregulares as contas, a lei eleitoral não prevê qualquer sanção, apenas estipula no § 4° do art. 30 que "havendo indício de irregularidade na prestação de contas, a Justiça Eleitoral poderá requisitar diretamente do candidato ou do comitê financeiro as informações adicionais necessárias, bem como determinar diligências para a complementação dos dados ou o saneamento das falhas". Aliás, o § 2° do art. 30 prevê que "erros formais e materiais corrigidos não autorizam a rejeição das contas e a cominação de sanção a candidato ou partido", só que a lei em nenhum artigo trata de qualquer sanção pela rejeição das contas.

Na realidade, a Lei n° 9.504/97 não traz qualquer elemento para uma definição do termo *regularidade*, daí entender-se que regular seriam as contas que estão conforme as regras da lei, de modo que a única interpretação dessa palavra, a meu ver, seria conforme o sentido semântico.

O art. 3° da Lei n° 12.034/09 alterou a redação do art. 30 da Lei n° 9.504/97, contendo um maior detalhamento do termo *regularidade*, vejamos:

"Art. 30. A Justiça Eleitoral verificará a regularidade das contas de campanha, decidindo:

I – pela aprovação, quando estiverem regulares:

II – pela aprovação com ressalvas, quando verificadas falhas que não lhes comprometam a regularidade;

III – pela desaprovação, quando verificadas falhas que lhes comprometam a regularidade;

IV – pela não prestação, quando não apresentadas as contas após notificação emitida pela Justiça Eleitoral, na qual constará a obrigação expressa de prestar suas contas, no prazo de setenta e duas horas.

...

§ 2° Erros formais ou materiais irrelevantes no conjunto da prestação de contas, que não comprometam o seu resultado, não acarretaram a rejeição das contas.

...

§ 5° Da decisão que julgar as contas prestadas pelos candidatos e comitês financeiros caberá recurso ao órgão superior da Justiça Eleitoral, no prazo de 3 (três) dias, a contar da publicação no Diário Oficial.

§ 6° No mesmo prazo previsto no § 5°, caberá recurso especial para o Tribunal Superior Eleitoral, nas hipóteses previstas nos incisos I e II do § 4° do art. 121 da Constituição federal.

§ 7° O disposto neste artigo aplica-se aos processos judiciais pendentes."

Por outro lado, no exame do termo *regularidade das contas*, deve ser visualizada a normalidade do pleito eleitoral, sem qualquer influência do abuso do poder econômico e político. Na verdade, se forem observados os preceitos legais, na arrecadação e na prestação de contas à Justiça Eleitoral, por certo que estará afastada a possibilidade da existência da abusividade do poder. Assim, podemos concluir que a prestação de contas será regular quando estiver conforme e respeitar os preceitos da lei eleitoral, quais sejam, forem observados os limites máximos de despesas, a arrecadação for válida e comprovada, doações dentro dos limites legais e os gastos eleitorais forem admitidos, pois só assim estará afastado o fantasma do abuso do poder, quer econômico, quer político.

Direito Eleitoral

Desta forma, as contas só poderão ser rejeitadas, por irregulares, se for detectada a não observância desses preceitos legais.

A Resolução do TSE n° 20.987/02, bem como a Resolução nas eleições de 2004, que dispõe sobre a arrecadação e sobre a prestação de contas nas eleições 2002 e 2004, justamente porque a Lei n° 9.504/97 não prevê qualquer sanção quando as contas forem rejeitadas pela Justiça Eleitoral, regra essa Resolução, no parágrafo único do art. 30 que "rejeitadas as contas, a Justiça Eleitoral remeterá cópia de todo o processo ao Ministério Público Eleitoral, para os fins previstos no art. 14, §§ 10 e 11, da Constituição Federal, e no art. 262, inciso IV, do Código Eleitoral".

Aliás, consolidando e reforçando essa regra já adotada nas Resolução pelo TSE a partir das eleições/02, a Lei n° 11.300, de 10/05/2006, acrescentou o § 4° ao art. 22 da Lei n° 9.504/97, onde determina que "rejeitadas as contas, a Justiça Eleitoral remeterá cópia de todo o processo ao Ministério Público Eleitoral para os fins previstos no art. 22 da Lei Complementar n° 64, de 18 de maio de 1990". Portanto, se já ultrapassados os prazos da "impugnação do mandado eletivo" regrado nos §§ 10 e 11 do art. 14 da CF ou do "recurso contra diplomação" regrado no art. 262 do Código Eleitoral, poderá, ainda, o Ministério Público Eleitoral instaurar a "investigação judicial eleitoral", regrada no art. 22 da LC n° 64/90 (regra essa também expressa do parágrafo único do art. 38 da Resolução TSE n° 22.160/06) e, poderá, pelo menos, acaso apurada a responsabilidade do candidato na fraude em sua prestação de contas, além de ficar inelegível pelo prazo de 3 anos daquela eleição, ter cassado seu diploma conforme § 2° do art. 30-A introduzido na Lei n° 9.504/97 pela Lei n° 11.300/06.

Reafirmando, portanto, esse entendimento, a Lei n° 11.300, de 10/05/06, acrescentou o art. 30-A, § 1° e § 2° à Lei n° 9.504/97, com a seguinte redação:

"Art. 30-A. Qualquer partido político ou coligação poderá representar à Justiça Eleitoral relatando fatos e indicando provas e pedir a abertura de investigação judicial para apurar condutas em desacordo com as normas desta Lei, relativas à arrecadação e gastos de recursos.

§ 1° Na apuração de que trata este artigo, aplicar-se-á o procedimento previsto no art. 22 da Lei Complementar n° 64, de 18 de maio de 1990, no que couber.

§ 2° Comprovados captação ou gastos ilícitos de recursos, para fins eleitorais, será negado diploma ao candidato ou cassado, se já houver sido outorgado."

O art. 3° da Lei n° 12.034/09 alterou a redação do *caput* do art. 30-A acrescentado que a medida no artigo disposta, a ser tomada por qualquer partido ou coligação, deverá ser "no prazo de 15 (quinze) dias da diplomação" e, acrescentou o § 3° que diz que "o prazo de recurso contra decisões proferidas em representações propostas com base neste artigo será de 3 (três) dias a contar da data da publicação do julgamento no Diário Oficial".

Como as contas prestadas pelos candidatos ou pelos comitês financeiros devem estar julgadas e publicadas em sessão pelo Tribunal Eleitoral até 8 dias antes da diplomação (art. 30, § 1º, da Lei nº 9.504/97), e sendo o candidato, junto com o tesoureiro, o responsável pelas mesma, teoricamente é possível ao *Parquet* Eleitoral, acaso rejeitadas as contas por vício insanável, propor a ação de impugnação de mandato eletivo (art. 14, §§ 10 e 11, da CF) no prazo de 15 dias da diplomação ou o recurso contra a diplomação (art. 262, inciso IV, do Código Eleitoral) no prazo de 3 dias da diplomação.

A Resolução do TSE nº 22.715/08, no art. 48, § 3º ainda dispôs que "a falsidade das informações prestadas sujeitará o infrator às penas dos arts. 348 e ss do Código Eleitoral". Por certo que para aplicação das penas regradas nos arts. 348 e ss do Código Eleitoral, só poderão ocorrer através da instauração do competente processo criminal eleitoral pelo Ministério Público Eleitoral.

A Resolução do TSE nº 22.715/08, ainda dispôs, no inciso III do art. 40, diferentemente do que vinha sendo regrado até então, que o Juiz após verificar a regularidade das contas decidirá "pela *desaprovação*, quando verificada falhas que lhes comprometam a regularidade".

O art. 31 da Lei nº 9.504/97 também determina que, no final da campanha, as sobras dos recursos financeiros devem ser declaradas na prestação de contas e após julgados todos os recursos, deverão ser transferidas ao partido ou coligação, sendo que no caso de coligação para ser dividido entre todos os partidos que a integraram, já que esta apenas se forma na época dos pleitos. O parágrafo único deste art. 31 da Lei nº 9.504/97 também determina que essas sobras deverão ser utilizadas pelos partidos políticos "de forma integral e exclusiva, na criação e manutenção de instituto ou fundação de pesquisa e de doutrinação e educação política".

O art. 3º da Lei 12.034/09 alterou a redação o *caput* do art. 31 da Lei nº 9.504/97 especificando que as sobras de campanha deverão ser repassadas para o "partido da circunscrição do pleito ou coligação", e não simplesmente para o partido, certamente porque a redação anterior por não ser clara possibilitava repasses para o partido em geral, por exemplo, uma sobra de campanha municipal poderia ser repassada para o partido a nível nacional ou estadual e vice-versa. Alterou também a redação do parágrafo único para simplesmente dizer que as sobras financeiras serão utilizadas pelos partidos políticos, não limitando a finalidade e acrescentado que deverão ser declaradas nem suas prestações de contas perante a Justiça Eleitoral.

Por fim, o art. 32 da Lei nº 9.504/97 determina que os candidatos ou partidos deverão conservar a documentação de sua prestação de contas até 180 dias da diplomação.

Penso que esse prazo é muito pequeno. Outras leis eleitorais, como a Lei nº 9.100/95, que regrou a eleição municipal de 1996, estipulava no parágrafo único do art. 43 que os candidatos e os partidos deveriam conservar a documentação pertinente à prestação de contas pelo prazo de 5 anos após o trânsito em julgado da decisão sobre as contas.

E isto porque, 180 dias ou 6 meses da diplomação é um prazo insuficiente para que o Ministério Público Eleitoral, que, gize-se, tem inúmeras outras funções perante a Justiça Eleitoral, tenha tempo suficiente para tomar providências quanto às contas que entender suspeitas de irregularidade, tendo em vista que ultrapassado esse prazo o *Parquet* não pode mais postular investigação judicial eleitoral nos documentos pertinentes à prestação de contas das campanhas eleitorais, porque após esse prazo certamente os candidatos e partidos já terão incinerado dita documentação, justamente porque albergados por essa disposição legal (art. 32, *caput*, da Lei nº 9.504/97).

Ainda que o parágrafo único desse art. 32 da Lei nº 9.504/97 regre que se as contas estiverem pendentes de recurso, a documentação deverá ser guardada, pelo candidato ou partido, até a decisão final do recurso, entendo que insubsistente tal regramento, pois que só abrangem as contas que estiverem pendentes de recurso. Ora, outras prestações de contas que não sofreram qualquer recurso, podem ser passíveis de investigação pelo Ministério Público Eleitoral, inobstante não pendentes de recurso, mas como os candidatos ou partidos, por lei, só têm a obrigação legal de guardar a documentação pelo prazo de 180 dias, ficará muito difícil instaurar uma investigação judicial que leve a um resultado efetivo, já que os documentos pertinentes as contas ficarão em poder dos candidatos ou dos partidos pelo exíguo prazo de 180 dias.

11.3. Prestação de contas dos partidos políticos

A Lei nº 9.096/95, Lei dos Partidos Políticos, regula, nos arts. 30 a 37, sobre a prestação de contas à Justiça Eleitoral a que estão sujeitos os Partidos Políticos e, nos art. 38 a 44, regula sobre o Fundo Partidário.

Todo o Partido Político está obrigado a enviar, anualmente, o seu balanço contábil do exercício findo à Justiça Eleitoral, até o dia 30 de abril do ano seguinte (art. 32, *caput*, da Lei nº 9.096/95). O órgão nacional do Partido Político enviará seu balanço anual ao Tribunal Superior Eleitoral; os órgãos estaduais dos Partidos Políticos enviam seus balanços aos Tribunais Regionais Eleitorais, e os órgãos municipais dos Partidos enviam seus balanços aos Juízes Eleitorais (§ 1º do art. 32 da Lei nº 9.096/95).

No ano em que ocorrem eleições, os Partidos Políticos devem enviar balancetes mensais à Justiça Eleitoral, durante os quatro meses anteriores e os dois meses posteriores ao pleito (§ 3º, art. 32 da Lei nº 9.096/95). Esta obrigatoriedade da lei visa justamente a manter um maior controle da Justiça Eleitoral sobre os Partidos Políticos, no período em que se realizam as eleições, tendo em vista que as campanhas eleitorais são realizadas sob a responsabilidade dos partidos e os "comitês financeiros", que são órgãos vinculados aos partidos, são constituídos exclusivamente nessa época para arrecadar e aplicar os recursos nas companhas eleitorais.

Tal como aos candidatos, a lei dos Partidos Políticos, Lei nº 9.096/95, também traz proibições aos partidos políticos de recebimento de contribuições, dispondo no art.31, *verbis*:

"Art. 31. É vedado ao partido receber, direta ou indiretamente, sob qualquer forma ou pretexto, contribuição ou auxílio pecuniário ou estimável em dinheiro, inclusive através de publicidade de qualquer espécie, procedente de :

I – entidade ou governo estrangeiros;

II – autoridade ou órgãos públicos, ressalvadas as dotações referidas no art. 38;

III – autarquias, empresas públicas ou concessionárias de serviços públicos, sociedades de economia mista e fundações instituídas em virtude de lei e para cujos recursos concorram órgãos ou entidades governamentais;

IV – entidades de classe ou sindicais."

As dotações mencionadas no inciso II do artigo citado são as do Fundo Especial de Assistência Financeira aos Partidos Políticos, denominado Fundo Partidário, que é constituído por: 1º) multas e penalidades pecuniárias aplicadas nos termos do Código Eleitoral e leis conexas; 2º) recursos financeiros que lhes forem destinados por lei, em caráter permanente ou eventual; 3º) doações de pessoa física ou jurídica, efetuadas por intermédio de depósitos bancários diretamente na conta do Fundo Partidário; e 4º) dotações orçamentárias da União em valor nunca inferior, cada ano, ao número de eleitores inscritos em 31 de dezembro do ano anterior ao da proposta orçamentária, multiplicados por trinta e cinco centavos de real, em valores de agosto de 1995 (art. 38 da Lei nº 9.096/95).

Os balanços, ou prestações de contas dos Partidos Políticos à Justiça Eleitoral, de acordo com o regrado no art. 33 da Lei nº 9.096/95, devem conter: 1º) discriminação dos valores e destinação dos recursos oriundos do fundo partidário; 2º) origem e valores das contribuições e doações; 3º) despesas de caráter eleitoral, com a especificação e comprovação dos gastos com programas no rádio e na televisão, comitês, propaganda, publicações, comícios e demais atividades da campanha; e 4º) discriminação detalhada das receitas e despesas.

A discriminação dos valores e destinação dos recursos oriundos do Fundo Partidário deve ser examinada sob o enfoque do disposto no art. 44 da Lei nº 9.096/95,[128] a fim de que seja verificado, em especial, se os partidos observaram o limite máximo de 20% do total recebido, na manutenção das sedes e serviços do partido e pagamento de pessoal a qualquer título e se destinaram o limite mínimo de 20% do total recebido na criação e manutenção de instituto ou fundação de pesquisa e de doutrinação e educação política. A Justiça Eleitoral pode investigar sobre a aplicação correta do Fundo Partidário pelos Partidos Políticos, de acordo com o regramento legal, sendo que tal investigação entendo que deverá ser procedida através da investigação judicial prevista no art. 22 da LC nº 64/90.

A Justiça Eleitoral exerce a fiscalização sobre a escrituração contábil, as despesas com campanha eleitoral e a prestação de contas dos Partidos Políticos, devendo atestar se elas refletem a real movimentação financeira, os dispêndios e recursos aplicados nas campanhas eleitorais, mediante a observação das seguintes regras enumeradas no art. 34 da Lei nº 9.096/95, que são: 1ª) obrigatoriedade de constituição de comitês e designação de dirigentes partidários específicos, para movimentar recursos financeiros nas campanhas eleitorais; 2ª) caracterização da responsabilidade dos dirigentes do partido e comitês, inclusive do tesoureiro, que responderão, civil e criminalmente, por quaisquer irregularidades; 3ª) escrituração contábil, com documentação que comprove a entrada e saída de dinheiro ou de bens recebidos e aplicados; 4ª) obrigatoriedade de ser conservada pelo partido a documentação comprobatória de suas prestações de contas, por prazo não inferior a cinco anos; e 5ª) obrigatoriedade de prestação de contas, pelo partido político, seus comitês e candidatos, no encerramento da campanha eleitoral, com o recolhimento imediato à tesouraria do partido dos saldos financeiros eventualmente apurados.

Como se observa, a lei dos Partidos Políticos conserva a obrigatoriedade de os partidos guardarem a documentação de suas prestações de contas à Justiça Eleitoral, pelo prazo nunca inferior a 5 (cinco) anos, diferentemente da lei eleitoral (Lei nº 9.504/97, art. 32), que determina a

---

[128] Lei nº 9.096/95 – art. 44. Os recursos oriundos do Fundo Partidário serão aplicados: I – na manutenção das sedes e serviços do partidos, permitido o pagamento de pessoal, a qualquer título, este último até o limite máximo de vinte por cento do total recebido; II – na propaganda doutrinária e política; III – no alistamento e campanhas eleitorais; IV – na criação e manutenção de instituto ou fundação de pesquisa e de doutrinação e educação política, sendo esta aplicação de, no mínimo, vinte por cento do total recebido. § 1º Na prestação de contas dos órgãos de direção partidária de qualquer nível devem ser discriminadas as despesas realizadas com recursos do Fundo Partidário, de modo a permitir o controle da Justiça Eleitoral sobre o cumprimento do disposto nos incisos I e IV deste artigo. § 2º A Justiça Eleitoral pode, a qualquer tempo, investigar sobre a aplicação de recursos oriundos do Fundo Partidário.

obrigatoriedade dos candidatos guardarem a documentação pertinente às suas prestações de contas à Justiça Eleitoral, das suas campanhas eleitorais, pelo exíguo prazo de 180 dias da diplomação.

O art. 35 da Lei nº 9.096/95, com muita propriedade, permite a quebra do sigilo bancário das contas dos Partidos Políticos para o esclarecimento ou apuração de fatos vinculados à denúncia fundamentada de filiado ou delegado de partido, bem como de representação de membro do Ministério Público Eleitoral ou mesmo por iniciativa do Corregedor Eleitoral, a quem está afeta a investigação.

Tal como a lei eleitoral (§ 3º do art. 30 da Lei nº 9.504/97), na prestação de contas dos candidatos nas campanhas eleitorais, a lei dos Partidos Políticos (parágrafo único do art. 34 da Lei nº 9.096/95), também prevê a possibilidade de a Justiça Eleitoral requisitar técnicos do Tribunal de Contas da União ou dos Estados, pelo tempo que se fizer necessário, para efetuar exames necessários na escrituração contábil apresentadas pelos Partidos Políticos à Justiça Eleitoral.

Após o exame das contas dos Partidos Políticos pela Justiça Eleitoral, tanto das mensais apresentadas durante os quatro meses anteriores e dois meses posteriores às eleições, como das contas anuais apresentadas até o dia 30 de abril do ano seguinte, publica esses balanços e, após 15 dias dessa publicação, é aberto o prazo de 5 dias para outros partidos, filiados e o *Parquet* Eleitoral impugná-las, podendo, para tanto, relatar fatos, indicar provas e pedir abertura de investigação para apurar qualquer ato que viole as prescrições legais ou estatutárias (parágrafo único do art. 35 da Lei nº 9.096/95).

Prevê também a Lei nº 9.096/95, no art. 36, as seguintes sanções por violação de normas legais e estatutárias na prestação de contas pelos Partidos Políticos: 1ª) no caso de recursos de origem não mencionada ou esclarecida, fica suspenso o recebimento das quotas do Fundo Partidário até que o esclarecimento seja aceito pela Justiça Eleitoral; 2ª) no caso de recebimento de recursos mencionados no art. 31, fica suspensa a participação no Fundo Partidário por um ano; e a 3ª) sanção foi revogada tacitamente pela Lei nº 9.504/97, tendo em vista a revogação expressa, no art. 107 dessa lei, do disposto no art. 39, § 4º, da Lei nº 9.096/95, que consistia na última sanção. Assim, as únicas sanções que permanecem são a duas primeiras citadas.

O art. 37 da Lei nº 9.096/95 dispõe que "a falta de prestação de contas ou de sua desaprovação total ou parcial, implica a suspensão de novas quotas do Fundo Partidário e sujeita os responsáveis às penas da lei, cabíveis na espécie, aplicado também o disposto no art. 28". O art. 28 da Lei

Direito Eleitoral

227

nº 9.096/95[129] determina, por sua vez, o cancelamento do registro civil e do estatuto do partido contra o qual ficar provadas as proibições que enumera.

O art. 2º da Lei 12.034/09 fez importantes acréscimos aos arts. 37 e 38 da Lei nº 9.096/95, esses (art. 28) já citados no capítulo IX que trata dos Partidos Políticos.

Quanto aos acréscimos feitos ao art. 37, que trata da falta de prestação de contas ou de sua desaprovação parcial, o art. 2º da Lei nº 12.034/09 acresceu os §§ 3º, 4º, 5º e 6º ao art. 37, disciplinando que:

> "§ 3º A sanção de suspensão de novas quotas do Fundo Partidário, por desaprovação total ou parcial da prestação de contas do partido, deverá ser aplicada de forma proporcional e razoável, pelo período de 1 (um) mês a 12(doze) meses, ou por meio do desconto, do valor repassado, da importância apontada como irregular, não podendo ser aplicada a sanção de suspensão, caso a prestação de contas não seja julgada, pelo juízo ou tribunal competente, após 5 (cinco) anos de sua apresentação.
>
> § 4º Da decisão que desaprovar total ou parcialmente a prestação de contas dos órgãos partidários caberá recurso para os Tribunais Regionais Eleitorais ou para o Tribunal Superior Eleitoral, conforme o caso, o qual deverá ser recebido com o efeito suspensivo.
>
> § 5º As prestações de contas desaprovadas pelos Tribunais Regionais e pelo Tribunal Superior poderão ser revistas para fins de aplicação proporcional da sanção aplicada, mediante requerimento ofertado nos autos da prestação de contas.
>
> § 6º O exame da prestação de contas dos órgãos partidários tem caráter jurisdicional."

Quanto às dotações repassadas pela União ao Fundo Partidário dos Partidos Políticos, convém salientar que as mesmas são previstas anualmente no Orçamento da União, sendo que esta previsão deve constar no Anexo do Poder Judiciário, ao Tribunal Superior Eleitoral, que repassa aos partidos. Também as multas e outras penalidades pecuniárias previstas na legislação eleitoral, que integram o Fundo Partidário, são as mesmas depositadas em conta especial, no Banco do Brasil, à disposição do Tribunal

---

[129] Lei nº 9.096/95 – art. 28. O Tribunal Superior Eleitoral, após o trânsito em julgado de decisão, determina o cancelamento do registro civil e do estatuto do partido contra o qual fique provado: I – ter recebido ou estar recebendo recursos financeiros de procedência estrangeira; II – estar subordinado a entidade ou governo estrangeiros; III – não ter prestado, nos termos da Lei, as devidas contas à Justiça Eleitoral; IV – que mantém organização paramilitar. § 1º A decisão judicial a que se refere este artigo deve ser precedida de processo regular, que assegure ampla defesa. § 2º O processo de cancelamento é iniciado pelo Tribunal à vista de denúncia de qualquer eleitor, de representante de partido, ou de representação do Procurador-Geral Eleitoral.

Superior Eleitoral, que detém a incumbência de repassá-las aos Partidos Políticos (arts. 40 e 41 da Lei n° 9.096/95).[130]

Ainda, vale referir que a Lei n° 11.459, de 2007, introduziu o art. 41-A na lei dos partidos políticos regrando que:

"5% (cinco por cento) do total do Fundo Partidário serão destacados para entrega, em parte iguais, a todos os partidos que tenham os seus estatutos registrados no Tribunal Superior Eleitoral e 95% (noventa e cinco por cento) do total do Fundo Partidário serão distribuídos a eles na proporção dos votos obtidos na última eleição geral para a Câmara dos Deputados".

E revogou o inciso V do art. 56, que dizia que 29% (vinte e novo por cento) do Fundo Partidário seria destacado e distribuídos diretamente aos partidos que tenham seus estatutos registrados no Tribunal Superior Eleitoral.

Por último, a lei dos partidos políticos, Lei n° 9.096/95, regra no art. 42 que:

"(...) os depósitos e movimentações dos recursos do Fundo Partidário serão feitos em estabelecimentos bancários controlados pelo Poder Público Federal, pelo Poder Público Estadual ou, inexistindo estes, no banco escolhido pelo órgão diretivo do partido".

---

[130] Lei n° 9.096/95 – art. 40. A previsão orçamentária de recursos para o Fundo Partidário deve ser consignada, no anexo do Poder Judiciário, ao tribunal Superior Eleitoral. § 1° O Tesouro Nacional depositará, mensalmente, os duodécimos no Banco do Brasil, em conta especial à disposição do Tribunal Superior Eleitoral. § 2° Na mesma conta especial serão depositadas as quantias arrecadadas pela aplicação de multas e outras penalidades pecuniárias, previstas na Legislação Eleitoral. Art. 41 – O Tribunal Superior Eleitoral, dentro de cinco dias, a contar da data do depósito a que se refere o § 1° do artigo anterior, fará a respectiva distribuição aos órgãos nacionais dos partidos, obedecendo aos seguintes critérios: I – um por cento do total do Fundo Partidário será destacado para entrega, em partes iguais, a todos partidos que tenham seus estatutos registrados no Tribunal Superior Eleitoral; II – noventa e nove por cento do total do Fundo Partidário serão distribuídos aos partidos que tenham preenchido as condições do art. 13, na proporção dos votos obtidos na última eleição geral para a Câmara dos Deputados.

Direito Eleitoral

229

Anexos

LEI Nº 9.504, DE 30 DE SETEMBRO DE 1997

Estabelece normas para as eleições.

O VICE-PRESIDENTE DA REPÚBLICA, no exercício do cargo de PRESIDENTE DA REPÚBLICA,

Faço saber que O CONGRESSO NACIONAL decreta e eu sanciono a seguinte lei:

Disposições Gerais

Art. 1º As eleições para Presidente e Vice-Presidente da República, Governador e Vice-Governador de Estado e do Distrito Federal, Prefeito e Vice-Prefeito, Senador, Deputado Federal, Deputado Estadual, Deputado Distrital e Vereador dar-se-ão, em todo o País, no primeiro domingo de outubro do ano respectivo.

Parágrafo único. Serão realizadas simultaneamente as eleições:

I - para Presidente e Vice-Presidente da República, Governador e Vice-Governador de Estado e do Distrito Federal, Senador, Deputado Federal, Deputado Estadual e Deputado Distrital;

II - para Prefeito, Vice-Prefeito e Vereador.

Art. 2º Será considerado eleito o candidato a Presidente ou a Governador que obtiver a maioria absoluta de votos, não computados os em branco e os nulos.

§ 1º Se nenhum candidato alcançar maioria absoluta na primeira votação, far-se-á nova eleição no último domingo de outubro, concorrendo os dois candidatos mais votados, e considerando-se eleito o que obtiver a maioria dos votos válidos.

§ 2º Se, antes de realizado o segundo turno, ocorrer morte, desistência ou impedimento legal de candidato, convocar-se-á, dentre os remanescentes, o de maior votação.

§ 3º Se, na hipótese dos parágrafos anteriores, remanescer em segundo lugar mais de um candidato com a mesma votação, qualificar-se-á o mais idoso.

§ 4º A eleição do Presidente importará a do candidato a Vice-Presidente com ele registrado, o mesmo se aplicando à eleição de Governador.

Art. 3º Será considerado eleito Prefeito o candidato que obtiver a maioria dos votos, não computados os em branco e os nulos.

§ 1º A eleição do Prefeito importará a do candidato a Vice-Prefeito com ele registrado.

§ 2º Nos Municípios com mais de duzentos mil eleitores, aplicar-se-ão as regras estabelecidas nos §§ 1º a 3º do artigo anterior.

Art 4º Poderá participar das eleições o partido que, até um ano antes do pleito, tenha registrado seu estatuto no Tribunal Superior Eleitoral, conforme o disposto em lei, e tenha, até a data da convenção, órgão de direção constituído na circunscrição, de acordo com o respectivo estatuto.

Direito Eleitoral   **231**

Art. 5º Nas eleições proporcionais, contam-se como válidos apenas os votos dados a candidatos regularmente inscritos e às legendas partidárias.

Das Coligações

Art. 6º É facultado aos partidos políticos, dentro da mesma circunscrição, celebrar coligações para eleição majoritária, proporcional, ou para ambas, podendo, neste último caso, formar-se mais de uma coligação para a eleição proporcional dentre os partidos que integram a coligação para o pleito majoritário.

§ 1º A coligação terá denominação própria, que poderá ser a junção de todas as siglas dos partidos que a integram, sendo a ela atribuídas as prerrogativas e obrigações de partido político no que se refere ao processo eleitoral, e devendo funcionar como um só partido no relacionamento com a Justiça Eleitoral e no trato dos interesses interpartidários.

§ 2º Na propaganda para eleição majoritária, a coligação usará, obrigatoriamente, sob sua denominação, as legendas de todos os partidos que a integram; na propaganda para eleição proporcional, cada partido usará apenas sua legenda sob o nome da coligação.

§ 3º Na formação de coligações, devem ser observadas, ainda, as seguintes normas:

I - na chapa da coligação, podem inscrever-se candidatos filiados a qualquer partido político dela integrante;

II - o pedido de registro dos candidatos deve ser subscrito pelos presidentes dos partidos coligados, por seus delegados, pela maioria dos membros dos respectivos órgãos executivos de direção ou por representante da coligação, na forma do inciso III;

III - os partidos integrantes da coligação devem designar um representante, que terá atribuições equivalentes às de presidente de partido político, no trato dos interesses e na representação da coligação, no que se refere ao processo eleitoral;

IV - a coligação será representada perante a Justiça Eleitoral pela pessoa designada na forma do inciso III ou por delegados indicados pelos partidos que a compõem, podendo nomear até:

a) três delegados perante o Juízo Eleitoral;

b) quatro delegados perante o Tribunal Regional Eleitoral;

c) cinco delegados perante o Tribunal Superior Eleitoral.

Das Convenções para a Escolha de Candidatos

Art. 7º As normas para a escolha e substituição dos candidatos e para a formação de coligações serão estabelecidas no estatuto do partido, observadas as disposições desta Lei.

§ 1º Em caso de omissão do estatuto, caberá ao órgão de direção nacional do partido estabelecer as normas a que se refere este artigo, publicando-as no Diário Oficial da União até cento e oitenta dias antes das eleições.

§ 2º Se a convenção partidária de nível inferior se opuser, na deliberação sobre coligações, às diretrizes legitimamente estabelecidas pela convenção nacional, os órgãos superiores do partido poderão, nos termos do respectivo estatuto, anular a deliberação e os atos dela decorrentes.

§ 3º Se, da anulação de que trata o parágrafo anterior, surgir necessidade de registro de novos candidatos, observar-se-ão, para os respectivos requerimentos, os prazos constantes dos §§ 1º e 3º do art. 13.

Art. 8º A escolha dos candidatos pelos partidos e a deliberação sobre coligações deverão ser feitas no período de 10 a 30 de junho do ano em que se realizarem as eleições, lavrando-se a respectiva ata em livro aberto e rubricado pela Justiça Eleitoral.

§ 1º Aos detentores de mandato de Deputado Federal, Estadual ou Distrital, ou de Vereador, e aos que tenham exercido esses cargos em qualquer período da legislatura que estiver em curso, é assegurado o registro de candidatura para o mesmo cargo pelo partido a que estejam filiados. (Vide ADIN - 2530-9)

§ 2º Para a realização das convenções de escolha de candidatos, os partidos políticos poderão usar gratuitamente prédios públicos, responsabilizando-se por danos causados com a realização do evento.

Art. 9º Para concorrer às eleições, o candidato deverá possuir domicílio eleitoral na respectiva circunscrição pelo prazo de, pelo menos, um ano antes do pleito e estar com a filiação deferida pelo partido no mesmo prazo.

Parágrafo único. Havendo fusão ou incorporação de partidos após o prazo estipulado no *caput*, será considerada, para efeito de filiação partidária, a data de filiação do candidato ao partido de origem.

Do Registro de Candidatos

Art. 10. Cada partido poderá registrar candidatos para a Câmara dos Deputados, Câmara Legislativa, Assembléias Legislativas e Câmaras Municipais, até cento e cinqüenta por cento do número de lugares a preencher.

§ lº No caso de coligação para as eleições proporcionais, independentemente do número de partidos que a integrem, poderão ser registrados candidatos até o dobro do número de lugares a preencher.

§ 2º Nas unidades da Federação em que o número de lugares a preencher para a Câmara dos Deputados não exceder de vinte, cada partido poderá registrar candidatos a Deputado Federal e a Deputado Estadual ou Distrital até o dobro das respectivas vagas; havendo coligação, estes números poderão ser acrescidos de até mais cinqüenta por cento.

§ 3º Do número de vagas resultante das regras previstas neste artigo, cada partido ou coligação deverá reservar o mínimo de trinta por cento e o máximo de setenta por cento para candidaturas de cada sexo.

§ 4º Em todos os cálculos, será sempre desprezada a fração, se inferior a meio, e igualada a um, se igual ou superior.

§ 5º No caso de as convenções para a escolha de candidatos não indicarem o número máximo de candidatos previsto no *caput* e nos §§ 1º e 2º deste artigo, os órgãos de direção dos partidos respectivos poderão preencher as vagas remanescentes até sessenta dias antes do pleito.

Art. 11. Os partidos e coligações solicitarão à Justiça Eleitoral o registro de seus candidatos até as dezenove horas do dia 5 de julho do ano em que se realizarem as eleições.

§ lº O pedido de registro deve ser instruído com os seguintes documentos:

I - cópia da ata a que se refere o art. 8º;

II - autorização do candidato, por escrito;

III - prova de filiação partidária;

IV - declaração de bens, assinada pelo candidato;

V - cópia do título eleitoral ou certidão, fornecida pelo cartório eleitoral, de que o candidato é eleitor na circunscrição ou requereu sua inscrição ou transferência de domicílio no prazo previsto no art. 9º;

VI - certidão de quitação eleitoral;

VII - certidões criminais fornecidas pelos órgãos de distribuição da Justiça Eleitoral, Federal e Estadual;

VIII - fotografia do candidato, nas dimensões estabelecidas em instrução da Justiça Eleitoral, para efeito do disposto no § 1º do art. 59.

§ 2º A idade mínima constitucionalmente estabelecida como condição de elegibilidade é verificada tendo por referência a data da posse.

§ 3º Caso entenda necessário, o Juiz abrirá prazo de setenta e duas horas para diligências.

§ 4º Na hipótese de o partido ou coligação não requerer o registro de seus candidatos, estes poderão fazê-lo perante a Justiça Eleitoral nas quarenta e oito horas seguintes ao encerramento do prazo previsto no *caput* deste artigo.

§ 5º Até a data a que se refere este artigo, os Tribunais e Conselhos de Contas deverão tornar disponíveis à Justiça Eleitoral relação dos que tiveram suas contas relativas ao exercício de cargos ou funções públicas rejeitadas por irregularidade insanável e por decisão irrecorrível do órgão competente, ressalvados os casos

---

Direito Eleitoral

233

em que a questão estiver sendo submetida à apreciação do Poder Judiciário, ou que haja sentença judicial favorável ao interessado.

Art. 12. O candidato às eleições proporcionais indicará, no pedido de registro, além de seu nome completo, as variações nominais com que deseja ser registrado, até o máximo de três opções, que poderão ser o prenome, sobrenome, cognome, nome abreviado, apelido ou nome pelo qual é mais conhecido, desde que não se estabeleça dúvida quanto à sua identidade, não atente contra o pudor e não seja ridículo ou irreverente, mencionando em que ordem de preferência deseja registrar-se.

§ 1º Verificada a ocorrência de homonímia, a Justiça Eleitoral procederá atendendo ao seguinte:

I - havendo dúvida, poderá exigir do candidato prova de que é conhecido por dada opção de nome, indicada no pedido de registro;

II - ao candidato que, na data máxima prevista para o registro, esteja exercendo mandato eletivo ou o tenha exercido nos últimos quatro anos, ou que nesse mesmo prazo se tenha candidatado com um dos nomes que indicou, será deferido o seu uso no registro, ficando outros candidatos impedidos de fazer propaganda com esse mesmo nome;

III - ao candidato que, pela sua vida política, social ou profissional, seja identificado por um dado nome que tenha indicado, será deferido o registro com esse nome, observado o disposto na parte final do inciso anterior;

IV - tratando-se de candidatos cuja homonímia não se resolva pelas regras dos dois incisos anteriores, a Justiça Eleitoral deverá notificá-los para que, em dois dias, cheguem a acordo sobre os respectivos nomes a serem usados;

V - não havendo acordo no caso do inciso anterior, a Justiça Eleitoral registrará cada candidato com o nome e sobrenome constantes do pedido de registro, observada a ordem de preferência ali definida.

§ 2º A Justiça Eleitoral poderá exigir do candidato prova de que é conhecido por determinada opção de nome por ele indicado, quando seu uso puder confundir o eleitor.

§ 3º A Justiça Eleitoral indeferirá todo pedido de variação de nome coincidente com nome de candidato a eleição majoritária, salvo para candidato que esteja exercendo mandato eletivo ou o tenha exercido nos últimos quatro anos, ou que, nesse mesmo prazo, tenha concorrido em eleição com o nome coincidente.

§ 4º Ao decidir sobre os pedidos de registro, a Justiça Eleitoral publicará as variações de nome deferidas aos candidatos.

§ 5º A Justiça Eleitoral organizará e publicará, até trinta dias antes da eleição, as seguintes relações, para uso na votação e apuração:

I - a primeira, ordenada por partidos, com a lista dos respectivos candidatos em ordem numérica, com as três variações de nome correspondentes a cada um, na ordem escolhida pelo candidato;

II - a segunda, com o índice onomástico e organizada em ordem alfabética, nela constando o nome completo de cada candidato e cada variação de nome, também em ordem alfabética, seguidos da respectiva legenda e número.

Art. 13. É facultado ao partido ou coligação substituir candidato que for considerado inelegível, renunciar ou falecer após o termo final do prazo do registro ou, ainda, tiver seu registro indeferido ou cancelado.

§ lº A escolha do substituto far-se-á na forma estabelecida no estatuto do partido a que pertencer o substituído, e o registro deverá ser requerido até dez dias contados do fato ou da decisão judicial que deu origem à substituição.

§ 2º Nas eleições majoritárias, se o candidato for de coligação, a substituição deverá fazer-se por decisão da maioria absoluta dos órgãos executivos de direção dos partidos coligados, podendo o substituto ser filiado a qualquer partido dela integrante, desde que o partido ao qual pertencia o substituído renuncie ao direito de preferência.

§ 3º Nas eleições proporcionais, a substituição só se efetivará se o novo pedido for apresentado até sessenta dias antes do pleito.

Art. 14. Estão sujeitos ao cancelamento do registro os candidatos que, até a data da eleição, forem expulsos do partido, em processo no qual seja assegurada ampla defesa e sejam observadas as normas estatutárias.

Parágrafo único. O cancelamento do registro do candidato será decretado pela Justiça Eleitoral, após solicitação do partido.

Art. 15. A identificação numérica dos candidatos se dará mediante a observação dos seguintes critérios:

I - os candidatos aos cargos majoritários concorrerão com o número identificador do partido ao qual estiverem filiados;

II - os candidatos à Câmara dos Deputados concorrerão com o número do partido ao qual estiverem filiados, acrescido de dois algarismos à direita;

III - os candidatos às Assembléias Legislativas e à Câmara Distrital concorrerão com o número do partido ao qual estiverem filiados acrescido de três algarismos à direita;

IV - o Tribunal Superior Eleitoral baixará resolução sobre a numeração dos candidatos concorrentes às eleições municipais.

§ 1º Aos partidos fica assegurado o direito de manter os números atribuídos à sua legenda na eleição anterior, e aos candidatos, nesta hipótese, o direito de manter os números que lhes foram atribuídos na eleição anterior para o mesmo cargo.

§ 2º Aos candidatos a que se refere o § 1º do art. 8º, é permitido requerer novo número ao órgão de direção de seu partido, independentemente do sorteio a que se refere o § 2º do art. 100 da Lei nº 4.737, de 15 de julho de 1965 - Código Eleitoral.

§ 3º Os candidatos de coligações, nas eleições majoritárias, serão registrados com o número de legenda do respectivo partido e, nas eleições proporcionais, com o número de legenda do respectivo partido acrescido do número que lhes couber, observado o disposto no parágrafo anterior.

Art. 16. Até quarenta e cinco dias antes da data das eleições, os Tribunais Regionais Eleitorais enviarão ao Tribunal Superior Eleitoral, para fins de centralização e divulgação de dados, a relação dos candidatos às eleições majoritárias e proporcionais, da qual constará obrigatoriamente a referência ao sexo e ao cargo a que concorrem.

Da Arrecadação e da Aplicação de Recursos nas Campanhas Eleitorais

Art. 17. As despesas da campanha eleitoral serão realizadas sob a responsabilidade dos partidos, ou de seus candidatos, e financiadas na forma desta Lei.

Art. 17-A. A cada eleição caberá à lei, observadas as peculiaridades locais, fixar até o dia 10 de junho de cada ano eleitoral o limite dos gastos de campanha para os cargos em disputa; não sendo editada lei até a data estabelecida, caberá a cada partido político fixar o limite de gastos, comunicando à Justiça Eleitoral, que dará a essas informações ampla publicidade. (Redação dada pela Lei nº 11.300, de 2006)

Art. 18. No pedido de registro de seus candidatos, os partidos e coligações comunicarão aos respectivos Tribunais Eleitorais os valores máximos de gastos que farão por cargo eletivo em cada eleição a que concorrerem, observados os limites estabelecidos, nos termos do art. 17-A desta Lei. (Redação dada pela Lei nº 11.300, de 2006)

§ 1º Tratando-se de coligação, cada partido que a integra fixará o valor máximo de gastos de que trata este artigo.

§ 2º Gastar recursos além dos valores declarados nos termos deste artigo sujeita o responsável ao pagamento de multa no valor de cinco a dez vezes a quantia em excesso.

Art. 19. Até dez dias úteis após a escolha de seus candidatos em convenção, o partido constituirá comitês financeiros, com a finalidade de arrecadar recursos e aplicá-los nas campanhas eleitorais.

Direito Eleitoral   **235**

§ 1º Os comitês devem ser constituídos para cada uma das eleições para as quais o partido apresente candidato próprio, podendo haver reunião, num único comitê, das atribuições relativas às eleições de uma dada circunscrição.

§ 2º Na eleição presidencial é obrigatória a criação de comitê nacional e facultativa a de comitês nos Estados e no Distrito Federal.

§ 3º Os comitês financeiros serão registrados, até cinco dias após sua constituição, nos órgãos da Justiça Eleitoral aos quais compete fazer o registro dos candidatos.

Art. 20. O candidato a cargo eletivo fará, diretamente ou por intermédio de pessoa por ele designada, a administração financeira de sua campanha, usando recursos repassados pelo comitê, inclusive os relativos à cota do Fundo Partidário, recursos próprios ou doações de pessoas físicas ou jurídicas, na forma estabelecida nesta Lei.

Art. 21. O candidato é solidariamente responsável com a pessoa indicada na forma do art. 20 desta Lei pela veracidade das informações financeiras e contábeis de sua campanha, devendo ambos assinar a respectiva prestação de contas. (Redação dada pela Lei nº 11.300, de 2006)

Art. 22. É obrigatório para o partido e para os candidatos abrir conta bancária específica para registrar todo o movimento financeiro da campanha.

§ 1º Os bancos são obrigados a acatar o pedido de abertura de conta de qualquer partido ou candidato escolhido em convenção, destinada à movimentação financeira da campanha, sendo-lhes vedado condicioná-la a depósito mínimo.

§ 2º O disposto neste artigo não se aplica aos casos de candidatura para Prefeito e Vereador em Municípios onde não haja agência bancária, bem como aos casos de candidatura para Vereador em Municípios com menos de vinte mil eleitores.

§ 3º O uso de recursos financeiros para pagamentos de gastos eleitorais que não provenham da conta específica de que trata o *caput* deste artigo implicará a desaprovação da prestação de contas do partido ou candidato; comprovado abuso de poder econômico, será cancelado o registro da candidatura ou cassado o diploma, se já houver sido outorgado. (Incluído pela Lei nº 11.300, de 2006)

§ 4º Rejeitadas as contas, a Justiça Eleitoral remeterá cópia de todo o processo ao Ministério Público Eleitoral para os fins previstos no art. 22 da Lei Complementar nº 64, de 18 de maio de 1990. (Incluído pela Lei nº 11.300, de 2006)

Art. 23. A partir do registro dos comitês financeiros, pessoas físicas poderão fazer doações em dinheiro ou estimáveis em dinheiro para campanhas eleitorais, obedecido o disposto nesta Lei.

§ 1º As doações e contribuições de que trata este artigo ficam limitadas:

I - no caso de pessoa física, a dez por cento dos rendimentos brutos auferidos no ano anterior à eleição;

II - no caso em que o candidato utilize recursos próprios, ao valor máximo de gastos estabelecido pelo seu partido, na forma desta Lei.

§ 2º Toda doação a candidato específico ou a partido deverá fazer-se mediante recibo, em formulário impresso, segundo modelo constante do Anexo.

§ 3º A doação de quantia acima dos limites fixados neste artigo sujeita o infrator ao pagamento de multa no valor de cinco a dez vezes a quantia em excesso.

§ 4º As doações de recursos financeiros somente poderão ser efetuadas na conta mencionada no art. 22 desta Lei por meio de: (Redação dada pela Lei nº 11.300, de 2006)

I - cheques cruzados e nominais ou transferência eletrônica de depósitos; (Incluído pela Lei nº 11.300, de 2006)

II - depósitos em espécie devidamente identificados até o limite fixado no inciso I do § 1º deste artigo.(Incluído pela Lei nº 11.300, de 2006)

§ 5º Ficam vedadas quaisquer doações em dinheiro, bem como de troféus, prêmios, ajudas de qualquer espécie feitas por candidato, entre o registro e a eleição, a pessoas físicas ou jurídicas.(Incluído pela Lei nº 11.300, de 2006)

Art. 24. É vedado, a partido e candidato, receber direta ou indiretamente doação em dinheiro ou estimável em dinheiro, inclusive por meio de publicidade de qualquer espécie, procedente de:

I - entidade ou governo estrangeiro;

II - órgão da administração pública direta e indireta ou fundação mantida com recursos provenientes do Poder Público;

III - concessionário ou permissionário de serviço público;

IV - entidade de direito privado que receba, na condição de beneficiária, contribuição compulsória em virtude de disposição legal;

V - entidade de utilidade pública;

VI - entidade de classe ou sindical;

VII - pessoa jurídica sem fins lucrativos que receba recursos do exterior.

VIII - entidades beneficentes e religiosas; (Incluído pela Lei nº 11.300, de 2006)

IX - entidades esportivas que recebam recursos públicos; (Incluído pela Lei nº 11.300, de 2006)

X - organizações não-governamentais que recebam recursos públicos; (Incluído pela Lei nº 11.300, de 2006)

XI - organizações da sociedade civil de interesse público. (Incluído pela Lei nº 11.300, de 2006)

Art 25. O partido que descumprir as normas referentes à arrecadação e aplicação de recursos fixadas nesta Lei perderá o direito ao recebimento da quota do Fundo Partidário do ano seguinte, sem prejuízo de responderem os candidatos beneficiados por abuso do poder econômico.

Art. 26. São considerados gastos eleitorais, sujeitos a registro e aos limites fixados nesta Lei: (Redação dada pela Lei nº 11.300, de 2006)

I - confecção de material impresso de qualquer natureza e tamanho;

II - propaganda e publicidade direta ou indireta, por qualquer meio de divulgação, destinada a conquistar votos;

III - aluguel de locais para a promoção de atos de campanha eleitoral;

IV - despesas com transporte ou deslocamento de candidato e de pessoal a serviço das candidaturas; (Redação dada pela Lei nº 11.300, de 2006)

V - correspondência e despesas postais;

VI - despesas de instalação, organização e funcionamento de Comitês e serviços necessários às eleições;

VII - remuneração ou gratificação de qualquer espécie a pessoal que preste serviços às candidaturas ou aos comitês eleitorais;

VIII - montagem e operação de carros de som, de propaganda e assemelhados;

IX - a realização de comícios ou eventos destinados à promoção de candidatura; (Redação dada pela Lei nº 11.300, de 2006)

X - produção de programas de rádio, televisão ou vídeo, inclusive os destinados à propaganda gratuita;

XI - (Revogado pela Lei nº 11.300, de 2006)

XII - realização de pesquisas ou testes pré-eleitorais;

XIII - (Revogado pela Lei nº 11.300, de 2006)

XIV - aluguel de bens particulares para veiculação, por qualquer meio, de propaganda eleitoral;

XV - custos com a criação e inclusão de sítios na Internet;

XVI - multas aplicadas aos partidos ou candidatos por infração do disposto na legislação eleitoral.

XVII - produção de *jingles*, vinhetas e *slogans* para propaganda eleitoral. (Incluído pela Lei nº 11.300, de 2006)

Art. 27. Qualquer eleitor poderá realizar gastos, em apoio a candidato de sua preferência, até a quantia equivalente a um mil UFIR, não sujeitos a contabilização, desde que não reembolsados.

Direito Eleitoral

Da Prestação de Contas

Art. 28. A prestação de contas será feita:

I - no caso dos candidatos às eleições majoritárias, na forma disciplinada pela Justiça Eleitoral;

II - no caso dos candidatos às eleições proporcionais, de acordo com os modelos constantes do Anexo desta Lei.

§ 1º As prestações de contas dos candidatos às eleições majoritárias serão feitas por intermédio do comitê financeiro, devendo ser acompanhadas dos extratos das contas bancárias referentes à movimentação dos recursos financeiros usados na campanha e da relação dos cheques recebidos, com a indicação dos respectivos números, valores e emitentes.

§ 2º As prestações de contas dos candidatos às eleições proporcionais serão feitas pelo comitê financeiro ou pelo próprio candidato.

§ 3º As contribuições, doações e as receitas de que trata esta Lei serão convertidas em UFIR, pelo valor desta no mês em que ocorrerem.

§ 4º Os partidos políticos, as coligações e os candidatos são obrigados, durante a campanha eleitoral, a divulgar, pela rede mundial de computadores (internet), nos dias 6 de agosto e 6 de setembro, relatório discriminando os recursos em dinheiro ou estimáveis em dinheiro que tenham recebido para financiamento da campanha eleitoral, e os gastos que realizarem, em sítio criado pela Justiça Eleitoral para esse fim, exigindo-se a indicação dos nomes dos doadores e os respectivos valores doados somente na prestação de contas final de que tratam os incisos III e IV do art. 29 desta Lei. (Incluído pela Lei nº 11.300, de 2006)

Art. 29. Ao receber as prestações de contas e demais informações dos candidatos às eleições majoritárias e dos candidatos às eleições proporcionais que optarem por prestar contas por seu intermédio, os comitês deverão:

I - verificar se os valores declarados pelo candidato à eleição majoritária como tendo sido recebidos por intermédio do comitê conferem com seus próprios registros financeiros e contábeis;

II - resumir as informações contidas nas prestações de contas, de forma a apresentar demonstrativo consolidado das campanhas dos candidatos;

III - encaminhar à Justiça Eleitoral, até o trigésimo dia posterior à realização das eleições, o conjunto das prestações de contas dos candidatos e do próprio comitê, na forma do artigo anterior, ressalvada a hipótese do inciso seguinte;

IV - havendo segundo turno, encaminhar a prestação de contas dos candidatos que o disputem, referente aos dois turnos, até o trigésimo dia posterior a sua realização.

§ 1º Os candidatos às eleições proporcionais que optarem pela prestação de contas diretamente à Justiça Eleitoral observarão o mesmo prazo do inciso III do *caput*.

§ 2º A inobservância do prazo para encaminhamento das prestações de contas impede a diplomação dos eleitos, enquanto perdurar.

Art. 30. Examinando a prestação de contas e conhecendo-a, a Justiça Eleitoral decidirá sobre a sua regularidade.

§ 1º A decisão que julgar as contas dos candidatos eleitos será publicada em sessão até 8 (oito) dias antes da diplomação. (Redação dada pela Lei nº 11.300, de 2006)

§ 2º Erros formais e materiais corrigidos não autorizam a rejeição das contas e a cominação de sanção a candidato ou partido.

§ 3º Para efetuar os exames de que trata este artigo, a Justiça Eleitoral poderá requisitar técnicos do Tribunal de Contas da União, dos Estados, do Distrito Federal ou dos Municípios, pelo tempo que for necessário.

§ 4º Havendo indício de irregularidade na prestação de contas, a Justiça Eleitoral poderá requisitar diretamente do candidato ou do comitê financeiro as informações adicionais necessárias, bem como determinar diligências para a complementação dos dados ou o saneamento das falhas.

Art. 30-A. Qualquer partido político ou coligação poderá representar à Justiça Eleitoral relatando fatos e indicando provas e pedir a abertura de investigação judicial para apurar condutas em desacordo com as normas desta Lei, relativas à arrecadação e gastos de recursos. (Incluído pela Lei nº 11.300, de 2006)

§ 1º Na apuração de que trata este artigo, aplicar-se-á o procedimento previsto no art. 22 da Lei Complementar nº 64, de 18 de maio de 1990, no que couber. (Incluído pela Lei nº 11.300, de 2006)

§ 2º Comprovados captação ou gastos ilícitos de recursos, para fins eleitorais, será negado diploma ao candidato, ou cassado, se já houver sido outorgado. (Incluído pela Lei nº 11.300, de 2006)

Art. 31. Se, ao final da campanha, ocorrer sobra de recursos financeiros, esta deve ser declarada na prestação de contas e, após julgados todos os recursos, transferida ao partido ou coligação, neste caso para divisão entre os partidos que a compõem.

Parágrafo único. As sobras de recursos financeiros de campanha serão utilizadas pelos partidos políticos, de forma integral e exclusiva, na criação e manutenção de instituto ou fundação de pesquisa e de doutrinação e educação política.

Art. 32. Até cento e oitenta dias após a diplomação, os candidatos ou partidos conservarão a documentação concernente a suas contas.

Parágrafo único. Estando pendente de julgamento qualquer processo judicial relativo às contas, a documentação a elas concernente deverá ser conservada até a decisão final.

Das Pesquisas e Testes Pré-Eleitorais

Art. 33. As entidades e empresas que realizarem pesquisas de opinião pública relativas às eleições ou aos candidatos, para conhecimento público, são obrigadas, para cada pesquisa, a registrar, junto à Justiça Eleitoral, até cinco dias antes da divulgação, as seguintes informações:

I - quem contratou a pesquisa;

II - valor e origem dos recursos despendidos no trabalho;

III - metodologia e período de realização da pesquisa;

IV - plano amostral e ponderação quanto a sexo, idade, grau de instrução, nível econômico e área física de realização do trabalho, intervalo de confiança e margem de erro;

V - sistema interno de controle e verificação, conferência e fiscalização da coleta de dados e do trabalho de campo;

VI - questionário completo aplicado ou a ser aplicado;

VII - o nome de quem pagou pela realização do trabalho.

§ Iº As informações relativas às pesquisas serão registradas nos órgãos da Justiça Eleitoral aos quais compete fazer o registro dos candidatos.

§ 2º A Justiça Eleitoral afixará imediatamente, no local de costume, aviso comunicando o registro das informações a que se refere este artigo, colocando-as à disposição dos partidos ou coligações com candidatos ao pleito, os quais a elas terão livre acesso pelo prazo de trinta dias.

§ 3º A divulgação de pesquisa sem o prévio registro das informações de que trata este artigo sujeita os responsáveis a multa no valor de cinqüenta mil a cem mil UFIR.

§ 4º A divulgação de pesquisa fraudulenta constitui crime, punível com detenção de seis meses a um ano e multa no valor de cinqüenta mil a cem mil UFIR.

Art. 34. (VETADO)

§ 1º Mediante requerimento à Justiça Eleitoral, os partidos poderão ter acesso ao sistema interno de controle, verificação e fiscalização da coleta de dados das entidades que divulgaram pesquisas de opinião relativas às eleições, incluídos os referentes à identificação dos entrevistadores e, por meio de escolha livre e aleatória de planilhas individuais, mapas ou equivalentes, confrontar e conferir os dados publicados, preservada a identidade dos respondentes.

§ 2º O não-cumprimento do disposto neste artigo ou qualquer ato que vise a retardar, impedir ou dificultar a ação fiscalizadora dos partidos constitui crime, punível com detenção, de seis meses a um ano, com a

Direito Eleitoral **239**

alternativa de prestação de serviços à comunidade pelo mesmo prazo, e multa no valor de dez mil a vinte mil UFIR.

§ 3º A comprovação de irregularidade nos dados publicados sujeita os responsáveis às penas mencionadas no parágrafo anterior, sem prejuízo da obrigatoriedade da veiculação dos dados corretos no mesmo espaço, local, horário, página, caracteres e outros elementos de destaque, de acordo com o veículo usado.

Art. 35. Pelos crimes definidos nos arts. 33, § 4º e 34, §§ 2º e 3º, podem ser responsabilizados penalmente os representantes legais da empresa ou entidade de pesquisa e do órgão veiculador.

Art. 35-A. (Vide ADIN 3.741-2)

Da Propaganda Eleitoral em Geral

Art. 36. A propaganda eleitoral somente é permitida após o dia 5 de julho do ano da eleição.

§ 1º Ao postulante a candidatura a cargo eletivo é permitida a realização, na quinzena anterior à escolha pelo partido, de propaganda intrapartidária com vista à indicação de seu nome, vedado o uso de rádio, televisão e *outdoor.*

§ 2º No segundo semestre do ano da eleição, não será veiculada a propaganda partidária gratuita prevista em lei nem permitido qualquer tipo de propaganda política paga no rádio e na televisão.

§ 3º A violação do disposto neste artigo sujeitará o responsável pela divulgação da propaganda e, quando comprovado seu prévio conhecimento, o beneficiário, à multa no valor de vinte mil a cinqüenta mil UFIR ou equivalente ao custo da propaganda, se este for maior.

Art. 37. Nos bens cujo uso dependa de cessão ou permissão do Poder Público, ou que a ele pertençam, e nos de uso comum, inclusive postes de iluminação pública e sinalização de tráfego, viadutos, passarelas, pontes, paradas de ônibus e outros equipamentos urbanos, é vedada a veiculação de propaganda de qualquer natureza, inclusive pichação, inscrição a tinta, fixação de placas, estandartes, faixas e assemelhados.(Redação dada pela Lei nº 11.300, de 2006)

§ 1º A veiculação de propaganda em desacordo com o disposto no *caput* deste artigo sujeita o responsável, após a notificação e comprovação, à restauração do bem e, caso não cumprida no prazo, a multa no valor de R$ 2.000,00 (dois mil reais) a R$ 8.000,00 (oito mil reais). (Redação dada pela Lei nº 11.300, de 2006)

§ 2º Em bens particulares, independe da obtenção de licença municipal e de autorização da Justiça Eleitoral, a veiculação de propaganda eleitoral por meio da fixação de faixas, placas, cartazes, pinturas ou inscrições.

§ 3º Nas dependências do Poder Legislativo, a veiculação de propaganda eleitoral fica a critério da Mesa Diretora.

Art. 38. Independe da obtenção de licença municipal e de autorização da Justiça Eleitoral a veiculação de propaganda eleitoral pela distribuição de folhetos, volantes e outros impressos, os quais devem ser editados sob a responsabilidade do partido, coligação ou candidato.

Art. 39. A realização de qualquer ato de propaganda partidária ou eleitoral, em recinto aberto ou fechado, não depende de licença da polícia.

§ 1º O candidato, partido ou coligação promotora do ato fará a devida comunicação à autoridade policial em, no mínimo, vinte e quatro horas antes de sua realização, a fim de que esta lhe garanta, segundo a prioridade do aviso, o direito contra quem tencione usar o local no mesmo dia e horário.

§ 2º A autoridade policial tomará as providências necessárias à garantia da realização do ato e ao funcionamento do tráfego e dos serviços públicos que o evento possa afetar.

§ 3º O funcionamento de alto-falantes ou amplificadores de som, ressalvada a hipótese contemplada no parágrafo seguinte, somente é permitido entre as oito e as vinte e duas horas, sendo vedados a instalação e o uso daqueles equipamentos em distância inferior a duzentos metros:

I - das sedes dos Poderes Executivo e Legislativo da União, dos Estados, do Distrito Federal e dos Municípios, das sedes dos Tribunais Judiciais, e dos quartéis e outros estabelecimentos militares;

II - dos hospitais e casas de saúde;

III - das escolas, bibliotecas públicas, igrejas e teatros, quando em funcionamento.

§ 4º A realização de comícios e a utilização de aparelhagem de sonorização fixa são permitidas no horário compreendido entre as 8 (oito) e as 24 (vinte e quatro) horas. (Redação dada pela Lei nº 11.300, de 2006)

§ 5º Constituem crimes, no dia da eleição, puníveis com detenção, de seis meses a um ano, com a alternativa de prestação de serviços à comunidade pelo mesmo período, e multa no valor de cinco mil a quinze mil UFIR:

I - o uso de alto-falantes e amplificadores de som ou a promoção de comício ou carreata;

II - a arregimentação de eleitor ou a propaganda de boca de urna; (Redação dada pela Lei nº 11.300, de 2006)

III - a divulgação de qualquer espécie de propaganda de partidos políticos ou de seus candidatos, mediante publicações, cartazes, camisas, bonés, broches ou dísticos em vestuário. (Incluído pela Lei nº 11.300, de 2006)

§ 6º É vedada na campanha eleitoral a confecção, utilização, distribuição por comitê, candidato, ou com a sua autorização, de camisetas, chaveiros, bonés, canetas, brindes, cestas básicas ou quaisquer outros bens ou materiais que possam proporcionar vantagem ao eleitor. (Incluído pela Lei nº 11.300, de 2006)

§ 7º É proibida a realização de *showmício* e de evento assemelhado para promoção de candidatos, bem como a apresentação, remunerada ou não, de artistas com a finalidade de animar comício e reunião eleitoral. (Incluído pela Lei nº 11.300, de 2006)

§ 8º É vedada a propaganda eleitoral mediante *outdoors*, sujeitando-se a empresa responsável, os partidos, coligações e candidatos à imediata retirada da propaganda irregular e ao pagamento de multa no valor de 5.000 (cinco mil) a 15.000 (quinze mil) UFIRs. (Incluído pela Lei nº 11.300, de 2006)

Art. 40. O uso, na propaganda eleitoral, de símbolos, frases ou imagens, associadas ou semelhantes às empregadas por órgão de governo, empresa pública ou sociedade de economia mista constitui crime, punível com detenção, de seis meses a um ano, com a alternativa de prestação de serviços à comunidade pelo mesmo período, e multa no valor de dez mil a vinte mil UFIR.

Art. 40-A. (VETADO) (Redação dada pela Lei nº 11.300, de 2006)

Art. 41. A propaganda exercida nos termos da legislação eleitoral não poderá ser objeto de multa nem cerceada sob alegação do exercício do poder de polícia.

Art. 41-A. Ressalvado o disposto no art. 26 e seus incisos, constitui captação de sufrágio, vedada por esta Lei, o candidato doar, oferecer, prometer, ou entregar, ao eleitor, com o fim de obter-lhe o voto, bem ou vantagem pessoal de qualquer natureza, inclusive emprego ou função pública, desde o registro da candidatura até o dia da eleição, inclusive, sob pena de multa de mil a cinqüenta mil Ufir, e cassação do registro ou do diploma, observado o procedimento previsto no art. 22 da Lei Complementar nº 64, de 18 de maio de 1990. (Incluído pela Lei nº 9.840, de 28.9.1999)

Da Propaganda Eleitoral mediante outdoors

Art. 42. (Revogado pela Lei nº 11.300, de 2006)

Da Propaganda Eleitoral na Imprensa

Art. 43. É permitida, até a antevéspera das eleições, a divulgação paga, na imprensa escrita, de propaganda eleitoral, no espaço máximo, por edição, para cada candidato, partido ou coligação, de um oitavo de página de jornal padrão e um quarto de página de revista ou tablóide. (Redação dada pela Lei nº 11.300, de 2006)

Parágrafo único. A inobservância do disposto neste artigo sujeita os responsáveis pelos veículos de divulgação e os partidos, coligações ou candidatos beneficiados a multa no valor de R$ 1.000,00 (mil reais) a R$ 10.000,00 (dez mil reais) ou equivalente ao da divulgação da propaganda paga, se este for maior. (Redação dada pela Lei nº 11.300, de 2006)

Direito Eleitoral

Da Propaganda Eleitoral no Rádio e na Televisão

Art. 44. A propaganda eleitoral no rádio e na televisão restringe-se ao horário gratuito definido nesta Lei, vedada a veiculação de propaganda paga.

Art. 45. A partir de 1º de julho do ano da eleição, é vedado às emissoras de rádio e televisão, em sua programação normal e noticiário:

I - transmitir, ainda que sob a forma de entrevista jornalística, imagens de realização de pesquisa ou qualquer outro tipo de consulta popular de natureza eleitoral em que seja possível identificar o entrevistado ou em que haja manipulação de dados;

II - usar trucagem, montagem ou outro recurso de áudio ou vídeo que, de qualquer forma, degradem ou ridicularizem candidato, partido ou coligação, ou produzir ou veicular programa com esse efeito;

III - veicular propaganda política ou difundir opinião favorável ou contrária a candidato, partido, coligação, a seus órgãos ou representantes;

IV - dar tratamento privilegiado a candidato, partido ou coligação;

V - veicular ou divulgar filmes, novelas, minisséries ou qualquer outro programa com alusão ou crítica a candidato ou partido político, mesmo que dissimuladamente, exceto programas jornalísticos ou debates políticos;

VI - divulgar nome de programa que se refira a candidato escolhido em convenção, ainda quando preexistente, inclusive se coincidente com o nome do candidato ou com a variação nominal por ele adotada. Sendo o nome do programa o mesmo que o do candidato, fica proibida a sua divulgação, sob pena de cancelamento do respectivo registro.

§ 1º A partir do resultado da convenção, é vedado, ainda, às emissoras transmitir programa apresentado ou comentado por candidato escolhido em convenção. (Redação dada pela Lei nº 11.300, de 2006)

§ 2º Sem prejuízo do disposto no parágrafo único do art. 55, a inobservância do disposto neste artigo sujeita a emissora ao pagamento de multa no valor de vinte mil a cem mil UFIR, duplicada em caso de reincidência.

§ 3º As disposições deste artigo aplicam-se aos sítios mantidos pelas empresas de comunicação social na Internet e demais redes destinadas à prestação de serviços de telecomunicações de valor adicionado.

Art. 46. Independentemente da veiculação de propaganda eleitoral gratuita no horário definido nesta Lei, é facultada a transmissão, por emissora de rádio ou televisão, de debates sobre as eleições majoritária ou proporcional, sendo assegurada a participação de candidatos dos partidos com representação na Câmara dos Deputados, e facultada a dos demais, observado o seguinte:

I - nas eleições majoritárias, a apresentação dos debates poderá ser feita:

a) em conjunto, estando presentes todos os candidatos a um mesmo cargo eletivo;

b) em grupos, estando presentes, no mínimo, três candidatos;

II - nas eleições proporcionais, os debates deverão ser organizados de modo que assegurem a presença de número equivalente de candidatos de todos os partidos e coligações a um mesmo cargo eletivo, podendo desdobrar-se em mais de um dia;

III - os debates deverão ser parte de programação previamente estabelecida e divulgada pela emissora, fazendo-se mediante sorteio a escolha do dia e da ordem de fala de cada candidato, salvo se celebrado acordo em outro sentido entre os partidos e coligações interessados.

§ 1º Será admitida a realização de debate sem a presença de candidato de algum partido, desde que o veículo de comunicação responsável comprove havê-lo convidado com a antecedência mínima de setenta e duas horas da realização do debate.

§ 2º É vedada a presença de um mesmo candidato a eleição proporcional em mais de um debate da mesma emissora.

§ 3º O descumprimento do disposto neste artigo sujeita a empresa infratora às penalidades previstas no art. 56.

Art. 47. As emissoras de rádio e de televisão e os canais de televisão por assinatura mencionados no art. 57 reservarão, nos quarenta e cinco dias anteriores à antevéspera das eleições, horário destinado à divulgação, em rede, da propaganda eleitoral gratuita, na forma estabelecida neste artigo.

§ 1º A propaganda será feita:

I - na eleição para Presidente da República, às terças e quintas-feiras e aos sábados:

a) das sete horas às sete horas e vinte e cinco minutos e das doze horas às doze horas e vinte e cinco minutos, no rádio;

b) das treze horas às treze horas e vinte e cinco minutos e das vinte horas e trinta minutos às vinte horas e cinqüenta e cinco minutos, na televisão;

II - nas eleições para Deputado Federal, às terças e quintas-feiras e aos sábados:

a) das sete horas e vinte e cinco minutos às sete horas e cinqüenta minutos e das doze horas e vinte e cinco minutos às doze horas e cinqüenta minutos, no rádio;

b) das treze horas e vinte e cinco minutos às treze horas e cinqüenta minutos e das vinte horas e cinqüenta e cinco minutos às vinte e uma horas e vinte minutos, na televisão;

III - nas eleições para Governador de Estado e do Distrito Federal, às segundas, quartas e sextas-feiras:

a) das sete horas às sete horas e vinte minutos e das doze horas às doze horas e vinte minutos, no rádio;

b) das treze horas às treze horas e vinte minutos e das vinte horas e trinta minutos às vinte horas e cinqüenta minutos, na televisão;

IV - nas eleições para Deputado Estadual e Deputado Distrital, às segundas, quartas e sextas-feiras:

a) das sete horas e vinte minutos às sete horas e quarenta minutos e das doze horas e vinte minutos às doze horas e quarenta minutos, no rádio;

b) das treze horas e vinte minutos às treze horas e quarenta minutos e das vinte horas e cinqüenta minutos às vinte e uma horas e dez minutos, na televisão;

V - na eleição para Senador, às segundas, quartas e sextas-feiras:

a) das sete horas e quarenta minutos às sete horas e cinqüenta minutos e das doze horas e quarenta minutos às doze horas e cinqüenta minutos, no rádio;

b) das treze horas e quarenta minutos às treze horas e cinqüenta minutos e das vinte e uma horas e dez minutos às vinte e uma horas e vinte minutos, na televisão;

VI - nas eleições para Prefeito e Vice-Prefeito, às segundas, quartas e sextas-feiras:

a) das sete horas às sete horas e trinta minutos e das doze horas às doze horas e trinta minutos, no rádio;

b) das treze horas às treze horas e trinta minutos e das vinte horas e trinta minutos às vinte e uma horas, na televisão;

VII - nas eleições para Vereador, às terças e quintas-feiras e aos sábados, nos mesmos horários previstos no inciso anterior.

§ 2º Os horários reservados à propaganda de cada eleição, nos termos do parágrafo anterior, serão distribuídos entre todos os partidos e coligações que tenham candidato e representação na Câmara dos Deputados, observados os seguintes critérios:

I - um terço, igualitariamente;

II - dois terços, proporcionalmente ao número de representantes na Câmara dos Deputados, considerado, no caso de coligação, o resultado da soma do número de representantes de todos os partidos que a integram.

§ 3º Para efeito do disposto neste artigo, a representação de cada partido na Câmara dos Deputados é a resultante da eleição. (Redação dada pela Lei nº 11.300, de 2006)

§ 4º O número de representantes de partido que tenha resultado de fusão ou a que se tenha incorporado outro corresponderá à soma dos representantes que os partidos de origem possuíam na data mencionada no parágrafo anterior.

Direito Eleitoral

243

§ 5º Se o candidato a Presidente ou a Governador deixar de concorrer, em qualquer etapa do pleito, e não havendo a substituição prevista no art. 13 desta Lei, far-se-á nova distribuição do tempo entre os candidatos remanescentes.

§ 6º Aos partidos e coligações que, após a aplicação dos critérios de distribuição referidos no *caput*, obtiverem direito a parcela do horário eleitoral inferior a trinta segundos, será assegurado o direito de acumulá-lo para uso em tempo equivalente.

Art. 48. Nas eleições para Prefeitos e Vereadores, nos Municípios em que não haja emissora de televisão, os órgãos regionais de direção da maioria dos partidos participantes do pleito poderão requerer à Justiça Eleitoral que reserve dez por cento do tempo destinado à propaganda eleitoral gratuita para divulgação em rede da propaganda dos candidatos desses Municípios, pelas emissoras geradoras que os atingem.

§ 1º A Justiça Eleitoral regulamentará o disposto neste artigo, dividindo o tempo entre os candidatos dos Municípios vizinhos, de forma que o número máximo de Municípios a serem atendidos seja igual ao de emissoras geradoras disponíveis.

§ 2º O disposto neste artigo aplica-se às emissoras de rádio, nas mesmas condições.

Art. 49. Se houver segundo turno, as emissoras de rádio e televisão reservarão, a partir de quarenta e oito horas da proclamação dos resultados do primeiro turno e até a antevéspera da eleição, horário destinado à divulgação da propaganda eleitoral gratuita, dividido em dois períodos diários de vinte minutos para cada eleição, iniciando-se às sete e às doze horas, no rádio, e às treze e às vinte horas e trinta minutos, na televisão.

§ 1º Em circunscrição onde houver segundo turno para Presidente e Governador, o horário reservado à propaganda deste iniciar-se-á imediatamente após o término do horário reservado ao primeiro.

§ 2º O tempo de cada período diário será dividido igualitariamente entre os candidatos.

Art. 50. A Justiça Eleitoral efetuará sorteio para a escolha da ordem de veiculação da propaganda de cada partido ou coligação no primeiro dia do horário eleitoral gratuito; a cada dia que se seguir, a propaganda veiculada por último, na véspera, será a primeira, apresentando-se as demais na ordem do sorteio.

Art. 51. Durante os períodos previstos nos arts. 47 e 49, as emissoras de rádio e televisão e os canais por assinatura mencionados no art. 57 reservarão, ainda, trinta minutos diários para a propaganda eleitoral gratuita, a serem usados em inserções de até sessenta segundos, a critério do respectivo partido ou coligação, assinadas obrigatoriamente pelo partido ou coligação, e distribuídas, ao longo da programação veiculada entre as oito e as vinte e quatro horas, nos termos do § 2º do art. 47, obedecido o seguinte:

I - o tempo será dividido em partes iguais para a utilização nas campanhas dos candidatos às eleições majoritárias e proporcionais, bem como de suas legendas partidárias ou das que componham a coligação, quando for o caso;

II - destinação exclusiva do tempo para a campanha dos candidatos a Prefeito e Vice-Prefeito, no caso de eleições municipais;

III - a distribuição levará em conta os blocos de audiência entre as oito e as doze horas, as doze e as dezoito horas, as dezoito e as vinte e uma horas, as vinte e uma e as vinte e quatro horas;

IV - na veiculação das inserções é vedada a utilização de gravações externas, montagens ou trucagens, computação gráfica, desenhos animados e efeitos especiais, e a veiculação de mensagens que possam degradar ou ridicularizar candidato, partido ou coligação.

Art. 52. A partir do dia 8 de julho do ano da eleição, a Justiça Eleitoral convocará os partidos e a representação das emissoras de televisão para elaborarem plano de mídia, nos termos do artigo anterior, para o uso da parcela do horário eleitoral gratuito a que tenham direito, garantida a todos participação nos horários de maior e menor audiência.

Art. 53. Não serão admitidos cortes instantâneos ou qualquer tipo de censura prévia nos programas eleitorais gratuitos.

§ 1º É vedada a veiculação de propaganda que possa degradar ou ridicularizar candidatos, sujeitando-se o partido ou coligação infratores à perda do direito à veiculação de propaganda no horário eleitoral gratuito do dia seguinte.

§ 2º Sem prejuízo do disposto no parágrafo anterior, a requerimento de partido, coligação ou candidato, a Justiça Eleitoral impedirá a reapresentação de propaganda ofensiva à honra de candidato, à moral e aos bons costumes.

Art. 54. Dos programas de rádio e televisão destinados à propaganda eleitoral gratuita de cada partido ou coligação poderá participar, em apoio aos candidatos desta ou daquele, qualquer cidadão não filiado a outra agremiação partidária ou a partido integrante de outra coligação, sendo vedada a participação de qualquer pessoa mediante remuneração.

Parágrafo único. No segundo turno das eleições não será permitida, nos programas de que trata este artigo, a participação de filiados a partidos que tenham formalizado o apoio a outros candidatos.

Art. 55. Na propaganda eleitoral no horário gratuito, são aplicáveis ao partido, coligação ou candidato as vedações indicadas nos incisos I e II do art. 45.

Parágrafo único. A inobservância do disposto neste artigo sujeita o partido ou coligação à perda de tempo equivalente ao dobro do usado na prática do ilícito, no período do horário gratuito subseqüente, dobrada a cada reincidência, devendo, no mesmo período, exibir-se a informação de que a não-veiculação do programa resulta de infração da lei eleitoral.

Art. 56. A requerimento de partido, coligação ou candidato, a Justiça Eleitoral poderá determinar a suspensão, por vinte e quatro horas, da programação normal de emissora que deixar de cumprir as disposições desta Lei sobre propaganda.

§ 1º No período de suspensão a que se refere este artigo, a emissora transmitirá a cada quinze minutos a informação de que se encontra fora do ar por ter desobedecido à lei eleitoral.

§ 2º Em cada reiteração de conduta, o período de suspensão será duplicado.

Art. 57. As disposições desta Lei aplicam-se às emissoras de televisão que operam em VHF e UHF e os canais de televisão por assinatura sob a responsabilidade do Senado Federal, da Câmara dos Deputados, das Assembléias Legislativas, da Câmara Legislativa do Distrito Federal ou das Câmaras Municipais.

Do Direito de Resposta

Art. 58. A partir da escolha de candidatos em convenção, é assegurado o direito de resposta a candidato, partido ou coligação atingidos, ainda que de forma indireta, por conceito, imagem ou afirmação caluniosa, difamatória, injuriosa ou sabidamente inverídica, difundidos por qualquer veículo de comunicação social.

§ 1º O ofendido, ou seu representante legal, poderá pedir o exercício do direito de resposta à Justiça Eleitoral nos seguintes prazos, contados a partir da veiculação da ofensa:

I - vinte e quatro horas, quando se tratar do horário eleitoral gratuito;

II - quarenta e oito horas, quando se tratar da programação normal das emissoras de rádio e televisão;

III - setenta e duas horas, quando se tratar de órgão da imprensa escrita.

§ 2º Recebido o pedido, a Justiça Eleitoral notificará imediatamente o ofensor para que se defenda em vinte e quatro horas, devendo a decisão ser prolatada no prazo máximo de setenta e duas horas da data da formulação do pedido.

§ 3º Observar-se-ão, ainda, as seguintes regras no caso de pedido de resposta relativo a ofensa veiculada:

I - em órgão da imprensa escrita:

a) o pedido deverá ser instruído com um exemplar da publicação e o texto para resposta;

b) deferido o pedido, a divulgação da resposta dar-se-á no mesmo veículo, espaço, local, página, tamanho, caracteres e outros elementos de realce usados na ofensa, em até quarenta e oito horas após a decisão ou, tratando-se de veículo com periodicidade de circulação maior que quarenta e oito horas, na primeira vez em que circular;

c) por solicitação do ofendido, a divulgação da resposta será feita no mesmo dia da semana em que a ofensa foi divulgada, ainda que fora do prazo de quarenta e oito horas;

Direito Eleitoral

d) se a ofensa for produzida em dia e hora que inviabilizem sua reparação dentro dos prazos estabelecidos nas alíneas anteriores, a Justiça Eleitoral determinará a imediata divulgação da resposta;

e) o ofensor deverá comprovar nos autos o cumprimento da decisão, mediante dados sobre a regular distribuição dos exemplares, a quantidade impressa e o raio de abrangência na distribuição;

II - em programação normal das emissoras de rádio e de televisão:

a) a Justiça Eleitoral, à vista do pedido, deverá notificar imediatamente o responsável pela emissora que realizou o programa para que entregue em vinte e quatro horas, sob as penas do art. 347 da Lei nº 4.737, de 15 de julho de 1965 - Código Eleitoral, cópia da fita da transmissão, que será devolvida após a decisão;

b) o responsável pela emissora, ao ser notificado pela Justiça Eleitoral ou informado pelo reclamante ou representante, por cópia protocolada do pedido de resposta, preservará a gravação até a decisão final do processo;

c) deferido o pedido, a resposta será dada em até quarenta e oito horas após a decisão, em tempo igual ao da ofensa, porém nunca inferior a um minuto;

III - no horário eleitoral gratuito:

a) o ofendido usará, para a resposta, tempo igual ao da ofensa, nunca inferior, porém, a um minuto;

b) a resposta será veiculada no horário destinado ao partido ou coligação responsável pela ofensa, devendo necessariamente dirigir-se aos fatos nela veiculados;

c) se o tempo reservado ao partido ou coligação responsável pela ofensa for inferior a um minuto, a resposta será levada ao ar tantas vezes quantas sejam necessárias para a sua complementação;

d) deferido o pedido para resposta, a emissora geradora e o partido ou coligação atingidos deverão ser notificados imediatamente da decisão, na qual deverão estar indicados quais os períodos, diurno ou noturno, para a veiculação da resposta, que deverá ter lugar no início do programa do partido ou coligação;

e) o meio magnético com a resposta deverá ser entregue à emissora geradora, até trinta e seis horas após a ciência da decisão, para veiculação no programa subseqüente do partido ou coligação em cujo horário se praticou a ofensa;

f) se o ofendido for candidato, partido ou coligação que tenha usado o tempo concedido sem responder aos fatos veiculados na ofensa, terá subtraído tempo idêntico do respectivo programa eleitoral; tratando-se de terceiros, ficarão sujeitos à suspensão de igual tempo em eventuais novos pedidos de resposta e à multa no valor de duas mil a cinco mil UFIR.

§ 4º Se a ofensa ocorrer em dia e hora que inviabilizem sua reparação dentro dos prazos estabelecidos nos parágrafos anteriores, a resposta será divulgada nos horários que a Justiça Eleitoral determinar, ainda que nas quarenta e oito horas anteriores ao pleito, em termos e forma previamente aprovados, de modo a não ensejar tréplica.

§ 5º Da decisão sobre o exercício do direito de resposta cabe recurso às instâncias superiores, em vinte e quatro horas da data de sua publicação em cartório ou sessão, assegurado ao recorrido oferecer contra-razões em igual prazo, a contar da sua notificação.

§ 6º A Justiça Eleitoral deve proferir suas decisões no prazo máximo de vinte e quatro horas, observando-se o disposto nas alíneas d e e do inciso III do § 3º para a restituição do tempo em caso de provimento de recurso.

§ 7º A inobservância do prazo previsto no parágrafo anterior sujeita a autoridade judiciária às penas previstas no art. 345 da Lei nº 4.737, de 15 de julho de 1965 - Código Eleitoral.

§ 8º O não-cumprimento integral ou em parte da decisão que conceder a resposta sujeitará o infrator ao pagamento de multa no valor de cinco mil a quinze mil UFIR, duplicada em caso de reiteração de conduta, sem prejuízo do disposto no art. 347 da Lei nº 4.737, de 15 de julho de 1965 - Código Eleitoral.

Do Sistema Eletrônico de Votação e da Totalização dos Votos

Art. 59. A votação e a totalização dos votos serão feitas por sistema eletrônico, podendo o Tribunal Superior Eleitoral autorizar, em caráter excepcional, a aplicação das regras fixadas nos arts. 83 a 89.

§ 1º A votação eletrônica será feita no número do candidato ou da legenda partidária, devendo o nome e fotografia do candidato e o nome do partido ou a legenda partidária aparecer no painel da urna eletrônica, com a expressão designadora do cargo disputado no masculino ou feminino, conforme o caso.

§ 2º Na votação para as eleições proporcionais, serão computados para a legenda partidária os votos em que não seja possível a identificação do candidato, desde que o número identificador do partido seja digitado de forma correta.

§ 3º A urna eletrônica exibirá para o eleitor, primeiramente, os painéis referentes às eleições proporcionais e, em seguida, os referentes às eleições majoritárias.

§ 4º A urna eletrônica disporá de recursos que, mediante assinatura digital, permitam o registro digital de cada voto e a identificação da urna em que foi registrado, resguardado o anonimato do eleitor. (Redação dada pela Lei nº 10.740, de 1º.10.2003)

§ 5º Caberá à Justiça Eleitoral definir a chave de segurança e a identificação da urna eletrônica de que trata o § 4º. (Redação dada pela Lei nº 10.740, de 1º.10.2003)

§ 6º Ao final da eleição, a urna eletrônica procederá à assinatura digital do arquivo de votos, com aplicação do registro de horário e do arquivo do boletim de urna, de maneira a impedir a substituição de votos e a alteração dos registros dos termos de início e término da votação. (Redação dada pela Lei nº 10.740, de 1º.10.2003)

§ 7º O Tribunal Superior Eleitoral colocará à disposição dos eleitores urnas eletrônicas destinadas a treinamento. (Redação dada pela Lei nº 10.740, de 1º.10.2003)

§ 8º O Tribunal Superior Eleitoral colocará à disposição dos eleitores urnas eletrônicas destinadas a treinamento.(Parágrafo incluído pela Lei nº 10.408, de 10.1.2002)

Art. 60. No sistema eletrônico de votação considerar-se-á voto de legenda quando o eleitor assinalar o número do partido no momento de votar para determinado cargo e somente para este será computado.

Art. 61. A urna eletrônica contabilizará cada voto, assegurando-lhe o sigilo e inviolabilidade, garantida aos partidos políticos, coligações e candidatos ampla fiscalização.

Art. 61-A. (Revogada pela Lei nº 10.740, de 1º.10.2003)

Art. 62. Nas Seções em que for adotada a urna eletrônica, somente poderão votar eleitores cujos nomes estiverem nas respectivas folhas de votação, não se aplicando a ressalva a que se refere o art. 148, § 1º, da Lei nº 4.737, de 15 de julho de 1965 - Código Eleitoral.

Parágrafo único. O Tribunal Superior Eleitoral disciplinará a hipótese de falha na urna eletrônica que prejudique o regular processo de votação.

Das Mesas Receptoras

Art. 63. Qualquer partido pode reclamar ao Juiz Eleitoral, no prazo de cinco dias, da nomeação da Mesa Receptora, devendo a decisão ser proferida em 48 horas.

§ 1º Da decisão do Juiz Eleitoral caberá recurso para o Tribunal Regional, interposto dentro de três dias, devendo ser resolvido em igual prazo.

§ 2º Não podem ser nomeados presidentes e mesários os menores de dezoito anos.

Art. 64. É vedada a participação de parentes em qualquer grau ou de servidores da mesma repartição pública ou empresa privada na mesma Mesa, Turma ou Junta Eleitoral.

Da Fiscalização das Eleições

Art. 65. A escolha de fiscais e delegados, pelos partidos ou coligações, não poderá recair em menor de dezoito anos ou em quem, por nomeação do Juiz Eleitoral, já faça parte de Mesa Receptora.

§ 1º O fiscal poderá ser nomeado para fiscalizar mais de uma Seção Eleitoral, no mesmo local de votação.

Direito Eleitoral

247

§ 2º As credenciais de fiscais e delegados serão expedidas, exclusivamente, pelos partidos ou coligações.

§ 3º Para efeito do disposto no parágrafo anterior, o presidente do partido ou o representante da coligação deverá registrar na Justiça Eleitoral o nome das pessoas autorizadas a expedir as credenciais dos fiscais e delegados.

Art. 66. Os partidos e coligações poderão fiscalizar todas as fases do processo de votação e apuração das eleições e o processamento eletrônico da totalização dos resultados.(Redação dada pela Lei nº 10.408, de 10.1.2002)

§ 1º Todos os programas de computador de propriedade do Tribunal Superior Eleitoral, desenvolvidos por ele ou sob sua encomenda, utilizados nas urnas eletrônicas para os processos de votação, apuração e totalização, poderão ter suas fases de especificação e de desenvolvimento acompanhadas por técnicos indicados pelos partidos políticos, Ordem dos Advogados do Brasil e Ministério Público, até seis meses antes das eleições. (Redação dada pela Lei nº 10.740, de 1º.10.2003)

§ 2º Uma vez concluídos os programas a que se refere o § 1º, serão eles apresentados, para análise, aos representantes credenciados dos partidos políticos e coligações, até vinte dias antes das eleições, nas dependências do Tribunal Superior Eleitoral, na forma de programas-fonte e de programas executáveis, inclusive os sistemas aplicativo e de segurança e as bibliotecas especiais, sendo que as chaves eletrônicas privadas e senhas eletrônicas de acesso manter-se-ão no sigilo da Justiça Eleitoral. Após a apresentação e conferência, serão lacradas cópias dos programas-fonte e dos programas compilados. (Redação dada pela Lei nº 10.740, de 1º.10.2003)

§ 3º No prazo de cinco dias a contar da data da apresentação referida no § 2º, o partido político e a coligação poderão apresentar impugnação fundamentada à Justiça Eleitoral. (Redação dada pela Lei nº 10.740, de 1º.10.2003)

§ 4º Havendo a necessidade de qualquer alteração nos programas, após a apresentação de que trata o § 3º, dar-se-á conhecimento do fato aos representantes dos partidos políticos e das coligações, para que sejam novamente analisados e lacrados. (Redação dada pela Lei nº 10.740, de 1º.10.2003)

§ 5º A carga ou preparação das urnas eletrônicas será feita em sessão pública, com prévia convocação dos fiscais dos partidos e coligações para a assistirem e procederem aos atos de fiscalização, inclusive para verificarem se os programas carregados nas urnas são idênticos aos que foram lacrados na sessão referida no § 2º deste artigo, após o que as urnas serão lacradas.(Parágrafo incluído pela Lei nº 10.408, de 10.1.2002)

§ 6º No dia da eleição, será realizada, por amostragem, auditoria de verificação do funcionamento das urnas eletrônicas, através de votação paralela, na presença dos fiscais dos partidos e coligações, nos moldes fixados em resolução do Tribunal Superior Eleitoral. (Parágrafo incluído pela Lei nº 10.408, de 10.1.2002)

§ 7º Os partidos concorrentes ao pleito poderão constituir sistema próprio de fiscalização, apuração e totalização dos resultados contratando, inclusive, empresas de auditoria de sistemas, que, credenciadas junto à Justiça Eleitoral, receberão, previamente, os programas de computador e os mesmos dados alimentadores do sistema oficial de apuração e totalização.(Parágrafo incluído pela Lei nº 10.408, de 10.1.2002)

Art. 67. Os órgãos encarregados do processamento eletrônico de dados são obrigados a fornecer aos partidos ou coligações, no momento da entrega ao Juiz Encarregado, cópias dos dados do processamento parcial de cada dia, contidos em meio magnético.

Art. 68. O boletim de urna, segundo modelo aprovado pelo Tribunal Superior Eleitoral, conterá os nomes e os números dos candidatos nela votados.

§ 1º O Presidente da Mesa Receptora é obrigado a entregar cópia do boletim de urna aos partidos e coligações concorrentes ao pleito cujos representantes o requeiram até uma hora após a expedição.

§ 2º O descumprimento do disposto no parágrafo anterior constitui crime, punível com detenção, de um a três meses, com a alternativa de prestação de serviço à comunidade pelo mesmo período, e multa no valor de um mil a cinco mil UFIR.

Art. 69. A impugnação não recebida pela Junta Eleitoral pode ser apresentada diretamente ao Tribunal Regional Eleitoral, em quarenta e oito horas, acompanhada de declaração de duas testemunhas.

Parágrafo único. O Tribunal decidirá sobre o recebimento em quarenta e oito horas, publicando o acórdão na própria sessão de julgamento e transmitindo imediatamente à Junta, via telex, fax ou qualquer outro meio eletrônico, o inteiro teor da decisão e da impugnação.

Art. 70. O Presidente de Junta Eleitoral que deixar de receber ou de mencionar em ata os protestos recebidos, ou ainda, impedir o exercício de fiscalização, pelos partidos ou coligações, deverá ser imediatamente afastado, além de responder pelos crimes previstos na Lei nº 4.737, de 15 de julho de 1965 - Código Eleitoral.

Art. 71. Cumpre aos partidos e coligações, por seus fiscais e delegados devidamente credenciados, e aos candidatos, proceder à instrução dos recursos interpostos contra a apuração, juntando, para tanto, cópia do boletim relativo à urna impugnada.

Parágrafo único. Na hipótese de surgirem obstáculos à obtenção do boletim, caberá ao recorrente requerer, mediante a indicação dos dados necessários, que o órgão da Justiça Eleitoral perante o qual foi interposto o recurso o instrua, anexando o respectivo boletim de urna.

Art. 72. Constituem crimes, puníveis com reclusão, de cinco a dez anos:

I - obter acesso a sistema de tratamento automático de dados usado pelo serviço eleitoral, a fim de alterar a apuração ou a contagem de votos;

II - desenvolver ou introduzir comando, instrução, ou programa de computador capaz de destruir, apagar, eliminar, alterar, gravar ou transmitir dado, instrução ou programa ou provocar qualquer outro resultado diverso do esperado em sistema de tratamento automático de dados usados pelo serviço eleitoral;

III - causar, propositadamente, dano físico ao equipamento usado na votação ou na totalização de votos ou a suas partes.

Das Condutas Vedadas aos Agentes Públicos em Campanhas Eleitorais

Art. 73. São proibidas aos agentes públicos, servidores ou não, as seguintes condutas tendentes a afetar a igualdade de oportunidades entre candidatos nos pleitos eleitorais:

I - ceder ou usar, em benefício de candidato, partido político ou coligação, bens móveis ou imóveis pertencentes à administração direta ou indireta da União, dos Estados, do Distrito Federal, dos Territórios e dos Municípios, ressalvada a realização de convenção partidária;

II - usar materiais ou serviços, custeados pelos Governos ou Casas Legislativas, que excedam as prerrogativas consignadas nos regimentos e normas dos órgãos que integram;

III - ceder servidor público ou empregado da administração direta ou indireta federal, estadual ou municipal do Poder Executivo, ou usar de seus serviços, para comitês de campanha eleitoral de candidato, partido político ou coligação, durante o horário de expediente normal, salvo se o servidor ou empregado estiver licenciado;

IV - fazer ou permitir uso promocional em favor de candidato, partido político ou coligação, de distribuição gratuita de bens e serviços de caráter social custeados ou subvencionados pelo Poder Público;

V - nomear, contratar ou de qualquer forma admitir, demitir sem justa causa, suprimir ou readaptar vantagens ou por outros meios dificultar ou impedir o exercício funcional e, ainda, *ex officio*, remover, transferir ou exonerar servidor público, na circunscrição do pleito, nos três meses que o antecedem e até a posse dos eleitos, sob pena de nulidade de pleno direito, ressalvados:

a) a nomeação ou exoneração de cargos em comissão e designação ou dispensa de funções de confiança;

b) a nomeação para cargos do Poder Judiciário, do Ministério Público, dos Tribunais ou Conselhos de Contas e dos órgãos da Presidência da República;

c) a nomeação dos aprovados em concursos públicos homologados até o início daquele prazo;

d) a nomeação ou contratação necessária à instalação ou ao funcionamento inadiável de serviços públicos essenciais, com prévia e expressa autorização do Chefe do Poder Executivo;

e) a transferência ou remoção *ex officio* de militares, policiais civis e de agentes penitenciários;

VI - nos três meses que antecedem o pleito:

Direito Eleitoral

a) realizar transferência voluntária de recursos da União aos Estados e Municípios, e dos Estados aos Municípios, sob pena de nulidade de pleno direito, ressalvados os recursos destinados a cumprir obrigação formal preexistente para execução de obra ou serviço em andamento e com cronograma prefixado, e os destinados a atender situações de emergência e de calamidade pública;

b) com exceção da propaganda de produtos e serviços que tenham concorrência no mercado, autorizar publicidade institucional dos atos, programas, obras, serviços e campanhas dos órgãos públicos federais, estaduais ou municipais, ou das respectivas entidades da administração indireta, salvo em caso de grave e urgente necessidade pública, assim reconhecida pela Justiça Eleitoral;

c) fazer pronunciamento em cadeia de rádio e televisão, fora do horário eleitoral gratuito, salvo quando, a critério da Justiça Eleitoral, tratar-se de matéria urgente, relevante e característica das funções de governo;

VII - realizar, em ano de eleição, antes do prazo fixado no inciso anterior, despesas com publicidade dos órgãos públicos federais, estaduais ou municipais, ou das respectivas entidades da administração indireta, que excedam a média dos gastos nos três últimos anos que antecedem o pleito ou do último ano imediatamente anterior à eleição.

VIII - fazer, na circunscrição do pleito, revisão geral da remuneração dos servidores públicos que exceda a recomposição da perda de seu poder aquisitivo ao longo do ano da eleição, a partir do início do prazo estabelecido no art. 7º desta Lei e até a posse dos eleitos.

§ 1º Reputa-se agente público, para os efeitos deste artigo, quem exerce, ainda que transitoriamente ou sem remuneração, por eleição, nomeação, designação, contratação ou qualquer outra forma de investidura ou vínculo, mandato, cargo, emprego ou função nos órgãos ou entidades da administração pública direta, indireta, ou fundacional.

§ 2º A vedação do inciso I do *caput* não se aplica ao uso, em campanha, de transporte oficial pelo Presidente da República, obedecido o disposto no art. 76, nem ao uso, em campanha, pelos candidatos a reeleição de Presidente e Vice-Presidente da República, Governador e Vice-Governador de Estado e do Distrito Federal, Prefeito e Vice-Prefeito, de suas residências oficiais para realização de contatos, encontros e reuniões pertinentes à própria campanha, desde que não tenham caráter de ato público.

§ 3º As vedações do inciso VI do *caput*, alíneas b e c, aplicam-se apenas aos agentes públicos das esferas administrativas cujos cargos estejam em disputa na eleição.

§ 4º O descumprimento do disposto neste artigo acarretará a suspensão imediata da conduta vedada, quando for o caso, e sujeitará os responsáveis a multa no valor de cinco a cem mil UFIR.

§ 5º Nos casos de descumprimento do disposto nos incisos I, II, III, IV e VI do *caput*, sem prejuízo do disposto no parágrafo anterior, o candidato beneficiado, agente público ou não, ficará sujeito à cassação do registro ou do diploma. (Redação dada pela Lei nº 9.840, de 28.9.1999)

§ 6º As multas de que trata este artigo serão duplicadas a cada reincidência.

§ 7º As condutas enumeradas no *caput* caracterizam, ainda, atos de improbidade administrativa, a que se refere o art. 11, inciso I, da Lei nº 8.429, de 2 de junho de 1992, e sujeitam-se às disposições daquele diploma legal, em especial às cominações do art. 12, inciso III.

§ 8º Aplicam-se as sanções do § 4º aos agentes públicos responsáveis pelas condutas vedadas e aos partidos, coligações e candidatos que delas se beneficiarem.

§ 9º Na distribuição dos recursos do Fundo Partidário (Lei nº 9.096, de 19 de setembro de 1995) oriundos da aplicação do disposto no § 4º, deverão ser excluídos os partidos beneficiados pelos atos que originaram as multas.

§ 10. No ano em que se realizar eleição, fica proibida a distribuição gratuita de bens, valores ou benefícios por parte da Administração Pública, exceto nos casos de calamidade pública, de estado de emergência ou de programas sociais autorizados em lei e já em execução orçamentária no exercício anterior, casos em que o Ministério Público poderá promover o acompanhamento de sua execução financeira e administrativa. (Incluído pela Lei nº 11.300, de 2006)

Art. 74. Configura abuso de autoridade, para os fins do disposto no art. 22 da Lei Complementar nº 64, de 18 de maio de 1990, a infringência do disposto no § 1º do art. 37 da Constituição Federal, ficando o responsável, se candidato, sujeito ao cancelamento do registro de sua candidatura.

Art. 75. Nos três meses que antecederem as eleições, na realização de inaugurações é vedada a contratação de shows artísticos pagos com recursos públicos.

Art. 76. O ressarcimento das despesas com o uso de transporte oficial pelo Presidente da República e sua comitiva em campanha eleitoral será de responsabilidade do partido político ou coligação a que esteja vinculado.

§ 1º O ressarcimento de que trata este artigo terá por base o tipo de transporte usado e a respectiva tarifa de mercado cobrada no trecho correspondente, ressalvado o uso do avião presidencial, cujo ressarcimento corresponderá ao aluguel de uma aeronave de propulsão a jato do tipo táxi aéreo.

§ 2º No prazo de dez dias úteis da realização do pleito, em primeiro turno, ou segundo, se houver, o órgão competente de controle interno procederá *ex officio* à cobrança dos valores devidos nos termos dos parágrafos anteriores.

§ 3º A falta do ressarcimento, no prazo estipulado, implicará a comunicação do fato ao Ministério Público Eleitoral, pelo órgão de controle interno.

§ 4º Recebida a denúncia do Ministério Público, a Justiça Eleitoral apreciará o feito no prazo de trinta dias, aplicando aos infratores pena de multa correspondente ao dobro das despesas, duplicada a cada reiteração de conduta.

Art. 77. É proibido aos candidatos a cargos do Poder Executivo participar, nos três meses que precedem o pleito, de inaugurações de obras públicas.

Parágrafo único. A inobservância do disposto neste artigo sujeita o infrator à cassação do registro.

Art. 78. A aplicação das sanções cominadas no art. 73, §§ 4º e 5º, dar-se-á sem prejuízo de outras de caráter constitucional, administrativo ou disciplinar fixadas pelas demais leis vigentes.

Disposições Transitórias

Art. 79. O financiamento das campanhas eleitorais com recursos públicos será disciplinada em lei específica.

Art. 80. Nas eleições a serem realizadas no ano de 1998, cada partido ou coligação deverá reservar, para candidatos de cada sexo, no mínimo, vinte e cinco por cento e, no máximo, setenta e cinco por cento do número de candidaturas que puder registrar.

Art. 81. As doações e contribuições de pessoas jurídicas para campanhas eleitorais poderão ser feitas a partir do registro dos comitês financeiros dos partidos ou coligações.

§ 1º As doações e contribuições de que trata este artigo ficam limitadas a dois por cento do faturamento bruto do ano anterior à eleição.

§ 2º A doação de quantia acima do limite fixado neste artigo sujeita a pessoa jurídica ao pagamento de multa no valor de cinco a dez vezes a quantia em excesso.

§ 3º Sem prejuízo do disposto no parágrafo anterior, a pessoa jurídica que ultrapassar o limite fixado no § 1º estará sujeita à proibição de participar de licitações públicas e de celebrar contratos com o Poder Público pelo período de cinco anos, por determinação da Justiça Eleitoral, em processo no qual seja assegurada ampla defesa.

Art. 82. Nas Seções Eleitorais em que não for usado o sistema eletrônico de votação e totalização de votos, serão aplicadas as regras definidas nos arts. 83 a 89 desta Lei e as pertinentes da Lei 4.737, de 15 de julho de 1965 - Código Eleitoral.

Art. 83. As cédulas oficiais serão confeccionadas pela Justiça Eleitoral, que as imprimirá com exclusividade para distribuição às Mesas Receptoras, sendo sua impressão feita em papel opaco, com tinta preta e em tipos uniformes de letras e números, identificando o gênero na denominação dos cargos em disputa.

§ 1º Haverá duas cédulas distintas, uma para as eleições majoritárias e outra para as proporcionais, a serem confeccionadas segundo modelos determinados pela Justiça Eleitoral.

Direito Eleitoral   **251**

§ 2º Os candidatos à eleição majoritária serão identificados pelo nome indicado no pedido de registro e pela sigla adotada pelo partido a que pertencem e deverão figurar na ordem determinada por sorteio.

§ 3º Para as eleições realizadas pelo sistema proporcional, a cédula terá espaços para que o eleitor escreva o nome ou o número do candidato escolhido, ou a sigla ou o número do partido de sua preferência.

§ 4º No prazo de quinze dias após a realização do sorteio a que se refere o § 2º, os Tribunais Regionais Eleitorais divulgarão o modelo da cédula completa com os nomes dos candidatos majoritários na ordem já definida.

§ 5º Às eleições em segundo turno aplica-se o disposto no § 2º, devendo o sorteio verificar-se até quarenta e oito horas após a proclamação do resultado do primeiro turno e a divulgação do modelo da cédula nas vinte e quatro horas seguintes.

Art. 84. No momento da votação, o eleitor dirigir-se-á à cabina duas vezes, sendo a primeira para o preenchimento da cédula destinada às eleições proporcionais, de cor branca, e a segunda para o preenchimento da cédula destinada às eleições majoritárias, de cor amarela.

Parágrafo único. A Justiça Eleitoral fixará o tempo de votação e o número de eleitores por seção, para garantir o pleno exercício do direito de voto.

Art. 85. Em caso de dúvida na apuração de votos dados a homônimos, prevalecerá o número sobre o nome do candidato.

Art. 86. No sistema de votação convencional considerar-se-á voto de legenda quando o eleitor assinalar o número do partido no local exato reservado para o cargo respectivo e somente para este será computado.

Art. 87. Na apuração, será garantido aos fiscais e delegados dos partidos e coligações o direito de observar diretamente, a distância não superior a um metro da mesa, a abertura da urna, a abertura e a contagem das cédulas e o preenchimento do boletim .

§ 1º O não-atendimento ao disposto no *caput* enseja a impugnação do resultado da urna, desde que apresentada antes da divulgação do boletim.

§ 2º Ao final da transcrição dos resultados apurados no boletim, o Presidente da Junta Eleitoral é obrigado a entregar cópia deste aos partidos e coligações concorrentes ao pleito cujos representantes o requeiram até uma hora após sua expedição.

§ 3º Para os fins do disposto no parágrafo anterior, cada partido ou coligação poderá credenciar até três fiscais perante a Junta Eleitoral, funcionando um de cada vez.

§ 4º O descumprimento de qualquer das disposições deste artigo constitui crime, punível com detenção de um a três meses, com a alternativa de prestação de serviços à comunidade pelo mesmo período e multa, no valor de um mil a cinco mil UFIR.

§ 5º O rascunho ou qualquer outro tipo de anotação fora dos boletins de urna, usados no momento da apuração dos votos, não poderão servir de prova posterior perante a Junta apuradora ou totalizadora.

§ 6º O boletim mencionado no § 2º deverá conter o nome e o número dos candidatos nas primeiras colunas, que precederão aquelas onde serão designados os votos e o partido ou coligação.

Art. 88. O Juiz Presidente da Junta Eleitoral é obrigado a recontar a urna, quando:

I - o boletim apresentar resultado não-coincidente com o número de votantes ou discrepante dos dados obtidos no momento da apuração;

II - ficar evidenciada a atribuição de votos a candidatos inexistentes, o não-fechamento da contabilidade da urna ou a apresentação de totais de votos nulos, brancos ou válidos destoantes da média geral das demais Seções do mesmo Município, Zona Eleitoral.

Art. 89. Será permitido o uso de instrumentos que auxiliem o eleitor analfabeto a votar, não sendo a Justiça Eleitoral obrigada a fornecê-los.

Disposições Finais

Art. 90. Aos crimes definidos nesta Lei, aplica-se o disposto nos arts. 287 e 355 a 364 da Lei nº 4.737, de 15 de julho de 1965 - Código Eleitoral.

§ 1º Para os efeitos desta Lei, respondem penalmente pelos partidos e coligações os seus representantes legais.

§ 2º Nos casos de reincidência, as penas pecuniárias previstas nesta Lei aplicam-se em dobro.

Art. 90-A. (VETADO) (Incluído pela Lei nº 11.300, de 2006)

Art. 91. Nenhum requerimento de inscrição eleitoral ou de transferência será recebido dentro dos cento e cinqüenta dias anteriores à data da eleição.

Parágrafo único. A retenção de título eleitoral ou do comprovante de alistamento eleitoral constitui crime, punível com detenção, de um a três meses, com a alternativa de prestação de serviços à comunidade por igual período, e multa no valor de cinco mil a dez mil UFIR.

Art. 92. O Tribunal Superior Eleitoral, ao conduzir o processamento dos títulos eleitorais, determinará de ofício a revisão ou correição das Zonas Eleitorais sempre que:

I - o total de transferências de eleitores ocorridas no ano em curso seja dez por cento superior ao do ano anterior;

II - o eleitorado for superior ao dobro da população entre dez e quinze anos, somada à de idade superior a setenta anos do território daquele Município;

III - o eleitorado for superior a sessenta e cinco por cento da população projetada para aquele ano pelo Instituto Brasileiro de Geografia e Estatística - IBGE.

Art. 93. O Tribunal Superior Eleitoral poderá requisitar, das emissoras de rádio e televisão, no período compreendido entre 31 de julho e o dia do pleito, até dez minutos diários, contínuos ou não, que poderão ser somados e usados em dias espaçados, para a divulgação de seus comunicados, boletins e instruções ao eleitorado.

Art. 94. Os feitos eleitorais, no período entre o registro das candidaturas até cinco dias após a realização do segundo turno das eleições, terão prioridade para a participação do Ministério Público e dos Juízes de todas as Justiças e instâncias, ressalvados os processos de *habeas corpus* e mandado de segurança.

§ 1º É defeso às autoridades mencionadas neste artigo deixar de cumprir qualquer prazo desta Lei, em razão do exercício das funções regulares.

§ 2º O descumprimento do disposto neste artigo constitui crime de responsabilidade e será objeto de anotação funcional para efeito de promoção na carreira.

§ 3º Além das polícias judiciárias, os órgãos da receita federal, estadual e municipal, os tribunais e órgãos de contas auxiliarão a Justiça Eleitoral na apuração dos delitos eleitorais, com prioridade sobre suas atribuições regulares.

§ 4º Os advogados dos candidatos ou dos partidos e coligações serão notificados para os feitos de que trata esta Lei com antecedência mínima de vinte e quatro horas, ainda que por fax, telex ou telegrama.

Art. 94-A. Os órgãos e entidades da Administração Pública direta e indireta poderão, quando solicitados, em casos específicos e de forma motivada, pelos Tribunais Eleitorais: (Incluído pela Lei nº 11.300, de 2006)

I - fornecer informações na área de sua competência; (Incluído pela Lei nº 11.300, de 2006)

II - ceder funcionários no período de 3 (três) meses antes a 3 (três) meses depois de cada eleição. (Incluído pela Lei nº 11.300, de 2006)

Art. 94-B. (VETADO) (Incluído pela Lei nº 11.300, de 2006)

Art. 95. Ao Juiz Eleitoral que seja parte em ações judiciais que envolvam determinado candidato é defeso exercer suas funções em processo eleitoral no qual o mesmo candidato seja interessado.

Art. 96. Salvo disposições específicas em contrário desta Lei, as reclamações ou representações relativas ao seu descumprimento podem ser feitas por qualquer partido político, coligação ou candidato, e devem dirigir-se:

I - aos Juízes Eleitorais, nas eleições municipais;

II - aos Tribunais Regionais Eleitorais, nas eleições federais, estaduais e distritais;

III - ao Tribunal Superior Eleitoral, na eleição presidencial.

§ 1º As reclamações e representações devem relatar fatos, indicando provas, indícios e circunstâncias.

Direito Eleitoral   **253**

§ 2º Nas eleições municipais, quando a circunscrição abranger mais de uma Zona Eleitoral, o Tribunal Regional designará um Juiz para apreciar as reclamações ou representações.

§ 3º Os Tribunais Eleitorais designarão três juízes auxiliares para a apreciação das reclamações ou representações que lhes forem dirigidas.

§ 4º Os recursos contra as decisões dos juízes auxiliares serão julgados pelo Plenário do Tribunal.

§ 5º Recebida a reclamação ou representação, a Justiça Eleitoral notificará imediatamente o reclamado ou representado para, querendo, apresentar defesa em quarenta e oito horas.

§ 6º (Revogado pela Lei nº 9.840, de 28.9.99)

§ 7º Transcorrido o prazo previsto no § 5º, apresentada ou não a defesa, o órgão competente da Justiça Eleitoral decidirá e fará publicar a decisão em vinte e quatro horas.

§ 8º Quando cabível recurso contra a decisão, este deverá ser apresentado no prazo de vinte e quatro horas da publicação da decisão em cartório ou sessão, assegurado ao recorrido o oferecimento de contra-razões, em igual prazo, a contar da sua notificação.

§ 9º Os Tribunais julgarão o recurso no prazo de quarenta e oito horas.

§ 10. Não sendo o feito julgado nos prazos fixados, o pedido pode ser dirigido ao órgão superior, devendo a decisão ocorrer de acordo com o rito definido neste artigo.

Art. 97. Poderá o candidato, partido ou coligação representar ao Tribunal Regional Eleitoral contra o Juiz Eleitoral que descumprir as disposições desta Lei ou der causa ao seu descumprimento, inclusive quanto aos prazos processuais; neste caso, ouvido o representado em vinte e quatro horas, o Tribunal ordenará a observância do procedimento que explicitar, sob pena de incorrer o Juiz em desobediência.

Parágrafo único. No caso do descumprimento das disposições desta Lei por Tribunal Regional Eleitoral, a representação poderá ser feita ao Tribunal Superior Eleitoral, observado o disposto neste artigo.

Art. 98. Os eleitores nomeados para compor as Mesas Receptoras ou Juntas Eleitorais e os requisitados para auxiliar seus trabalhos serão dispensados do serviço, mediante declaração expedida pela Justiça Eleitoral, sem prejuízo do salário, vencimento ou qualquer outra vantagem, pelo dobro dos dias de convocação.

Art. 99. As emissoras de rádio e televisão terão direito a compensação fiscal pela cedência do horário gratuito previsto nesta Lei. (Vide Decretos nºs 2.814, de 1998 e 3.786, de 2001) (Regulamento)

Art. 100. A contratação de pessoal para prestação de serviços nas campanhas eleitorais não gera vínculo empregatício com o candidato ou partido contratantes.

Art. 101. (VETADO)

Art. 102. O parágrafo único do art. 145 da Lei nº 4.737, de 15 de julho de 1965 - Código Eleitoral passa a vigorar acrescido do seguinte inciso IX:

"Art. 145 ...

Parágrafo único ...

IX - os policiais militares em serviço."

Art. 103. O art. 19, *caput,* da Lei nº 9.096, de 19 de setembro de 1995 - Lei dos Partidos, passa a vigorar com a seguinte redação:

"Art. 19. Na segunda semana dos meses de abril e outubro de cada ano, o partido, por seus órgãos de direção municipais, regionais ou nacional, deverá remeter, aos juízes eleitorais, para arquivamento, publicação e cumprimento dos prazos de filiação partidária para efeito de candidatura a cargos eletivos, a relação dos nomes de todos os seus filiados, da qual constará a data de filiação, o número dos títulos eleitorais e das seções em que estão inscritos.

..."

Art. 104. O art. 44 da Lei nº 9.096, de 19 de setembro de 1995, passa a vigorar acrescido do seguinte § 3º:

"Art. 44 ...

§ 3º Os recursos de que trata este artigo não estão sujeitos ao regime da Lei nº 8.666, de 21 de junho de 1993."

Art. 105. Até o dia 5 de março do ano da eleição, o Tribunal Superior Eleitoral expedirá todas as instruções necessárias à execução desta Lei, ouvidos previamente, em audiência pública, os delegados dos partidos participantes do pleito.

§ 1º O Tribunal Superior Eleitoral publicará o código orçamentário para o recolhimento das multas eleitorais ao Fundo Partidário, mediante documento de arrecadação correspondente.

§ 2º Havendo substituição da UFIR por outro índice oficial, o Tribunal Superior Eleitoral procederá à alteração dos valores estabelecidos nesta Lei pelo novo índice.

Art. 106. Esta Lei entra em vigor na data de sua publicação.

Art. 107. Revogam-se os arts. 92, 246, 247, 250, 322, 328, 329, 333 e o parágrafo único do art. 106 da Lei nº 4.737, de 15 de julho de 1965 - Código Eleitoral; o § 4º do art. 39 da Lei nº 9.096, de 19 de setembro de 1995; o § 2º do art. 50 e o § 1º do art. 64 da Lei nº 9.100, de 29 de setembro de 1995; e o § 2º do art. 7º do Decreto-Lei nº 201, de 27 de fevereiro de 1967.

Brasília, 30 de setembro de 1997, 176º da Independência e 109º da República.

Marco Antonio de Oliveira Maciel
Iris Rezende

MENSAGEM Nº 1.090, DE 30 DE SETEMBRO DE 1997

Senhor Presidente do Senado Federal, Comunico a Vossa Excelência que, nos termos do § 1º do art. 66 da Constituição Federal, decidi vetar parcialmente o Projeto de Lei nº 2.695, de 1997 (nº 37/97 no Senado Federal), que "Estabelece normas para as eleições".

Ouvido, o Ministério da Justiça opinou pelo veto ao caput do art. 34, por contrariar o interesse público e ao art. 101, por inconstitucionalidade.

Caput do art. 34
"Art. 34. Imediatamente após o registro da pesquisa, as empresas e entidades mencionadas no artigo anterior colocarão à disposição dos partidos ou coligações, em meio magnético ou impresso, todas as informações referentes a cada um dos trabalhos efetuados.
(...)"

Razões do veto

"O dispositivo em questão determina o fornecimento aos partidos ou coligações concorrentes, imediatamente após o registro de pesquisa eleitoral, de todas as informações a ela referentes. É plausível o entendimento de que 'todas as informações' incluem os próprios resultados da pesquisa, além do especificado nos incisos do art. 33. Ora, o art. 33 impõe um prazo mínimo de cinco dias entre o registro da pesquisa e a publicação dos seus resultados. Os partidos ou coligações concorrentes teriam, desse modo, acesso aos resultados da pesquisa antes do público em geral. É de todo previsível, nessa circunstância, que se multiplicariam as tentativas de impugnação judicial da divulgação desta ou daquela pesquisa pelos partidos que se julgassem eventualmente desfavorecidos pelos resultados, numa espécie de censura prévia. Trata-se, portanto, de exigência incompatível com o interesse público."

Art. 101
"Art. 101. O art. 30 da Lei nº 4.737, de 15 de julho de 1965 (Código Eleitoral), passa a vigorar com a seguinte redação:
'Art. 30. (...)

Direito Eleitoral

255

IV - fixar a data e estabelecer o calendário para eleições especiais de Governador e Vice-Governador, Deputados Estaduais, Prefeitos e Vice-Prefeitos, Vereadores e Juizes de Paz, quando não puderem ser viabilizadas nos pleitos simultâneos ou gerais determinados por disposição constitucional ou legal, inclusive nos casos de anulação judicial.

(...)

Parágrafo único. A convocação somente se dará dentro do prazo de trinta meses do pleito ocorrido e os mandatos terão termo final coincidente com o dos demais da mesma natureza'."

Razões do Veto

"Ao incluir no seu texto as eleições para Prefeito, Vice-Prefeitos e Vereadores, o disposto neste artigo afronta, de forma irrespondível, o disposto no art. 29 e seu inciso I da Constituição Federal:

'Art. 29. O Município reger-se-á por lei orgânica, votada em dois turnos, com o interstício mínimo de dez dias, e aprovada por dois terços dos membros da Câmara Municipal, que a promulgará, atendidos os princípios estabelecidos nesta Constituição, na Constituição do respectivo Estado e os seguintes preceitos:

I - eleição do Prefeito, do Vice-Prefeito e dos Vereadores, para mandato de quatro anos, mediante pleito direto e simultâneo realizado em todo o País'."

"O ordenamento constitucional é incisivo, estabelecendo que o mandato dos Prefeitos, Vice-Prefeitos e Vereadores é de quatro anos e a eleição dar- se-á sempre em pleito direto e simultâneo realizado em todo o País, descartada qualquer hipótese de eleição fora do calendário constitucional expressamente estabelecido.

Esse, aliás, é o entendimento uniforme e unânime do egrégio Tribunal Superior Eleitoral, como se apura da Resolução nº 19.651, de 11 de julho de 1996:

'Resolução nº 19.651

Relator: Ministro Costa Leite.

Requerente: Comissões Emancipacionistas de Municípios/RS, por seus Presidentes.

Pedido de expedição de resolução ou aditamento à Resolução-TSE nº 19.509, outorgada a realização de eleições municipais em Municípios criados em 1996.

Pretensão que não tem amparo legal. Pedido indeferido.'

"Cabe destacar do voto do eminente Ministro-Relator, *verbis*:

'Em verdade, não há como arredar a incidência da norma do p. único da Lei nº 9.100/95, que em nada atrita com a Constituição, ao que se viu do bem-lançado parecer. Tampouco é dado cogitar de eleições extraordinárias, em face da exigência concernente à simultaneidade das eleições, que se erigiu em mandamento constitucional (art. 29, I). Tais as considerações, Senhor Presidente, indefiro o pedido'."

"Aliás, em março deste ano, o mesmo Tribunal ratificou esse seu entendimento ao apreciar Agravo Regimental no Agravo de Instrumento nº 316 - Rio Grande do Sul (Porto Alegre), com a seguinte ementa:

'Eleições extraordinárias. Municípios criados após 31.12.95. Impossibilidade.

Impossibilidade de realização de eleições extraordinárias em Municípios criados após 31.12.95, em face das exigências concernentes à simultaneidade das eleições, que se erigiu em mandamento constitucional (art. 29, I).

Agravo regimental a que se negou provimento.'

Diante da inequívoca inconstitucionalidade do art. 101, é de ser também vetado o seu p. único por falta de objeto."

Estas, Senhor Presidente, as razões que me levaram a vetar em parte o projeto em causa, as quais ora submeto à elevada apreciação dos Senhores Membros do Congresso Nacional.

Brasília, 30 de setembro de 1997.

Marco Antonio de Oliveira Maciel

LEI Nº 12.034, DE 29 DE SETEMBRO DE 2009

Altera as Leis nⁿ 9.096, de 19 de setembro de 1995 - Lei dos Partidos Políticos, 9.504, de 30 de setembro de 1997, que estabelece normas para as eleições, e 4.737, de 15 de julho de 1965 - Código Eleitoral.

O PRESIDENTE DA REPÚBLICA Faço saber que o Congresso Nacional decreta e eu sanciono a seguinte Lei:

Art. 1º Esta Lei altera as Leis nⁿ 9.096, de 19 de setembro de 1995, 9.504, de 30 de setembro de 1997, e 4.737, de 15 de julho de 1965 - Código Eleitoral.

Art. 2º A Lei nº 9.096, de 19 de setembro de 1995, passa a vigorar com as seguintes alterações:

"Art. 15-A. A responsabilidade, inclusive civil e trabalhista, cabe exclusivamente ao órgão partidário municipal, estadual ou nacional que tiver dado causa ao não cumprimento da obrigação, à violação de direito, a dano a outrem ou a qualquer ato ilícito, excluída a solidariedade de outros órgãos de direção partidária."

"Art. 19. (...)

§ 3º Os órgãos de direção nacional dos partidos políticos terão pleno acesso às informações de seus filiados constantes do cadastro eleitoral."

"Art. 28. (...)

§ 4º Despesas realizadas por órgãos partidários municipais ou estaduais ou por candidatos majoritários nas respectivas circunscrições devem ser assumidas e pagas exclusivamente pela esfera partidária correspondente, salvo acordo expresso com órgão de outra esfera partidária.

§ 5º Em caso de não pagamento, as despesas não poderão ser cobradas judicialmente dos órgãos superiores dos partidos políticos, recaindo eventual penhora exclusivamente sobre o órgão partidário que contraiu a dívida executada.

§ 6º O disposto no inciso III do caput refere-se apenas aos órgãos nacionais dos partidos políticos que deixarem de prestar contas ao Tribunal Superior Eleitoral, não ocorrendo o cancelamento do registro civil e do estatuto do partido quando a omissão for dos órgãos partidários regionais ou municipais."

"Art. 37. (...)

§ 3º A sanção de suspensão do repasse de novas quotas do Fundo Partidário, por desaprovação total ou parcial da prestação de contas de partido, deverá ser aplicada de forma proporcional e razoável, pelo período de 1 (um) mês a 12 (doze) meses, ou por meio do desconto, do valor a ser repassado, da importância apontada como irregular, não podendo ser aplicada a sanção de suspensão, caso a prestação de contas não seja julgada, pelo juízo ou tribunal competente, após 5 (cinco) anos de sua apresentação.

§ 4º Da decisão que desaprovar total ou parcialmente a prestação de contas dos órgãos partidários caberá recurso para os Tribunais Regionais Eleitorais ou para o Tribunal Superior Eleitoral, conforme o caso, o qual deverá ser recebido com efeito suspensivo.

§ 5º As prestações de contas desaprovadas pelos Tribunais Regionais e pelo Tribunal Superior poderão ser revistas para fins de aplicação proporcional da sanção aplicada, mediante requerimento ofertado nos autos da prestação de contas.

§ 6º O exame da prestação de contas dos órgãos partidários tem caráter jurisdicional."

"Art. 39. (...)

§ 5º Em ano eleitoral, os partidos políticos poderão aplicar ou distribuir pelas diversas eleições os recursos financeiros recebidos de pessoas físicas e jurídicas, observando-se o disposto no § 1º do art. 23, no art. 24 e no § 1º do art. 81 da Lei nº 9.504, de 30 de setembro de 1997, e os critérios definidos pelos respectivos órgãos de direção e pelas normas estatutárias."

"Art. 44. (...)

I - na manutenção das sedes e serviços do partido, permitido o pagamento de pessoal, a qualquer título, observado neste último caso o limite máximo de 50% (cinquenta por cento) do total recebido;

(...)

Direito Eleitoral   **257**

V - na criação e manutenção de programas de promoção e difusão da participação política das mulheres conforme percentual que será fixado pelo órgão nacional de direção partidária, observado o mínimo de 5% (cinco por cento) do total.

(...)

§ 4º Não se incluem no cômputo do percentual previsto no inciso I deste artigo encargos e tributos de qualquer natureza.

§ 5º O partido que não cumprir o disposto no inciso V do caput deste artigo deverá, no ano subsequente, acrescer o percentual de 2,5% (dois inteiros e cinco décimos por cento) do Fundo Partidário para essa destinação, ficando impedido de utilizá-lo para finalidade diversa."

"Art. 45. (...)

IV - promover e difundir a participação política feminina, dedicando às mulheres o tempo que será fixado pelo órgão nacional de direção partidária, observado o mínimo de 10% (dez por cento).

(...)

§ 2º O partido que contrariar o disposto neste artigo será punido:

I - quando a infração ocorrer nas transmissões em bloco, com a cassação do direito de transmissão no semestre seguinte;

II - quando a infração ocorrer nas transmissões em inserções, com a cassação de tempo equivalente a 5 (cinco) vezes ao da inserção ilícita, no semestre seguinte.

§ 3º A representação, que somente poderá ser oferecida por partido político, será julgada pelo Tribunal Superior Eleitoral quando se tratar de programa em bloco ou inserções nacionais e pelos Tribunais Regionais Eleitorais quando se tratar de programas em bloco ou inserções transmitidos nos Estados correspondentes.

§ 4º O prazo para o oferecimento da representação encerra-se no último dia do semestre em que for veiculado o programa impugnado, ou se este tiver sido transmitido nos últimos 30 (trinta) dias desse período, até o 15º (décimo quinto) dia do semestre seguinte.

§ 5º Das decisões dos Tribunais Regionais Eleitorais que julgarem procedente representação, cassando o direito de transmissão de propaganda partidária, caberá recurso para o Tribunal Superior Eleitoral, que será recebido com efeito suspensivo.

§ 6º A propaganda partidária, no rádio e na televisão, fica restrita aos horários gratuitos disciplinados nesta Lei, com proibição de propaganda paga."

Art. 3º A Lei nº 9.504, de 30 de setembro de 1997, passa a vigorar com as seguintes alterações:

"Art. 6º (...)

§ 1º-A. A denominação da coligação não poderá coincidir, incluir ou fazer referência a nome ou número de candidato, nem conter pedido de voto para partido político.

(...)

§ 4º O partido político coligado somente possui legitimidade para atuar de forma isolada no processo eleitoral quando questionar a validade da própria coligação, durante o período compreendido entre a data da convenção e o termo final do prazo para a impugnação do registro de candidatos."

"Art. 7º (...)

§ 2º Se a convenção partidária de nível inferior se opuser, na deliberação sobre coligações, às diretrizes legitimamente estabelecidas pelo órgão de direção nacional, nos termos do respectivo estatuto, poderá esse órgão anular a deliberação e os atos dela decorrentes.

§ 3º As anulações de deliberações dos atos decorrentes de convenção partidária, na condição acima estabelecida, deverão ser comunicadas à Justiça Eleitoral no prazo de 30 (trinta) dias após a data limite para o registro de candidatos.

§ 4º Se, da anulação, decorrer a necessidade de escolha de novos candidatos, o pedido de registro deverá ser apresentado à Justiça Eleitoral nos 10 (dez) dias seguintes à deliberação, observado o disposto no art. 13."

"Art. 10. (...)

§ 3º Do número de vagas resultante das regras previstas neste artigo, cada partido ou coligação preencherá o mínimo de 30% (trinta por cento) e o máximo de 70% (setenta por cento) para candidaturas de cada sexo.

(...)."

"Art. 11. (...)

§ 1º (...)

IX - propostas defendidas pelo candidato a Prefeito, a Governador de Estado e a Presidente da República.

(...)

§ 4º Na hipótese de o partido ou coligação não requerer o registro de seus candidatos, estes poderão fazê-lo perante a Justiça Eleitoral, observado o prazo máximo de quarenta e oito horas seguintes à publicação da lista dos candidatos pela Justiça Eleitoral.

(...)

§ 6º A Justiça Eleitoral possibilitará aos interessados acesso aos documentos apresentados para os fins do disposto no § 1º.

§ 7º A certidão de quitação eleitoral abrangerá exclusivamente a plenitude do gozo dos direitos políticos, o regular exercício do voto, o atendimento a convocações da Justiça Eleitoral para auxiliar os trabalhos relativos ao pleito, a inexistência de multas aplicadas, em caráter definitivo, pela Justiça Eleitoral e não remitidas, e a apresentação de contas de campanha eleitoral.

§ 8º Para fins de expedição da certidão de que trata o § 7º, considerar-se-ão quites aqueles que:

I - condenados ao pagamento de multa, tenham, até a data da formalização do seu pedido de registro de candidatura, comprovado o pagamento ou o parcelamento da dívida regularmente cumprido;

II - pagarem a multa que lhes couber individualmente, excluindo-se qualquer modalidade de responsabilidade solidária, mesmo quando imposta concomitantemente com outros candidatos e em razão do mesmo fato.

§ 9º A Justiça Eleitoral enviará aos partidos políticos, na respectiva circunscrição, até o dia 5 de junho do ano da eleição, a relação de todos os devedores de multa eleitoral, a qual embasará a expedição das certidões de quitação eleitoral.

§ 10. As condições de elegibilidade e as causas de inelegibilidade devem ser aferidas no momento da formalização do pedido de registro da candidatura, ressalvadas as alterações, fáticas ou jurídicas, supervenientes ao registro que afastem a inelegibilidade.

§ 11. A Justiça Eleitoral observará, no parcelamento a que se refere o § 8º deste artigo, as regras de parcelamento previstas na legislação tributária federal.

§ 12. (VETADO)"

"Art. 13. (...)

§ 1º A escolha do substituto far-se-á na forma estabelecida no estatuto do partido a que pertencer o substituído, e o registro deverá ser requerido até 10 (dez) dias contados do fato ou da notificação do partido da decisão judicial que deu origem à substituição.

(...)"

"Art. 16. (...)

§ 1º Até a data prevista no caput, todos os pedidos de registro de candidatos, inclusive os impugnados, e os respectivos recursos, devem estar julgados em todas as instâncias, e publicadas as decisões a eles relativas.

§ 2º Os processos de registro de candidaturas terão prioridade sobre quaisquer outros, devendo a Justiça Eleitoral adotar as providências necessárias para o cumprimento do prazo previsto no § 1º, inclusive com a realização de sessões extraordinárias e a convocação dos juízes suplentes pelos Tribunais, sem prejuízo da eventual aplicação do disposto no art. 97 e de representação ao Conselho Nacional de Justiça."

Direito Eleitoral

"Art. 22. (...)

§ 1º Os bancos são obrigados a acatar, em até 3 (três) dias, o pedido de abertura de conta de qualquer comitê financeiro ou candidato escolhido em convenção, sendo-lhes vedado condicioná-la à depósito mínimo e à cobrança de taxas e/ou outras despesas de manutenção.

(...)"

"Art. 23. Pessoas físicas poderão fazer doações em dinheiro ou estimáveis em dinheiro para campanhas eleitorais, obedecido o disposto nesta Lei.

(...)

§ 2º Toda doação a candidato específico ou a partido deverá ser feita mediante recibo, em formulário impresso ou em formulário eletrônico, no caso de doação via internet, em que constem os dados do modelo constante do Anexo, dispensada a assinatura do doador.

(...)

§ 4º (...)

III - mecanismo disponível em sítio do candidato, partido ou coligação na internet, permitindo inclusive o uso de cartão de crédito, e que deverá atender aos seguintes requisitos:

a) identificação do doador;

b) emissão obrigatória de recibo eleitoral para cada doação realizada.

(...)

§ 6º Na hipótese de doações realizadas por meio da internet, as fraudes ou erros cometidos pelo doador sem conhecimento dos candidatos, partidos ou coligações não ensejarão a responsabilidade destes nem a rejeição de suas contas eleitorais.

§ 7º O limite previsto no inciso I do § 1º não se aplica a doações estimáveis em dinheiro relativas à utilização de bens móveis ou imóveis de propriedade do doador, desde que o valor da doação não ultrapasse R$ 50.000,00 (cinquenta mil reais)."

"Art. 24. (...)

IX - entidades esportivas;

(...)

Parágrafo único. Não se incluem nas vedações de que trata este artigo as cooperativas cujos cooperados não sejam concessionários ou permissionários de serviços públicos, desde que não estejam sendo beneficiadas com recursos públicos, observado o disposto no art. 81."

"Art. 25. (...)

Parágrafo único. A sanção de suspensão do repasse de novas quotas do Fundo Partidário, por desaprovação total ou parcial da prestação de contas do candidato, deverá ser aplicada de forma proporcional e razoável, pelo período de 1 (um) mês a 12 (doze) meses, ou por meio do desconto, do valor a ser repassado, na importância apontada como irregular, não podendo ser aplicada a sanção de suspensão, caso a prestação de contas não seja julgada, pelo juízo ou tribunal competente, após 5 (cinco) anos de sua apresentação."

"Art. 29. (...)

§ 3º Eventuais débitos de campanha não quitados até a data de apresentação da prestação de contas poderão ser assumidos pelo partido político, por decisão do seu órgão nacional de direção partidária.

§ 4º No caso do disposto no § 3º, o órgão partidário da respectiva circunscrição eleitoral passará a responder por todas as dívidas solidariamente com o candidato, hipótese em que a existência do débito não poderá ser considerada como causa para a rejeição das contas."

"Art. 30. A Justiça Eleitoral verificará a regularidade das contas de campanha, decidindo:

I - pela aprovação, quando estiverem regulares;

II - pela aprovação com ressalvas, quando verificadas falhas que não lhes comprometam a regularidade;

III - pela desaprovação, quando verificadas falhas que lhes comprometam a regularidade;

IV - pela não prestação, quando não apresentadas as contas após a notificação emitida pela Justiça Eleitoral, na qual constará a obrigação expressa de prestar as suas contas, no prazo de setenta e duas horas.

(...)

§ 2º-A. Erros formais ou materiais irrelevantes no conjunto da prestação de contas, que não comprometam o seu resultado, não acarretarão a rejeição das contas.

(...)

§ 5º Da decisão que julgar as contas prestadas pelos candidatos e comitês financeiros caberá recurso ao órgão superior da Justiça Eleitoral, no prazo de 3 (três) dias, a contar da publicação no Diário Oficial.

§ 6º No mesmo prazo previsto no § 5º, caberá recurso especial para o Tribunal Superior Eleitoral, nas hipóteses previstas nos incisos I e II do § 4º do art. 121 da Constituição Federal.

§ 7º O disposto neste artigo aplica-se aos processos judiciais pendentes."

"Art. 30-A. Qualquer partido político ou coligação poderá representar à Justiça Eleitoral, no prazo de 15 (quinze) dias da diplomação, relatando fatos e indicando provas, e pedir a abertura de investigação judicial para apurar condutas em desacordo com as normas desta Lei, relativas à arrecadação e gastos de recursos.

(...)

§ 3º O prazo de recurso contra decisões proferidas em representações propostas com base neste artigo será de 3 (três) dias, a contar da data da publicação do julgamento no Diário Oficial."

"Art. 31. Se, ao final da campanha, ocorrer sobra de recursos financeiros, esta deve ser declarada na prestação de contas e, após julgados todos os recursos, transferida ao órgão do partido na circunscrição do pleito ou à coligação, neste caso, para divisão entre os partidos que a compõem.

Parágrafo único. As sobras de recursos financeiros de campanha serão utilizadas pelos partidos políticos, devendo tais valores ser declarados em suas prestações de contas perante a Justiça Eleitoral, com a identificação dos candidatos."

"Art. 33. (...)

§ 2º A Justiça Eleitoral afixará no prazo de vinte e quatro horas, no local de costume, bem como divulgará em seu sítio na internet, aviso comunicando o registro das informações a que se refere este artigo, colocando-as à disposição dos partidos ou coligações com candidatos ao pleito, os quais a elas terão livre acesso pelo prazo de 30 (trinta) dias.

(...)"

"Art. 36. (...)

§ 3º A violação do disposto neste artigo sujeitará o responsável pela divulgação da propaganda e, quando comprovado o seu prévio conhecimento, o beneficiário à multa no valor de R$ 5.000,00 (cinco mil reais) a R$ 25.000,00 (vinte e cinco mil reais), ou ao equivalente ao custo da propaganda, se este for maior.

§ 4º Na propaganda dos candidatos a cargo majoritário, deverão constar, também, o nome dos candidatos a vice ou a suplentes de Senador, de modo claro e legível, em tamanho não inferior a 10% (dez por cento) do nome do titular.

§ 5º A comprovação do cumprimento das determinações da Justiça Eleitoral relacionadas a propaganda realizada em desconformidade com o disposto nesta Lei poderá ser apresentada no Tribunal Superior Eleitoral, no caso de candidatos a Presidente e Vice-Presidente da República, nas sedes dos respectivos Tribunais Regionais Eleitorais, no caso de candidatos a Governador, Vice-Governador, Deputado Federal, Senador da República, Deputado Estadual e Distrital e, no Juízo Eleitoral, na hipótese de candidato a Prefeito, Vice-Prefeito e Vereador."

"Art. 37. (...)

§ 2º Em bens particulares, independe de obtenção de licença municipal e de autorização da Justiça Eleitoral a veiculação de propaganda eleitoral por meio da fixação de faixas, placas, cartazes, pinturas ou inscrições, desde que não excedam a 4m² (quatro metros quadrados) e que não contrariem a legislação eleitoral, sujeitando-se o infrator às penalidades previstas no § 1º.

Direito Eleitoral

§ 4º Bens de uso comum, para fins eleitorais, são os assim definidos pela Lei nº 10.406, de 10 de janeiro de 2002 - Código Civil e também aqueles a que a população em geral tem acesso, tais como cinemas, clubes, lojas, centros comerciais, templos, ginásios, estádios, ainda que de propriedade privada.

§ 5º Nas árvores e nos jardins localizados em áreas públicas, bem como em muros, cercas e tapumes divisórios, não é permitida a colocação de propaganda eleitoral de qualquer natureza, mesmo que não lhes cause dano.

§ 6º É permitida a colocação de cavaletes, bonecos, cartazes, mesas para distribuição de material de campanha e bandeiras ao longo das vias públicas, desde que móveis e que não dificultem o bom andamento do trânsito de pessoas e veículos.

§ 7º A mobilidade referida no § 6º estará caracterizada com a colocação e a retirada dos meios de propaganda entre as seis horas e as vinte e duas horas.

§ 8º A veiculação de propaganda eleitoral em bens particulares deve ser espontânea e gratuita, sendo vedado qualquer tipo de pagamento em troca de espaço para esta finalidade."

"Art. 38. (...)

§ 1º Todo material impresso de campanha eleitoral deverá conter o número de inscrição no Cadastro Nacional da Pessoa Jurídica - CNPJ ou o número de inscrição no Cadastro de Pessoas Físicas - CPF do responsável pela confecção, bem como de quem a contratou, e a respectiva tiragem.

§ 2º Quando o material impresso veicular propaganda conjunta de diversos candidatos, os gastos relativos a cada um deles deverão constar na respectiva prestação de contas, ou apenas naquela relativa ao que houver arcado com os custos."

"Art. 39. (...)

§ 5º (...)

III - a divulgação de qualquer espécie de propaganda de partidos políticos ou de seus candidatos.

§ 9º Até as vinte e duas horas do dia que antecede a eleição, serão permitidos distribuição de material gráfico, caminhada, carreata, passeata ou carro de som que transite pela cidade divulgando *jingles* ou mensagens de candidatos.

§ 10. Fica vedada a utilização de trios elétricos em campanhas eleitorais, exceto para a sonorização de comícios."

"Art. 41. A propaganda exercida nos termos da legislação eleitoral não poderá ser objeto de multa nem cerceada sob alegação do exercício do poder de polícia ou de violação de postura municipal, casos em que se deve proceder na forma prevista no art. 40.

§ 1º O poder de polícia sobre a propaganda eleitoral será exercido pelos juízes eleitorais e pelos juízes designados pelos Tribunais Regionais Eleitorais.

§ 2º O poder de polícia se restringe às providências necessárias para inibir práticas ilegais, vedada a censura prévia sobre o teor dos programas a serem exibidos na televisão, no rádio ou na internet."

"Art. 41-A. (...)

§ 1º Para a caracterização da conduta ilícita, é desnecessário o pedido explícito de votos, bastando a evidência do dolo, consistente no especial fim de agir.

§ 2º As sanções previstas no caput aplicam-se contra quem praticar atos de violência ou grave ameaça a pessoa, com o fim de obter-lhe o voto.

§ 3º A representação contra as condutas vedadas no caput poderá ser ajuizada até a data da diplomação.

§ 4º O prazo de recurso contra decisões proferidas com base neste artigo será de 3 (três) dias, a contar da data da publicação do julgamento no Diário Oficial."

"Art. 43. São permitidas, até a antevéspera das eleições, a divulgação paga, na imprensa escrita, e a reprodução na internet do jornal impresso, de até 10 (dez) anúncios de propaganda eleitoral, por veículo, em datas diversas, para cada candidato, no espaço máximo, por edição, de 1/8 (um oitavo) de página de jornal padrão e de 1/4 (um quarto) de página de revista ou tabloide.

§ 1º Deverá constar do anúncio, de forma visível, o valor pago pela inserção.

§ 2º A inobservância do disposto neste artigo sujeita os responsáveis pelos veículos de divulgação e os partidos, coligações ou candidatos beneficiados a multa no valor de R$ 1.000,00 (mil reais) a R$ 10.000,00 (dez mil reais) ou equivalente ao da divulgação da propaganda paga, se este for maior."

"Art. 44. (...)

§ 1º A propaganda eleitoral gratuita na televisão deverá utilizar a Linguagem Brasileira de Sinais - LIBRAS ou o recurso de legenda, que deverão constar obrigatoriamente do material entregue às emissoras.

§ 2º No horário reservado para a propaganda eleitoral, não se permitirá utilização comercial ou propaganda realizada com a intenção, ainda que disfarçada ou subliminar, de promover marca ou produto.

§ 3º Será punida, nos termos do § 1º do art. 37, a emissora que, não autorizada a funcionar pelo poder competente, veicular propaganda eleitoral."

"Art. 45. (...)

§ 3º (Revogado).

§ 4º Entende-se por trucagem todo e qualquer efeito realizado em áudio ou vídeo que degradar ou ridicularizar candidato, partido político ou coligação, ou que desvirtuar a realidade e beneficiar ou prejudicar qualquer candidato, partido político ou coligação.

§ 5º Entende-se por montagem toda e qualquer junção de registros de áudio ou vídeo que degradar ou ridicularizar candidato, partido político ou coligação, ou que desvirtuar a realidade e beneficiar ou prejudicar qualquer candidato, partido político ou coligação.

§ 6º É permitido ao partido político utilizar na propaganda eleitoral de seus candidatos em âmbito regional, inclusive no horário eleitoral gratuito, a imagem e a voz de candidato ou militante de partido político que integre a sua coligação em âmbito nacional."

"Art. 46. (...)

§ 4º O debate será realizado segundo as regras estabelecidas em acordo celebrado entre os partidos políticos e a pessoa jurídica interessada na realização do evento, dando-se ciência à Justiça Eleitoral.

§ 5º Para os debates que se realizarem no primeiro turno das eleições, serão consideradas aprovadas as regras que obtiverem a concordância de pelo menos 2/3 (dois terços) dos candidatos aptos no caso de eleição majoritária, e de pelo menos 2/3 (dois terços) dos partidos ou coligações com candidatos aptos, no caso de eleição proporcional."

"Art. 47. (...)

§ 1º (...)

III – (...)

a) das sete horas às sete horas e vinte minutos e das doze horas às doze horas e vinte minutos, no rádio, nos anos em que a renovação do Senado Federal se der por 1/3 (um terço);

b) das treze horas às treze horas e vinte minutos e das vinte horas e trinta minutos às vinte horas e cinquenta minutos, na televisão, nos anos em que a renovação do Senado Federal se der por 1/3 (um terço);

c) das sete horas às sete horas e dezoito minutos e das doze horas às doze horas e dezoito minutos, no rádio, nos anos em que a renovação do Senado Federal se der por 2/3 (dois terços);

d) das treze horas às treze horas e dezoito minutos e das vinte horas e trinta minutos às vinte horas e quarenta e oito minutos, na televisão, nos anos em que a renovação do Senado Federal se der por 2/3 (dois terços);

IV – (...)

a) das sete horas e vinte minutos às sete horas e quarenta minutos e das doze horas e vinte minutos às doze horas e quarenta minutos, no rádio, nos anos em que a renovação do Senado Federal se der por 1/3 (um terço);

b) das treze horas e vinte minutos às treze horas e quarenta minutos e das vinte horas e cinquenta minutos às vinte e uma horas e dez minutos, na televisão, nos anos em que a renovação do Senado Federal se der por 1/3 (um terço);

c) das sete horas e dezoito minutos às sete horas e trinta e cinco minutos e das doze horas e dezoito minutos às doze horas e trinta e cinco minutos, no rádio, nos anos em que a renovação do Senado Federal se der por 2/3 (dois terços);

d) das treze horas e dezoito minutos às treze horas e trinta e cinco minutos e das vinte horas e quarenta e oito minutos às vinte e uma horas e cinco minutos, na televisão, nos anos em que a renovação do Senado Federal se der por 2/3 (dois terços);

V – (...)

a) das sete horas e quarenta minutos às sete horas e cinquenta minutos e das doze horas e quarenta minutos às doze horas e cinquenta minutos, no rádio, nos anos em que a renovação do Senado Federal se der por 1/3 (um terço);

b) das treze horas e quarenta minutos às treze horas e cinquenta minutos e das vinte e uma horas e dez minutos às vinte e uma horas e vinte minutos, na televisão, nos anos em que a renovação do Senado Federal se der por 1/3 (um terço);

c) das sete horas e trinta e cinco minutos às sete horas e cinquenta minutos e das doze horas e trinta e cinco minutos às doze horas e cinquenta minutos, no rádio, nos anos em que a renovação do Senado Federal se der por 2/3 (dois terços);

d) das treze horas e trinta e cinco minutos às treze horas e cinquenta minutos e das vinte e uma horas e cinco minutos às vinte e uma horas e vinte minutos, na televisão, nos anos em que a renovação do Senado Federal se der por 2/3 (dois terços);

(...)"

"Art. 48. Nas eleições para Prefeitos e Vereadores, nos Municípios em que não haja emissora de rádio e televisão, a Justiça Eleitoral garantirá aos Partidos Políticos participantes do pleito a veiculação de propaganda eleitoral gratuita nas localidades aptas à realização de segundo turno de eleições e nas quais seja operacionalmente viável realizar a retransmissão.

§ 1º A Justiça Eleitoral regulamentará o disposto neste artigo, de forma que o número máximo de Municípios a serem atendidos seja igual ao de emissoras geradoras disponíveis.

(...)"

"Art. 58. (...)

§ 3º (...)

IV - em propaganda eleitoral na internet:

a) deferido o pedido, a divulgação da resposta dar-se-á no mesmo veículo, espaço, local, horário, página eletrônica, tamanho, caracteres e outros elementos de realce usados na ofensa, em até quarenta e oito horas após a entrega da mídia física com a resposta do ofendido;

b) a resposta ficará disponível para acesso pelos usuários do serviço de internet por tempo não inferior ao dobro em que esteve disponível a mensagem considerada ofensiva;

c) os custos de veiculação da resposta correrão por conta do responsável pela propaganda original.

(...)"

"Art. 73. (...)

§ 5º Nos casos de descumprimento do disposto nos incisos do caput e no § 10, sem prejuízo do disposto no § 4º, o candidato beneficiado, agente público ou não, ficará sujeito à cassação do registro ou do diploma.

(...)

§ 11. Nos anos eleitorais, os programas sociais de que trata o § 10 não poderão ser executados por entidade nominalmente vinculada a candidato ou por esse mantida.

§ 12. A representação contra a não observância do disposto neste artigo observará o rito do art. 22 da Lei Complementar nº 64, de 18 de maio de 1990, e poderá ser ajuizada até a data da diplomação.

§ 13. O prazo de recurso contra decisões proferidas com base neste artigo será de 3 (três) dias, a contar da data da publicação do julgamento no Diário Oficial."

"Art. 74. Configura abuso de autoridade, para os fins do disposto no art. 22 da Lei Complementar nº 64, de 18 de maio de 1990, a infringência do disposto no § 1º do art. 37 da Constituição Federal, ficando o responsável, se candidato, sujeito ao cancelamento do registro ou do diploma."

"Art. 75. (...)

Parágrafo único. Nos casos de descumprimento do disposto neste artigo, sem prejuízo da suspensão imediata da conduta, o candidato beneficiado, agente público ou não, ficará sujeito à cassação do registro ou do diploma."

"Art. 77. É proibido a qualquer candidato comparecer, nos 3 (três) meses que precedem o pleito, a inaugurações de obras públicas.
Parágrafo único. A inobservância do disposto neste artigo sujeita o infrator à cassação do registro ou do diploma."

"Art. 81. (...)
§ 4º As representações propostas objetivando a aplicação das sanções previstas nos §§ 2º e 3º observarão o rito previsto no art. 22 da Lei Complementar nº 64, de 18 de maio de 1990, e o prazo de recurso contra as decisões proferidas com base neste artigo será de 3 (três) dias, a contar da data da publicação do julgamento no Diário Oficial."

"Art. 97. (...)
§ 1º É obrigatório, para os membros dos Tribunais Eleitorais e do Ministério Público, fiscalizar o cumprimento desta Lei pelos juízes e promotores eleitorais das instâncias inferiores, determinando, quando for o caso, a abertura de procedimento disciplinar para apuração de eventuais irregularidades que verificarem.
§ 2º No caso de descumprimento das disposições desta Lei por Tribunal Regional Eleitoral, a representação poderá ser feita ao Tribunal Superior Eleitoral, observado o disposto neste artigo."

"Art. 99. (...)
§ 1º O direito à compensação fiscal das emissoras de rádio e televisão previsto no parágrafo único do art. 52 da Lei nº 9.096, de 19 de setembro de 1995, e neste artigo, pela cedência do horário gratuito destinado à divulgação das propagandas partidárias e eleitoral, estende-se à veiculação de propaganda gratuita de plebiscitos e referendos de que dispõe o art. 8º da Lei nº 9.709, de 18 de novembro de 1998, mantido também, a esse efeito, o entendimento de que:
I – (VETADO);
II - o valor apurado na forma do inciso I poderá ser deduzido do lucro líquido para efeito de determinação do lucro real, na apuração do Imposto sobre a Renda da Pessoa Jurídica - IRPJ, inclusive da base de cálculo dos recolhimentos mensais previstos na legislação fiscal (art. 2º da Lei nº 9.430, de 27 de dezembro de 1996), bem como da base de cálculo do lucro presumido.
§ 2º (VETADO)
§ 3º No caso de microempresas e empresas de pequeno porte optantes pelo Regime Especial Unificado de Arrecadação de Tributos e Contribuições (Simples Nacional), o valor integral da compensação fiscal apurado na forma do inciso I do § 1º será deduzido da base de cálculo de imposto e contribuições federais devidos pela emissora, seguindo os critérios definidos pelo Comitê Gestor do Simples Nacional - CGSN."

"Art. 105. Até o dia 5 de março do ano da eleição, o Tribunal Superior Eleitoral, atendendo ao caráter regulamentar e sem restringir direitos ou estabelecer sanções distintas das previstas nesta Lei, poderá expedir todas as instruções necessárias para sua fiel execução, ouvidos, previamente, em audiência pública, os delegados ou representantes dos partidos políticos.
(...)
§ 3º Serão aplicáveis ao pleito eleitoral imediatamente seguinte apenas as resoluções publicadas até a data referida no *caput*."

Art. 4º A Lei nº 9.504, de 30 de setembro de 1997, passa a vigorar acrescida dos seguintes artigos:

"Art. 16-A. O candidato cujo registro esteja sub judice poderá efetuar todos os atos relativos à campanha eleitoral, inclusive utilizar o horário eleitoral gratuito no rádio e na televisão e ter seu nome mantido na urna eletrônica enquanto estiver sob essa condição, ficando a validade dos votos a ele atribuídos condicionada ao deferimento de seu registro por instância superior.
Parágrafo único. O cômputo, para o respectivo partido ou coligação, dos votos atribuídos ao candidato cujo registro esteja sub judice no dia da eleição fica condicionado ao deferimento do registro do candidato."

"Art. 22-A. Candidatos e Comitês Financeiros estão obrigados à inscrição no Cadastro Nacional da Pessoa Jurídica - CNPJ.

§ 1º Após o recebimento do pedido de registro da candidatura, a Justiça Eleitoral deverá fornecer em até 3 (três) dias úteis, o número de registro de CNPJ.
§ 2º Cumprido o disposto no § 1º deste artigo e no § 1º do art. 22, ficam os candidatos e comitês financeiros autorizados a promover a arrecadação de recursos financeiros e a realizar as despesas necessárias à campanha eleitoral."

"Art. 36-A. Não será considerada propaganda eleitoral antecipada:
I - a participação de filiados a partidos políticos ou de pré-candidatos em entrevistas, programas, encontros ou debates no rádio, na televisão e na internet, inclusive com a exposição de plataformas e projetos políticos, desde que não haja pedido de votos, observado pelas emissoras de rádio e de televisão o dever de conferir tratamento isonômico;
II - a realização de encontros, seminários ou congressos, em ambiente fechado e a expensas dos partidos políticos, para tratar da organização dos processos eleitorais, planos de governos ou alianças partidárias visando às eleições;
III - a realização de prévias partidárias e sua divulgação pelos instrumentos de comunicação intrapartidária; ou
IV - a divulgação de atos de parlamentares e debates legislativos, desde que não se mencione a possível candidatura, ou se faça pedido de votos ou de apoio eleitoral."

"Art. 39-A. É permitida, no dia das eleições, a manifestação individual e silenciosa da preferência do eleitor por partido político, coligação ou candidato, revelada exclusivamente pelo uso de bandeiras, broches, dísticos e adesivos.
§ 1º É vedada, no dia do pleito, até o término do horário de votação, a aglomeração de pessoas portando vestuário padronizado, bem como os instrumentos de propaganda referidos no caput, de modo a caracterizar manifestação coletiva, com ou sem utilização de veículos.
§ 2º No recinto das seções eleitorais e juntas apuradoras, é proibido aos servidores da Justiça Eleitoral, aos mesários e aos escrutinadores o uso de vestuário ou objeto que contenha qualquer propaganda de partido político, de coligação ou de candidato.
§ 3º Aos fiscais partidários, nos trabalhos de votação, só é permitido que, em seus crachás, constem o nome e a sigla do partido político ou coligação a que sirvam, vedada a padronização do vestuário.
§ 4º No dia do pleito, serão afixadas cópias deste artigo em lugares visíveis nas partes interna e externa das seções eleitorais."

"Art. 40-B. A representação relativa à propaganda irregular deve ser instruída com prova da autoria ou do prévio conhecimento do beneficiário, caso este não seja por ela responsável.
Parágrafo único. A responsabilidade do candidato estará demonstrada se este, intimado da existência da propaganda irregular, não providenciar, no prazo de quarenta e oito horas, sua retirada ou regularização e, ainda, se as circunstâncias e as peculiaridades do caso específico revelarem a impossibilidade de o beneficiário não ter tido conhecimento da propaganda."

"Art. 53-A. É vedado aos partidos políticos e às coligações incluir no horário destinado aos candidatos às eleições proporcionais propaganda das candidaturas a eleições majoritárias, ou vice-versa, ressalvada a utilização, durante a exibição do programa, de legendas com referência aos candidatos majoritários, ou, ao fundo, de cartazes ou fotografias desses candidatos.
§ 1º É facultada a inserção de depoimento de candidatos a eleições proporcionais no horário da propaganda das candidaturas majoritárias e vice-versa, registrados sob o mesmo partido ou coligação, desde que o depoimento consista exclusivamente em pedido de voto ao candidato que cedeu o tempo.
§ 2º Fica vedada a utilização da propaganda de candidaturas proporcionais como propaganda de candidaturas majoritárias e vice-versa.
§ 3º O partido político ou a coligação que não observar a regra contida neste artigo perderá, em seu horário de propaganda gratuita, tempo equivalente no horário reservado à propaganda da eleição disputada pelo candidato beneficiado."

"Art. 57-A. É permitida a propaganda eleitoral na internet, nos termos desta Lei, após o dia 5 de julho do ano da eleição."

"Art. 57-B. A propaganda eleitoral na internet poderá ser realizada nas seguintes formas:
I - em sítio do candidato, com endereço eletrônico comunicado à Justiça Eleitoral e hospedado, direta ou indiretamente, eqm provedor de serviço de internet estabelecido no País;
II - em sítio do partido ou da coligação, com endereço eletrônico comunicado à Justiça Eleitoral e hospedado, direta ou indiretamente, em provedor de serviço de internet estabelecido no País;
III - por meio de mensagem eletrônica para endereços cadastrados gratuitamente pelo candidato, partido ou coligação;
IV - por meio de blogs, redes sociais, sítios de mensagens instantâneas e assemelhados, cujo conteúdo seja gerado ou editado por candidatos, partidos ou coligações ou de iniciativa de qualquer pessoa natural."

"Art. 57-C. Na internet, é vedada a veiculação de qualquer tipo de propaganda eleitoral paga.
§ 1º É vedada, ainda que gratuitamente, a veiculação de propaganda eleitoral na internet, em sítios:
I - de pessoas jurídicas, com ou sem fins lucrativos;
II - oficiais ou hospedados por órgãos ou entidades da administração pública direta ou indireta da União, dos Estados, do Distrito Federal e dos Municípios.
§ 2º A violação do disposto neste artigo sujeita o responsável pela divulgação da propaganda e, quando comprovado seu prévio conhecimento, o beneficiário à multa no valor de R$ 5.000,00 (cinco mil reais) a R$ 30.000,00 (trinta mil reais)."

"Art. 57-D. É livre a manifestação do pensamento, vedado o anonimato durante a campanha eleitoral, por meio da rede mundial de computadores - internet, assegurado o direito de resposta, nos termos das alíneas a, b e c do inciso IV do § 3º do art. 58 e do 58-A, e por outros meios de comunicação interpessoal mediante mensagem eletrônica.
§ 1º (VETADO)
§ 2º A violação do disposto neste artigo sujeitará o responsável pela divulgação da propaganda e, quando comprovado seu prévio conhecimento, o beneficiário à multa no valor de R$ 5.000,00 (cinco mil reais) a R$ 30.000,00 (trinta mil reais)."

"Art. 57-E. São vedadas às pessoas relacionadas no art. 24 a utilização, doação ou cessão de cadastro eletrônico de seus clientes, em favor de candidatos, partidos ou coligações.
§ 1º É proibida a venda de cadástro de endereços eletrônicos.
§ 2º A violação do disposto neste artigo sujeita o responsável pela divulgação da propaganda e, quando comprovado seu prévio conhecimento, o beneficiário à multa no valor de R$ 5.000,00 (cinco mil reais) a R$ 30.000,00 (trinta mil reais)."

"Art. 57-F. Aplicam-se ao provedor de conteúdo e de serviços multimídia que hospeda a divulgação da propaganda eleitoral de candidato, de partido ou de coligação as penalidades previstas nesta Lei, se, no prazo determinado pela Justiça Eleitoral, contado a partir da notificação de decisão sobre a existência de propaganda irregular, não tomar providências para a cessação dessa divulgação.
Parágrafo único. O provedor de conteúdo ou de serviços multimídia só será considerado responsável pela divulgação da propaganda se a publicação do material for comprovadamente de seu prévio conhecimento."

"Art. 57-G. As mensagens eletrônicas enviadas por candidato, partido ou coligação, por qualquer meio, deverão dispor de mecanismo que permita seu descadastramento pelo destinatário, obrigado o remetente a providenciá-lo no prazo de quarenta e oito horas.
Parágrafo único. Mensagens eletrônicas enviadas após o término do prazo previsto no caput sujeitam os responsáveis ao pagamento de multa no valor de R$ 100,00 (cem reais), por mensagem."

"Art. 57-H. Sem prejuízo das demais sanções legais cabíveis, será punido, com multa de R$ 5.000,00 (cinco mil reais) a R$ 30.000,00 (trinta mil reais), quem realizar propaganda eleitoral na internet, atribuindo indevidamente sua autoria a terceiro, inclusive a candidato, partido ou coligação."

"Art. 57-I. A requerimento de candidato, partido ou coligação, observado o rito previsto no art. 96, a Justiça Eleitoral poderá determinar a suspensão, por vinte e quatro horas, do acesso a todo conteúdo informativo dos sítios da internet que deixarem de cumprir as disposições desta Lei.

Direito Eleitoral

§ 1º A cada reiteração de conduta, será duplicado o período de suspensão.

§ 2º No período de suspensão a que se refere este artigo, a empresa informará, a todos os usuários que tentarem acessar seus serviços, que se encontra temporariamente inoperante por desobediência à legislação eleitoral."

"Art. 58-A. Os pedidos de direito de resposta e as representações por propaganda eleitoral irregular em rádio, televisão e internet tramitarão preferencialmente em relação aos demais processos em curso na Justiça Eleitoral."

"Art. 91-A. No momento da votação, além da exibição do respectivo título, o eleitor deverá apresentar documento de identificação com fotografia.

Parágrafo único. Fica vedado portar aparelho de telefonia celular, máquinas fotográficas e filmadoras, dentro da cabina de votação."

"Art. 96-A. Durante o período eleitoral, as intimações via fac-símile encaminhadas pela Justiça Eleitoral a candidato deverão ser exclusivamente realizadas na linha telefônica por ele previamente cadastrada, por ocasião do preenchimento do requerimento de registro de candidatura.

Parágrafo único. O prazo de cumprimento da determinação prevista no caput é de quarenta e oito horas, a contar do recebimento do fac-símile."

"Art. 97-A. Nos termos do inciso LXXVIII do art. 5º da Constituição Federal, considera-se duração razoável do processo que possa resultar em perda de mandato eletivo o período máximo de 1 (um) ano, contado da sua apresentação à Justiça Eleitoral.

§ 1º A duração do processo de que trata o caput abrange a tramitação em todas as instâncias da Justiça Eleitoral.

§ 2º Vencido o prazo de que trata o caput, será aplicável o disposto no art. 97, sem prejuízo de representação ao Conselho Nacional de Justiça."

"Art. 105-A. Em matéria eleitoral, não são aplicáveis os procedimentos previstos na Lei nº 7.347, de 24 de julho de 1985."

Art. 5º Fica criado, a partir das eleições de 2014, inclusive, o voto impresso conferido pelo eleitor, garantido o total sigilo do voto e observadas as seguintes regras:

§ 1º A máquina de votar exibirá para o eleitor, primeiramente, as telas referentes às eleições proporcionais; em seguida, as referentes às eleições majoritárias; finalmente, o voto completo para conferência visual do eleitor e confirmação final do voto.

§ 2º Após a confirmação final do voto pelo eleitor, a urna eletrônica imprimirá um número único de identificação do voto associado à sua própria assinatura digital.

§ 3º O voto deverá ser depositado de forma automática, sem contato manual do eleitor, em local previamente lacrado.

§ 4º Após o fim da votação, a Justiça Eleitoral realizará, em audiência pública, auditoria independente do software mediante o sorteio de 2% (dois por cento) das urnas eletrônicas de cada Zona Eleitoral, respeitado o limite mínimo de 3 (três) máquinas por município, que deverão ter seus votos em papel contados e comparados com os resultados apresentados pelo respectivo boletim de urna.

§ 5º É permitido o uso de identificação do eleitor por sua biometria ou pela digitação do seu nome ou número de eleitor, desde que a máquina de identificar não tenha nenhuma conexão com a urna eletrônica.

Art. 6º A Lei nº 4.737, de 15 de julho de 1965 - Código Eleitoral, passa a vigorar acrescida do seguinte art. 233-A:

"Art. 233-A. Aos eleitores em trânsito no território nacional é igualmente assegurado o direito de voto nas eleições para Presidente e Vice-Presidente da República, em urnas especialmente instaladas nas capitais dos Estados e na forma regulamentada pelo Tribunal Superior Eleitoral."

Art. 7º Não se aplica a vedação constante do parágrafo único do art. 240 da Lei nº 4.737, de 15 de julho de 1965 - Código Eleitoral, à propaganda eleitoral veiculada gratuitamente na internet, no sítio eleitoral, blog, sítio interativo ou social, ou outros meios eletrônicos de comunicação do candidato, ou no sítio do partido ou coligação, nas formas previstas no art. 57-B da Lei nº 9.504, de 30 de setembro de 1997.

Art. 8º Esta Lei entra em vigor na data de sua publicação.

Art. 9º Fica revogado o § 3º do art. 45 da Lei nº 9.504, de 30 de setembro de 1997.

Brasília, 29 de setembro de 2009; 188º da Independência e 121º da República.

LUIZ INÁCIO LULA DA SILVA
Tarso Genro
Guido Mantega
Franklin Martins

Súmulas-TSE

Súmula nº 1 - Publicada no DJ de 23, 24 e 25/9/92.

Obs.: O Tribunal assentou que a mera propositura da ação anulatória, sem a obtenção de provimento liminar ou tutela antecipada, não suspende a inelegibilidade (Ac.-TSE, de 24.8.2006, no RO nº 912; de 13.9.2006, no RO nº 963; de 29.9.2006, no RO nº 965 e no REspe nº 26.942; e de 16.11.2006, no AgRgRO nº 1.067, dentre outros).

Proposta a ação para desconstituir a decisão que rejeitou as contas, anteriormente à impugnação, fica suspensa a inelegibilidade (Lei Complementar nº 64/90, art. 1º, I, g)

Súmula nº 2 - Publicada no DJ de 28, 29 e 30/10/92.

Assinada e recebida a ficha de filiação partidária até o termo final do prazo fixado em lei, considera-se satisfeita a correspondente condição de elegibilidade, ainda que não tenha fluído, até a mesma data, o tríduo legal de impugnação.

Súmula nº 3 - Publicada no DJ de 28, 29 e 30/10/92.

No processo de registro de candidatos, não tendo o juiz aberto prazo para o suprimento de defeito da instrução do pedido, pode o documento, cuja falta houver motivado o indeferimento, ser juntado com o recurso ordinário.

Súmula nº 4 - Publicada no DJ de 28, 29 e 30/10/92.

Não havendo preferência entre candidatos que pretendam o registro da mesma variação nominal, defere-se o do que primeiro o tenha requerido.

Súmula nº 5 - Publicada no DJ de 28, 29 e 30/10/92.

Serventuário de cartório, celetista, não se inclui na exigência do art. 1º, II, da LC nº 64/90.

Súmula nº 6 - Publicada no DJ de 28, 29 e 30/10/92.

Obs.: O Tribunal assentou que o Cônjuge e os parentes do chefe do Executivo são elegíveis para o mesmo cargo do titular, quando este for reelegível e tiver se afastado definitivamente até seis meses antes do pleito (Acórdão nº 19.442, de 21/08/2001, Resolução nº 20.931, de 20/11/2001 e Acórdão nº 3043, de 27/11/2001).

É inelegível, para o cargo de prefeito, o cônjuge e os parentes indicados no § 7º do art. 14 da Constituição, do titular do mandato, ainda que este haja renunciado ao cargo há mais de seis meses do pleito.

Súmula nº 7 - Publicada no DJ de 28, 29 e 30/10/92.

Obs.: Cancelada pela Resolução nº 20.920, de 16/10/2001.

É inelegível para o cargo de prefeito a irmã da concubina do atual titular do mandato.

Súmula nº 8 - Publicada no DJ de 28, 29 e 30/10/92.

Obs.: Cancelada pela Resolução nº 20.920, de 16/10/2001.

O vice-prefeito é inelegível para o mesmo cargo.

Súmula nº 9 - Publicada no DJ de 28, 29 e 30/10/92.

A suspensão de direitos políticos decorrente de condenação criminal transitada em julgado cessa com o cumprimento ou a extinção da pena, independendo de reabilitação ou de prova de reparação dos danos.

Direito Eleitoral

Súmula nº 10 - Publicada no DJ de 28, 29 e 30/10/92.

No processo de registro de candidatos, quando a setença for entregue em Cartório antes de três dias contados da conclusão ao Juiz, o prazo para o recurso ordinário,salvo intimação pessoal anterior, só se conta do termo final daquele tríduo.

Súmula nº 11 - Publicada no DJ de 28, 29 e 30/10/92.

No processo de registro de candidatos, o partido que não o impugnou não tem legitimidade para recorrer da sentença que o deferiu, salvo se se cuidar de matéria constitucional.

Súmula nº 12 - Publicada no DJ de 1°/12/92.

São inelegíveis, no município desmembrado, e ainda não instalado, o cônjuge e os parentes consanguíneos ou afins, até o segundo grau ou por adoção, do prefeito do município-mãe, ou de quem o tenha substituído, dentro dos seis meses anteriores ao pleito, salvo se já titular de mandato eletivo.

Súmula nº 13 - Publicada no DJ de 28, 29 e 30/10/96.

Não é auto-aplicável o § 9º, art. 14, da Constituição, com a redação da Emenda Constitucional de Revisão nº 4/94.

Súmula nº 14 - Publicada no DJ de 25, 26 e 27/9/96.

Obs.: Cancelada pela Resolução nº 21.885, de 17/08/2004.

A duplicidade de que cuida o parágrafo único do art. 22 da Lei nº 9.096/95 somente fica caracterizada caso a nova filiação houver ocorrido após a remessa das listas previstas no parágrafo único do art. 58 da referida lei.

Súmula nº 15 - Publicada no DJ de 28, 29 e 30/10/96.

O exercício de cargo eletivo não é circunstância suficiente para, em recurso especial, determinar-se a reforma de decisão mediante a qual o candidato foi considerado analfabeto.

Súmula nº 16 - Publicada no DJ de 21, 22 e 23/8/2000.

Obs.: Revogada em 05/11/2002 por decisão em questão de ordem.

A falta de abertura de conta bancária específica não é fundamento suficiente para a rejeição de contas de campanha eleitoral, desde que, por outros meios, se possa demonstrar sua regularidade (art. 34 da Lei 9.096, de 19.9.95).

Súmula nº 17 - Publicada no DJ de 21, 22 e 23/8/2000.

Obs.: Cancelada em 16/04/2002 por decisão em Questão de Ordem formulada no julgamento do REspe nº 19.600-CE.

Não é admissível a presunção de que o candidato, por ser beneficiário de propaganda eleitoral irregular, tenha prévio conhecimento de sua veiculação (arts. 36 e 37 da Lei nº 9.504, de 30/9/97).

Súmula nº 18 - Publicada no DJ de 21, 22 e 23/8/2000.

Conquanto investido de poder de polícia, não tem legitimidade o juiz eleitoral para, de ofício, instaurar procedimento com a finalidade de impor multa pela veiculação de propaganda eleitoral em desacordo com a Lei nº 9.504/97.

Súmula nº 19 - Publicada no DJ de 21, 22 e 23/8/2000.

O prazo de inelegibilidade de três anos, por abuso de poder econômico ou político, é contado a partir da data da eleição em que se verificou (art. 22, XIV, da LC 64, de 18/5/90).

Súmula nº 20 - Publicada no DJ de 21, 22 e 23/8/2000.

A falta do nome do filiado ao partido na lista por este encaminhada à Justiça Eleitoral, nos termos do art. 19 da Lei 9.096, de 19.9.95, pode ser suprida por outros elementos de prova de oportuna filiação.

Bibliografia

ACCIOLI, Wilson. *Teoria Geral do Estado*. Rio de Janeiro: Forense, 1985.

AZAMBUJA, Darcy. *Teoria Geral do Estado*. 6ª ed. Porto Alegre: Globo, 1976.

BRASIL, J.F. de Assis. *Democracia Representativa: do voto e do Modo de Votar*. 3ª ed. Paris/Lisboa: Guillard Aillaud, 1985.

CÂNDIDO, Joel José. *Direito Eleitoral Brasileiro*. 6ª ed. Bauru, São Paulo: Edipro, 1996.

COSTA, Tito. *Recursos em Matéria Eleitoral*. São Paulo: RT, 81996.

DUVERGER, Maurice. *Sociologia Política*. Tradução Maria Helena Kuhner. Rio de Janeiro: Forense, 1968.

FERREIRA, Pinto. *Comentários à Lei Orgânica dos Partidos Políticos*. São Paulo: Saraiva, 1992.

GOMES, Luiz Flávio. *Suspensão Condicional do Processo Penal*. 2ª ed. São Paulo: RT, 1997.

GRINOVER, Ada Pellegrini. *Juizados Especiais Criminais - Comentários à Lei 9.099, de 26.09.1995*. São Paulo: RT, 1996.

HUNGRIA, Nelson. *Comentários ao Código Penal*. 4ª ed. Rio de Janeiro: Forense, 1958.

JARDIM, Torquato. *Direito Eleitoral Positivo*. Brasília: Brasília Jurídica, 1996.

JESUS, Damásio E. de. *Lei dos Juizados Especiais Criminais Anotada*. São Paulo: Saraiva, 1995.

MALULY, Jorge; DEMERCIAN, Pedro. *Juizados Especiais Criminais - Comentários*. Rio de Janeiro: AIDE, 1995.

MARQUES, Frederico. *Tratado de Direito Processual Penal*. São Paulo: Saraiva, 1980.

MEIRELLES, Hely Lopes. *Direito Administrativo Brasileiro*. 13ª ed. São Paulo: RT, 1987.

MONTESQUIEU. *Del espiritu de las leyes*, versión castellana de Nicolas Estevanez. Buenos Aires: Ediotrial Albatros, 1942.

NASCIMENTO, Tupinambá Miguel Castro do. *Lineamentos de Direito Eleitoral*. Porto Alegre: Síntese, 1996.

NIESS, Pedro Henrique Távora. *Ação de Impugnação de Mandato Eletivo*. Bauru, São Paulo: Edipro, 1996.

——. *Direitos Políticos - Condições de Elegibilidade e Inelegibilidades*. São Paulo: Saraiva, 1994.

——. *Ação Rescisória Eleitoral*. Belo Horizonte: Del Rey, 1997.

RIBEIRO, Fávila. *Abuso de Poder no Direito Eleitoral*. 2ª ed. Rio de Janeiro: Forense, 1993.

——. *Direito Eleitoral*. 4ª ed. Rio de Janeiro: Forense, 1996.

SOBRINHO, José Bispo. *Comentários à Lei Orgânica dos Partidos Políticos*. Brasília: Brasília Jurídica, 1996.

TELES, Ney Moura. *Direito Eleitoral*. São Paulo: Editora de Direito, 1996.

Índice analítico

Abertura de conta bancária específica – 212
abuso de autoridade - 106, 113, 200
abuso do exercício de cargo - 139
abuso do poder cultural - 153
abuso do poder econômico – 70, 86, 94, 119, 138, 154, 162
abuso do poder político - 65, 102, 155
abusos de poder no processo eleitoral - 149
abusos do poder econômico, político e social - 70
ação de impugnação de mandato eletivo – 87, 139, 140, 157, 161, 228
ação de impugnação do registro – 132, 159, 161
ação penal eleitoral – 68, 192, 193
ação penal pública incondicionada – 193
ação privada subsidiária - 193
ação rescisória eleitoral – 141, 143, 145
acesso aos locais de votação – 41
adesivos em carros – 85
ADIn 1.371-8 -72
ADIn 1.460-9 - 142, 143
ADIn 1.805-2 – 107, 133
ADIn 2.530-9 – 124
ADIn 3.741-2 – 94, 102
ADIn 4.307 - 127
afastamento do cargo para reeleição – 107
alistamento eleitoral – 13, 16, 17, 24, 110
alistamento eleitoral analfabetos – 15
alistamento eleitoral conscritos – 14
alistamento eleitoral facultativos – 15
alistamento eleitoral obrigatório – 13, 15
alistamento eletrônico – 40, 43
analfabeto – 13, 15
apelação criminal eleitoral – 195
aplicação da Lei n° 9.099/95 – 209
aplicação de recursos nas campanhas – 209
argüição de inelegibilidade – 140
arquivamento pelo Ministério Público – 68, 193
arrecadação e aplicação de recursos de campanhas – 209
arrecadação e prestação de contas na justiça eleitoral – 209
Ato Institucional n° 2/65 – 172

audiência perante Juízes Eleitorais – 67
audiência pública – 42, 43, 118
autoridade policial – 68, 80

Balancetes mensais – 225

Cabimento da ação rescisória eleitoral – 145
cabina de votação – 117
cadastro geral de eleitores – 40
campanha eleitoral – 81, 103, 115, 131, 154, 162, 176, 209
cancelamento da inscrição eleitoral – 20
cancelamento do registro civil – 178, 228
cancelamento do registro civil e do estatuto do partido – 178, 228
candidato – 28, 47, 86, 97, 106, 120, 133, 211
candidato radialista – 86, 87
captação de sufrágio – 91, 167
cartazes – 88, 93, 109, 144
Cartório Eleitoral – 18, 46
casos de não-recebimento da denúncia – 197
cassação de mandatos – 70
cassação do registro – 91, 105, 167, 190
cegos – 41
censura – 79, 80, 98, 152
censura de natureza política – 79
censura prévia – 81, 98, 152
cidadania – 13, 23, 156
cidadania ativa – 13
cidadania passiva – 13
circunscrição – 16, 21, 30, 130
circunscrição eleitoral – 39, 44, 46, 47, 211, 220
circunscrição municipal – 27, 44
circunscrições regional eleitoral – 45
classificação dos delitos eleitorais – 186
Código Eleitoral - Lei 4.737/65 – 15, 16, 51, 67, 181
coligação – 43, 79, 95, 115, 112, 128
cominação mínima da pena – 191
comitês financeiros – 117, 177, 210, 211, 214, 223
competência básica dos Tribunais Eleitorais – 51
competência dos Juízes Eleitorais – 53

Direito Eleitoral **275**

competência do Ministério Público Eleitoral – 67
competência da Junta Eleitoral – 57, 58
competência para designação dos membros das mesas – 42
componentes das mesas receptoras – 42, 44
composição da mesa- 43
comunicações de massa – 76
conceituação de propaganda – 75
concurso formal, material ou crime continuado – 202
concurso material – 201
condenados criminalmente – 136
condutas vedadas aos agentes públicos – 102
conscritos – 14, 24, 27, 119
consultas – 60, 133
conta bancária específica para campanha - 212
contagem dos votos – 167
contensioso eleitoral – 58
contravenções – 191
convenção nacional – 123
convenção partidária – 114, 123
convocação dos convencionais – 125
Corregedor Eleitoral – 53, 156, 162
Corregedor Regional Eleitoral – 53, 161
corrupção – 70, 145, 154, 164
corrupção eleitoral – 187
corrupção ou fraude – 157, 163, 165
criação, fusão, incorporaçãoe extição dos partidos políticos – 172
crime de responsabilidade – 71
crime tentado ou consumado – 192
crimes comuns eleitorais – 190
crimes contra a organização administrativa da Justiça Eleitoral – 187
crimes eleitorais – 185, 187
crimes em concurso – 201
crimes lesivos à autenticidade do processo eleitoral – 188
crimes lesivos à liberdade eleitoral – 188
crimes lesivos ao funcionamento do serviço eleitoral – 188
crimes lesivos aos padrões éticos e igualitários nas atividades eleitorais – 188
crimes políticos – 185

Dados históricos pertinentes aos crimes eleitorais – 186
data das convenções – 123
debates entre os candidatos – 98
decadência – 19
deficiente físico – 41
denúncia – 68, 100, 193
denúncia por calúnia, difamação ou injúria – 192
denúncia por crime eleitoral – 193
depósito infiel – 20
Desembargadores do Tribunal de Justiça – 52

desincompatibilização dos candidatos – 138
despesas com campanha eleitoral – 209, 226
dimensão psicológica dos partidos – 170
dimensão sociológica dos partidos – 169
diplomação – 50, 165, 220
diplomas eletivos – 58
diplomas universitários – 42
direito de resposta – 98
direito de voto – 20, 24, 25
direito subjetivo – 25
direitos políticos – 58, 130, 132, 136, 174, 206
distribuição do tempo da propaganda gratuita – 96
distrital e circunscricional – 29
Distrito Federal – 44
doações de pessoas físicas e jurídicas – 209
documentação da convenção – 129
documentação da prestação de contas – 154
documento de identidade –41
domicílio afetivo – 17
domicílio civil – 48
domicílio eleitoral – 48
domicílio eleitoral e sua transferência – 16
domicílio histórico – 17
dotações orçamentárias da União – 225
duplicidade de voto – 18

Efeito suspensivo – 21, 140, 182, 228
efeitos da procedência da ação de impugnação de mandato – 165
efeitos do alistamento eleitoral – 15
eficácia normatica – 62
elegibilidade – 119
eleição – 24, 27
eleição proporcional estadual – 128
eleição proporcional municipal – 126
eleições municipais – 47
eleições proporcionais – 15, 44, 98
eleitor – 13, 14, 15, 29
eletividade – 32
eletividade plebiscito e referendo – 32
embargos declaratórios – 62
Emenda Constitucional 16/97 – 102, 134
Emenda Constitucional 25/85 – 14, 19
Emenda Constitucional 4/93 – 26
Emenda Constitucional 52/06 – 173
emissoras de rádio e televisão – 86, 97, 112
erros de apuração – 167
escrutinadores – 44, 57, 71,
Estado Democrático – 25
Estados-Membros – 63
estatutos dos partidos – 126, 141, 172
estrangeiros – 14, 27
excesso de gastos com publicidade – 105
execução de senteça - 71

execução da sentença – 197
extratos das contas bancárias – 217

Faixas – 93
faltosos – 43
Fazenda Nacional – 73
fidelidade partidária – 35, 172
filiação partidária – 35, 72, 121, 129, 132, 176
financiamento de campanha – 154
fiscalização partidária – 33
fixação de faixas, placas, cartazes, pinturas, inscrições – 93, 109
folha de votação – 18, 45
folha em separado – 45
folha individual de votação – 18
forças conservadoras e reacionárias – 170
forças liberais e conservadoras – 170
forças liberais e radicais – 170
forças radicais e reacionárias – 170
foro competente – 163
fraude – 19, 20, 70, 149
fraude ou corrupção – 149,157
fundo partidário – 105, 175, 191, 209, 211

Gastos com publicidade – 105
gastos eleitorais – 212, 215, 221
governo provisório – 21, 22

Horário gratuito – 82, 112, 131, 183

Idade mínima – 119, 132
impedimento – 42, 58
impedimento de participar da Junta Eleitoral – 57
impedimento ou incompetência absoluta – 145
impugnação ao registro – 131
impugnação de candidato – 71
inadimplência de dívida civil – 20
inalistáveis – 15, 24, 132
inauguração de obras públicas – 106
incorporação, fusão ou desmembramento – 32
indignos do oficialato – 137
inelegibilidades – 71, 120
inelegibilidades absolutas – 132
inelegibilidades constitucionais – 132
inelegibilidades relativas – 132, 138
iniciativa popular – 26, 31
inquérito policial – 68
inscrição eleitoral – 13, 19,177
instalação e deliberação das convenções – 126
institucionalização democrática dos partidos – 174
instrução criminal eleitoral – 195
interesses públicos – 63, 155
investidura vitalícia – 52

investigação judicial eleitoral – 135, 139, 151, 156
irrecorribilidade – 62
isonomia – 75, 86, 176
isonomia na propaganda eleitoral – 75

Juiz de Direito – 56
Juiz do Tribunal Regional Federal – 54
Juiz Eleitoral – 56
Juiz Federal – 54
juízo das execuções criminais – 197
junta apuradora – 57
Junta Eleitoral – 57
jurisdição eleitoral – 44, 67
Justiça Eleitoral – 22, 33, 44, 51

Legitimidade – 61
legitimidade ativa – 144, 163
Lei 5.682/71 – 82, 169
Lei 6.091/74 – 95, 186, 190
Lei 8.625/93 – 66, 72
Lei 9.096/95 – 59, 105, 169, 172
Lei 9.504/97 – 231
Lei 9.840/99 – 167
Lei 10.732/03 – 195
Lei 11.300/06 – 88, 89, 90, 91, 111, 213, 222
Lei 12.034/09 - 257
Lei Complementar 64/90 – 131, 190
Lei Complementar 75/93 – 65
Lei Complementar 81/94 – 120
Lei Complementar 86/96 – 142
lei das inelegibilidades – 131, 138
lei de registro públicos – 20
lei do terço – 21
lei dos círculos – 21
lei orgânica do Ministério Público da União – 64, 201
lei orgânica dos partidos políticos – 169
lei Saraiva – 21
leprosários – 41
liberdade de expressão – 75, 77
liberdade de imprensa – 77
liberdade de informação jornalística – 79
liberdade de propaganda – 75, 79, 82
liberdade individual – 75, 77
licença de afastamento – 107
limitações à propaganda – 78
livre manifestação do pensamento – 78
LOPP – Lei Orgânica dos Partidos Políticos – 169

Magistrados – 51, 83
maioria absoluta – 29
maioria relativa – 29, 30
majoritárias – 29, 44
majoritário e proporcional – 29
mandatos periódicos – 51

Direito Eleitoral   **277**

marketing – 86
Medida Provisória 1.973-67 – 85
meios de comunicação – 76, 81, 84
meios de comunicação audiovisuais – 81
membros da Comissão Diretora Municipal
    Provisória – 123
membros do Diretório Municipal – 123
membros do Ministério Público – 66, 67
mesa receptora – 39, 45
mesário – 42, 53
militares – 14, 104
Ministério Público – 63
Ministério Público da União – 63
Ministério Público do Distrito Federal e
    Territorial – 63
Ministério Público do Trabalho – 63
Ministério Público dos Estados – 64
Ministério Público Eleitoral – 63
Ministério Público Federal – 63, 65
Ministério Público junto ao TCU – 63
Ministério Público Militar – 63
Ministros – 51
Ministros do STF – 51
Ministros do STJ – 51
moradia – 16, 48
multa – 73, 79, 89
município - circunscrição eleitoral – 39, 47

Nacionalidade – 15
não-necessidade de afastamento do cargo – 107
naturalização brasileira – 15
natureza jurídica política – 185
natureza dos crimes eleitorais - 185
número de candidatos – 126

Óbito do eleitor – 20
obrigações eleitorais – 18
obscuridade, dúvida, contradição ou omis-
    são – 62
Oficiais de Registro Civil – 20
orçamento da União – 228
ordem pública – 28, 67, 78, 79
organização do eleitorado – 39
órgãos colegiados – 51
outdoors – 89, 92

Parlamentarista – 32
partes legítimas do pólo ativo – 166
participação ativa – 47
participação passiva – 48
partido político – 169
pena de reclusão – 191
pena substitutiva – 192
penas disciplinares – 177
penas privativas de liberdade – 190

perda do mandato eletivo – 37, 118
perda do registro ou do diploma eleitoral – 190
perda dos direitos políticos – 19
período pré-convencional – 141
pesquisas eleitorais – 100
pesquisa fraudulenta – 100
plebiscito – 26, 31
pluralidade de inscrições – 19
pluralismo partidário – 25
pluripartidarismo – 172
poder de polícia na propaganda eleitoral – 79, 83
poder político institucionalizado – 154
podere cultural – 149
prazo para o aforamento da ação de impugna-
    ção de mandato eletivo – 163
prazos legais – 42, 141
preclusão – 19, 43, 44, 141
presidencialista – 32
Presidente da Junta Eleitoral – 57
prestação de contas – 209
prestação de contas das campanhas – 224
prestação de contas na justiça eleitoral – 209
prestações de contas dos partidos políticos – 224
Pretor – 56
prevaricação, concussão ou corrupção – 145
primeiro código eleitoral – 22
princípio constitucional da ampla defesa – 162
princípio da disponibilidade – 78
princípio da igualdade – 83, 86, 102
princípio da igualdade e da isonomia – 86
princípio da igualdade processual – 197
princípio da legalidade – 78, 210
princípio da liberdade – 78
princípio da moralidade – 87
princípio da preclusão – 43, 166
princípio da responsabilidade – 78
princípio da temporariedade – 52
princípio do contraditório – 156
princípio do contraditório e da defesa – 158
princípio do controle judicial da propagan-
    da – 78
princípio igualitário – 78
princípio judiciário da garantia vitalícia – 52
princípio político da alternação – 52
procedimento administrativo-eleitoral – 16, 19
procedimentos jurisdicionais – 149
procedimentos para combate ao abuso de po-
    der – 158
processamento eletrônico – 40
processo de escolha dos candidatos pelos parti-
    dos – 122
processo eleitoral – 65, 121, 131, 139, 144, 149
processo penal e os crimes eleitorais – 185
processo penal eleitoral – 194, 195
Procurador Regional – 66, 67
Procurador Regional Eleitoral – 61, 65, 66

Procurador-Geral da República – 65
Procurador-Geral Eleitoral – 65
programa de rádio – 86
programas partidários – 120, 181
proibições aos partidos políticos – 225
proibições em relação à propaganda – 81
promoção - critério de desempate – 44
Promotor de Justiça – 43, 66
Promotor Eleitoral – 66, 68
propaganda direta ou explícita – 85
propaganda eleitoral – 75
propaganda eleitoral extemporânea – 85
propaganda eleitoral proibida – 81
propaganda em bens públicos – 89
propaganda em faixas, placas, cartazes, pinturas, inscrições – 94
propaganda em jornal padrão ou tablóide – 95
propaganda em outdoors – 92
propaganda escrita – 95
propaganda extemporânea – 85
propaganda fora de época – 84
propaganda gratuita – 81
propaganda gratuita no rádio e televisão – 95
propaganda indireta, ou disfarçada, ou sugerida – 86
propaganda intrapartidária – 84
propaganda na imprensa – 94
propaganda no rádio e televisão – 95
propaganda paga – 89
propaganda partidária – 167
propaganda partidária gratuita – 167
propaganda partidária irregular – 168
propaganda pela internet – 88, 114, 117
propagandas genéricas permitidas – 87
propaganta eleitoral - direito de resposta – 98
proporcional – 29
prova pré-constituída – 163
publicidade dos atos da administração – 106

Qualificação e inscrição – 16
quebra do sigilo bancário – 212
queixa subsidiária – 68
quociente eleitoral – 29, 167

Radialista candidato – 86
recibo eleitoral – 213, 219
recolhimento da multa – 43
recrutamento de membros da Justiça Eleitoral – 51
recurso contra a diplomação – 139, 158, 165
recurso extraordinário – 62, 144, 162
recursos eleitorais – 21, 164
recursos financeiros de procedência estrangeira – 179
reeleição – 98, 102, 107, 132, 139, 155
referendo e deliberação – 31, 33

regime democrático – 32, 64, 83, 144
regime representativo – 151
registro cancelado ou indeferido – 130
registro de candidatura – 117, 124, 129
registro da pesquisa – 101
rejeição das contas – 220
remoção de seção – 39
remoção de servidor público – 18
representatividade – 23
Resolução 99/97-TRE-RS – 52, 56
Resolução TSE 10.038/76 – 57
Resolução TSE 12.017/84 – 62
Resolução TSE 19.952/97 – 107
Resolução TSE 20.034/97 – 182
Resolução TSE 21.610/04 – 85
Resolução TSE 22.154/06 – 58
Resolução TSE 22.610/07 – 35, 37, 164
Resolução TSE 22.715/08 – 218, 223
Resolução TSE 22.717/08 - 124
Resoluções – 33, 60
Resoluções dos TREs – 33
restrito e universal – 27
revisão geral da remuneração dos servidores públicos – 105
rito processual – 159, 162, 194
rito processual da ação de impugnação de registro – 159

Sanções de inelegibilidade – 71, 122 e ss
sanções disciplinares – 177
sanções penais – 71
seção eleitoral – 39
seção eleitoral especial – 46
seção especial – 41
secretários – 42
secreto e público – 28
sentença – 20, 70, 92, 136
serviço militar – 14, 15, 24, 27, 119
sessões extraordinárias – 68, 131
sessões ordinárias – 68
sistema de representação – 29, 30
sistema eletrônico de votação – 40
sistema nacional partidário pluralista – 169
soberania popular – 25, 26, 35
sobras dos recursos financeiros – 223
sorteio da transmissão da propaganda – 83
substitutos dos Juízes – 55
sufrágio – 13, 23
sufrágio universal – 23
Súmulas TSE – 271
suplente – 42, 108, 164
suspensão – 43
suspensão de novas quotas do fundo partidário – 227

Direito Eleitoral

Tapume de obra pública – 90
técnicos do Tribunal de Contas – 227
termo regularidade – 221
título de eleitor – 15
transferência de seção – 46
transferência da inscrição eleitoral – 17
transferência de zona eleitoral – 17
transferência do domicílio eleitoral – 17, 18
transferência do título de eleitor – 17
transmissão da propaganda - sorteio – 96
Tribunais Eleitorais – 52
Tribunal Superior Eleitoral – 51

Universalidade – 23
universalidade na aquisição da cidadania – 23
urna – 45
urna eletrônica – 41
uso da máquina pública – 102
uso indevido da máquina administrativa – 103, 162
uso indevido dos meios de comunicações – 163

Vacância – 120
vedação de distribuição gratuita de bens e
   serviços – 104
vedações – 105
vias públicas - propaganda – 109
vínculo patrimonial – 16, 48
violação de normas legais e estatutárias – 227
votação eletrônica – 41, 45, 189
votação manual – 45
votação secreta – 55
voto censitário – 23
voto direto e secreto – 26
voto feminino – 24
voto por procuração – 21
voto secreto – 28
votos em branco – 30
votos nulos – 30

Zona eleitoral – 44
zona eleitoral de limitação espacial – 44